数智化时代会计专业

融合创新系列教材

会计信息化

用友ERP-U8 V10.1版

微课版
第3版

王珠强　王海生◎主编

陶克三　牛永芹◎副主编

人民邮电出版社

北京

图书在版编目（CIP）数据

会计信息化 : 用友ERP-U8V10.1版 : 微课版 / 王珠强, 王海生主编. -- 3版. -- 北京 : 人民邮电出版社, 2021.11

数智化时代会计专业融合创新系列教材

ISBN 978-7-115-57421-3

Ⅰ. ①会… Ⅱ. ①王… ②王… Ⅲ. ①财务软件—财务管理系统—高等职业教育—教材 Ⅳ. ①F232

中国版本图书馆CIP数据核字(2021)第194042号

内 容 提 要

本书以用友 ERP-U8 V10.1 软件为平台，以易友有限责任公司经济业务活动为主线，采用“任务描述与分析→相关知识→任务实施→拓展提高”的结构体系，系统讲解了会计信息化的基本理论、工作流程和会计软件的使用方法。本书主要内容包括会计电算化与会计信息化理论认知、账套和用户管理、公共基础信息设置、总账系统核算与管理、应收款管理系统核算与管理、应付款管理系统核算与管理、固定资产管理系统核算与管理、薪资管理系统核算与管理、总账系统期末处理、供应链管理系统核算与管理、UFO 报表系统等。本书还配有上机单项实训案例以及综合实训案例、电子课件、实验账套、教学视频等教学资源，能满足不同的教学需求。

本书可以作为应用型本科院校、高等职业院校财经类专业相关课程的教材，也可作为会计人员岗前培训教材，还可作为相关财务工作者和经营管理人员的参考书。

◆ 主　　编　王珠强　王海生
副 主 编　陶克三　牛永芹
责任编辑　刘　尉
责任印制　王　郁　焦志炜

◆ 人民邮电出版社出版发行　　北京市丰台区成寿寺路 11 号
邮编　100164　　电子邮件　315@ptpress.com.cn
网址　https://www.ptpress.com.cn
固安县铭成印刷有限公司印刷

◆ 开本：787×1092　1/16
印张：22.25　　　　2021 年 11 月第 3 版
字数：588 千字　　　　2025 年 8 月河北第 8 次印刷

定价：59.80 元

读者服务热线：(010)81055256　印装质量热线：(010)81055316
反盗版热线：(010)81055315

前　言

编者于 2018 年编写的《会计电算化——用友 ERP-U8 V10.1 版（附微课视频 第 2 版）》一书自出版以来，受到了众多高等职业院校师生的欢迎。为了更好地满足广大应用型本科院校、高等职业院校的学生对会计信息化知识学习的需要，编者结合近几年的教学改革实践和广大读者的反馈意见，在保留原书特色的基础上，对其进行了全面的修订，本次修订的主要内容如下。

- 对本书第 2 版中部分项目所存在的一些问题进行校正和修改。
- 将旧称“会计电算化”升级为行业公认的“会计信息化”。
- 增加了素养目标的要求。
- 体现最新财税政策的变化，涉及增值税税率下调业务已经全部更新。
- 融入职业素养与价值元素，增加视野拓展案例。
- 会计信息化主要操作事项的微课视频链接二维码放置在对应正文内容处，方便学生自主学习，学生可以通过登录人邮教育（www.ryjiaoyu.com）网站下载本书的相关资源。

在本书的修订过程中，编者将党的二十大精神与财务会计的工作实际相结合，始终贯彻理论与实践一体化的教学思想。通过学习 11 个模块的内容，学生将会对会计信息化工作的系统初始化、日常业务处理、期末业务处理、报表编制与分析形成由点到面的认知。本书在修订后，体系更加完善，内容比以前更具针对性和实用性，更有利于教师的教学和读者的自学。

本书参考学时数为 68～84 学时，建议采用理论与实践一体化教学模式。各项目的学时分配如下表所示。

学时分配表

序　号	名　称	学 时 数		
		理　论	实　践	合　计
模块一	会计电算化与会计信息化理论认知	6	—	6
模块二	账套和用户管理	2	2	4
模块三	公共基础信息设置	2	4	6
模块四	总账系统核算与管理	4	4	8
模块五	应收款管理系统核算与管理	4	4	8
模块六	应付款管理系统核算与管理	3	3	6
模块七	固定资产管理系统核算与管理	4	4	8
模块八	薪资管理系统核算与管理	4	6	10
模块九	总账系统期末处理	2	4	6
模块十	供应链管理系统核算与管理（选修）	8（选）	8（选）	16（选）
模块十一	UFO 报表系统	3	3	6
合计		34（42）	34（42）	68（84）

本书由王珠强、王海生担任主编，陶克三、牛永芹担任副主编。模块一、模块三、模块四、模块七、模块八、模块九、模块十由王珠强编写，模块二、模块十一由陶克三编写，模块五、模块六、课程思政案例由王海生编写，附录 A 及附录 B 由牛永芹编写，全书由王珠强统稿。

本书的编写得到了新道科技股份有限公司的大力支持，总经理任子宜参与了教材的整体设计，并对编写提供了有益的建议。编者还参考了有关专家编写的教材和专著，在此深表感谢。

本书为 2019 年安徽省教育厅高校继续教育教学改革重点项目“基于生产性实习基地视角的高校继续教育 1+X 职业技能型人才培养模式研究”（项目编号：2019jxjj72）、2019 年安徽省教育厅质量工程项目“会计教师教学创新团队”（项目编号：2019cxtd070）的阶段性成果。

限于编者的学术水平，书中难免存在不妥之处，敬请专家、读者批评指正，来信请发至 wzq6612@163.com。

编 者

2023 年 4 月

目 录

模块一

会计电算化与会计信息化理论认知

知识目标

1. 了解会计电算（信息）化的主要内容
2. 理解会计电算（信息）化的意义
3. 熟悉会计信息系统的功能结构

能力目标

1. 能够根据企业的实际情况判断适宜的会计信息化形式
2. 能够为企业会计信息化提供简单的实施方案
3. 能建立会计信息系统的内部管理制度
4. 能做好新旧系统（手工核算系统和会计信息系统）转换前的各项准备工作

素养目标

1. 能够自主学习会计信息化新知识、新技术
2. 养成独立思考的习惯，树立创新意识
3. 具有较强的语言表达、会计职业沟通和协调能力

任务一　了解会计电算化与会计信息化的产生及发展概况

一、会计电算化的产生

会计电算化是随着会计数据处理技术的发展而产生的，而会计数据处理技术的发展经历了 3 个阶段，即手工处理阶段、机械化处理阶段、电算化处理阶段，每个发展阶段都有不同的会计工具。手工处理阶段主要以纸、笔、算盘为工具，机械化处理阶段主要以会计专用机械为工具，而电算化处理阶段则主要以计算机为工具。

第一台电子计算机于 1946 年在美国诞生，为人类生活带来巨大变化的同时，也促进了会计工具的变革和会计数据处理技术的发展。20 世纪 50 年代，由于管理的需要，会计部门的职能日渐增多，会计工作人员的工作量越来越大，提供的会计数据越来越难以满足管理的实时性和准确性要求，企业管理者开始寻求能够减轻会计人员工作压力、提高会计数据实时性和准确性的工具。20 世纪 50 年代，西方一些工业比较发达的国家开始利用计算机进行会计数据的处理工作，其

标志是 1954 年美国通用电气公司第一次利用计算机计算职工工资。计算机作为一种先进的计算工具，用于会计数据的处理，使会计核算发生了质的飞跃。人们将计算机应用于会计领域，开启了会计电算化的进程。

二、会计电算化的含义

会计电算化的含义有广义和狭义两种。狭义的会计电算化是指以电子计算机为主的当代电子信息技术在会计工作中的应用；广义的会计电算化是指与实现会计工作信息化有关的所有工作，包括会计信息化的宏观规划、会计信息化人才的培训、会计软件的开发与应用、会计电算化的制度建设，以及会计软件市场的培育和发展等。

三、我国会计电算化的发展概况

通过分析我国会计电算化工作开展的程度、范围、组织、规划、管理方法，以及会计软件开发等方面，我们可以看出我国会计电算化的发展可以分为以下几个阶段。

1. 起步阶段（1979—1983 年）

我国会计电算化以 1979 年为起点，主要进行会计电算化理论研究和会计电算化试点工作。1979 年，财政部拨专款给长春第一汽车制造厂，从国外进口计算机进行会计电算化的试点工作，这是我国第一次在企业管理方面进行大规模信息系统的设计和实施，是我国电子计算机应用发展史上的一个里程碑。1981 年 8 月，在财政部、第一机械工业部、中国会计学会的支持下，长春第一汽车制造厂召开了“财务、会计、成本应用电子计算机专题讨论会”，正式把“电子计算机在会计中的应用”简称为“会计电算化”。从此，“会计电算化”一词被广泛应用。

这个阶段的主要特点如下。

（1）应用范围极小，只有少数国有企业进行会计电算化工作。

（2）业务处理单一，少数国有企业只进行单项经济业务，主要是工资核算的电算化。

（3）计算机专业人才缺乏，尤其缺乏既懂计算机又懂会计的复合型人才。

（4）计算机设备昂贵、庞大，使用不方便，缺乏中文操作系统，中央处理能力差，国外会计软件汉化不理想，外语水平差的人上机难度大。

2. 自我发展阶段（1984—1987 年）

1984 年下半年，国务院成立了电子振兴领导小组，在全国范围内掀起了计算机应用热潮。这一阶段，社会对会计电算化的需求越来越大，我国将计算机应用到会计的企业越来越多，但是计算机应用的经验不足，理论准备与人才培训不够，管理水平不高，而且缺乏统一的领导，因此在会计电算化过程中出现了许多盲目的低水平、重复开发的现象。

这个阶段的主要特点如下。

（1）开展会计电算化的国有大型企业之间缺乏交流，各自开发软件，造成大量的人力、物力、财力的浪费。同时，各自开发的软件多为专用软件，通用化程度低，适应性差。

（2）业务处理内容有所扩展，由原来的单一工资业务处理扩展到账务处理、固定资产核算、成本核算等大部分会计核算业务。

（3）开始开展既懂计算机又懂会计的复合型人才的培养工作。从 1984 年开始，一些研究院所和高校招收会计电算化专门人才。1987 年，中国会计学会成立了会计电算化研究组，为以后有组织地开展理论研究做准备。

3. 商品化会计软件开发与应用阶段（1988—1992 年）

20 世纪 80 年代，微型计算机涌现且价格下降，为会计电算化普及奠定了物质基础。

这个阶段的主要特点如下。

（1）出现开发会计核算软件的专业公司，开发的会计软件向商品化、规范化、专业化方向发展，形成了商品化软件并开始进入软件市场，逐步形成了会计软件产业。

（2）会计软件的功能由原来的单项业务应用扩展到多项业务应用，即由原来的单一工资业务应用发展到账务处理、成本处理、固定资产处理等多项业务应用。

（3）1989 年，财政部制定了《会计核算软件管理的几项规定（试行）》，要求省级财政部门加强对商品化会计软件的评审、管理，促进了会计软件的规范化开发，提高了会计软件的质量。

4. 核算型商品化会计软件开发与应用阶段（1993—1997 年）

1995 年，微软公司推出了以 Windows 为平台的图形界面的操作系统，较之前的 DOS 操作系统更加直观，操作更加简便。相应地，会计软件开发公司推出了在此平台上开发的会计软件，大大方便了用户，并得到了广泛运用。

这个阶段的主要特点如下。

（1）会计软件推广迅速，会计电算化得到普及，主要有两个方面的原因：一是软件界面友好，易于操作；二是网络体系结构的客户机/服务器的推出、大型数据库的使用，使软件功能与安全性大大增强。

（2）会计软件主要完成财务核算工作，即软件仅代替人工完成记账、算账、报账等工作，尚没有预测、决策等相应功能。

（3）会计电算化人才培训稳步发展，大中型企业单位和县以上国家机关已有 60%～70%的会计人员通过会计电算化的初级培训，10%～15%的会计人员通过中级培训，5%的会计人员通过高级培训。会计电算化知识已成为会计人员的必备知识，并纳入会计上岗证考试之中。

（4）会计电算化相应的管理制度逐步建立和成熟，形成了以财政部为中心的会计电算化宏观管理体系。

5. 管理型商品化会计软件开发与应用阶段（1998 年至今）

在这个阶段，许多软件公司在核算型商品化会计软件的基础上推出了管理型商品化会计软件。

1996 年 4 月，在中国会计学会召开的会计电算化研讨会上，首次提出会计软件应当由“核算”型向“管理”型发展。

管理型商品化会计软件克服了核算型商品化会计软件各功能模块结构松散、未能解决数据的重复录入及不能保证数据的一致性等问题，并扩充了财务管理和物流管理功能，主要包括系统管理、总账、资金管理、工资、固定资产、应收账款、应付账款、采购、销售、库存管理、报表、财务分析等模块。

20 世纪 90 年代，一个全新的企业管理系统发展起来，即企业资源计划（Enterprise Resource Planning，ERP）系统，管理型商品化会计软件成为 ERP 系统的一个组成部分。ERP 系统实现了对供应链上所有环节进行有效管理的功能，集成了订单、采购、库存、计划、生产制造、质量控制、运输、分销、服务与维护、财务管理、人事管理、项目管理和配方管理等功能。近年来，随着市场竞争的加剧和电子商务的蓬勃发展，ERP 软件又集成了新的管理组件，如客户关系管理、业务数据仓库、企业策略管理、知识管理以及电子商务中的企业对企业、企业对客户等组件。

随着计算机网络技术与信息技术的迅猛发展，会计电算化发生了很大变化。作为一门融现代会计学与计算机技术、信息技术、管理技术等学科于一体的边缘学科，“会计电算化”一词逐渐变为“会计信息化”。

任务二 理解会计信息化对会计工作的影响

一、会计信息化对会计工作的影响

会计信息化是会计发展史上的一次革命，与手工会计系统相比，不仅是处理工具的变化，而且在会计数据处理流程、处理方式、内部控制方式及组织机构等方面有许多不同之处，它的产生将对会计理论与实务产生重大的影响，对提高会计核算的质量、促进会计职能转变、提高经济效益和加强国民经济宏观管理具有十分重要的作用。

1. 减轻劳动强度，提高工作效率

在手工会计信息系统中，会计数据的处理全部或主要靠人工操作。因此，会计数据处理的效率低、错误多、工作量大。实现会计信息化后，只要把会计数据按规定的格式要求输入计算机，计算机便能自动、高速、准确地完成数据的校验、加工、传递、存储、检索和输出工作。这样不仅可以把广大会计人员从繁重的记账、算账、报账工作中解脱出来，而且大大提高了会计工作的效率，使会计信息的提供更加及时。

2. 全面、及时、准确地提供会计信息

在手工操作情况下，企业会计核算工作无论在信息的系统性、及时性还是准确性方面，都难以适应经济管理的需要。实现会计信息化后，大量的会计信息可以及时、准确地输出，能够根据管理需要，按年、季、月提供丰富的核算信息和分析信息，按日、时、分提供实时核算信息和分析信息。随着企业互联网的建立，会计信息系统中的数据可以迅速传递到企业的任何管理部门，使企业经营者能及时掌握企业经济活动的最新情况和存在的问题，并采取相应的措施。

3. 提高会计人员素质，促进会计工作规范化

实现会计信息化后，原有会计人员一方面有更多的时间学习各种经营管理知识，参与企业管理；另一方面，还可以通过学习掌握计算机有关知识，更新知识结构，不断提高自身素质。另外，会计信息化的实施，在很大程度上促使手工操作中不规范、易出错、易疏漏等问题得到解决。因此，会计实现信息化的过程，也是促进会计工作标准化、制度化、规范化的过程。

4. 促进会计职能的转变

会计若要真正发挥其管理、预测、决策以及控制功能，不仅需要丰富的内部财务会计信息，而且需要丰富的外部信息，如世界经济信息、国家经济政策信息、实时金融信息、市场销售信息、物价变动信息、企业经营信息等。随着全球以国际互联网为中心的计算机网络时代的到来，国际互联网作为世界信息高速公路的基本框架，已成为连接未来信息化社会的桥梁，信息的使用者在地球的任何一个地方只需几秒即可将会计信息系统的信息传递到另一个地方，又可以从不同的地方获取所需的会计信息和其他信息。计算机网络技术的发展和会计电算化网络系统的建立，实现了全球数据的共享和信息的快速传递，这恰恰能够满足部门管理、企业管理、行业管理对信息的需要，帮助财务管理人员、会计管理与分析人员、企业高层领导利用企业内部会计信息和外部信息进行管理、分析、预测与决策。

5. 推动企业管理现代化

在现代社会中，企业不仅需要提高生产技术水平，而且需要实现企业管理的现代化，以提高企业经济效益，使企业在竞争中立于不败之地。会计工作是企业管理工作的重要部分。据统计，会计信息占企业管理信息的 60%～70%，而且多是综合性的指标。实现会计信息化，为企业管理手段现代化奠定重要基础，就可以带动或加速企业管理现代化的实现。

二、会计信息化与手工会计的比较

1. 相同点

会计信息化与手工会计在本质上都属于会计信息系统，它们具有一些相同的特征。

（1）目标一致。两者都对企业的经济业务进行记录和核算，最终目标都是加强经营管理，提供会计信息，提高企业经济效益。

（2）采用的基本会计理论与方法一致。两者都要遵循基本的会计理论和方法，采用复式记账原理。

（3）需要遵守会计和财务制度，以及国家的各项财经法规，严格贯彻执行会计法规，从措施、技术、制度等方面堵塞各种可能的漏洞，消除弊端。

（4）系统的基本功能相同。任何一个信息要达到系统目标，都应具备信息的采集输入、存贮、加工处理、传输和输出 5 项功能。

（5）需要保存会计档案。作为会计信息系统的输出，会计信息档案必须妥善保存，便于查询。

（6）编制会计报表的要求相同。两者都要编制会计报表，并且必须按照国家要求编制企业外部报表。

2. 不同点

（1）使用的工具不同。手工会计使用的工具是算盘、纸张、账本、电子计算器等。会计信息化使用的工具是计算机及相关软件，整个数据处理过程基本上都由计算机完成。

（2）信息载体不同。手工会计系统所有的信息都以纸张为载体，占用的空间大，保管不易，查找也困难。而会计信息系统除了必要的会计凭证、账簿和报表，一般用光盘、磁盘等作为信息载体，占用空间小，保管容易，查找也方便。

（3）账簿外表形式不同。在手工会计情况下，账簿按用途可以分为日记账簿、分类账簿和备查账簿；按外表形式可以分为订本式账簿、活页式账簿和卡片式账簿。现金日记账和银行存款日记账必须采用订本式，总账一般也采用订本式，明细账采用活页式，固定资产采用卡片式等。在会计信息化情况下，账簿的外表形式只有一种活页式。那么怎样防止账页散失或被不正当地抽换呢？上海市针对会计信息化软件的相关评审办法规定：“系统输出的现金、银行日记账必须由机器连续打印编号。”这在一定程度上可以保证账页的连续性。另外，在手工会计中设置明细账，按明细分类账户进行分户登记，是为了分账户查询凭证。在会计信息化中，明细账已无意义，可以取消。根据财政部文件的规定，明细账可以一年输出一次，仅为了存档。

（4）错账更正方法不同。手工会计情况下发生的错误有 3 种更正方法：划线更正法、红字冲销法、蓝字补充法。在会计信息化中，划线更正法已经无法使用。根据财政部文件的规定，已经输入计算机的凭证资料在登记前必须审核，如果发现错误，就要对错误凭证进行修改；如果审核已经通过或者记账后发现凭证错误，则不能对凭证进行修改，只能采用红字冲销法将错误的凭证冲销掉，然后再补充正确的凭证。

（5）账务处理程序不同。在手工会计中，各个企业的业务量数量不同，也就是说，凭证的数量不同，导致产生了各种不同的会计核算程序，如记账凭证账务处理程序、科目汇总表账务处理程序、日记总账账务处理程序、汇总记账凭证账务处理程序等。在会计信息化中，由于业务量的数量对于计算机系统来说基本没有影响，所以选用任意一种账务处理程序就可满足各个企业的需要。

（6）会计工作组织体制和人员不同。手工会计部门一般分为若干会计工作岗位，如工资、材料、固定资产、成本等岗位，以进行专门的会计业务核算，设有专人负责记账、编制报表等。在会计信息化中，会计工作岗位的划分发生了很大的变化，专门的业务核算工作由计算机完成，只设置了数据录入、审核、维护等岗位。在人员构成上，手工会计系统中均是会计专业人员。会计信息化系统中的人员将由会计专业人员、计算机专业人员或两者都精通的复合型人才构成。

（7）内部控制方式不同。手工会计依据会计流程进行严密的内部控制，如账证核对、账账核对、账物核对等控制方式。而在会计信息化中，这些方式已不存在，代之以更加严密的输入控制、权限控制、时序控制等。

任务三　熟悉会计信息系统的总体结构

一、会计信息系统的构成要素

作为管理信息系统的一个子系统，会计信息系统的构成要素包括计算机硬件、软件、人员和规程。

1. 计算机硬件

计算机硬件是系统中所有固定装置的总称，它是系统工作的物质基础。计算机硬件设备一般包括数据输入设备、数据处理设备、数据存储设备和数据输出设备，另外还包括通信设备和机房等。

数据输入设备是指能够把会计数据输入计算机的设备，目前常见的有键盘、鼠标、光笔、扫描仪及光学阅读器等。数据处理设备是指按一定的要求对数据进行加工、计算、分类、汇总、存储、转换及检索等处理的设备。数据存储设备是指用于存放数据的设备，目前常见的有磁盘、光盘及驱动设备。数据输出设备是指从存储设备中取出数据并按一定的方式和格式进行输出的设备，如显示器、打印机及绘图机等。

2. 软件

会计信息系统的运行不仅需要硬件设备，而且需要一套程序来保证系统运转，实现系统目标。通常情况下，这些程序分为系统软件和应用软件。系统软件主要指操作系统和计算机语言系统。应用软件通常指系统的使用者组织专门人才依据系统要求研制开发或购买的通用商品化会计软件，它们一般是按系统中各职能子系统的任务进行设计的。例如会计核算信息子系统，一般按工资核算、材料核算、固定资产核算、成本核算、产成品核算、销售核算和账务处理等职能进行研制开发。

3. 人员

一般指直接从事系统研制、开发、维护和使用的人员，包括系统管理人员、系统维护人员、系统分析与设计人员、系统程序员、操作人员和数据准备人员等。

4. 规程

规程是指保证系统运转的文档和规定，主要包括两大类：一类是政府的法令、条例；另一类是保证系统运转的各项规定，如会计信息系统使用说明书、数据准备说明书、机房管理制度和会计内部控制制度等。

一个企业组织要建立会计信息系统，必须根据企业自身的特点和要求，综合考虑购建计算机的硬件、软件，并培训相应的会计信息化人员。

二、会计信息系统的功能结构

会计信息系统的功能结构是指会计信息系统由哪些子系统组成，每个子系统具有哪些功能，以及各个子系统的相互关系。

会计信息系统具有 3 种功能：核算功能、管理功能和决策功能。相应地，按功能将会计信息系统划分为 3 个子系统：会计核算信息子系统、会计管理信息子系统和会计决策信息子系统，如图 1-1 所示。

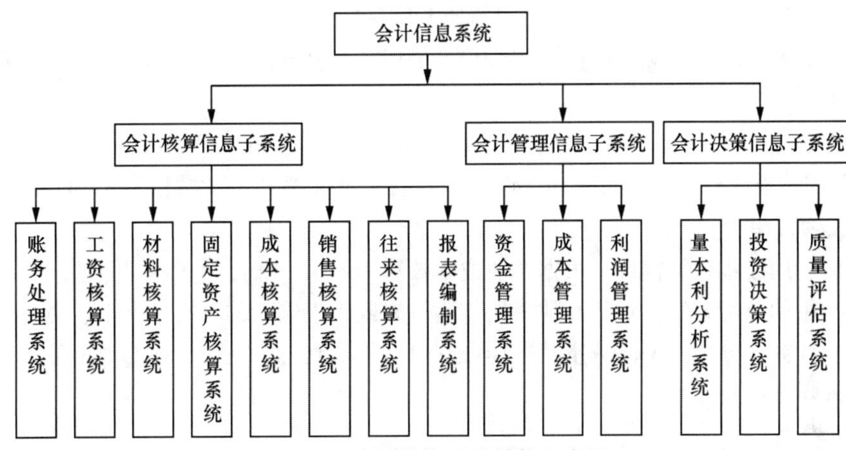

图 1–1　会计信息系统结构示意图

1. 会计核算信息子系统

会计核算信息子系统的主要任务是进行会计核算、反映企业经营活动情况、处理具体经济业务、代替手工劳动。该子系统一般分为账务处理系统、工资核算系统、材料核算系统、固定资产核算系统、成本核算系统、销售核算系统、往来核算系统及报表编制系统等。

2. 会计管理信息子系统

会计管理信息子系统的主要任务是进行会计管理、监督企业经营活动。该子系统一般分为资金管理系统、成本管理系统和利润管理系统等。

3. 会计决策信息子系统

会计决策信息子系统的主要任务是进行会计决策、参与企业经营管理，辅助决策者做出决策。该子系统一般分为量本利分析系统、投资决策系统、质量评估系统等。

三、会计软件各功能模块的作用

我们以制造类企业会计软件各功能模块为例，将会计核算系统各功能模块的作用进行简要介绍。

1. 总账模块

总账模块用于日常账务处理，从记账凭证的填制开始，完成凭证的复核、记账和结账等业务处理，并对总账、明细账、日记账以及凭证、科目汇总表等进行查询，提供各种形式的查询及打印功能。

总账模块是整个会计信息系统的核心。各业务核算模块（如工资核算、材料核算等）生成的凭证需要转入总账模块进行登账；同时，总账模块提供的总账、明细账等会计信息是会计报表模块的数据基础。

2. 薪资模块

薪资模块主要用于计算每个职工的应发工资，完成工资的计算、工资费用的汇总与分配、个人所得税的计算；可以查询、统计各种工资数据，编制工资费用转账凭证并自动传递到总账模块。

3. 固定资产模块

固定资产模块主要对各项固定资产进行有效的管理，可以提供固定资产卡片的增加、删除、查询、统计与汇总等功能。会计人员通过该模块输入固定资产增减变动或项目内容变动原始凭证，自动登记固定资产明细账；通过固定资产折旧的计提与分配，产生折旧计提与分配明细表、固定资产增减变动表等报表，在期末编制固定资产增减变动和折旧费用分配凭证并自动传递到总账模块。

4. 材料模块

材料模块主要对材料的收、发、结存等进行有效的管理。会计人员通过输入材料的收发料单等原始凭证，利用该模块核算材料的增减变动与结存情况，及时输出有关数据，满足日常管理的需要。

5. 成本核算模块

会计人员利用成本核算模块，根据企业成本核算的要求，通过对成本对象的定义，选择成本核算和各种费用的分配方法，对从其他模块传递过来或人工输入的材料、人工、燃料、动力等数据进行汇总、计算、分配，编制成本转账凭证并自动传递到总账模块，还能输出各类成本核算报表和成本明细账。

6. 应收模块

应收模块主要完成对各项应收款项的登记、核销，以及对应收款项进行统计、分析工作，会计人员可通过该模块对应收款项进行有效的管理。

7. 应付模块

应付模块主要完成对各项应付款项的登记、核销，以及对应付款项进行统计、分析工作，会计人员可通过该模块对应付款项进行有效的管理。

8. 会计报表模块

会计报表模块主要根据总账模块提供的数据，如各类账户的余额和本期发生额，按照统一规定的会计报表格式的要求，定义会计报表结构文件和会计报表数据文件，生成会计报表文件，并打印输出会计报表。

9. 供应链核算模块

供应链核算模块主要包括采购子模块、销售子模块、存货核算子模块、库存管理子模块、售前分析子模块、合同管理子模块等。其中，采购子模块主要对采购计划、采购订单、采购到货、采购入库进行核算与管理。销售子模块主要以企业销售业务为主线，对销售报价、销售订单、销售发货、销售开票等进行核算与管理。存货核算子模块主要核算企业存货的出入库及结余成本，为企业进行存货核算与管理提供基础数据，会计人员通过存货分析，可以有效降低库存量，加速资金周转。

任务四　构建会计信息系统

一、配置硬件

配置硬件主要指主机、显示器、外部设备、通信设备、网络设备、办公自动化设备和接口设备等的选择和配置。

1. 合理选择硬件的构成模式

计算机硬件设备有单机结构、多用户结构、网络结构等构成模式。要合理配置硬件，就必须合理选择硬件的构成模式。

（1）单机结构。单机结构是指整个系统由一台计算机和相应的外部设备组成，如图 1-2 所示，所用的计算机多为微型计算机，属于单用户单任务工作方式。单机结构的优点是价格低、操作简便；缺点是同一个时段只能由一个用户使用，输入速度慢，数据处理的瓶颈是输入与输出。单机结构一般适用于会计信息化应用初期，经济和技术力量比较薄弱的小单位。

（2）多用户结构。多用户结构是指整个系统配置一台主机和多个终端，通过通信线路连接而成，允许多个用户同时在不同的终端上分散输入数据，由主机集中处理，处理结果再返回各个有相应操作权限的终端用户，如图 1-3 所示。多用户结构的优点是输入速度快，提高了整个系统的利用效率；缺点是所有的数据处理集中在主机上进行，如果主机出现故障，则整个系统的工作将不能正常进行。多用户结构适用于会计业务量大、地理分布比较集中、资金雄厚且具有一定维护能力的单位。

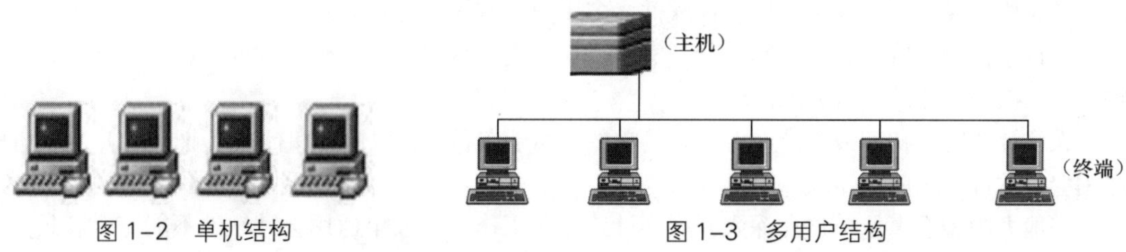

图 1-2　单机结构　　图 1-3　多用户结构

（3）网络结构。网络结构是指将地理上分散的具有独立功能的多个计算机通过通信设备和线路连接起来，由功能完善的网络软件实现资源共享，组成一个功能更强的计算机网络系统，如图 1-4 所示。网络结构的优点是软硬件和数据资源可以共享，允许多个用户独立进行数据输入和处理，速度更快，数据处理输出能够达到实时性；缺点是安全性不如多用户结构，工作站易被病毒感染。

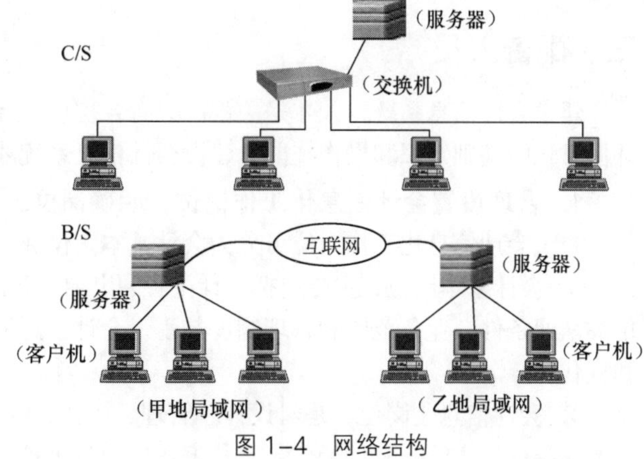

图 1-4　网络结构

随着会计信息化工作的深入应用，中小型企事业单位可逐步建立客户机/服务器（C/S）网络结构和浏览器/服务器（B/S）网络结构。

2. 选择具体的硬件设备

在确定了计算机硬件构成模式后，配置硬件的下一步工作是选择具体的硬件设备。

计算机是会计信息系统硬件中最关键的部分，我们在选购时主要考虑 CPU、硬盘和内存。在选择计算机时既要考虑能满足所选会计软件的要求，也要考虑会计信息系统升级的要求。

除计算机外，会计信息系统要选配的其他硬件包括打印机、网络设置、电源设备等。

二、配置软件

会计信息系统需要配置的软件包括系统软件和应用软件。

1. 系统软件的配置

会计软件必须在系统软件的支持下才能正常运行。支持会计软件运行的系统软件主要包括操作系统、数据库管理系统等。系统软件的选择对会计软件的应用影响很大，从目前情况看，国内会计软件的用户主要在 Windows 环境下使用；选择数据库管理系统时，单机用户一般选用 FoxBase、Paradox、FoxPro、Access 等，网络用户一般选用 Sybase、Oracle、SQL Server、DB2、Informix 等。

2. 应用软件的配置

应用软件是为了解决某些具体的、实际的问题而开发和研制的各种程序。会计软件是一种应用软件。会计软件是指专门用于完成会计工作的计算机软件，会计人员利用会计软件可以完成会计核算、财务分析以及预测、决策等工作。

会计软件按不同的标准，可以划分为不同的类型。会计软件按照提供信息的层次，可分为核算型会计软件、管理型会计软件和决策型会计软件；按照适用范围，可分为通用会计软件和定点开发会计软件；按照是否在软件市场上销售，可分为商品化会计软件和非商品化会计软件；按照所需计算机环境，可分为单用户会计软件、多用户（网络）会计软件。

会计软件的获取方式一般有自行开发、委托开发、购买商品化会计软件等，还有联合开发或购买与二次开发相结合等方式。

在会计信息化初期或会计业务比较简单的企事业单位（小型企业和行政事业单位），应选择以通用会计软件为主的应用软件。

一般大中型企事业单位在深入开展会计信息化工作后，如果通用会计软件不能完全满足其各种特殊的核算与管理要求时，可根据实际工作需要，结合通用会计软件定点开发部门配套模块，选择通用会计软件与定点开发会计软件相结合的方式。

三、配备人员

建设会计信息系统，人才是关键。只有合理设置会计信息化工作岗位，会计人员普遍掌握会计信息化的基础知识和操作技能，建设会计信息系统才能有保障。

1. 合理设置会计信息化工作岗位，明确岗位工作职责

（1）会计信息化工作岗位可分为会计基本岗位和会计信息化岗位。

① 会计基本岗位，主要包括会计主管、出纳、会计核算、稽核、会计档案管理等岗位，各岗位的从业条件、业务范围和管理制度与手工会计信息系统相同，只是其工作方式、方法有所调整和变化。

② 会计信息化岗位，是对设计、管理、操作、维护计算机及会计软件系统工作岗位的统称，主要包括信息主管、软件操作、审核记账、信息维护、信息审查、数据分析等岗位。

会计基本岗位和会计信息化岗位，可在保证会计数据安全的前提下交叉设置，各岗位人员保持稳定。中小型单位和使用小规模会计信息系统的单位，可根据本单位的实际情况，设置一人多岗。

（2）会计信息化工作岗位职责主要包括以下几个。

① 信息主管。负责协调计算机及会计软件系统的建立与运行、财务数据系统安全等工作。采用中小型计算机和计算机网络会计软件的单位，应设立此岗位，一般由会计主管兼任。

② 软件操作。严格按照会计软件的使用说明和要求进行软件操作，负责输入记账凭证和原始凭证等会计数据，输出记账凭证、会计账簿、报表，进行部分会计数据处理工作。一般由会计基本岗位的会计人员兼任此岗位。

③ 审核记账。负责对输入计算机的会计数据（记账凭证和原始凭证等）进行审核，操作会计软件登记机内账簿，对打印输出的账簿、报表进行确认。一般由会计主管兼任此岗位。

④ 信息维护。负责保证计算机硬件、软件的正常运行，管理机内会计数据；但不对实际会计数据进行操作。采用大中型计算机和计算机网络会计软件的单位，应设立此岗位，由专职人员担任。

⑤ 信息审查。负责监督计算机及会计软件系统的运行，防止利用计算机进行舞弊。采用大中型计算机和大型会计软件的单位，可设立此岗位，一般由会计稽核人员兼任。

⑥ 数据分析。负责对计算机内的会计数据进行分析，为单位经营决策提供财务信息。采用大中型计算机和计算机网络会计软件的单位，可设立此岗位，一般由会计主管兼任。

⑦ 档案管理。负责对会计数据备份磁盘或光盘以及打印输出的账表等进行整理、归档、借用归还，做好各种会计档案资料的保管和保密工作。一般由软件操作员兼任此岗位。

⑧ 软件开发。负责本单位会计软件的开发与设计工作。自行开发会计软件的单位，应设置此岗位，也可与信息维护岗位合并设立。

2. 做好会计信息化人员培训

面向会计信息化应用人员的培训可分为初、中、高 3 个层级。大部分会计人员要通过初级培训，了解会计软件的工作原理，掌握计算机和会计核算软件的基本操作技能，为基层单位开展会计信息化奠定基础。部分会计人员要通过中级培训，能够对计算机系统环境进行一般维护，对会计软件进行参数设置，以及对会计核算信息进行简单的分析和利用。少部分会计人员要通过高级培训，能够进行会计软件分析、设计、开发和维护。

（1）会计信息化人员培训通常包括以下 3 种形式。

① 财政部组织开展的初级、中级和高级会计信息化培训。会计人员通过初级培训主要学习电子计算机的硬件和软件基础知识，掌握文字、报表处理的一般方法及通用会计核算软件的使用方法。中级培训、高级培训主要针对软硬件维护人员和数据分析人员。

② 软件公司提供的会计软件培训。凡购买商品化会计软件，软件公司一般会对软件使用者进行培训，目的是让操作人员能独立使用会计软件。培训时间可长可短，内容侧重于会计软件的操作使用。

③ 单位组织的会计信息化培训。有条件的大型企业可采用这种培训方式，通过统一组织培训，解决会计软件实施中存在的关键问题，解决实施过程中与多部门之间协作等问题。这种培训可以弥补前两种培训的不足，有针对性地结合会计信息化岗位的职责来开展。

（2）从手工处理到计算机处理，是会计工作的一大变革，因此需要会计人员掌握新知识，学习新内容。根据会计软件应用的需要，培训主要包括如下内容。

① 计算机知识，包括计算机系统组成原理、各种硬件设备的使用、操作系统的基本应用及汉字的输入方法等。

② 会计软件应用知识，包括系统的安装、启动、初始化及各模块的操作应用。

随着会计电算化向会计信息化方向的发展，会计人员还必须掌握电子商务、电子政务的相关知识，以满足会计核算和管理的需要。

四、建立系统运行规范

会计信息化不仅改变了会计核算工具、调整了会计岗位设置和提高了会计人员素质，而且对财务管理的流程、内容和质量提出了更高的要求。为了科学地组织和管理会计信息系统，使用者需要建立系统运行规范。从实施会计信息化的单位层面来讲，建立系统运行规范主要从以下几个方面进行。

1. 建立会计信息化岗位责任制

建立会计信息化岗位责任制，需要明确每个工作岗位的职责范围，切实做到事事有人管，人人有专责，办事有要求，工作有检查，促进会计工作的程序化和规范化，加强内部的相互牵制，确保资产的安全完整，提高工作效率，充分发挥系统的运行效益。

2. 建立会计信息化操作管理制度

（1）操作人员管理。操作人员必须具备上岗的能力或资格，不允许系统开发人员、专职维护人员、档案管理人员和其他未经授权人员操作会计软件，杜绝未经授权人员操作会计软件。

（2）操作权限管理。明确规定上机操作人员对会计软件的操作内容和权限，每个操作员必须严格按照系统管理员分配的权限进行操作，不得互通操作权限，明确违章处罚办法。

（3）操作规程管理。操作员要按照会计软件的操作步骤和方法进行操作，严格管理操作密码，指定专人定期更换密码。同时根据单位的实际情况，由专人保存必要的上机操作记录，如记录操作人、操作时间、操作内容、故障情况等内容，以便跟踪记录和明确操作责任。

3. 建立计算机硬件、软件和数据管理制度

（1）保证机房设备安全和计算机正常运行是进行会计信息化的前提条件，会计人员要经常对有关设备进行保养，保持机房和设备的整洁，防止意外事故发生。

（2）确保会计数据和会计软件的安全保密，防止对数据和软件进行非法修改和删除；对磁性介质存放的数据要进行双备份。

（3）对正在使用的会计核算软件进行修改、对通用会计软件进行版本升级及更换计算机硬件设备等工作，要有一定的审批手续。在软件修改、版本升级和硬件更换过程中，要保证实际会计数据的连续和安全，并由有关人员进行监督。

（4）健全计算机硬件和软件出现故障时进行排除的管理措施要保证会计数据的完整性。

（5）健全必要的防治计算机病毒的措施。

4. 建立会计信息化档案管理制度

会计信息化档案包括存储在计算机硬盘中的会计数据、以其他磁性介质或光盘存储的会计数据及使用计算机打印出来的书面形式的会计数据。这里的会计数据是指记账凭证、会计账簿、会计报表（包括报表格式和计算公式）等。

（1）会计档案保管期限。存储在计算机中的会计数据，是会计信息化下新的会计档案形式。关于会计档案的保存，其保存期限、归档时间、保管期满销毁等手续制度，与《会计档案管理办法》中规定的相应会计数据（书面形式的会计账簿、报表）一致。

（2）磁性介质会计档案的保存方法。会计人员需要对磁性介质会计档案进行定期检查、定期复制，防止会计档案数据因磁性介质损坏而丢失。在保管时，不仅做好防火、防潮、防虫蛀、防霉烂、防盗等工作，还需要做好防磁、防尘等工作。双备份的重要会计档案需要存放在不同的地

点，最好分别存放在不同的建筑物内。

（3）磁性介质会计档案的保密措施。磁性介质会计档案的保管实行权限分割制度，系统操作人员和程序开发人员不得兼任会计档案保管工作；会计档案不得随意堆放，严防毁损和散失；会计档案未经领导同意，不得外借和拿出单位。经领导同意借阅会计资料时，应该履行相应的借阅审批登记手续，经手人必须签字记录。借阅的存放在磁性介质上的会计资料在归还后，档案管理人员还应该认真检查病毒，防止感染病毒。

（4）会计软件的文档和程序。无论是自行开发的会计软件，还是购买的商品化会计软件，软件的全套文档和会计软件程序，视同会计档案保管，保管期截至该软件停止使用或有重大更改之日起 5 年后。

任务五　熟悉会计信息系统的试运行与转换

会计信息系统试运行又称为人机并行，是手工和计算机核算并行以便共同完成会计核算工作与管理工作的过渡阶段，是会计软件正式使用前的测试阶段。这个阶段不仅是对计算机及会计软件的考验，也是对信息化人员分工合理性的检验。企业通过系统试运行，可以提高人员操作软件的熟练性，实施建立的各种管理制度，规范会计核算工作。

会计信息系统的顺利实施一般需要经过系统试运行、申请甩账和系统正式运行 3 个阶段，只有会计信息系统试运行与手工处理得到一致的会计数据，并且经过甩账审批单位批复后，才能正式进行会计信息系统的实施。本任务将重点介绍会计信息系统的试运行与转换的各项工作。

一、确定试运行的起始时间

会计软件试运行的时间最少为 3 个月，一般不超过 6 个月。为了能够比较全面、准确地测试会计软件，最好选择第四季度作为试运行的起始时间，原因是会计业务在接近年底时较为全面，数据量较大，这样可以测试软件日常处理数据的最大容量，也可以测试软件跨年度处理数据的功能，还可以减少软件正式运行时的初始化设置工作量。

二、做好试运行前的各项准备工作

（1）确定会计核算方法。由于同一种经济业务可能有两种以上的会计核算方法，需要对经济业务的核算方法做出规定，如存货计价方法、固定资产折旧方法、产品成本的核算方法等。

（2）统一账、证、表的格式。全面考虑各类会计资料的规范性格式，分清必须修改与必须保留的内容，使重新确认的会计账、证、表的格式更适合计算机处理。

（3）整理手工会计业务数据。重新核对各类凭证和账簿，做到账账、账证、账实相符，整理各类账户余额及发生额；清理往来账户，整理未核销的往来经济业务，建立客户档案与供应商档案；清理银行账户，手工编制“银行存款余额调节表”，找出未达账项；整理单位员工的基本工资信息及工资计算的方法，为薪资系统核算工资奠定基础。

（4）建立会计科目体系。确定系统核算需要的一级科目、中间级科目和明细级科目，确定每一会计科目的性质、类别和账页格式，确定哪些科目需要进行往来核算、部门核算、项目核算、现金流量核算、数量核算等辅助核算，确定哪些科目需要登记日记账、银行账，以便进行银行对账等。

（5）制定编码规则。根据收集整理的会计业务数据和会计科目体系，确定会计科目、部门、往来单位、存货等的编码规则，明确分级的级数位、每级的位长和具体编码。

三、明确试运行的主要工作

会计软件试运行阶段的主要任务是实现计算机核算结果与手工核算结果一致，建立相应的会计信息化制度，同时向有关部门申请计算机替代手工记账。为完成这一阶段的主要任务，会计人员需做好下列各项工作。

（1）建立核算单位的核算账套，根据试运行所做的各项准备工作设计初始化方案，进行系统初始设置，如设置操作人员的角色与权限，建立本单位账套，设置单位部门档案及职员档案，设置单位的客户、供应商、存货分类情况及其档案信息，设置开户银行信息与结算方式等。

（2）使用会计信息系统完成日常会计核算工作，并检查和调整各种核算方法及会计科目体系的科学性、完整性，以及已制定的各种方案、工作程序、各项管理制度和会计软件的完善程度。

（3）这个阶段的所有会计业务核算和管理工作仍需要手工完成，目的是检验手工核算和软件处理结果的一致性。

（4）定期核对手工核算结果与软件处理得到的数据，如果二者核对结果不一致，应当查明并分析不一致的原因，同时定期撰写试运行情况的书面报告。

四、关注试运行过程中的主要问题

（1）关注各功能模块测试检查的重点。总账处理模块的测试，着重检查输入过程中的错误和结账数据的正确性；固定资产模块的测试，着重检查折旧的提取口径和正确性；材料模块的测试，着重检查材料收入或发出后软件能否按金额与数量分别处理，以及处理是否得当；成本模块的测试，着重检查软件能否顺利执行成本核算方案，以及成本还原能否达到满意的效果；薪资模块的测试，着重检查软件能否正确计提和分配工资、能否正确计算个人所得税等；报表模块的测试，着重检查软件能否正确生成单位所需的各种会计报表；供应链各模块的测试，着重检查各种原始单据输入和输出的正确性、各种记账凭证生成的正确性及与总账模块的数据传递关系的稳定性和正确性等。

（2）关注试运行的结果与手工核算的一致性。会计软件试运行是人机并行，二者核算结果的理想状态应该是一致的，但并行的结果往往是不一致的，此时就需要分析不一致的原因。如果是由于计算机的核算精度比手工核算高而造成的，如在计算生产成本、销售成本、税金、利润时，数据精度不同会造成二者结果出现差异，从管理上看这种差异是合法合理的，就可以认为试运行通过。如果是其他不合法、不合理的原因造成的差异，那么意味着试运行失败，需要改进后再进行下一次的试运行。

（3）适时转移试运行的工作重点。在开始试运行工作之初，一般以手工核算为主、计算机核算为辅。而随着试运行阶段的时间推移，会计信息化人员对会计软件的操作逐渐熟练起来，工作重点应当逐步转移到计算机核算上来，即以手工核算为辅、计算机核算为主，为试运行阶段结束后进入会计软件的正式运行阶段做好准备。

（4）及时做好试运行数据的备份工作。试运行过程中，难免会出现各类故障而造成系统数据的破坏与丢失，会计人员及时做好试运行数据的备份工作将有助于试运行的顺利进行。

五、试运行成功，到主管财政部门备案，实施计算机替代手工记账

1. 明确计算机替代手工记账的基本条件

（1）使用的会计核算软件要达到财政部制定的《会计核算软件基本功能规范》的要求，并取得合法使用权。

（2）必须配备与本单位会计信息化工作规划相适应的计算机机种、机型和系统软件及有关配套设备。

（3）配备管理、操作、维护计算机及会计核算软件系统的工作人员。

（4）采用计算机进行会计核算与手工会计核算并行至少在3个月以上，并取得一致结果。

（5）根据国家有关法律法规及财政部制定的《内部会计控制规范——基本规范》，结合部门或系统内部控制制度的规定，建立适合本单位特点和要求的内部控制制度，并组织实施。

（6）建立并有效实施岗位责任制、信息化操作管理、计算机软硬件系统维护管理和会计档案管理等信息化管理制度。

2. 准备好计算机替代手工记账备案应提交的资料，报送同级财政部门备案，实施计算机替代手工记账

目前，随着企事业单位会计信息化应用的日益普及，由财政部门对单位计算机替代手工记账进行审批已不适应会计信息化发展的需要，同时为适应转变政府职能、减少行政审批事项的要求，各级财政部门对企事业单位计算机替代手工记账实行备案制，财政部门不再进行审批。

向财政部门备案时，一般应准备好如下资料。

（1）计算机替代手工账备案表。该备案表中一般应注明单位名称、会计机构负责人、单位组织形式、单位详细地址、会计机构总人数、会计信息化操作人员数，会计软件名称、会计软件版本号、会计软件开发单位、会计软件评审部门，硬件配置，开始使用会计软件时间、计算机替代手工记账时间、计算机替代手工记账范围等。

（2）结合本单位具体情况制定的会计信息化管理制度。该制度主要包括会计信息化岗位责任制、会计信息化操作管理制度、计算机硬件软件系统维护和数据管理制度、会计信息化档案管理制度等。

（3）各类证书的复印件。例如单位税务登记证（组织机构代码证）复印件、会计基础工作规范化证书复印件，会计人员的会计从业资格证书（或会计职称证书）和会计信息化考试合格证书的复印件。

（4）单位各级会计科目表。其包括科目代码、科目名称、科目类型、借贷方向。

（5）备案数据同期套打印输出的会计可见性文档抽样资料。其主要包括连续3个月的现金日记账和银行存款日记账明细账、总账，3个月的财务报表，3个月的记账凭证抽样等。

企事业单位在完成系统试运行并向主管财政部门备案后，就可以甩掉手工账，正式实施会计信息化工作了。

小结

本模块主要介绍了我国会计电算化与会计信息化的发展概况、会计信息化对会计工作的影响，以及会计信息系统的总体结构，详细分析了会计信息系统构建的四大要素，以及会计信息系统的试运行与转换的主要过程及工作重点。

【视野拓展案例 1】 会计档案电子化管理节约成本效果显著

【案例资料】

自 2012 年开始，财政部、国家档案局陆续组织部分信息化程度较高的企业和地区开展会计档案电子化管理试点工作，为推进会计档案电子化工作、探索可行的途径积累了宝贵的经验。

实行会计档案电子化管理在成本节约方面效果显著。以某地区试点企业为例，全部记账凭证和明细分类账仅以电子形式保存后，每年可节约纸张超过 1 亿张，约合用纸 225 吨，累计节约纸张成本、运输成本、仓储成本、打印耗费、装订成本、人工成本达数千万元。实行会计档案电子化管理，还显著提升了该企业的会计档案工作质量、管理效率和档案的利用价值。

【案例解读】

为规范会计档案管理工作，提高会计档案现代化管理水平，财政部、国家档案局对《会计档案管理办法》（财会字〔1998〕32 号）进行了修订，新修订的《会计档案管理办法》自 2016 年 1 月 1 日起施行。

明确电子会计档案的管理要求是此次修订的重点，新修订的《会计档案管理办法》在会计档案的范围、保管、移交、销毁等方面对电子会计档案进行了相应规定，主要包括以下几个方面。一是将电子会计档案纳入会计档案的范围，规定会计档案包括通过计算机等电子设备形成、传输和存储的电子会计档案。二是规定满足一定条件时单位内部生成和外部接收的电子会计资料仅以电子形式归档保存。三是在移交电子会计档案时，需要将电子会计档案及其元数据一并移交，文件格式应当符合国家档案管理的有关规定；特殊格式的电子会计档案应当与其读取平台一并移交。四是电子会计档案的销毁由单位档案管理机构、会计管理机构和信息系统管理机构共同派员监销。

新修订的《会计档案管理办法》有利于促进形成绿色、低碳的发展方式，允许符合条件的会计凭证、账簿等会计资料不再打印纸质归档保存，同时要求建立会计档案鉴定销毁制度，完善销毁流程，推动会计档案销毁工作有序开展。这些新的规定将节约大量纸质会计资料的打印、传递、整理成本及归档后的保管成本，减少社会资源耗费，推动节能减排，有利于形成绿色环保的生产方式。

【思考】

新修订的《会计档案管理办法》背景下，企业该如何完善会计档案电子化管理？

模块二

账套和用户管理

知识目标

1. 熟悉系统管理的主要功能
2. 理解账套管理的主要内容
3. 掌握人员授权的方法
4. 掌握账套备份的方法

能力目标

1. 能够根据需要创建账套
2. 能够根据部门人员分工设置操作员
3. 能够进行账套备份

素养目标

1. 树立安全保密意识，严格遵守单位会计信息保密规定
2. 自觉践行“爱岗敬业”的会计职业道德规范，树立专业自信意识
3. 具有团队精神，培养会计岗位协作意识

任务一　认知系统管理

一、系统管理的主要功能

用友 ERP-U8 V10.1 软件由多个产品组成，各产品是为同一个主体的不同层面服务的，并且产品与产品之间相互联系、共享数据，因此，这些产品具备如下特点：具备公用的基础信息，拥有相同的账套和年度账，操作员和操作权限集中管理并且进行角色的集中权限管理，业务数据共用一个数据库。为此，用友软件公司开发了一个专门针对该软件的各个产品进行统一操作管理和数据维护的公用平台——系统管理，其主要功能如下。

（1）对账套进行管理，包括进行账套的建立、修改、引入、输出（恢复备份和备份）等。

（2）对账套库进行管理，包括进行账套库的建立、初始化、引入、输出、清空账套库数据等。

（3）对系统用户及操作权限进行管理。为了保证系统及数据的安全与保密，系统管理通过对系统操作分工和权限的管理，一方面可以避免与业务无关的人员进入系统；另一方面可以对系统

所包含的各个子产品的操作进行协调，以保证各负其责，流程顺畅。操作权限的集中管理包括定义角色、设定系统用户和设置权限。

（4）设立统一的安全机制。对于企业来说，系统运行安全、数据存储安全是必要的，为此，用友 ERP-U8 V10.1 应用系统设立了强有力的安全保障机制。在系统管理中，可以监控并记录整个系统的运行过程，设置数据自动备份，清除系统运行过程中的指定任务及清退站点等。

二、系统管理的基本操作流程

对于初次使用用友 ERP-U8 V10.1 软件的用户来说，第一次登录系统管理模块的操作流程如图 2-1 所示。

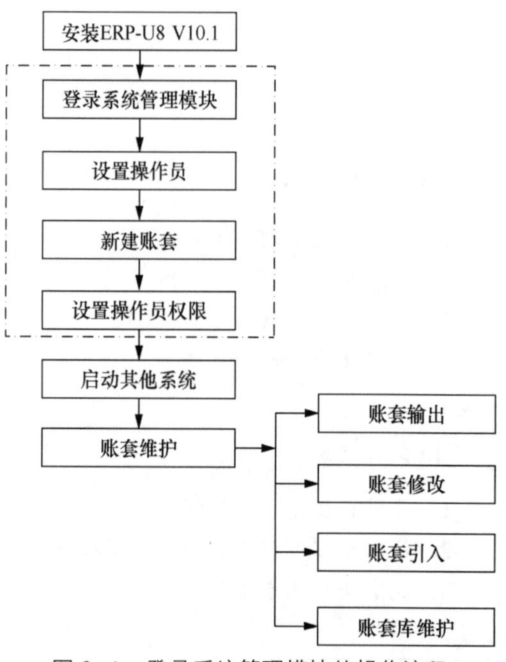

图 2-1 登录系统管理模块的操作流程

三、系统管理模块的使用者

鉴于系统管理模块在整个会计信息系统中的重要性，对系统管理模块的使用应予以严格控制。会计信息系统只允许企业人员以两种身份注册进入，一是以系统管理员（admin）的身份，二是以账套主管的身份。这两类人员虽然都可注册登录系统管理模块，但拥有的权限是有区别的，登录看到的界面也有所不同。第一次注册登录系统管理模块时，必须以系统管理员的身份进入。

（1）系统管理员。系统管理员负责整个用友软件系统的总体控制与维护，管理该系统中的所有账套。以系统管理员的身份注册进入系统管理，可以进行账套的建立、引入和输出，设置用户、角色和权限，设置备份计划，监控系统运行过程，清除异常任务等。系统管理员的名称是用友软件系统默认的（用户名为 admin，初始密码默认为空，可修改）。

（2）账套主管。账套主管是系统管理员在建立账套过程中指定的管理该套账的主管。以账套主管的身份注册进入系统管理，可以进行所选账套的维护工作，主要包括对所管理的账套进行修改、对账套库的管理（包括创建、清空、引入、输出）、对各子系统的年末结转及该账套操作员权限的设置等。

系统管理员和账套主管看到的系统管理登录界面是有差异的。系统管理员登录界面包括 5 项：服务器、操作员、密码、账套及语言区域；而账套主管登录界面则包括 6 项：服务器、操作员、密码、账套、语言区域及操作日期。

账套主管可以登录企业应用平台对有权限的账套进行业务操作，而系统管理员不能对账套业务进行操作。

四、账套和账套库的区别

用友 ERP-U8 V10.1 软件的账套和账套库是有一定区别的，具体体现在以下方面。

账套是账套库的上一级，账套由一个或多个账套库组成，一个账套库含有一年或多年使用的数据。一个账套对应一个经营实体或核算单位，账套中的某个账套库对应这个经营实体的某年度区间内的业务数据。例如，某单位建立“001 正式账套”后在 2020 年使用，然后在 2021 年期初建立“2021 账套库”后使用，则“001 正式账套”具有两个账套库，即“001 正式账套 2020 年”和“001 正式账套 2021 年”；如果希望连续使用，也可以不建新库，直接录入 2021 年数据，则“001 正式账套”具有一个账套库，即“001 正式账套 2020—2021 年”。

软件具有账套和账套库两层结构的优点：便于企业的管理，如进行账套的上报，跨年度区间的数据管理结构调整等；方便数据备份输出和引入；减少数据的负担，提高应用效率。

任务二　增加用户与建立账套

一、任务描述与分析

易友有限责任公司已经成功完成会计信息系统的试运行。从 2021 年 1 月 1 日起采用用友 ERP-U8 V10.1 软件实现计算机替代手工记账，根据企业核算与管理的需要，以系统管理员 admin 的身份进行如下操作。

（1）登录系统管理。

（2）增加软件操作员，如表 2-1 所示。

表 2-1　易友有限责任公司操作员信息

编　号	姓　名	工作职责
0001	李晶	账套主管
0002	王一红	总账会计
0003	陈强	—
0004	陈翔	—

（3）建立易友有限责任公司的新账套，基本信息如表 2-2 所示。

表 2-2　易友有限责任公司新账套基本信息

账套信息	账套号	777
	账套名称	易友有限责任公司
	启用会计期	2021 年 1 月 1 日
	账套存储路径	系统默认路径
单位信息	单位名称	易友有限责任公司
	单位简称	易友公司
	税号	241283797979877
核算类型	本币代码	RMB
	企业类型	工业
	行业性质	2007 年新会计制度科目
	账套主管	李晶
	按行业性质预设会计科目	按行业性质预设会计科目
基础信息	存货是否分类	无分类
	客户是否分类	无分类

续表

基础信息	供应商是否分类	无分类
	是否有外币核算	无外币核算
编码方案	科目编码	4-2-2-2
	部门编码	2-2
	收发类别	1-2-1
	其他编码	采用系统默认值
数据精度	各类数据精度	采用系统默认值
系统启用	需要立即启用的模块	总账、应收款管理、应付款管理、固定资产、薪资管理，启用时间为 2021 年 1 月 1 日

企业实现计算机替代手工记账，第一次正式采用会计核算软件，首先需要注册并登录系统管理，增加操作员；其次需要在系统中建立账套，即建立企业会计核算的数据库文件，使软件功能与企业的具体业务相衔接，这个过程就是建立账套的过程，简称建账。这就相当于在进行手工核算时，从市场上买来账簿，然后通过开设账户，定义账簿登记的具体内容，使账簿真正成为企业业务核算的载体。

二、相关知识

1. 用户管理

用户是指有权限登录系统并对系统进行操作的人员，即通常意义上的"操作员"。每次注册登录系统，都要进行用户身份的合法性检查。只有设置了具体的用户之后，才能进行相关的操作。

用户管理主要完成用户的增加、删除、修改等工作。

增加用户时，编号、姓名为必须输入的信息，输入的编号不能与系统内已经存在的用户编号重复。若选择用户所属的角色，则用户自动拥有该角色的所有权限。

用户修改与删除的步骤和增加的步骤基本相同，选中要修改或删除的用户，单击【修改】按钮即可进行修改，单击【删除】按钮即可删除用户。如果该用户已经赋予了角色信息，需要在删除用户的角色信息后方可删除用户。若该用户已经进入系统进行过操作，则不允许删除。

2. 账套的建立

每一个独立核算的企业都有一套完整的账簿体系，把这样一套完整的账簿体系建立在计算机系统中称为一个账套。建立账套就是企业利用会计软件在会计信息系统中建立一套独立完整的企业资源管理系统。在用友 ERP-U8 V10.1 软件中，最多可以建立 999 个账套。每个账套用一个账套号和一个账套名称来表示，账套号可以由用户自由选择，也可以由系统按顺序自动排序编号，但不允许重复。一个账套中包含了企业所有的数据。把企业数据按年度划分，称为年度账。

三、任务实施

1. 登录系统管理

第一步：执行【开始】|【程序】|【用友 ERP-U8 V10.1】|【系统服务】|【系统管理】命令，打开系统管理窗口，执行【系统】|【注册】命令，打开"登录"对话框。

第二步：在"登录"对话框中输入操作员名称"admin"，选择账套"(default)"。

第三步：单击【登录】按钮，完成注册，如图 2-2 所示。

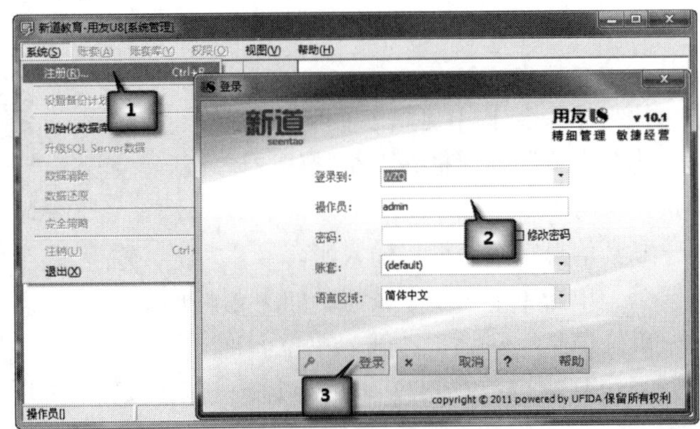

图 2-2　系统管理注册界面

微课 001：登录系统管理

2. 增加软件操作员

易友有限责任公司的操作员信息如表 2-1 所示。

第一步：在系统管理窗口中，执行【权限】|【用户】命令，打开“用户管理”对话框。

第二步：单击【增加】按钮，打开“操作员详细情况”对话框。

第三步：输入编号“0001”，输入姓名“李晶”，选中所属角色“账套主管”前的复选框。

第四步：单击【增加】按钮，即可保存用户设置，如图 2-3 所示。

第五步：重复第三步和第四步的操作，完成对其他操作员的设置。设置完成后，单击【取消】按钮退出。

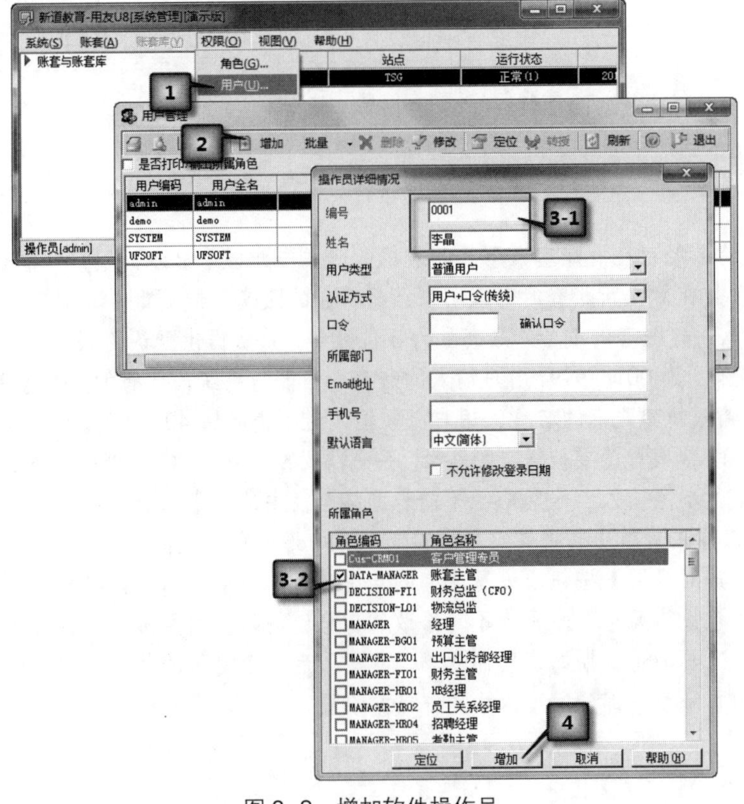

图 2-3　增加软件操作员

微课 002：增加软件操作员

3. 建立新账套

微课 003：建立新账套

易友有限责任公司的新账套基本信息如表 2-2 所示。

第一步：在系统管理窗口中，执行【账套】|【建立】命令。

第二步：打开“创建账套——建账方式”对话框，系统默认选择“新建空白账套”方式，单击【下一步】按钮。

第三步：打开“创建账套——账套信息”对话框，输入账套号“777”，输入账套名称“易友有限责任公司”等，单击【下一步】按钮，如图 2-4 所示。

第四步：打开“创建账套——单位信息”对话框，输入单位名称“易友有限责任公司”，输入单位简称“易友公司”，输入税号“241283797979877”，单击【下一步】按钮，如图 2-5 所示。

图 2-4 “创建账套——账套信息”对话框

栏目说明

- 已存账套：系统将已经存在的账套以下拉列表框的形式在此栏中显示，用户只能查看，不能输入或修改，其作用是在建立新账套时可以明晰已经存在的账套，避免重复建立。
- 账套号：用来输入新建账套的编号，账套号为 3 位数字。系统提供默认的账套号，用户可以修改，账套号的取值范围为 001～999，用户输入的账套号不能与系统内已有的账套号重合。
- 账套名称：用来输入新建账套的名称，用户必须输入且不得超过 40 个字符。
- 账套路径：用来输入新建账套要被保存的路径，系统默认的路径为“C: \U8SOFT\Admin”，用户可以修改，也可以进行参照输入。账套路径不能是网络路径中的磁盘。
- 启用会计期：用来输入新建账套将被启用的时间，用户必须输入。系统默认为计算机的系统日期，可单击【会计期间设置】按钮，设置账套的启用年度和月度。随后系统会自动将启用月份以前的日期的背景色设为蓝色，表示为不可修改的部分；而将启用月份以后各月的截止日期（各月的初始日期随上月截止日期的变动而变动；年度最后一个月份的截止日期除外）的背景色设为灰色，表示为可修改的部分，可以由用户任意设置。

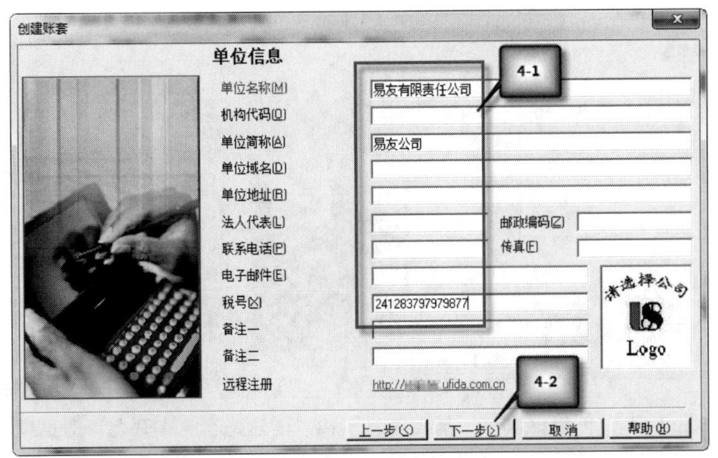

图 2-5 “创建账套——单位信息”对话框

第五步：打开“创建账套——核算类型”对话框，系统默认本币代码为“RMB”，本币名称为“人民币”，企业性质为“工业”，行业性质为“2007 年新会计制度科目”，账套主管为“[0001]李晶”，选中“按行业性质预置科目”复选框，单击【下一步】按钮，如图 2-6 所示。

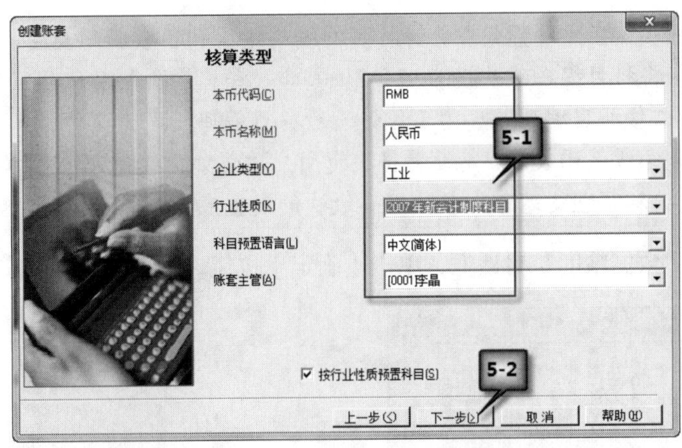

图 2-6 “创建账套——核算类型”对话框

栏目说明

- 行业性质：用户必须从下拉框中选择本单位所属的行业性质，这为“按行业性质预置科目”确定了科目范围，系统会根据企业所选行业性质预制一些行业的特定方法和报表。
- 按行业性质预置科目：如果用户希望在总账系统预置所属行业的标准科目，则选中该复选框；如果取消选中，则由用户自己增加所有级次的会计科目。

第六步：打开“创建账套——基础信息”对话框，系统默认存货、客户、供应商均有分类。分别取消选中“存货是否有分类”“客户是否有分类”“供应商是否有分类”复选框，将存货、客户、供应商设置为没有分类。单击【下一步】按钮，打开“创建账套——开始”对话框，单击【完成】按钮，系统弹出“可以创建账套了吗？”提示框，单击【是】按钮，如图 2-7 所示。系统自动进行初始化环境、创建新账套库、更新账套库以及配置账套信息。

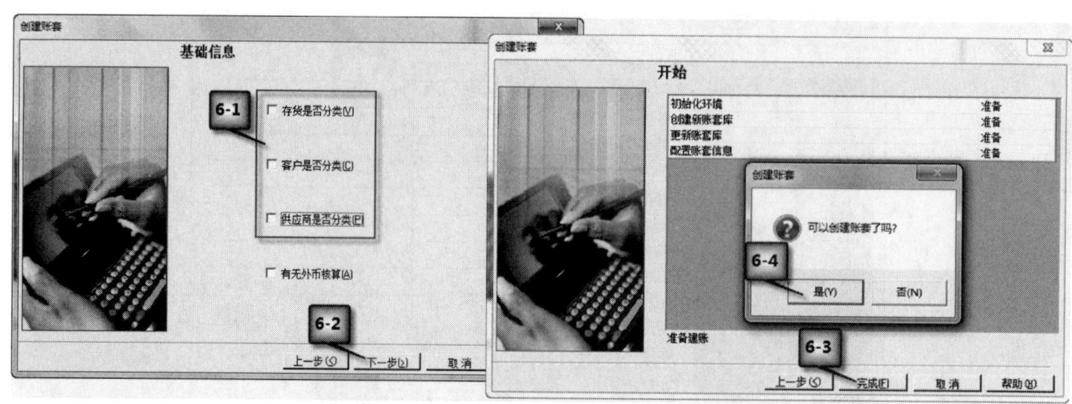

图 2-7 “创建账套——基础信息”和“创建账套——开始”对话框

第七步：系统自动打开“编码方案”对话框，修改科目编码级次、部门编码级次及收发类别编码级次，其他项目采用系统默认设置。设置完成后，单击【确定】按钮，再单击【取消】按钮，如图 2-8 所示。

栏目说明

- 科目编码级次：在此设置企业会计科目的编码级次和各级编码长度。例如，某单位采用 2007 年会计制度，将科目编码级次设为 4-2-2，其含义是：会计科目采用三级核算，一级科目编码长度为 4 位，二级科目编码长度为 2 位，三级科目编码长度为 2 位。
- 编码级次和各级编码长度：其设置将决定用户单位如何编制基础数据的编号，进而构成用户分级核算、统计和管理的基础。各项编码级次的设置应遵从系统定义。

第八步：打开“数据精度”对话框，单击【确定】按钮，如图 2-9 所示。

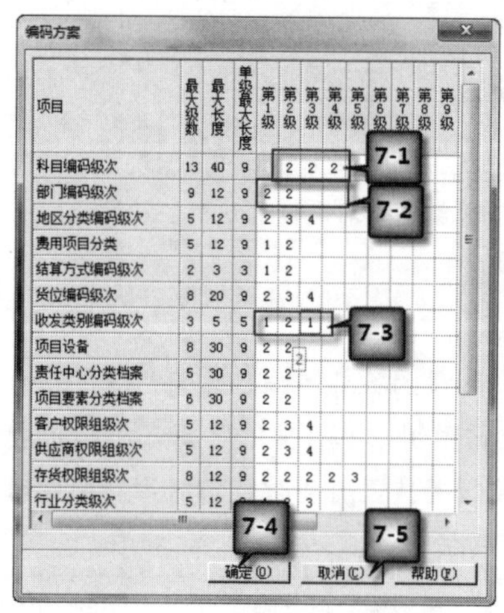

图 2-8 “编码方案”对话框

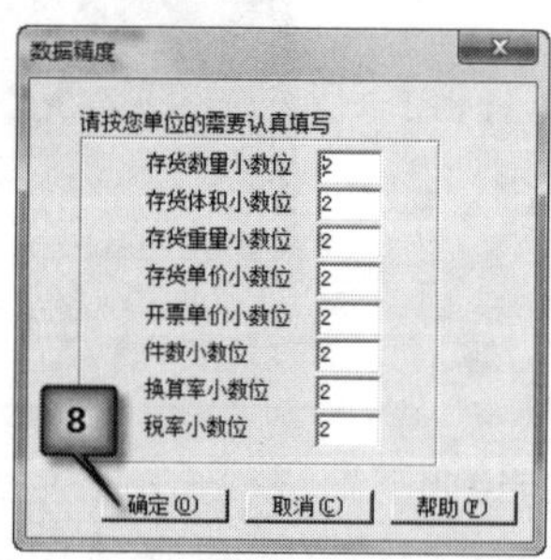

图 2-9 “数据精度”对话框

第九步：系统弹出“创建账套”提示框，单击【是】按钮，如图 2-10 所示。

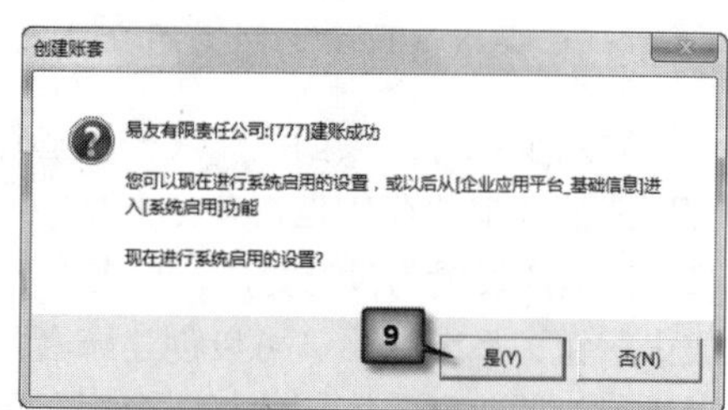

图 2-10 “创建账套”提示框

第十步：打开“系统启用”对话框，选中“总账”复选框，弹出“日历”对话框，默认时间为“2021-01-01”，单击【确定】按钮，系统弹出“确实要启用当前系统吗？”提示框，单击【是】按钮。继续完成其他系统的启用设置，设置完毕，单击【退出】按钮退出，如图 2-11 所示。

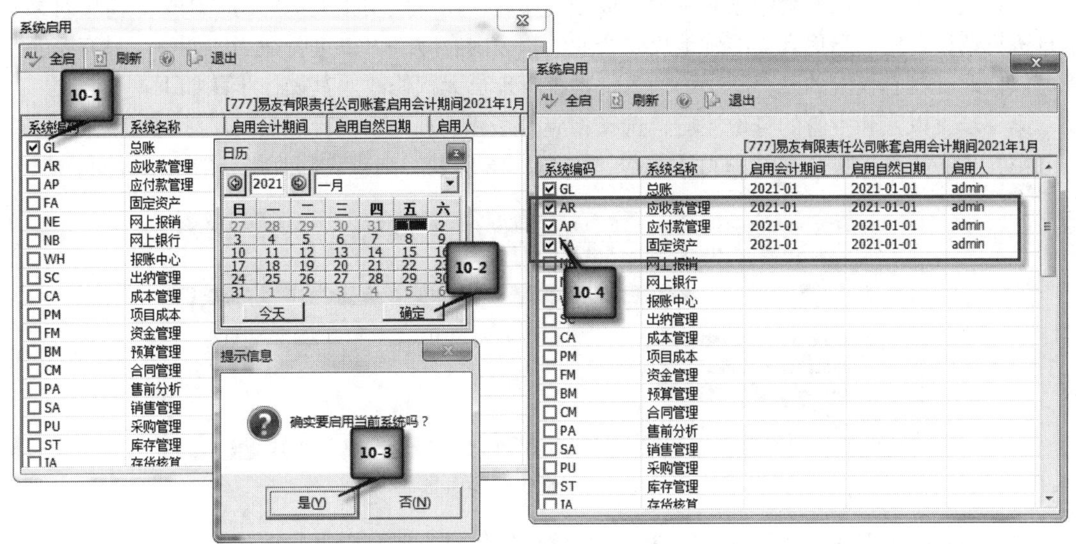

图 2-11　系统启用

第十一步：账套信息配置完成后，弹出“请进入企业应用平台进行业务操作!”提示框，单击【确定】按钮，然后在“创建账套——开始”对话框中单击【退出】按钮，返回系统管理窗口，可以看到已经建成的“777”账套，如图 2-12 所示。

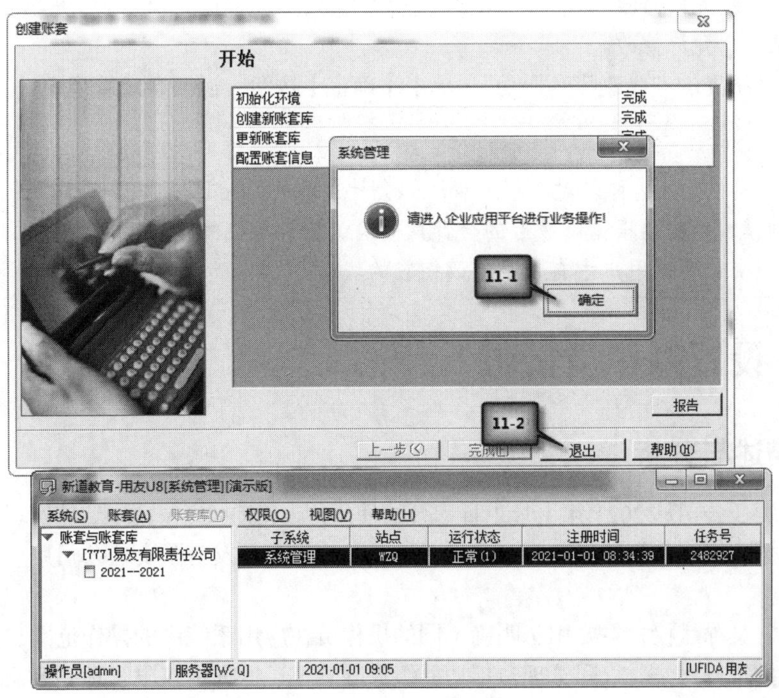

图 2-12　系统管理窗口

四、拓展提高

当系统管理员建成账套和账套主管建成账套库后，在未使用相关信息的基础上，需要对某些信息进行调整，使信息更真实准确地反映企业的相关内容时，可以进行适当的调整。只有账套主管可以修改其具有权限的账套库中的信息，系统管理员无权修改。其操作步骤如下。

第一步：以账套主管的身份注册，选择相应的账套，进入系统管理窗口。

第二步：执行【账套】|【修改】命令，如图 2-13 所示，则进入修改账套信息的界面。

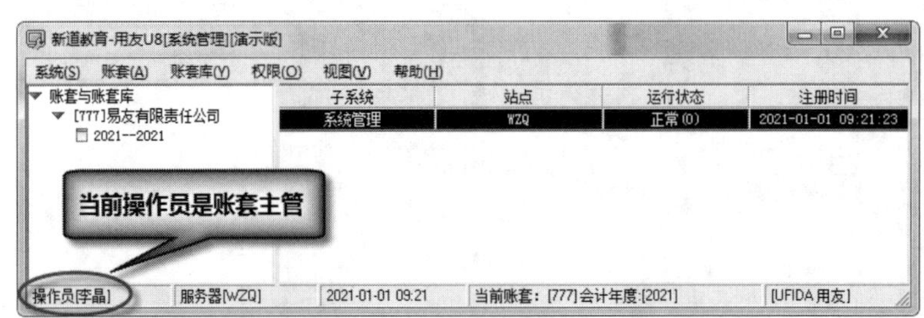

图 2-13　修改账套信息

第三步：根据需要，修改账套信息，可以修改的信息主要有以下几项。

- 账套信息：账套名称允许修改。
- 单位信息：所有信息允许修改。
- 核算类型：行业性质允许修改。
- 基础信息：所有信息允许修改。
- 编码方案：允许修改。
- 数据精度：允许修改。

第四步：系统提示“修改账套成功”，单击【确定】按钮，返回系统管理窗口。

操作提示

- 在账套的使用中，可以对本年未启用的会计期间的开始日期和终止日期进行修改。使用该会计期间的模块均需要根据修改后的会计期间确认业务所在的正确期间。
- 只有账套管理员用户才有权限修改相应的账套。

任务三　设置操作员权限

一、任务描述与分析

易友有限责任公司从 2021 年 1 月 1 日起开始使用用友 ERP-U8 V10.1 软件实现计算机替代手工记账，根据企业核算与管理的需要，登录系统管理，设置易友有限责任公司用户的功能权限，如表 2-3 所示。

权限管理，又称赋权，主要用于明确不同的操作员在应用系统中的操作范围和操作限制，一般由系统管理员进行操作。权限管理包括功能级权限管理、数据级权限管理和金额级权限管理 3 个层次。本任务主要对功能级权限进行设置与管理。

表 2-3　　易友有限责任公司用户功能权限

编　号	姓　名	功能权限
0002	王一红	具有“公用目录设置”权限； 具有“总账”“应付款管理”“应收款管理”“固定资产”“薪资管理”的全部权限
0003	陈强	具有“公用目录设置”“公共单据”权限； 具有“采购管理”“销售管理”“库存管理”“存货核算”的全部权限

二、相关知识

增加操作员之后，必须对操作员授予权限，以实现合理的岗位分工。系统管理员和账套主管都可以为操作员设置权限。

用友 ERP-U8 V10.1 软件中操作员的权限设置可以通过角色管理和权限管理来完成。

1. 设置角色，定义角色的权限

角色是指在企业管理中拥有某一类职能的组织。这个角色组织可以是实际的部门，也可以是拥有同一类职能的人构成的虚拟组织。例如，实际工作中最常见的会计和出纳两个角色（他们可以是一个部门的人员，也可以不是一个部门的人员，但工作职能是一样的角色统称）。我们在设置角色后，可以定义角色的权限，如果用户归属此角色，其相应具有角色的权限。此功能的优点是方便控制操作员权限，可以依据职能统一进行权限的划分。

用户和角色设置不分先后顺序，用户可以根据自己的需要进行设置。对于自动传递权限来说，应该首先设定角色，然后分配权限，最后进行用户的设置。这样在设置用户的时候，如果选择其归属哪一个角色，则其自动具有该角色的权限。

一个角色可以拥有多个用户，一个用户也可以分属多个不同的角色。

2. 设置权限

随着经济的发展，用户对管理要求不断提高，越来越多的信息都表明权限管理必须向更细、更深的方向发展。用友 ERP-U8 V10.1 提供集中权限管理，除了提供用户对各模块操作的权限，还相应提供了金额的权限管理和对于数据的字段级和记录级的控制，不同的组合方式将为企业的控制提供有效的方法。用友 ERP-U8 V10.1 可以实现以下 3 个层次的权限管理。

（1）功能级权限管理。该权限包括各功能模块相关业务的查看和分配权限。系统提供 51 个子系统的功能权限的分配，不同的企业可以根据单位的实际需要灵活设置操作员的功能权限，实现内部管理与控制。

（2）数据级权限管理。该权限可以通过两个方面进行权限控制，一方面是字段级权限控制，另一方面是记录级权限控制。

（3）金额级权限管理。该权限主要用于完善内部金额控制，实现对具体金额数量划分级别，对不同岗位和职位的操作员进行金额级别控制，限制他们制单时可以使用的金额数量，不涉及内部系统控制的不在管理范围内。

功能级权限的分配在系统管理中的权限分配中设置，数据级权限和金额级权限在“企业门户”“基础信息”“数据权限”中进行分配。对于数据级权限和金额级权限的分配设置，必须在系统管理的功能级权限分配之后才能进行。

三、任务实施

设置操作员权限的操作步骤如下。

第一步：以系统管理员的身份注册进入系统管理，执行【权限】|【权限】命令，打开“操作员权限”对话框。

微课 004：设置操作员权限

第二步：选择核算账套“[777] 易友有限责任公司”，在左侧的操作员列表中选择操作员“王一红”，单击【修改】按钮，选中操作员“王一红”所拥有权限前的复选框，设置完毕，单击【保存】按钮保存，如图 2-14 所示。

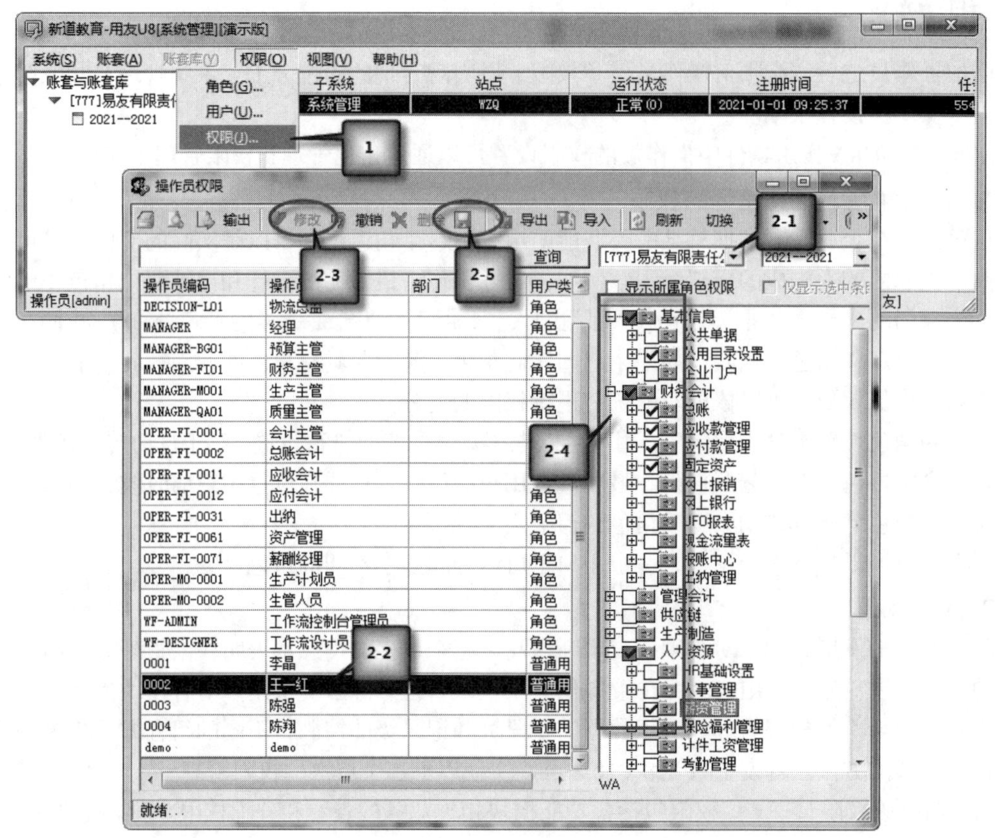

图 2-14 “操作员权限”对话框

第三步：在左侧的操作员列表中选择操作员“陈强”，单击【修改】按钮，选中操作员“陈强”所拥有权限前的复选框，设置完毕，单击【保存】按钮保存，单击【退出】按钮返回。

操作提示

- 只有以系统管理员（admin）的身份注册才能设置账套主管。如果以账套主管的身份注册，只能分配所辖账套子系统的操作员权限。
- 一个账套可以有多个账套主管。
- 如果在角色管理或用户管理中已将“用户”归属于“账套主管”角色，则该操作员已定义为系统内所有账套的账套主管。
- 已经使用的用户权限及正在使用的用户权限均不能进行修改、删除的操作。如果为某角色分配了权限，则所有属于此角色的用户自动拥有此角色所具有的权限。

四、拓展提高

在任务二中，建立账套时指定李晶为 777 账套的账套主管。如果企业需要指定他人（如操作员“陈翔”）为账套主管，应进行以下操作。

第一步：以系统管理员的身份注册进入系统管理，执行【权限】|【权限】命令，打开“操作员权限”对话框。

第二步：选择核算账套“[777]易友有限责任公司”，在左侧的操作员列表中选择目标操作员，这里选择操作员“陈翔”，选中“账套主管”复选框，系统弹出“设置普通用户：[0004] 账套主管权限吗？”提示框，单击【是】按钮，如图 2-15 所示。

图 2-15　设置操作员账套主管权限

任务四　账套备份与引入

一、任务描述与分析

2021 年 1 月 1 日，易友有限责任公司系统管理员 admin 进行了输出账套到 D 盘下的“777-4-1”文件夹下的操作。

账套备份实际上是一个数据输出的过程，它是将所选的账套数据输出到系统外进行保存的过程。将企业资料备份保存到不同的介质上（如光盘、网络磁盘、移动硬盘等）是非常重要的，如果因为外界的原因（如地震、火灾、计算机病毒或人为错误操作等）使软件失效，备份资料可以将企业的损失降到最低。当然，对于异地管理的公司，此种方法还可以解决审计和数据汇总的问题。具体应用应根据企业实际情况进行。

账套引入与账套输出正好是相反的操作过程。账套引入功能是指将系统外某账套数据引入本系统中。用户可使用系统管理中提供的备份功能（设置备份计划）或输出功能，将 U8 账套进行备份，当需要恢复账套时，可使用引入功能将备份的账套恢复到 U8 系统中。当账套数据遭到破坏时，将最近复制的账套数据引入本账套中，能够保持业务数据完好；同时该功能也有利于集团公司的操作，子公司的账套数据可以定期被引入母公司系统中，以便进行有关账套数据的分析和合并工作。

二、相关知识

将目标数据进行输出备份，可以采用 3 种方式，即账套输出、账套库输出和设置备份计划输出。这 3 种输出方式的目的只有一个，就是将目标数据进行输出备份。这 3 种方式的输出方法和输出内容是有一定区别的，如表 2-4 所示。

表 2-4　账套备份的 3 种方式比较

内容/类别	账套输出	账套库输出	设置备份计划输出		
			设置账套备份计划	设置账套库备份计划	设置账套库增量备份计划
范围	一次只能输出一个账套的数据	一次只能输出一个账套中的一个账套库的数据	一次可以输出多个账套的数据	一次可以输出多个账套的多个年度账	一次可以输出多个账套的多个账套库的增量变化
自动备份定时输出功能	不可以	不可以	可以	可以	可以

三、任务实施

微课 005：输出账套

将账套输出到 D 盘下的“777-4-1”文件夹中的具体操作步骤如下。

第一步：以系统管理员的身份注册进入系统管理，执行【账套】|【输出】命令。

第二步：打开“账套输出”对话框，单击“账套号”栏的下三角按钮，选择需要输出的账套，单击…按钮，打开“请选择账套备份路径”对话框，选择 D 盘，单击【新建文件夹】按钮，在打开的对话框中输入新建的文件夹名称“777-4-1”，单击【确定】按钮。

第三步：在“请选择账套备份路径”对话框中单击【确定】按钮，在打开的“账套输出”对话框中显示输出文件位置“D:\777-4-1\”，单击【确认】按钮，系统提示“输出成功”，单击【确定】按钮，如图 2-16 所示。

操作提示

- 只有系统管理员有权限进行账套输出，以账套主管身份登录系统管理，输出对应账套库的数据。
- 一个目录下只能存放一个账套备份数据。如果备份账套时所选择文件夹中已有账套备份，则新备份账套数据将覆盖原有账套备份数据。

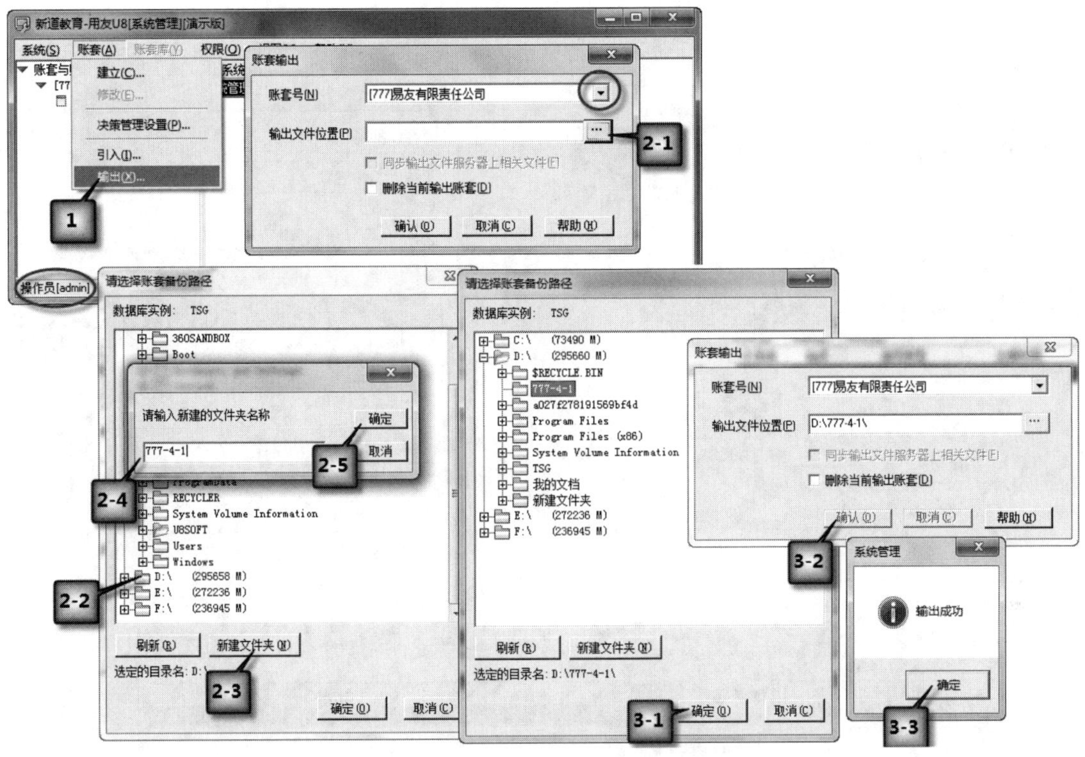

图 2–16　账套输出

四、拓展提高

微课 006：账套引入

1. 账套引入

2021 年 1 月 1 日，易友有限责任公司系统管理员进行如下操作：将 D 盘下的“777-4-1”文件夹中的账套引入系统默认盘符下。

第一步：以系统管理员的身份注册进入系统管理，执行【账套】|【引入】命令。

第二步：打开“请选择账套备份文件”对话框，选择将要引入的账套数据，单击【确定】按钮，系统提示“请选择账套引入的目录，当前默认路径为 C:\U8SOFT\admin”，单击【确定】按钮，系统弹出“请选择账套引入的目录”对话框，单击【确定】按钮，系统提示“账套[777]引入成功”，单击【确定】按钮，如图 2-17 所示。

2. 清除系统运行异常

在用友 ERP-U8 V10.1 运行期间，如果遇到死机、病毒侵袭、网络阻断等意外事件，就会导致系统运行异常。用友 ERP-U8 V10.1 提供了两种清除系统运行异常的方法，即手动清除和自动清除。用户在使用过程中，可在 U8 服务管理器中设置服务端异常和服务端失效的时间，提高使用中的安全性和高效性。如果用户服务端超过异常限制时间未工作或由于不可预见的原因退出某系统，则视为异常任务，在系统管理主界面显示“运行状态异常”，系统会在到达服务端失效时间时，自动清除异常任务。在等待时间内，用户也可以系统管理员身份注册进入系统管理，执行【视图】|【清除异常任务】命令自行删除异常任务，如图 2-18 所示。

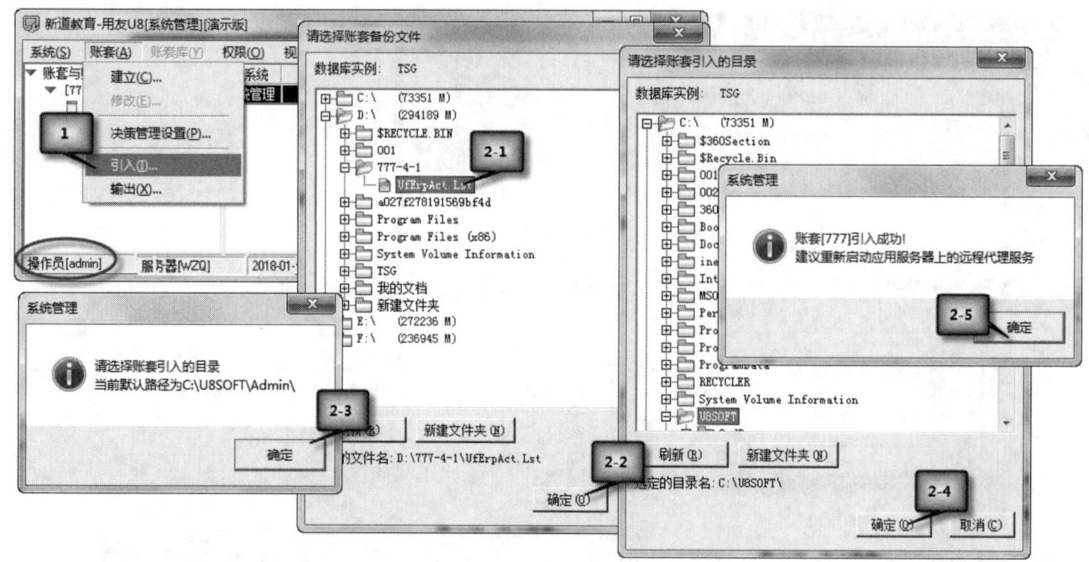

图 2-17　账套引入

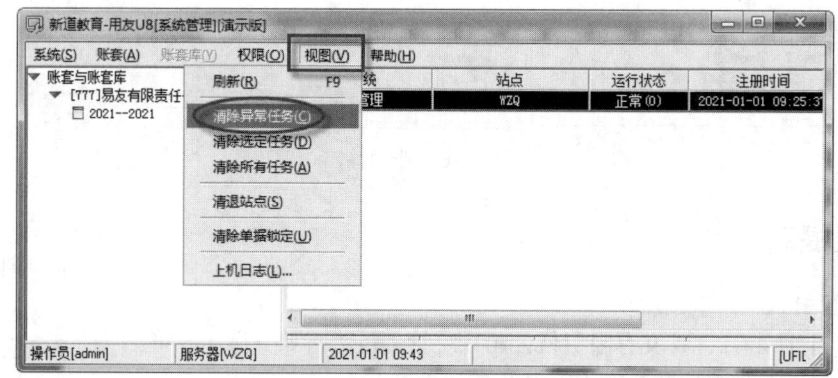

图 2-18　执行【视图】|【清除异常任务】命令

3. 清除单据锁定

在使用过程中，由于各种不可预见的原因可能会造成单据锁定，此时单据的正常操作将不能使用，可使用“清除单据锁定”功能，将恢复正常功能的使用。其操作步骤：以系统管理员身份注册进入系统管理，执行【视图】|【清除单据锁定】命令即可。

小结

本模块主要介绍了系统管理功能模块的主要功能，通过对增加用户、建立账套、人员授权及账套备份的操作，操作员对账套管理和用户管理的主要内容有深刻认识；通过上机的操作、比较，理解系统管理员和账套主管在权限上的差异、账套和账套库的差异。

【视野拓展案例 2】 会计王××用汗水在平凡的岗位上谱写不平凡的人生

【案例资料】

1987 年出生的王××是一名××国有企业财务部的会计，多年来她立足本职工作，在平凡的岗位上用自己的勤劳和汗水默默奉献，用职业操守维护国家的财经纪律，在财务会计行业树立了良好形象。

一、坚持理论学习，始终保持政治立场坚定。王××时刻不忘自己是一名财务会计工作人员，加强政治学习，增强自身修养，为做好财务工作打牢政治基础。工作之余，她总是主动加强业务学习，努力提高自身素质。她平时还喜欢把相关的政策、法规按照工作的需要输入计算机做成文档，存放在特定的目录下，以备工作急需，并带领部门人员开展培训，做到有法必依、有据可查。很多常用的数据资料，她常常能够脱口而出，并不断总结积累工作中的经验，按照财务工作内在的规律性，想出了许多小窍门，拓展应用计算机管理手段，不断提高工作效率。

二、用职业道德严把制度关。自参加工作以来，王××就认真学习并严格遵守党风廉政建设规定，从思想上筑牢反腐倡廉、拒腐防变的堤防，坚决抵制各种社会不良风气的侵蚀和诱惑，从来不以职务之便为自己谋取一丝一毫的利益。在日常工作中，她处理每一笔业务都非常严谨，严格按照财务制度的有关规定处理账务。遇到财务手续不全或与财务制度规定相违背的违规票据，她坚决不准入账；遇到单据、票据与实际发生不符现象，她坚决将其打回，让相关人员重新开票；在日常经济业务中发现了对单位工作不利的问题，她会及时如实地向单位领导反映并提出自己的处理意见和建议。

三、爱岗敬业、乐于奉献，谱写人生乐章。做好财务工作是她的工作目标，当急难任务摆在面前时，她总是任劳任怨，从不叫苦叫累，高标准严要求，踏踏实实，乐于奉献。作为一名国企工作人员，王××非常热爱自己的工作，在工作中表现出主动性和积极性，遇到困难的工作总是主动承担。有时临时性的琐碎工作较多，而且时间紧任务重，有时还需要牺牲一些个人利益，但是她从没有半句怨言。为了尽快完成工作任务，她自觉克服个人困难，保质保量地完成组织交给自己的各项任务。

王××认真履行财务会计人员职责，将吃苦耐劳，做事认真细致，乐于奉献的优良品质深深地镌刻在自己平凡的工作岗位上。2020 年，王××连续 3 年被单位评为先进工作者，并获得优秀共产党员荣誉称号。

【案例解读】

会计是一种专门的职业，有与之相适应的道德标准或要求。我国会计职业道德规范主要包括以下 8 个方面：爱岗敬业、诚实守信、廉洁自律、客观公正、坚持准则、提高技能、参与管理和强化服务。案例中的王××坚持以会计职业道德规范为标准，在会计岗位中乐于奉献，是一名值得学习的优秀会计人员。另外，××国有企业根据王××的多年表现进行相应的表彰，也充分发挥了会计职业道德的作用，健全了会计职业道德体系，将会计职业道德要求与个人利益结合起来，体现了权利与义务统一的原则。

【思考】

要想成为一名优秀的会计人员，我们应当做好哪些工作？

模块三

公共基础信息设置

知识目标

1．了解用友 ERP-U8 V10.1 企业应用平台的基本功能

2．掌握常用基础档案的设置内容和设置方法

能力目标

能够根据需要设置各类基础档案

素养目标

1．养成严谨细致的会计职业素养

2．养成精益求精的工匠精神

任务一　熟悉用友 ERP-U8 V10.1 企业应用平台

一、任务描述与分析

易友有限责任公司已经成功建立了账套号为“777”的公司账套，从 2021 年 1 月 1 日起，以账套主管李晶的身份登录企业应用平台，根据公司核算与管理的需要，进行会计信息系统的具体实施与应用。

二、相关知识

为了使用友 ERP-U8 V10.1 管理软件能够成为连接企业员工、用户和合作伙伴的公共平台，使系统资源能够得到高效、合理的使用，在用友 ERP-U8 V10.1 管理软件中设立企业应用平台。通过企业应用平台，用户能够从单一入口访问其所需的个性化信息，定义自己的业务工作，并设计自己的工作流程。

企业应用平台的主要功能模块包括业务工作、基础设置和系统服务 3 个方面。

1．业务工作

在企业应用平台的“业务工作”界面中，集成了登录操作员拥有操作权限的所有功能模块，因此，该界面也是操作员进入用友 ERP-U8 V10.1 管理软件的唯一入口。

2. 基础设置

基础设置是为系统的日常运行做好基础工作的设置，主要包括基本信息设置、基础档案设置、业务参数设置、单据设置等。

（1）基本信息设置。在基本信息设置中，可以对建账过程确定的编码方案和数据精度进行修改，并进行系统启用设置。

用友 ERP-U8 V10.1 管理软件分为财务会计、管理会计、供应链、生产制造、人力资源、集团应用、决策支持和企业应用集成等产品组，每个产品组中包含若干模块，它们中的大多数既可以独立运行，又可以集成使用，但两种用法的流程是有差异的。一方面，企业可以根据本身的管理特点选购不同的子系统；另一方面，企业也可以采取循序渐进的策略有计划地先启用一些模块，一段时间之后再启用另外一些模块。系统启用为企业提供了选择的便利，它可以表明企业在何时启用了哪些子系统，只有设置了系统启用的模块才可以登录。

有两种方法可以设置系统启用。一种是在企业建账完成后立即进行系统启用设置；另一种是在建账结束后由账套主管在登录应用平台后，通过系统启用进行设置。

（2）基础档案设置。基础档案是系统日常业务处理必需的基础资料，是系统运行的基石。一个账套由若干个子系统构成，这些子系统共享基础档案信息。在启用新账套之前，应根据企业的实际情况，结合系统基础档案设置的要求，事先做好基础数据的准备工作。

（3）业务参数设置。系统在建立新的账套后由于具体情况需要或业务变更，会发生一些账套信息与核算内容不符的情况，可以进行业务参数的查看和调整。例如在总账系统中，可对“凭证”选项、“账簿”选项、“凭证打印”选项、“预算控制”选项、“权限”选项、“会计日历”选项、“其他”选项、“自定义项核算”选项等业务参数进行设置与修改。

（4）单据设置。不同企业各项业务处理中使用的单据可能存在细微的差别，用友 ERP-U8 V10.1 管理软件中预置了常用单据模板，而且允许用户对各单据类型的多个显示模板和多个打印模板进行设置，以定义本企业需要的单据格式。

3. 系统服务

系统服务包括系统管理、服务器配置、工具及权限设置等基本功能。

（1）系统管理。用友 ERP-U8 V10.1 软件由多个产品组成，各个产品之间相互联系、数据共享。为完全实现财务业务一体化的管理，用友 ERP-U8 V10.1 软件设置了系统管理，帮助企业进行资金流、物流、信息流的统一管理。系统管理包括新建账套、账套库管理、账套修改和删除、账套备份，根据企业经营管理中的不同岗位职能建立不同角色，新建操作员和权限的分配等功能。系统管理的使用者为企业的信息管理人员，如系统管理员（Admin）和账套主管。

（2）服务器配置。用友 ERP-U8 V10.1 软件提供了应用服务器配置和远程配置方案。

（3）工具。用友 ERP-U8 V10.1 软件提供了科目转换、账务函数转换、财政部报表接口、总账工具、专家财务数据库维护、数据复制、集团应用等维护工具，以方便软件使用者使用。

（4）权限设置。用友 ERP-U8 V10.1 管理软件中，提供了 3 种不同性质的权限管理，即功能权限、数据权限和金额权限。

① 功能权限在系统管理中进行设置，主要规定了每个操作员对各模块及细分功能的操作权限。

② 数据权限是针对业务对象进行的控制，可以选择对特定业务对象的某些项目和某些记录进行查询与录入的权限控制。

③ 金额权限的主要作用体现在两个方面：一是用户在填制凭证时，设置特定科目允许输入的金额范围；二是用户在填制采购订单时，设置允许输入的采购金额范围。

三、任务实施

微课 007：登录企业应用平台

登录用友 ERP-U8 V10.1 企业应用平台的步骤如下。

第一步：执行【开始】|【程序】|【用友 ERP-U8 V10.1】|【企业应用平台】命令或直接双击桌面上的"企业应用平台"快捷方式，打开"登录"对话框。

第二步：在"登录"对话框中输入账套主管"李晶"或她的用户编码"0001"，选择账套"[777](default)易友有限责任公司"，单击【登录】按钮，打开企业应用平台，如图 3-1 所示。

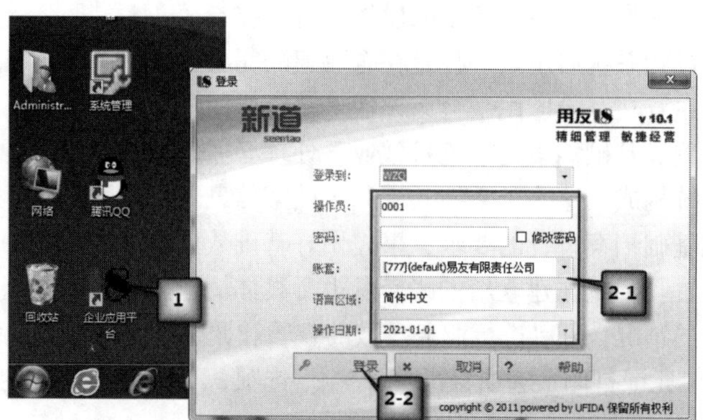

图 3-1 登录企业应用平台

任务二 设置机构人员信息

一、任务描述与分析

在企业应用平台中，以账套主管"李晶"的身份，进行如下操作。

（1）设置部门档案信息，如表 3-1 所示。

表 3-1 易友有限责任公司部门档案信息

部门编码	部门名称	部门编码	部门名称
01	综合管理部	05	生产部
02	财务部	0501	生产一部
03	采购部	0502	生产二部
04	销售部	06	仓管部

（2）设置人员类别信息，如表 3-2 所示。

（3）设置人员档案信息，如表 3-3 所示。

企业在财务核算与管理中，经常需要用到部门档案、人员档案资料；进行薪资核算与管理时，需要按人员类别进行工资费用等的分配。因此，在会计信息系统实施的准备阶段，需要确定基础档案的分类编码方案，并根据分类编码方案设置机构人员信息。

表 3-2 易友有限责任公司人员类别信息

档案编码	档案名称	档案编码	档案名称
104	企业管理人员	107	采购人员
105	行政人员	108	生产人员
106	营销人员	109	车间管理人员

表 3-3 易友有限责任公司人员档案信息

人员编号	人员姓名	性 别	行政部门	雇佣状态	人员类别	是否业务员
001	陈强	男	综合管理部	在职	企业管理人员	是
002	徐冰	女	综合管理部	在职	企业管理人员	是
003	李晶	女	财务部	在职	企业管理人员	是
004	王一红	女	财务部	在职	企业管理人员	是
005	张明	男	采购部	在职	采购人员	是
006	黄平	男	采购部	在职	采购人员	是
007	章立	男	销售部	在职	营销人员	是
008	吴立行	男	销售部	在职	营销人员	是
009	赵兵	男	生产一部	在职	车间管理人员	是
010	张恒	男	生产一部	在职	生产人员	是
011	王一菲	女	生产二部	在职	车间管理人员	是
012	何原	男	生产二部	在职	生产人员	是
013	倪展鹏	男	仓管部	在职	企业管理人员	是

二、相关知识

设置机构人员信息主要包括本单位信息、部门档案、人员档案、人员类别、职务档案、岗位档案等。其中，设置部门档案，主要是按照已经定义好的部门编码级次原则输入部门编号及其信息，这里的部门指某使用单位下辖的具有进行财务核算或业务管理资格的单元体，可以是实际中的部门机构，也可以是虚拟的核算单元。设置人员类别，是为了对企业的人员进行分类管理。为了财务核算和业务管理的需要，还需要设置职员档案，因为除了固定资产和成本管理子系统，其他子系统均需使用职员档案。如果企业不需要对职员进行核算和管理，则可以不设置职员档案。

三、任务实施

1. 设置部门档案信息

第一步：在企业应用平台“基础设置”选项卡中，执行【基础档案】|【机构人员】|【部门档案】命令，打开“部门档案”窗口。

微课 008：设置部门档案信息

第二步：单击【增加】按钮，录入部门编码“01”、部门名称“综合管理部”，输入完毕，单击【保存】按钮，系统自动将录入的部门显示在左下方的区域内。

第三步：重复第二步操作完成其他部门档案的设置，设置完毕，单击×按钮，如图 3-2 所示。

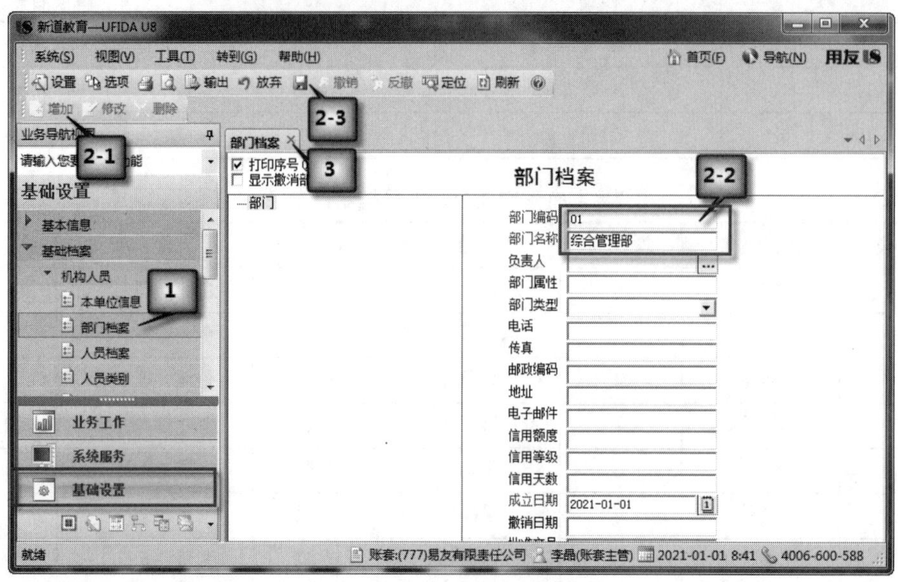

图 3–2　设置部门档案

> **操作提示**
>
> • 部门档案既可以在企业应用平台的基础档案中进行设置，也可以在使用部门档案的其他系统中进行设置，系统中基础档案信息是共享的。
>
> • 部门编码必须符合编码原则。如果发现编码方案不适合，可以在部门档案数据为空时（若已增加档案，可将档案删除）修改部门编码方案。
>
> • 建立部门档案时，应先从上级部门开始输入，然后再建立下级部门档案。
>
> • 部门编码及部门名称必须录入，而其他内容可以为空。

2. 设置人员类别信息

第一步：在企业应用平台“基础设置”选项卡中，执行【基础档案】|【机构人员】|【人员类别】命令，打开“人员类别”窗口。

第二步：单击【增加】按钮，打开“增加档案项”对话框，录入档案编码“104”、档案名称“企业管理人员”，单击【确定】按钮。

第三步：重复第二步操作，完成对其他人员类别的设置。设置完毕，单击【退出】按钮，如图 3-3 所示。

微课 009：设置人员类别信息

> **操作提示**
>
> • 人员类别与工资费用的分配、分摊有关，工资费用的分配及分摊是薪资管理系统的一项重要功能。人员类别设置的目的是为工资分摊生成及凭证设置相应的入账科目做准备，可以按不同的入账科目需要设置不同的人员类别。
>
> • 人员类别是人员档案中的必选项目，需要在建立人员档案之前设置。

- 建立部门档案时，首先从上级部门开始输入，然后再建立下级部门档案。
- 人员类别名称可以修改，但已使用的人员类别名称不能删除。

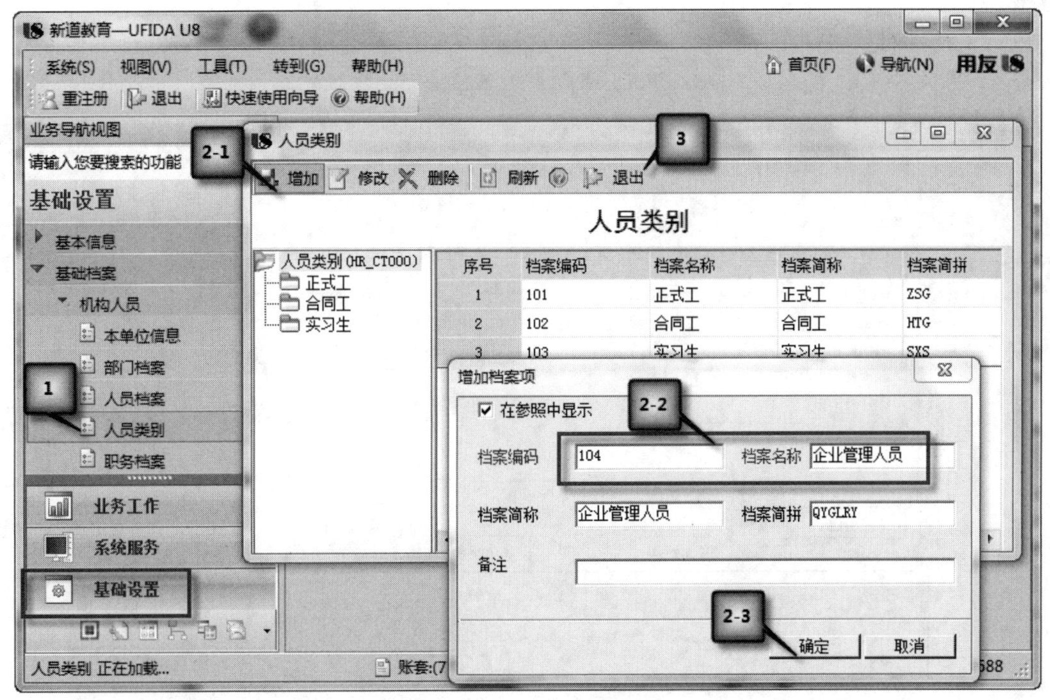

图 3–3　设置人员类别

3. 设置人员档案信息

第一步：在企业应用平台“基础设置”选项卡中，执行【基础档案】|【机构人员】|【人员档案】命令，打开“人员档案”窗口，单击【增加】按钮。

第二步：在打开的“人员档案”窗口中依次录入或选择人员编码、人员姓名、性别、行政部门、雇佣状态、人员类别，选中“是否业务员”复选框，设置完毕，单击【保存】按钮。

第三步，重复第二步操作，完成对其他人员档案的设置。设置完毕，单击【退出】按钮。系统提示“是否保存对当前单据的编辑？”，单击【否】按钮。录入的人员档案信息显示在“人员列表”中，如图 3-4 所示。

微课 010：设置人员档案信息

操作提示

- 设置人员档案之前必须设置部门档案。
- 人员编码必须唯一，行政部门只能是末级部门。
- 如果该员工需要在其他档案或其他单据的“业务员”项目中被参照，需要选中“是否业务员”复选框。

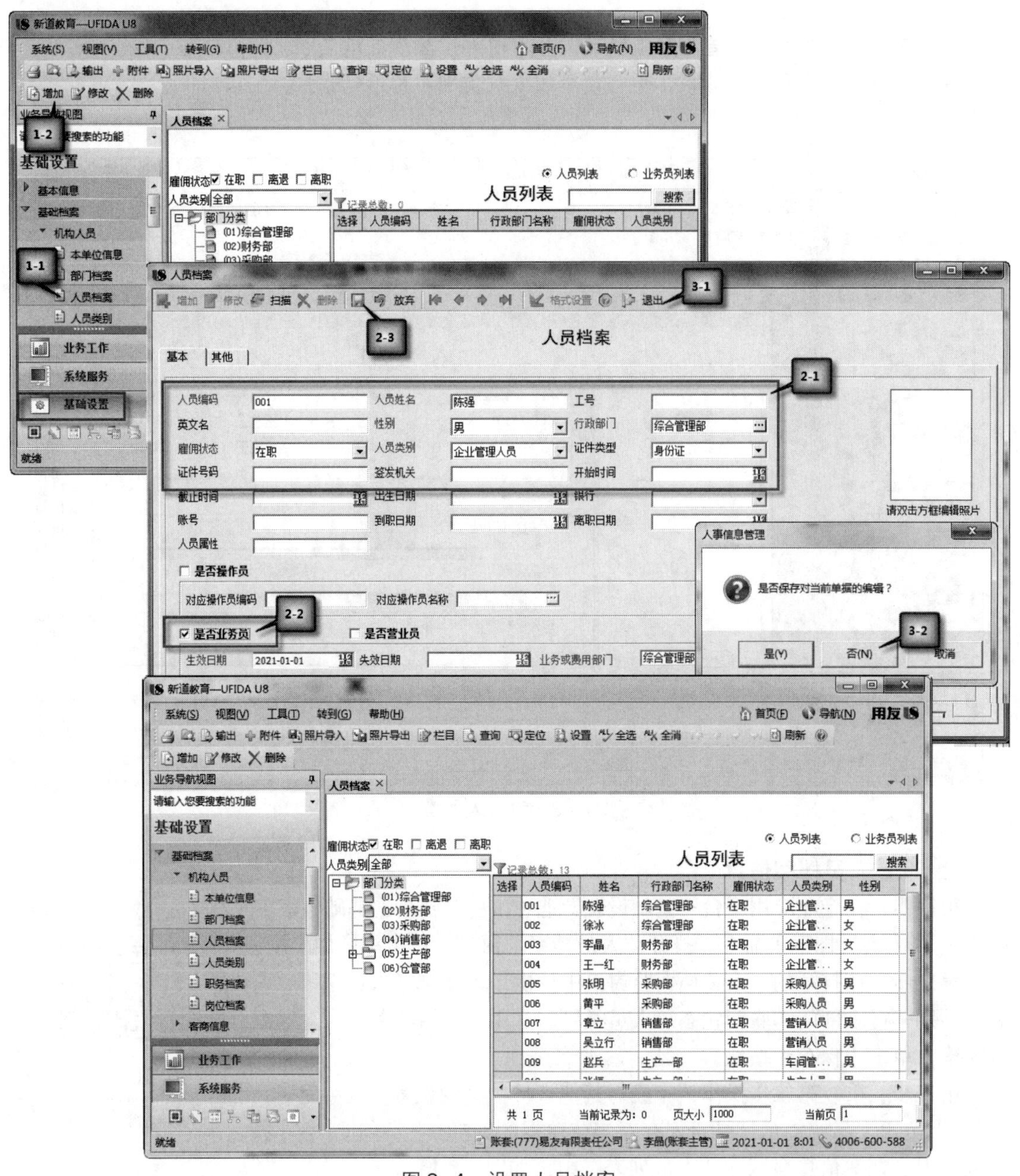

图 3-4　设置人员档案

任务三　设置客商信息

一、任务描述与分析

在企业应用平台中，以账套主管“李晶”的身份，进行如下操作。

（1）设置客户档案信息，如表 3-4 所示。

表 3-4　　　　　　　　　易友有限责任公司客户档案信息

客户编号	客户简称	税　　号	所属银行	开　户　行	银行账号	默　认　值
01	合肥安达公司	120327685214795	中国工商银行	工行北街支行	1287654273	是
02	芜湖恒大公司	120663896457812	交通银行	交行北京路支行	8596324100	是
03	福州宏丰公司	237675265744175	兴业银行	兴业银行花园路支行	1141235691	是
04	上海安迅公司	021591224687962	上海浦东发展银行	上海浦东发展银行	0212121365	是

（2）设置供应商档案信息，如表 3-5 所示。

表 3-5　　　　　　　　　易友有限责任公司供应商档案信息

供应商编号	供应商名称/简称	分管部门	专管业务员
001	佳和公司	采购部	张明
002	新益公司	采购部	黄平
003	永达公司	采购部	张明

企业在进行采购和销售等业务工作中，需要用到客户和供应商的相关资料，因此，在会计信息系统实施的准备阶段，需要确定客户和供应商的分类编码方案，并根据分类编码方案设置客商信息。

二、相关知识

建立客商信息的必要性如下。

（1）建立客户档案主要是为企业的销售管理、库存管理、应收账管理服务的。在填制销售发票、销售发货单及办理应收款结算时，都会用到客户档案。因此必须先设立客户档案，以便减少工作差错。在输入单据时，如果单据上的供货单位、客户不在供应商档案、客户档案中，则必须通过供应商档案、客户档案添加供应商和客户的信息，以便对供应商、客户资料和业务数据进行录入、统计、分析操作。

（2）建立供应商档案主要是为企业的采购管理、库存管理、应付账管理服务的。在填制采购入库单、采购发票，进行采购结算、应付款结算和有关供货单位统计时都会用到供应商档案。

如果在建立账套时选择了供应商有分类、客户有分类，则必须在设置完供应商分类档案、客户分类档案的情况下才能编辑供应商档案、客户档案。

三、任务实施

微课 011：设置客户档案信息

1. 设置客户档案信息

第一步：在企业应用平台“基础设置”选项卡中，执行【基础档案】|【客商信息】|【客户档案】命令，打开“客户档案”窗口，单击【增加】按钮，打开“增加客户档案”窗口。

第二步：录入客户编码、客户简称、税号等信息。单击银行按钮，在打开的“客户银行档案”窗口中，单击【增加】按钮，选择客户的所属银行，录入客户的开户银行、银行账号，选择默认值等信息，设置完毕，单击【保存】按钮，再单击【退出】按钮，返回“增加客户档案”窗口，单击【保存并新增】按钮，保存所设置的客户档案信息并继续设置其他客户档案信息，完成对其他客户档案的设置。设置完毕，单击×按钮关闭“增加客户档案”窗口，如图 3-5 所示，系统返回“客户档案”窗口。

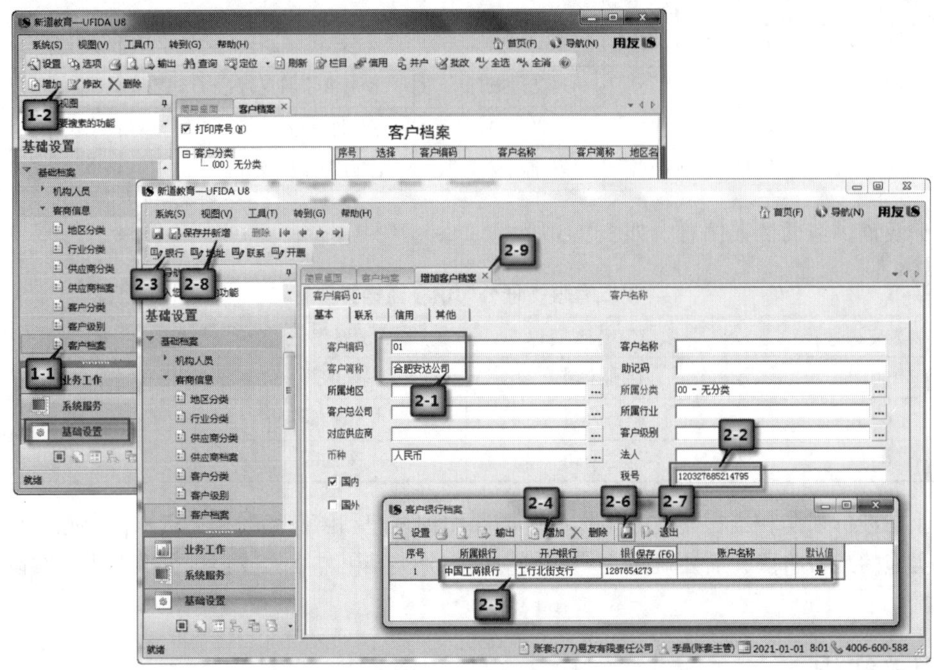

图 3-5 设置客户档案

2. 设置供应商档案信息

第一步：在企业应用平台“基础设置”选项卡中，执行【基础档案】|【客商信息】|【供应商档案】命令，打开“供应商档案”窗口，单击【增加】按钮，打开“增加供应商档案”窗口。

第二步：录入供应商档案信息，录入完毕，单击【保存并新增】按钮，保存所设置的供应商档案信息并继续设置其他供应商档案信息。设置完毕，关闭“增加供应商档案”窗口，返回“供应商档案”窗口，设置的结果如图 3-6 所示。

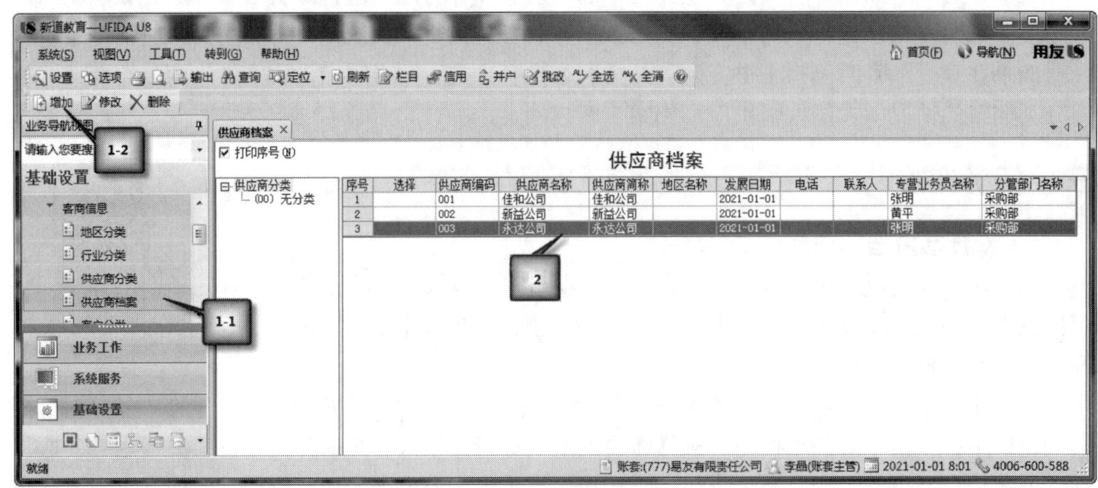

图 3-6 设置供应商档案

📖操作提示

- 供应商、客户编码必须唯一。
- 客户分类编码、供应商分类编码必须符合编码规则。
- 如果账套中并未对供应商、客户进行分类，则所属分类为“无分类”。
- 如果在建账时选中“供应商是否分类”或“客户是否分类”复选框，则必须先设置供应商或客户分类，然后才能编辑供应商或客户档案。
- 客户是否需要分类、供应商是否分类应在建立账套时确定，此时不能修改，若要修改只能在未建立客户档案、供应商档案的情况下，在系统管理中以修改账套的方式修改。

任务四　设置存货信息

一、任务描述与分析

在企业应用平台中，以账套主管“李晶”的身份，进行如下操作。

（1）设置存货计量单位组信息，如表 3-6 所示。

表 3-6　　易友有限责任公司存货计量单位组信息

	计量单位组编号	计量单位组名称	换　算　率
设置计量单位组	01	自然单位	无换算率
	02	支与盒	固定换算率
	03	个与盒	固定换算率

（2）设置存货计量单位信息，如表 3-7 所示。

表 3-7　　易友有限责任公司存货计量单位信息

	计量单位编号	计量单位名称	所属计量单位组编号	换　算　率	是否为主计量单位
设置存货计量单位	0101	元	01	无换算率	—
	0201	支	02	1	是
	0202	盒	02	100	否
	0301	个	03	1	是
	0302	盒	03	100	否

（3）设置存货档案信息，如表 3-8 所示。

表 3-8　　易友有限责任公司存货档案信息

存货编码	存货名称	计量单位组	税　　率	主计量单位	属　　性
01	笔芯	02	13%	支	外购、生产耗用
02	笔壳	03	13%	个	外购、生产耗用

续表

存货编码	存货名称	计量单位组	税　率	主计量单位	属　性
03	笔帽	03	13%	个	外购、生产耗用
05	单色圆珠笔	02	13%	支	自制、内销、外销
06	双色圆珠笔	02	13%	支	自制、内销、外销
07	运费	01	9%	元	外购，内销、应税劳务

对于企业来说，存货是一项重要的流动资产，无论是采购业务还是销售业务，均需要用到存货档案，因此，必须事先设置。设置存货档案时，首先应设置存货分类和计量单位。建立核算账套时，已经明确存货不需要分类，因此，只需要设置存货计量单位和存货档案信息。

二、相关知识

计量单位主要用于设置对应存货的计量单位组和计量单位信息。在应收款管理系统、应付款管理系统、成本管理系统、库存管理系统和存货核算系统中，均会用到计量单位信息。设置计量单位时，首先要设置计量单位组，然后在单位组下再增加具体的计量单位信息。

计量单位组有无换算、浮动换算、固定换算 3 种类别。每个计量单位组中可以设置多个计量单位，并且可以通过定义主计量单位、辅助计量单位及主辅计量单位之间的换算率，建立计量单位之间的换算关系。

“无换算”计量单位一般是指自然计量单位、度量衡单位等；“固定换算”单位是指各个计量单位之间存在不变的换算比率，这种计量单位之间的换算关系即固定换算率，这些单位即固定换算单位，例如，1 盒 = 2 板，1 箱 = 20 盒等；“浮动换算”单位则指计量单位之间无固定换算率，这种不固定换算率称为浮动换算率，这些单位也称为浮动换算单位，例如，透明胶带以“卷”“米”为计量单位，1 卷大约等于 10m，则“卷”与“米”之间存在浮动换算率关系。无论是“固定换算”还是“浮动换算”，都应该设置其中一个单位为“主计量单位”，其他单位以此为基础，按照一定的换算率进行折算。一般来说，将最小的计量单位设置为主计量单位。上述固定换算单位“板”“盒”“箱”，可以将“板”设置为主计量单位；浮动换算单位“卷”“米”，则应将“米”设置为主计量单位，每组中主计量单位以外的单位称为辅计量单位。

三、任务实施

微课 012：设置存货计量单位组信息

1. 设置存货计量单位组信息

第一步：在企业应用平台“基础设置”选项卡中，执行【基础档案】|【存货】|【计量单位】命令，打开“计量单位-计量单位组”窗口。

第二步：单击【分组】按钮，打开“计量单位组”对话框，单击【增加】按钮，输入计量单位组编码“01”，输入计量单位组名称“自然单位”，选择计量单位组类别“无换算率”，设置完毕，单击【保存】按钮。输入计量单位组编码“02”，输入计量单位组名称“支与盒”，选择计量单位组类别“固定换算率”，设置完毕，单击【保存】按钮。输入计量单位组编码“03”，输入计量单位组名称“个与盒”，选择计量单位组类别“固定换算率”，设置完毕，单击【保存】按钮。全部设置完毕，单击【退出】按钮，如图 3-7 所示。

2. 设置存货计量单位信息

第一步：在企业应用平台“基础设置”选项卡中，执行【基础档案】|【存货】|【计量单位】

命令，打开“计量单位-（03）个与盒<固定换算率>”窗口，单击【单位】按钮，打开“计量单位”对话框，单击【增加】按钮，输入主计量单位编码“0301”，输入主计量单位名称“个”，选中【主计量单位标志】复选框，单击【保存】按钮；继续输入辅计量单位编码“0302”，输入辅计量单位名称“盒”，输入换算率“100”，输入完毕，单击【保存】按钮，单击【退出】按钮退出，如图3-8所示。

微课013：设置存货计量单位信息

第二步：单击【（02）支与盒<固定换算率>】计量单位组，重复第一步操作步骤，完成对“支与盒”计量单位的设置。输入完毕，单击【保存】按钮，单击【退出】按钮退出。

第三步：单击【（01）自然单位<无换算率>】计量单位组，单击【增加】按钮，完成对“元”计量单位的设置。设置完毕，单击【保存】按钮，单击【退出】按钮退出。

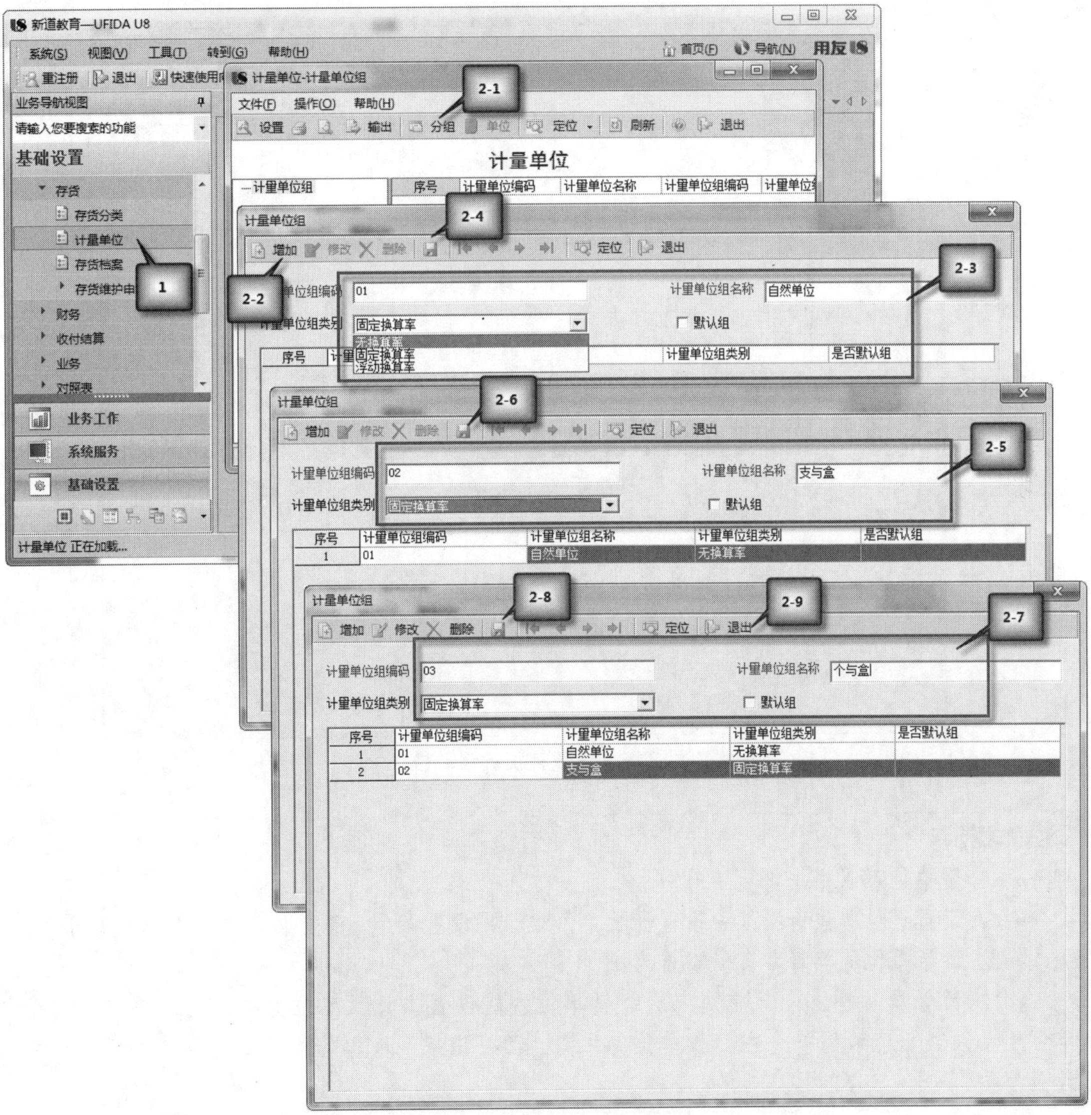

图3-7　设置存货计量单位组

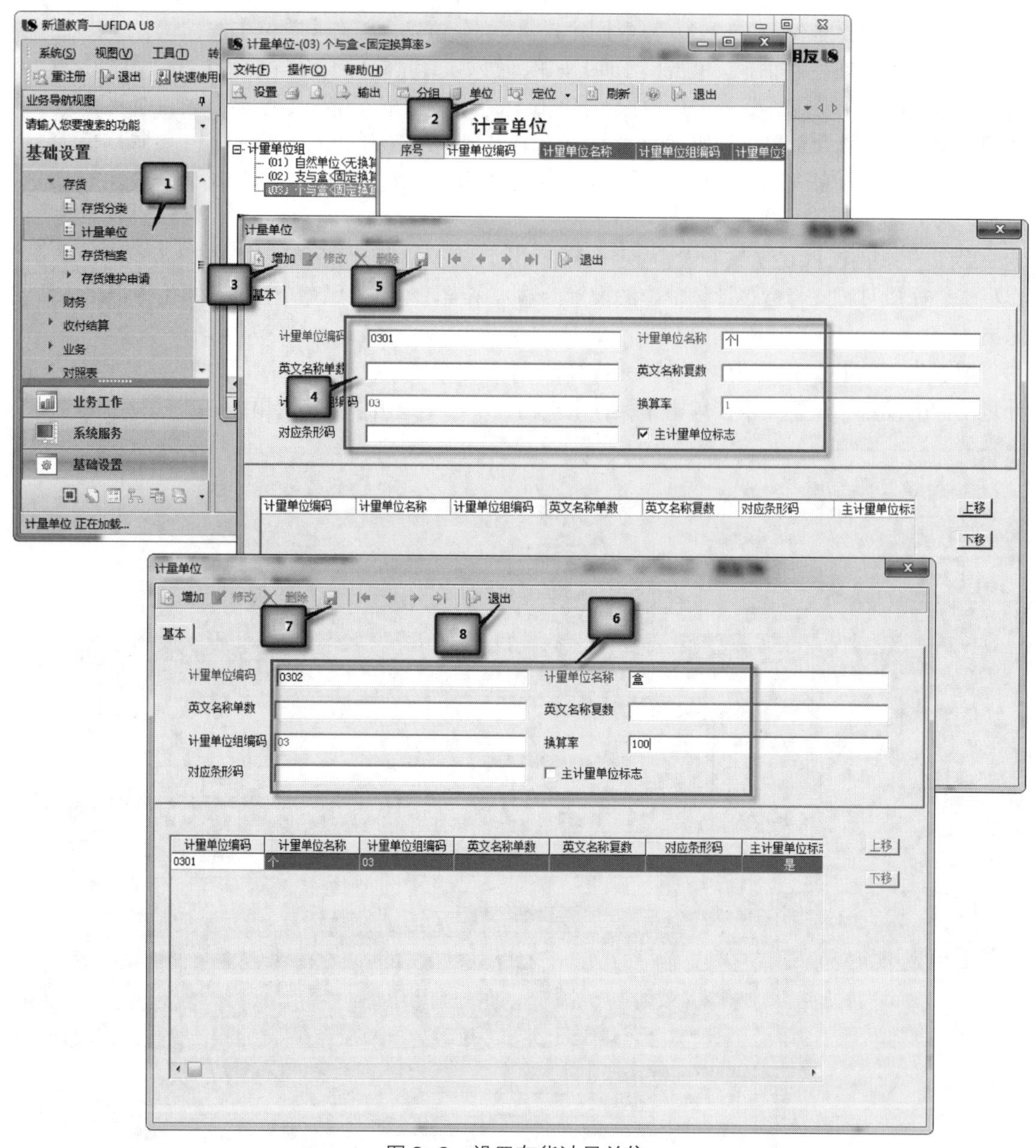

图 3-8　设置存货计量单位

📖**操作提示**

- 计量单位可以根据需要随时增加。
- 在设置计量单位时必须先设置计量单位组，再设置各个计量单位组中的具体计量单位。
- 主计量单位的换算率自动设置为 1。
- 主计量单位标志：只有对末级计量单位才能设置主计量单位标志，对应每一个计量单位组必须且只能设置一个主计量单位；系统自动将该组下增加的第一个计量单位设置为主计量单位。

3. 设置存货档案信息

微课 014：设置存货档案信息

第一步：在企业应用平台“基础设置”选项卡中，执行【基础档案】|【存货】|【存货档案】命令，打开“存货档案”窗口。

第二步：单击【增加】按钮，打开“增加存货档案”窗口，输入存货编码“01”，输入存货名称“笔芯”，选择计量单位组“02-支与盒”，在“存货属性”栏中选中“外购”“生产耗用”复选框，设置存货档案的相关信息，设置完毕，单击【保存并新增】按钮，完成对其他存货档案的设置，如图 3-9 所示。单击按钮，返回“存货档案”窗口，可以看到设置的存货档案显示在右侧列表框中，如图 3-10 所示。

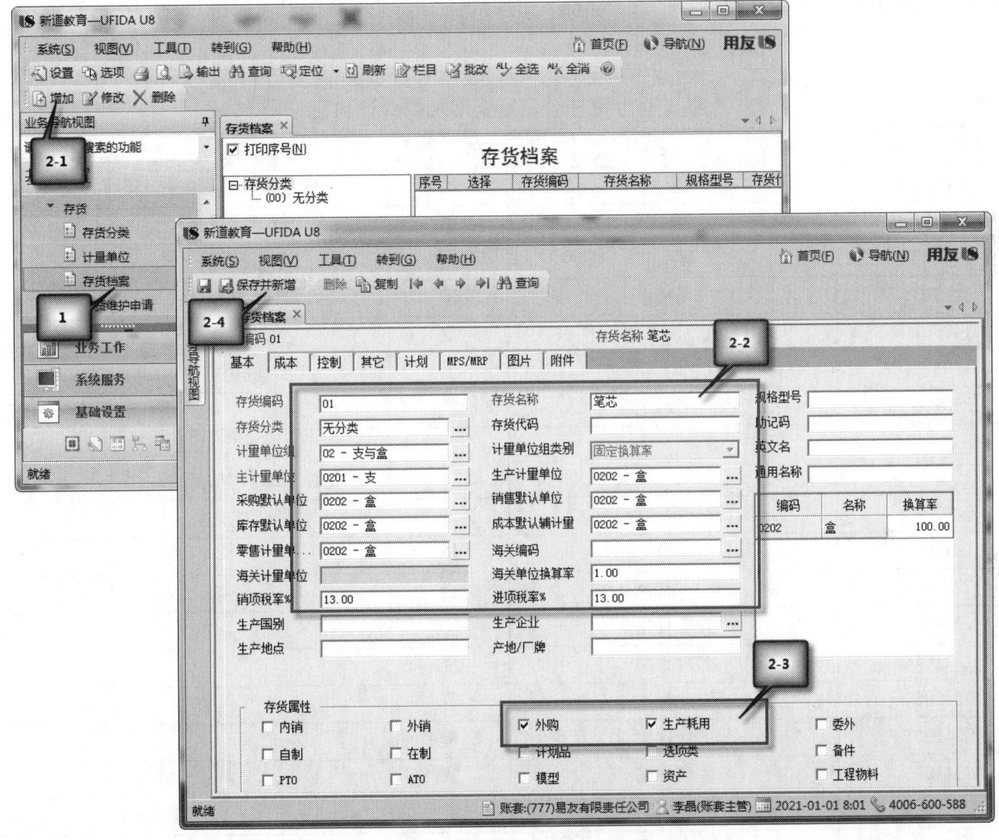

图 3–9　设置存货档案

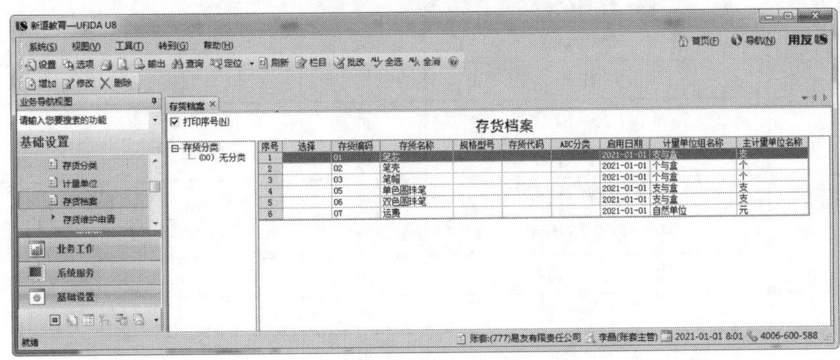

图 3–10　存货档案设置结果

!!! 说明

为简化教学内容，本例只设了一组计量单位的换算关系。

任务五　设置财务信息

一、任务描述与分析

在企业应用平台中，以账套主管“李晶”的身份，进行如下操作。

（1）增加会计科目，如表 3-9 所示。

表 3-9　　易友有限责任公司需要增加的会计科目

科目代码	科目名称	方　向	辅助账类型	计量单位
100201	交行康复路支行	借	日记账、银行账	
140301	笔芯	借	数量核算	支
140302	笔壳	借	数量核算	个
140303	笔帽	借	数量核算	个
140501	单色圆珠笔	借	数量核算	支
140502	双色圆珠笔	借	数量核算	支
200101	交行康复路支行	贷		
220201	应付货款	贷	供应商往来 受控系统：应付系统	
220202	暂估应付款	贷		
221101	工资	贷		
221102	职工福利	贷		
221103	养老保险	贷		
221104	医疗保险	贷		
221105	失业保险	贷		
221106	工伤保险	贷		
221107	生育保险	贷		
221108	住房公积金	贷		
221109	工会经费	贷		
221110	职工教育经费	贷		
222101	应交增值税	贷		
22210101	进项税额	贷		
22210104	销项税额	贷		
22210105	进项税额转出	贷		
222102	未交增值税	贷		
222103	应交企业所得税	贷		
222104	应交个人所得税	贷		
224101	住房公积金	贷		
224102	养老保险	贷		

续表

科目代码	科目名称	方　向	辅助账类型	计量单位
224103	医疗保险	贷		
224104	失业保险	贷		
410405	未分配利润	贷		
500101	直接材料	借	项目核算	
500102	直接人工	借	项目核算	
500103	制造费用	借	项目核算	
510101	折旧费	借		
510109	其他	借		
660101	折旧费	借		
660102	工资	借		
660103	差旅费	借		
660104	运费	借		
660109	其他	借		
660201	折旧费	借	部门核算	
660202	工资	借	部门核算	
660209	其他	借	部门核算	

（2）修改会计科目，如表 3-10 所示。

表 3-10　　易友有限责任公司需要修改的会计科目

原科目代码	原科目名称	修改内容		
		辅助账类型	受控系统	新科目名称
1001	库存现金	日记账		库存现金
1002	银行存款	日记账、银行账		银行存款
1121	应收票据	客户往来	应收系统	应收票据
1122	应收账款	客户往来	应收系统	应收账款
1123	预付账款	供应商往来	应付系统	预付账款
1221	其他应收款	个人往来		其他应收款
2201	应付票据	供应商往来	应付系统	应付票据
2203	预收账款	客户往来	应收系统	预收账款
6403	营业税金及附加			税金及附加

（3）设置凭证类别，如表 3-11 所示。

表 3-11　　易友有限责任公司凭证类别设置

类　别	限制类型	限制科目
收款凭证	借方必有	1001，100201
付款凭证	贷方必有	1001，100201
转账凭证	凭证必无	1001，100201

在用友 ERP-U8 V10.1 中，系统已经预设好一级会计科目，但没有预设明细会计科目；系统

中虽然设置好一级会计科目，但不能体现本单位核算的要求。因此，在使用会计软件处理经济业务之前，需要设置好会计科目。

在会计核算中，一般对会计凭证按一定的标准进行分类，便于汇总、记账和管理；用友财务软件也提供了设置凭证类别的功能，用户可对每种类别的凭证设置一些限制条件，在填制凭证时让系统对使用凭证类别发生的错误给予自动提示。

二、相关知识

设置会计科目的辅助项目的方法如下。

传统手工会计核算中，企业通常将往来单位、个人、部门、项目等通过设置明细科目进行核算管理，例如，“应收账款”“应付账款”等往来科目，为了反映与各往来单位间的款项结算情况，需要按照每个往来单位设置明细科目，若企业往来单位较多，会使企业明细科目数量变得庞大。为了解决这个问题，在引入专业财务软件后，用户可以先在企业门户中对相关基础档案进行设置，主要包括部门档案、职员档案、客户及供应商档案等，这些档案的设置是设置科目辅助核算的基础，然后对相关科目设置辅助核算，这样既能满足核算管理的需求，又能减少明细科目数量。

系统提供部门核算、个人往来、客户往来、供应商往来、项目核算等辅助核算，如图 3-11 所示。

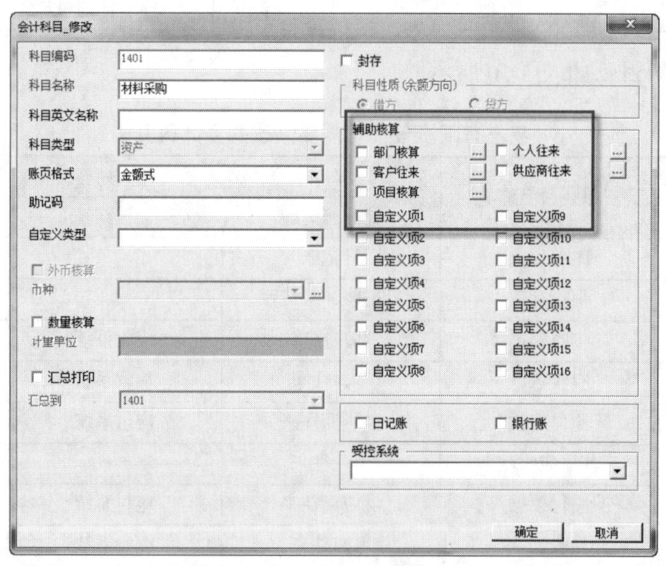

图 3-11 会计科目辅助项目

三、任务实施

1. 增加会计科目

微课 015：增加会计科目

第一步：在企业应用平台“基础设置”选项卡中，执行【基础档案】|【财务】|【会计科目】命令，打开“会计科目”窗口。

第二步：单击【增加】按钮，或者执行【编辑】|【增加】命令，打开“新增会计科目”对话框，用户根据需要录入“科目编码”“科目名称”，选择是否需要进行数量核算、是否需要进行辅助核算以及是否需要受控系统等，相关信息录入完毕，单击【确定】按钮，如图 3-12 所示，系统自动按科目编码顺序保存增加的会计科目。

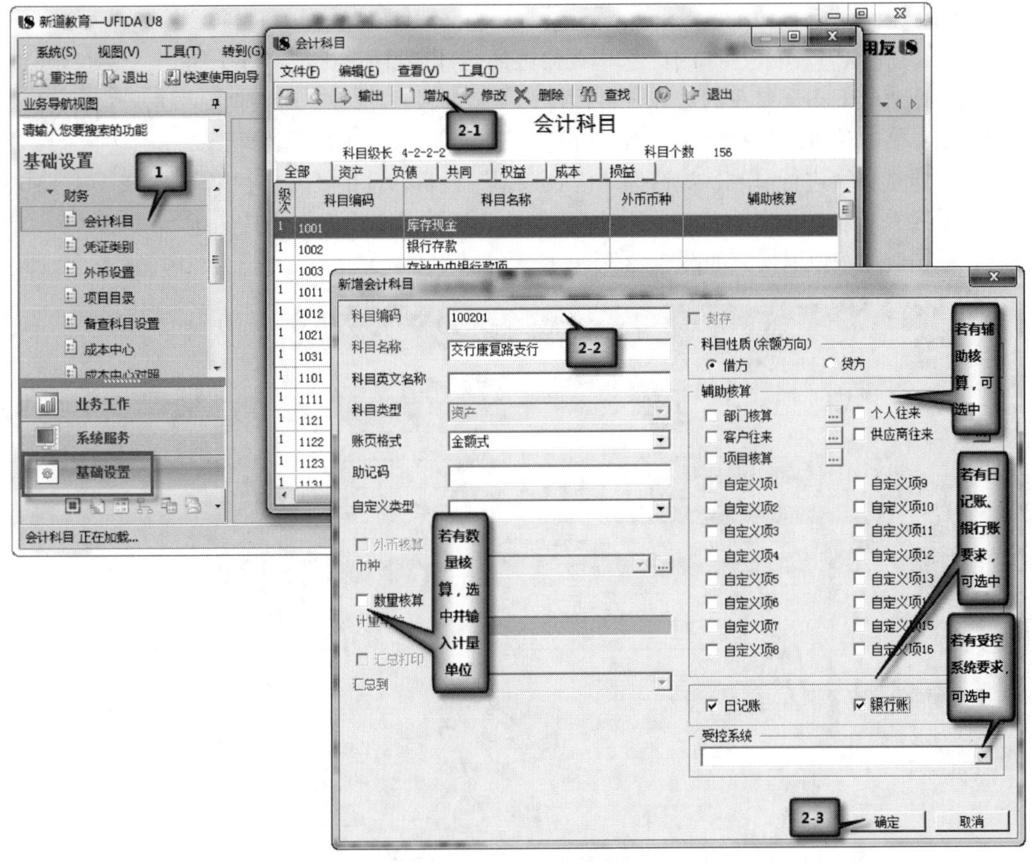

图 3-12　增加会计科目

第三步：重复第二步操作步骤，完成对其他会计科目增加的操作。单击［×］按钮，返回“会计科目”窗口。

📖操作提示

- 增加会计科目时，必须遵循自上而下的原则，即先增加上级科目，再增加下级科目；会计科目编码要符合编码原则；编码不能重复；科目已经使用后再增加明细科目，系统会自动将上级科目的数据结转到新增的第一个明细科目上，以保证账账平衡。
- 新增的会计科目如果需要进行外币核算，应选中“外币核算”复选框，并选择其核算的币种（如果在建账时没有选中“外币核算”复选框，则“外币核算”复选框将不被激活）。
- 选中“数量核算”复选框，在填制凭证使用该科目操作时，系统会要求输入相应的数量和单价，需要设置计量单位。
- 有些科目需要选中“日记账”或“银行账”复选框，如库存现金科目一般要选中“日记账”复选框，银行存款科目一般要选中“日记账”与“银行账”复选框。
- 有些科目如果需要借助部门、个人、客户、供应商和项目等 5 种辅助核算完成相应的核算，则应选中“辅助核算”区域中对应选项的复选框。
- 如果科目只能由特定系统（如应收系统、应付系统和存货核算）使用，在此可以指定受控系统。

2. 修改会计科目

微课 016：修改会计科目

第一步：在“会计科目”窗口中，选中要修改的会计科目所在行，单击【修改】按钮，或直接双击要修改的会计科目，打开“会计科目-修改”对话框。

第二步：单击对话框右下角的【修改】按钮，进入科目修改的可编辑状态，根据需要对所选科目进行修改，如选择“应收票据”科目，选中“客户往来”复选框，受控系统自动设置为“应收系统”，修改完毕，单击【确定】按钮进行保存，单击 × 按钮退出，如图 3-13 所示。

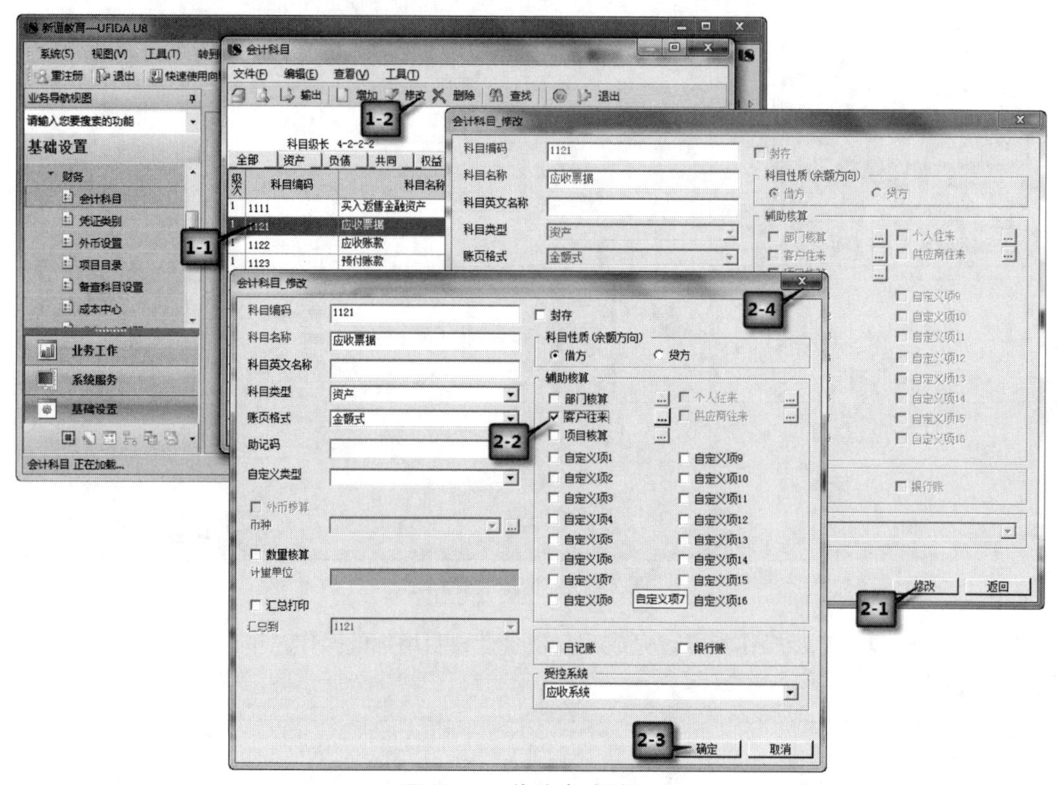

图 3-13　修改会计科目

第三步：重复第一步和第二步的操作，完成对其他会计科目的修改。

操作提示

- 如果要修改（或删除）已设置明细科目的会计科目，应自下而上进行操作，即先修改（或删除）明细科目，然后修改（或删除）一级科目。
- 已经输入余额的科目不能进行修改（或删除），必须先删除余额，然后才能进行相应操作。

3. 设置凭证类别

微课 017：设置凭证类别

第一步：在企业应用平台“基础设置”选项卡中，执行【基础档案】|【财务】|【凭证类别】命令，打开“凭证类别预置”对话框，选择“收款凭证 付款凭证 转账凭证”分类方式，单击【确定】按钮。

第二步：打开“凭证类别”对话框，单击【修改】按钮，再双击“收款凭证”的【限制类型】单元格，单击下拉按钮，选择“借方必有”选项，双击【限制科目】单元格，输入限制科目的编码“1001，100201”，如图 3-14 所示。

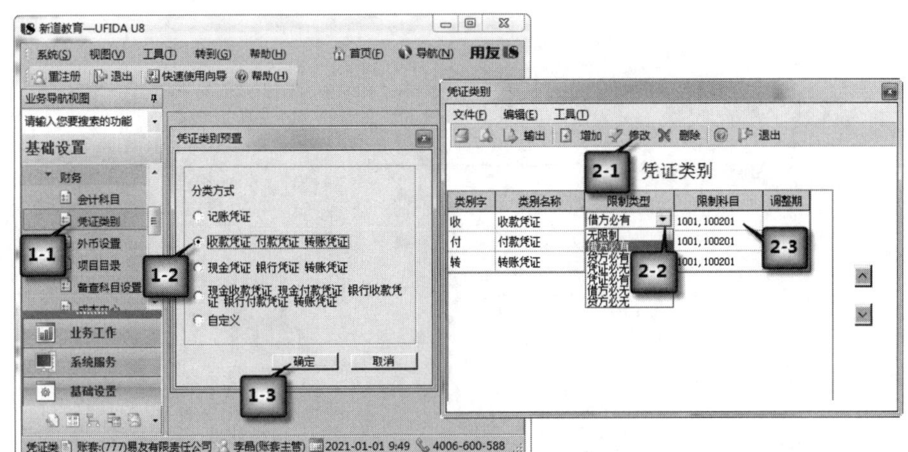

图 3-14　设置凭证类别

第三步：重复第二步的操作，对付款凭证和转账凭证的限制类型与限制科目进行设置。设置完毕，单击【退出】按钮。

操作提示

- 凭证类别的排列顺序会影响账簿查询中凭证类别的排列顺序，可通过凭证类别列表右侧的上下箭头进行调整。
- 限制科目之间的逗号要在半角状态下输入，否则系统会提示科目编码有误。
- 如果收款凭证的限制类型为借方必有“1001，1002”，则在填制凭证时系统要求收款凭证的借方一级科目至少有一个是“1001”或“1002”；否则，系统会判断该凭证“不满足借方必有条件”，不允许保存。付款凭证及转账凭证也应满足相应的要求。
- 如果限制科目为非末级科目，则在制单时，其所有下级科目都将受到同样的限制。
- 已使用的凭证类别不能删除，也不能修改类别。

四、拓展提高

1. 成批复制会计科目

在本任务中，我们学会了增加会计科目的操作。如果企业不同类别的会计科目具有相同或类似的下级科目，那么该如何实现该类科目的快速录入？

微课 018：成批复制会计科目

例如，易友有限责任公司“1405 库存商品”科目、“6001 主营业务收入”科目、“6401 主营业务成本”科目具有同样的下级科目，在设置好“1405 库存商品”科目的下级科目后，可以利用“成批复制”的方法实现“6001 主营业务收入”科目、“6401 主营业务成本”科目下级科目的增加操作，操作步骤如下。

第一步：在“会计科目”窗口中，执行【编辑】|【成批复制】命令，打开“成批复制”对话框，输入需要复制科目的源科目编码“1405”和目标科目编码“6001”，并根据需要选中“数量核算”复选框，设置完毕，单击【确认】按钮保存，如图 3-15 所示（注意将 600101 科目、600102 科目余额方向选择为“收入”）。

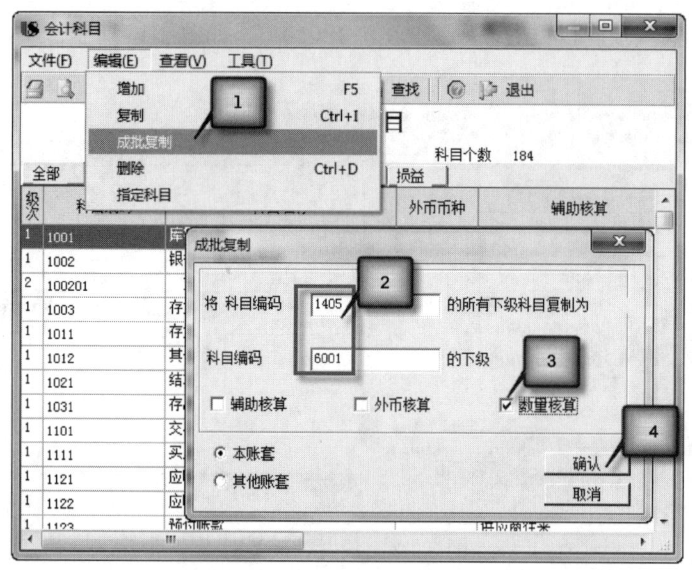

图 3-15　成批复制会计科目

第二步：再次执行【编辑】|【成批复制】命令，将“1405 库存商品”的下级科目成批复制到“6401 主营业务成本”科目中，设置完毕，单击【确认】按钮保存，单击【退出】按钮退出。

2. 设置项目目录

项目是指企业在核算管理中进行专门经营或管理的内容。在企业实际经营过程中，有许多项目都是单独作为项目管理进行核算的，如在建工程、新产品开发等。在传统手工会计中，项目核算一般是设置大量的明细科目，然后根据科目开设账页，再在账页中开设收入、成本、费用等专栏进行明细核算，工作量比较大。在财务软件系统中，专设项目核算辅助账，将相同特性的项目定义为一个项目大类，然后在每一大类下进行项目管理，使其与总账业务处理过程同步进行核算管理，从而减轻工作量。表 3-12 所示为易友有限责任公司项目目录信息。

微课 019：设置项目目录

表 3-12　易友有限责任公司项目目录信息

项目设置步骤	设置内容
新项目大类名称	圆珠笔成本核算
核算科目	直接材料（500101） 直接人工（500102） 制造费用（500103）
项目分类	无分类
项目目录	项目编号：001 项目名称：单色圆珠笔 是否结算：否 所属分类码：1
	项目编号：002 项目名称：双色圆珠笔 是否结算：否 所属分类码：1

项目管理设置需要遵循一定的顺序，一般按照项目大类、核算科目、项目结构、项目分类和项目目录的顺序进行，有些顺序是不可更换的，例如，项目大类定义必须在项目分类定义之前、项目目录定义必须在项目分类定义之后等。另外，核算科目窗口直接列示会计科目表中设置了项目核算辅助账的科目，所以，项目管理应该在会计科目设置之后进行。其操作步骤如下。

第一步：在企业应用平台“基础设置”选项卡中，执行【基础档案】|【财务】|【项目目录】命令，打开“项目档案”对话框。“项目档案”对话框分上下两部分，上面部分主要是对项目大

类进行操作的区域。“增加”“删除”和“修改”功能键也是针对项目大类的相应操作而设置的功能键。

第二步：定义项目大类名称。单击【增加】按钮，打开“项目大类定义-增加”对话框。增加一个项目大类需要经历“项目大类名称”“定义项目级次”“定义项目栏目”3 个操作步骤。首先是“项目大类名称”，输入新项目大类名称“圆珠笔成本核算”。单击【下一步】按钮，开始“定义项目级次”。项目级次即项目编码规则，项目分类最多分为 8 级，其总级长不能超过 22 位，每级级长不能超过 9 位。本例采用系统默认设置，单击【下一步】按钮，开始“定义项目栏目”。这一步骤主要完成项目栏目的标题、类型的编辑。单击窗口右侧的【增加】按钮，即可增加项目栏目，用户也可以根据自身需要进行修改。本例采用系统默认设置，单击【完成】按钮，如图 3-16 所示。

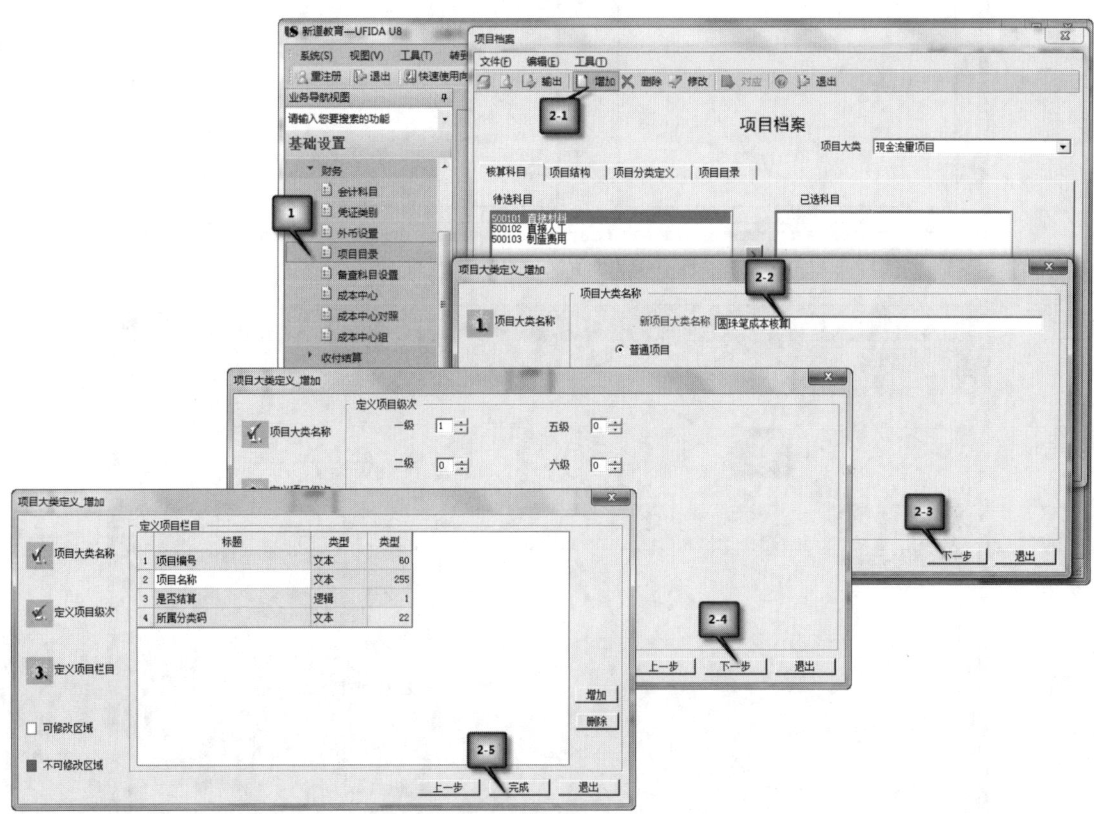

图 3-16　定义项目大类名称

第三步：指定项目核算科目。指定核算科目就是具体指定核算当前大类项目所使用的会计科目。选择项目大类为“圆珠笔成本核算”，然后单击 > 按钮将左侧的“待选科目”栏中归属于当前项目大类的会计科目移至右侧的“已选科目”栏中，选择完毕，单击【确定】按钮，如图 3-17 所示。

第四步：项目分类定义。项目分类定义是对同一项目大类下的项目所做的进一步划分。选择“项目分类定义”选项，单击【增加】按钮，输入“分类编码”和“分类名称”，单击【确定】按钮，如图 3-18 所示。系统自动将新增的项目分类显示在选项卡左侧的空白区域内。

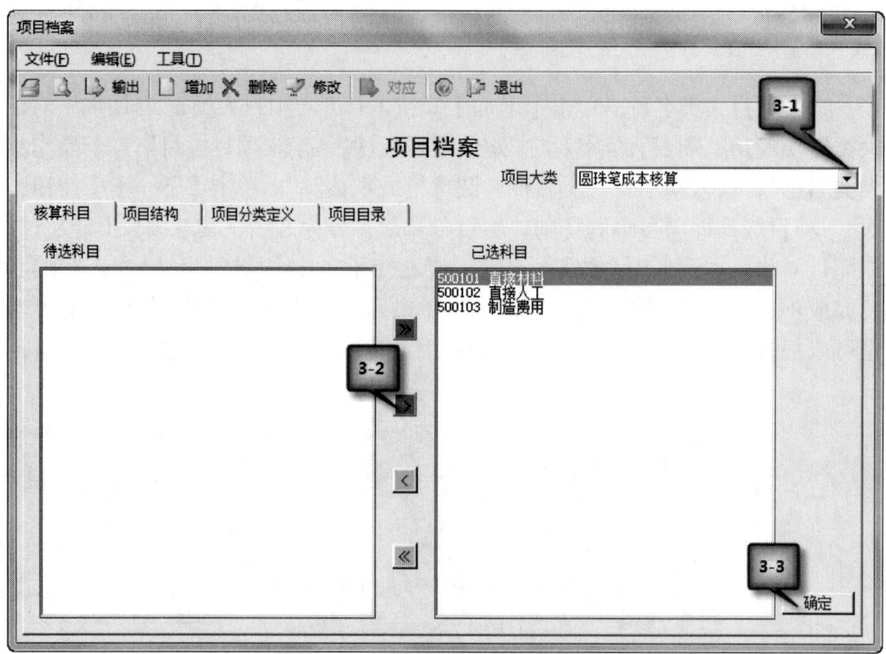

图 3-17　定义项目核算科目

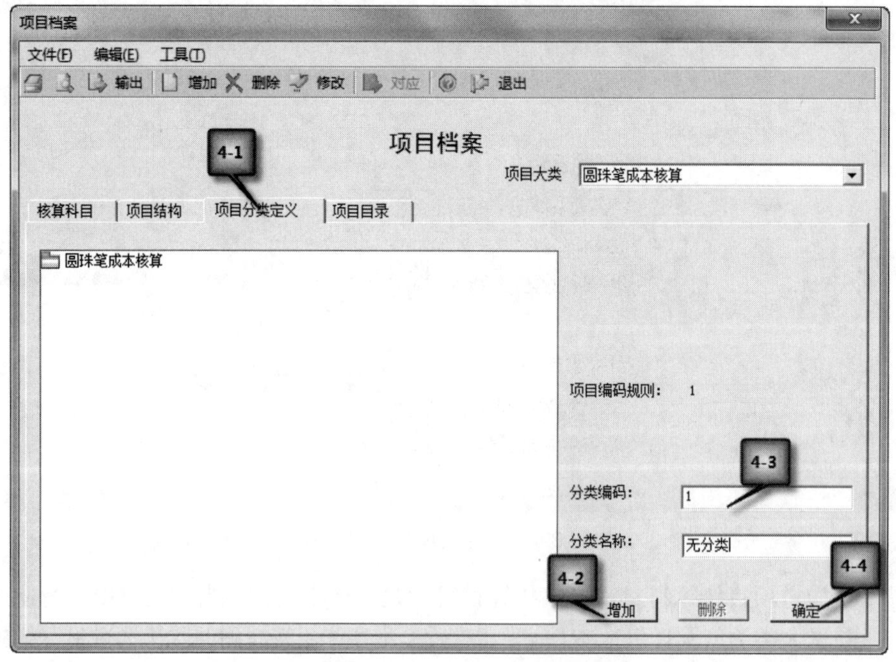

图 3-18　定义项目分类

第五步：定义项目目录。完成项目分类定义后，选择“项目目录”选项，单击【维护】按钮，打开“项目目录维护”窗口，单击【增加】按钮，即可增加项目目录，设置完毕，单击 x 按钮，如图 3-19 所示。

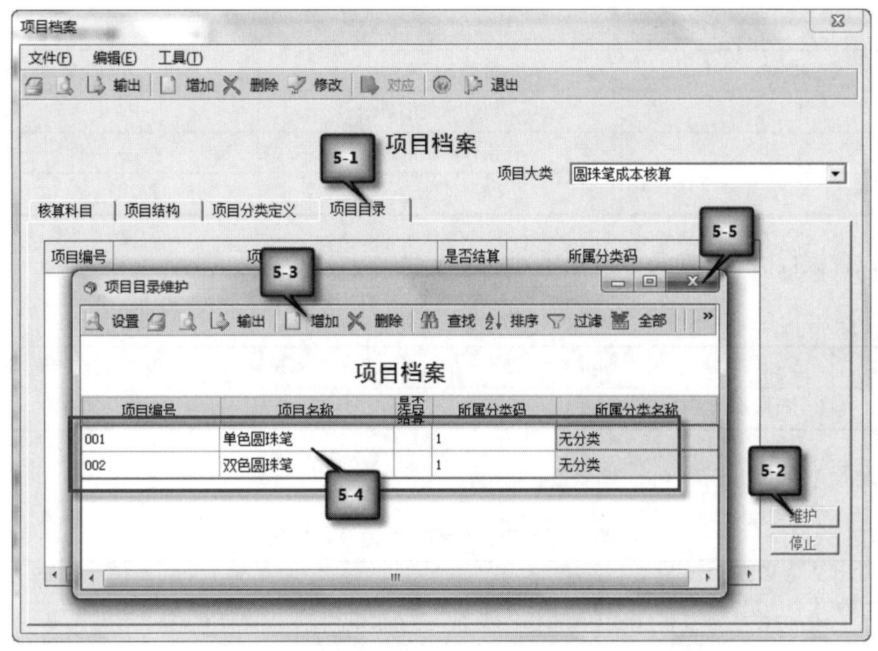

图 3-19　定义项目目录

操作提示

- 在“项目档案”窗口中，“核算科目”选项卡中的待选科目是指设置科目时选择了辅助核算中“项目核算”功能的科目。
- 一个项目大类可以指定多个科目，一个科目只能指定一个项目大类。
- 显示“已使用”标记的项目分类不能删除。
- 如果在“项目目录维护”对话框中多拉出一行，退出对话框时系统会出现提示信息：“项目编码不能为空”，可按“Esc”键退出。
- 标识结算后的项目将不能再使用。
- 在“项目目录维护”对话框中，可以输入各个项目的名称及定义的其他数据。如果平时项目目录有变动，应及时进行调整。每年年初应将已结算或不用的项目删除。

任务六　设置收付结算信息

一、任务描述与分析

在企业应用平台中，以账套主管“李晶”的身份，进行如下操作。

（1）设置结算方式，如表 3-13 所示。

表 3-13　易友有限责任公司结算方式

结算方式	结算方式名称	票据管理
1	现金支票	否
2	转账支票	否

续表

结算方式	结算方式名称	票据管理
3	商业承兑汇票	否
4	银行承兑汇票	否
9	其他	否

（2）设置银行档案，如表 3-14 所示。

表 3-14　易友有限责任公司银行档案

银行编码	银行名称	企业账号长度	个人账户账号长度	录入时自动带出账号长度
05	交行康复路支行	14 位	11 位	8 位

（3）设置本单位开户银行，如表 3-15 所示。

表 3-15　易友有限责任公司本单位开户银行

编　码	银行账号	账户名称	币　种	开户银行	所属银行编码
01	24100279797887	易友有限责任公司	人民币	交行康复路支行	05

（4）设置付款条件，如表 3-16 所示。

表 3-16　易友有限责任公司付款条件

付款条件编码	信用天数	优惠天数 1	优惠率 1	优惠天数 2	优惠率 2
01	30	10	2	20	1

二、相关知识

设置收付结算信息包括设置结算方式、付款条件、银行档案、本单位开户银行及收付款协议档案等。

企业在日常业务中会使用多种结算方式。在使用财务软件后，可以事先设置结算方式，这对提高与银行对账的效率，保证资金的安全、完整和有效利用有显著的作用。总账系统、资金管理系统、应收应付管理系统、销售管理系统和采购管理系统均会用到结算方式。

付款条件也叫现金折扣，是指企业为了鼓励客户偿还贷款而允诺在一定期限内给予的规定的折扣优待。这种折扣条件通常可表示为 5/10，2/20，*n*/30，它的意思是客户在 10 天内偿还贷款，可得到 5%的折扣，即只付原价的 95%的货款；在 20 天内偿还贷款，可得到 2%的折扣，即只付原价的 98%的货款；在 30 天内偿还贷款，则须按照全额支付货款；超过 30 天偿还贷款，则不仅要按照全额支付贷款，还可能要支付延期付款利息或违约金。

无论是本企业为了促进应收账款的及时回笼而制定的现金折扣政策，还是供应商制定的现金折扣政策，都应在系统中建立付款条件，以便在对应收应付款管理时，通过录入相应的付款条件和信用期限，能够由系统自动提醒付款或催款，并自动核算折扣金额，这有利于企业合理运筹资金和对往来账款的准确结算。

付款条件主要在采购订单、销售订单、采购结算、销售结算、客户目录、供应商目录中引用。付款条件一旦被引用，便不能进行修改和删除的操作。

银行档案设置主要是设置企业的开户行信息，主要包括银行档案的设置和本单位开户银行的设置。其中，银行档案的设置主要包括银行编码、银行名称、个人账户规则的设置等。本单位开户银行的设置主要包括银行账号、开户银行、所属银行编码的设置等。开户银行一旦被引用，便不能进行修改和删除的操作。

设置银行账户主要是设置企业在收付结算中对应的各个开户行的信息。资金管理系统、应收应付管理系统和销售管理系统均会用到开户银行信息。

微课 020：设置结算方式

三、任务实施

1. 设置结算方式

第一步：在企业应用平台“基础设置”选项卡中，执行【基础档案】|【收付结算】|【结算方式】命令，打开“结算方式”窗口。

第二步：单击【增加】按钮，输入“结算方式编码”和“结算方式名称”，根据需要选择“是否票据管理”和“对应票据类型”（本例未选择），输入完毕，单击【保存】按钮。

第三步：继续设置其他结算方式。设置完毕后，单击 x 按钮，如图 3-20 所示，返回“基础设置”窗口。

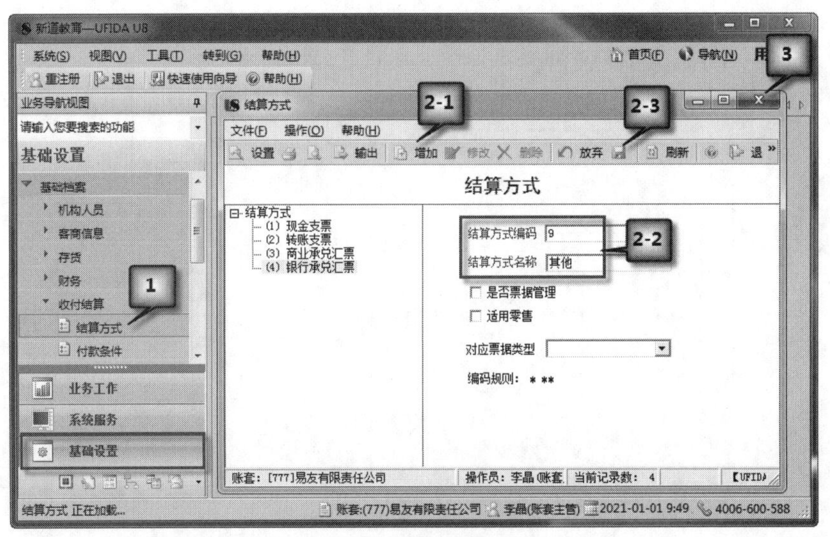

图 3–20　设置结算方式

> **操作提示**
>
> - 在总账系统中，结算方式将会在使用“银行账”类科目填制凭证时使用，并可作为银行对账的一个参数。
> - 如果选中“是否票据管理”复选框，则在执行该种结算方式时，系统会提示记录发生该笔业务的票据信息，否则不会提示。
> - 结算方式一旦被使用，则不能进行修改和删除操作。

2. 设置银行档案

第一步：在企业应用平台“基础设置”选项卡中，执行【基础档案】|【收付结算】|【银行档

案】命令，打开“银行档案”窗口。

第二步：单击【增加】按钮，打开“增加银行档案”对话框，输入银行编码“05”，输入银行名称“交行康复路支行”，选中企业账户规则“定长”复选框，输入账号长度“14”；选中个人账户规则“定长”复选框，输入自动带出账号长度“8”，录入完毕，单击【保存】按钮。单击【退出】按钮，系统提示“是否保存对当前档案的编辑？”，单击【否】按钮，如图 3-21 所示，返回“银行档案”窗口。

微课 021：设置银行档案

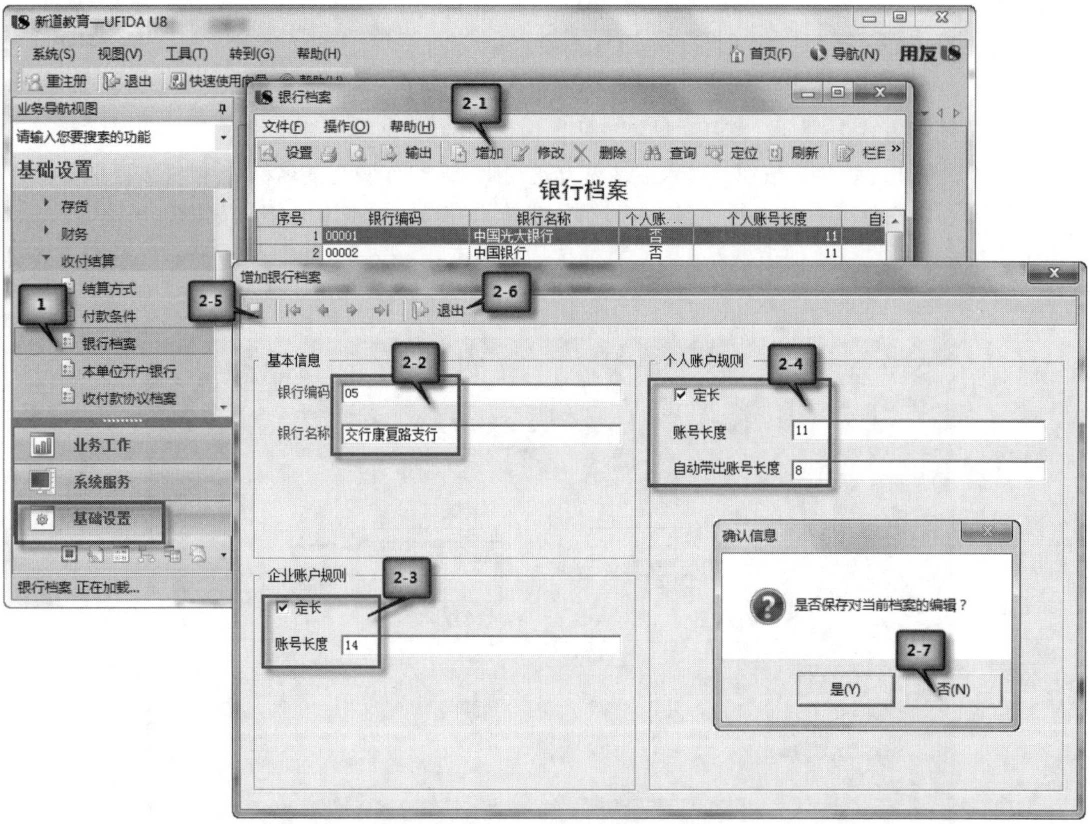

图 3-21　设置银行档案

3. 设置本单位开户银行

第一步：在企业应用平台“基础设置”选项卡中，执行【基础档案】|【收付结算】|【本单位开户银行】命令，打开“本单位开户银行”对话框。

第二步：单击【增加】按钮，打开“增加本单位开户银行”对话框。输入本单位开户行的各项档案资料，录入完成后，单击【保存】按钮，即可完成“增加本单位开户银行”操作。单击【退出】按钮，如图 3-22 所示，系统提示“是否保存对当前档案的编辑？”，单击【否】按钮，退出“增加本单位开户银行”对话框。

微课 022：设置本单位开户银行

4. 设置付款条件

第一步：在企业应用平台“基础设置”选项卡中，执行【基础档案】|【收付结算】|【付款条

件】命令，打开“付款条件”窗口。

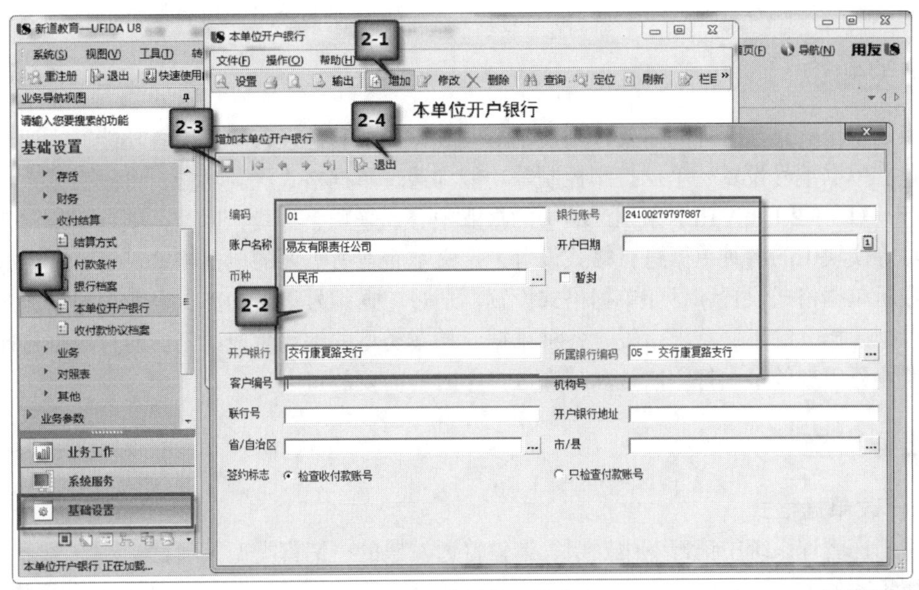

图 3–22　设置本单位开户银行

第二步：单击【增加】按钮，依次输入付款条件编码“01”、信用天数“30”、优惠天数 1“10”、优惠率 1“2”、优惠天数 2“20”、优惠率 2“1”、优惠天数 3“30”、优惠率 3“0”，录入完成，单击【保存】按钮，即可完成“付款条件”的设置。单击 ✕ 按钮，退出“付款条件”窗口，如图 3-23 所示。

微课 023：设置付款条件

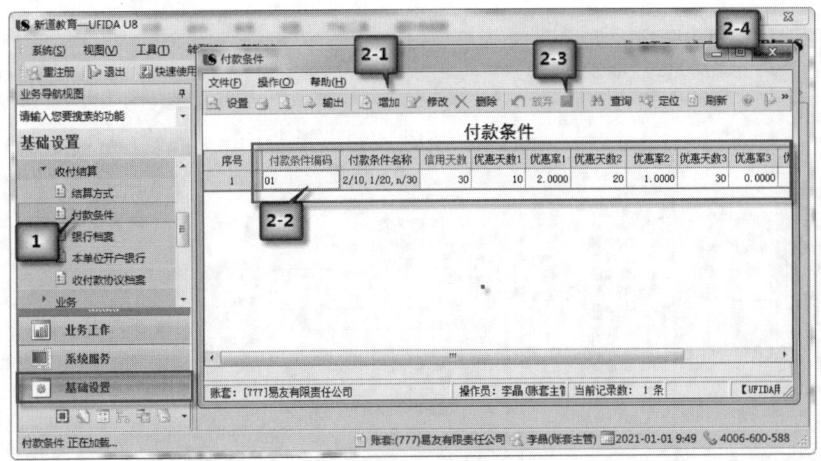

图 3–23　设置付款条件

任务七　设置单据

一、任务描述与分析

在企业应用平台中，以账套主管“李晶”的身份，进行如下操作。

（1）修改单据格式，删除销售管理系统中销售专用发票、销售普通发票的“销售类型”项目。

（2）设置单据编号，允许手工修改销售管理、采购管理系统中的所有发票的单据编号。

二、相关知识

为满足单位核算与管理的需要，用友 ERP-U8 V10.1 软件设有单据设置功能，主要包含单据格式设置、单据编号设置、单据打印控制等功能。通过单据格式设置功能，可以根据系统预置的单据模板，对 ERP-U8 V10.1 系列产品中的报账中心、采购、存货、库存、项目管理、销售、应收、应付等模块中的各种单据进行格式设置，定义本企业所需要的单据格式。每一种单据格式设置分为显示单据格式设置和打印单据格式设置。通过单据编号设置功能，企业可根据业务中使用的各种单据、档案的不同需求，设置各种单据、档案类型的编码生成原则。通过单据打印控制功能，设置业务单据的最大打印次数和超次数打印时所需要的口令。

三、任务实施

1. 修改单据格式

删除销售管理系统中销售专用发票、销售普通发票的“销售类型”项目，具体操作步骤如下。

微课 024：修改单据格式

第一步：在企业应用平台“基础设置”选项卡中，执行【单据设置】|【单据格式设置】命令，打开“单据格式设置”窗口。

第二步：执行【销售管理】|【销售专用发票】|【显示】|【销售专用发票显示模板】命令，单击表头部分的“销售类型”选项，单击【删除】按钮，系统提示“是否删除当前选择项目？”，单击【是】按钮，再单击【保存】按钮，如图 3-24 所示。

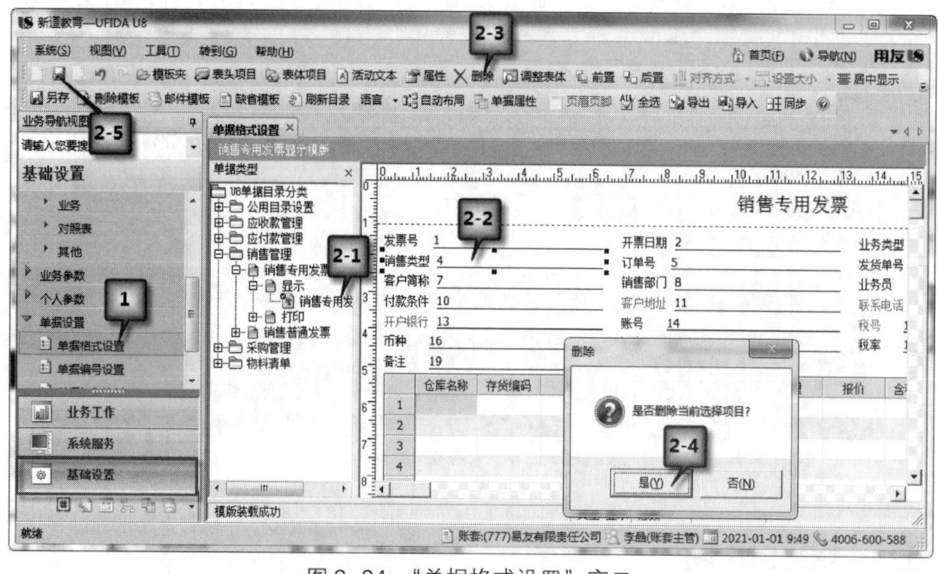

图 3-24 “单据格式设置”窗口

第三步：重复第二步操作，删除销售普通发票的“销售类型”项目。修改完毕，单击 × 按钮，退出“单据格式设置”窗口。

2. 设置单据编号

微课 025：设置单据编号

允许手工修改销售管理、采购管理系统中的所有发票的单据编号，具体操作步骤如下。

第一步：在企业应用平台“基础设置”选项卡中，执行【单据设置】|【单据编号设置】命令，打开“单据编号设置”窗口。

第二步：系统默认显示【编号设置】选项卡界面，执行【单据类型】|【销售管理】|【销售专用发票】命令，单击“修改”按钮，选中“手工改动，重号时自动重取”复选框，单击【保存】按钮，如图 3-25 所示。

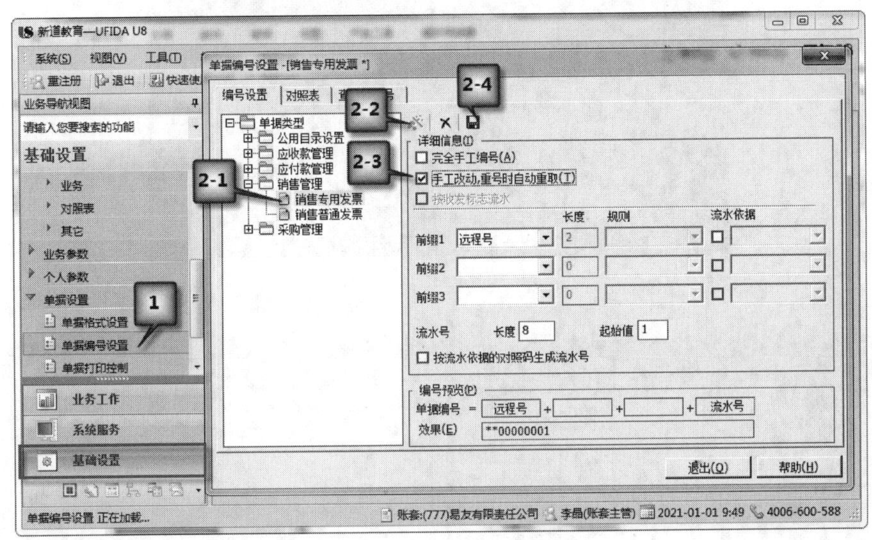

图 3–25　设置单据编号

第三步：重复第二步操作，修改“销售普通发票”“采购专用发票”“采购普通发票”“采购运费发票”的单据编号为“手工改动，重号时自动重取”。设置完毕，单击【退出】按钮，返回“基础设置”窗口。

小结

本模块主要介绍了企业应用平台的基本功能，通过基础档案的设置，掌握实施会计信息化的企业应进行的基础准备工作。

基础档案设置内容较多，主要包括部门档案、职员档案、客户分类、客户档案、供应商分类、供应商档案、存货分类、计量单位、存货档案、会计科目、凭证类别、项目目录、结算方式、付款条件、银行档案、本单位开户行、常用摘要，以及业务类的基础档案设置等。它是后续业务处理的基础，是企业实施和运用会计信息化的基础。

【视野拓展案例 3 】 李××账面整洁、字迹清晰的手工账

【案例资料】

甲集团是以工程建设、建筑材料和游艇旅游为核心产业的现代公司集团，主要业务涵盖城市大型基础设施项目代建、基础设施项目投资建设与管理、房地产开发与运营、景观艺术设计与施

工、建筑材料加工、制造与贸易、游艇港开发与游艇产业运营以及城市片区和旅游景区开发与管理、酒店经营等多个领域。李××是甲集团的一名会计主管，最近，集团新招聘了一批会计岗位的实习生，由于财务部门的人员欠缺，因此这批实习生主要由李××带领培训。在培训过程中，李××发现这些实习生大多存在粗心大意、做账不规范的问题，为了培养实习生们谨慎、认真、仔细的做账习惯，于是李××专门安排了一周时间让实习生们翻阅自己所做的手工账本，图 3-26 所示为李××所做的甲集团部分手工账资料。

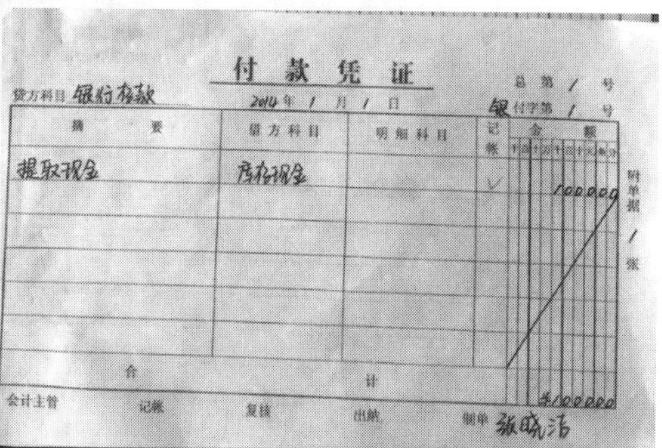

图 3-26 甲集团部分手工账资料

【案例解读】

随着互联网和科学技术的快速发展，计算机做账逐步代替手工记账，但老会计所做手工账的账面整洁、字迹清晰的习惯，做事认真、仔细的工匠精神，依然值得当前的财务人员学习。作为一名会计人员，不仅要精通财务知识，还应当具备仔细、认真做事的态度。只有在工作过程中严格要求自己，才能在会计这条路上越走越远。

【思考】

请结合本例谈谈自己对信息化下会计工匠精神的理解。

模块四

总账系统核算与管理

知识目标

1. 熟悉总账系统的功能结构
2. 掌握总账系统的业务处理流程
3. 掌握凭证录入的基本方法
4. 掌握凭证审核的原理和审核方法
5. 掌握凭证记账的原理和方法
6. 掌握错账更正的原理和基本方法

能力目标

1. 能够根据需要进行总账系统的初始化设置
2. 能够正确填制凭证和审核凭证
3. 能够熟练进行记账及账簿的查询
4. 能够熟练进行银行对账的基本操作

素养目标

1. 养成良好的职业道德，诚信为本、操守为重，坚持准则，不做假账
2. 养成科学、严谨的工作作风，严格按照业务流程，规范操作
3. 树立法律责任意识，坚守廉洁自律的行为准则，恪守会计职业声誉
4. 具有团队精神，培养会计岗位协作意识

任务一　认知总账系统

一、任务描述与分析

易友有限责任公司已经成功完成了账套号为“777”的公司账套的建立，从2021年1月1日起，启用了总账管理系统，下面让我们了解总账管理系统的基本功能、业务处理流程。

二、相关知识

1. 总账系统的基本功能

总账系统是指完成设置账户、复式记账、填制和审核凭证、登记账簿等工作的子系统。在整

个会计信息系统中，总账系统既是中枢，又是最基本的系统，它综合、全面、概括地反映企业各个方面的会计工作内容，其他子系统的数据必须传输到总账系统进行相应的处理，同时总账系统再将某些数据传输给其他子系统供其利用。许多单位的会计信息化工作往往是从总账系统开始的。对于日常业务较为简单的用户来说，其仅需依靠总账系统即可满足财务核算的基本要求；而对于日常业务较为复杂的用户来说，则必须在总账系统的基础上，依靠其他业务管理系统实现对企业日常业务的有效管理。

一般来说，总账系统的基本功能主要包括系统设置（初始化）、凭证处理、现金流量、出纳管理、本年查账、跨年查账、期末管理等模块，各模块结构如图 4-1 所示。

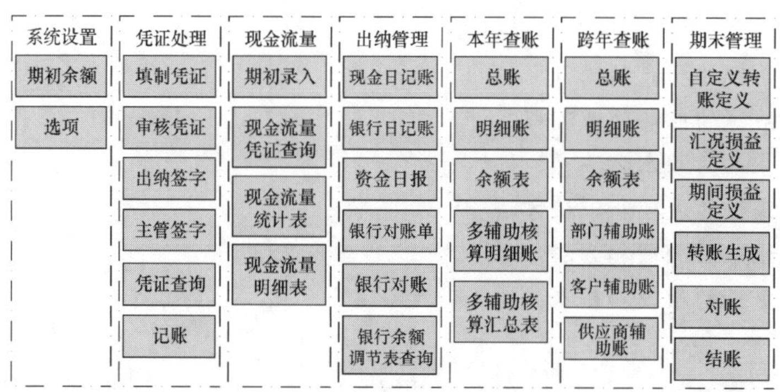

图 4-1　总账系统的模块结构

2. 总账系统的基本操作流程

首次使用总账系统时，操作流程如图 4-2 所示。对于已有上年数据的老用户来说，其只需要在上年数据的基础上进行操作即可，操作流程如图 4-3 所示。

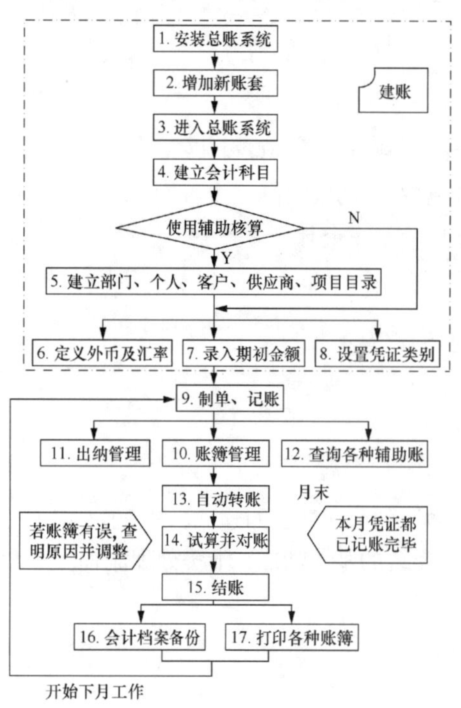

图 4-2　首次使用总账系统的操作流程

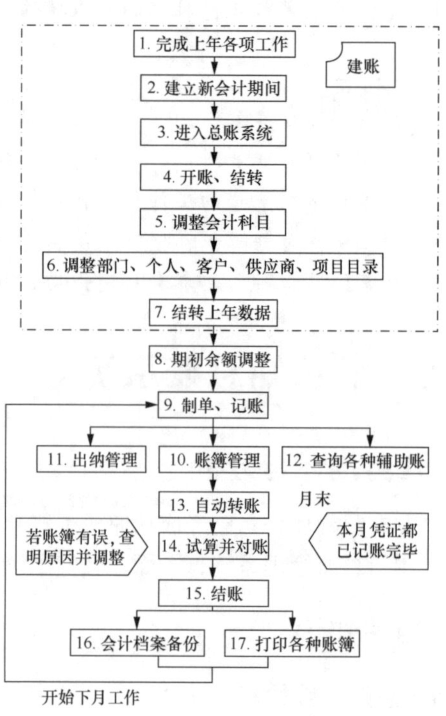

图 4-3　老用户使用总账系统的操作流程

3. 总账系统与其他子系统之间的数据传递关系

总账系统是会计信息系统的核心系统，概括反映企业供产销等全部经济业务的综合信息。它在整个会计信息系统中处于中枢地位，其他子系统的数据必须传输到总账系统中，同时总账系统要把数据传递到其他子系统供其利用。总账系统与其他子系统之间的数据传递关系如图 4-4 所示。总账系统接收应收款管理系统、应付款管理系统、固定资产管理系统、工资系统、资金管理系统、其他系统、总账系统、存货核算系统和成本管理系统生成的记账凭证并对其进行审核、记账处理，同时又向财务分析系统、UFO 报表系统、决策支持系统提供财务数据，生成会计报表及其他财务分析表；财务分析系统向总账系统提供预算数，对总账系统中的填制凭证进行预算控制。

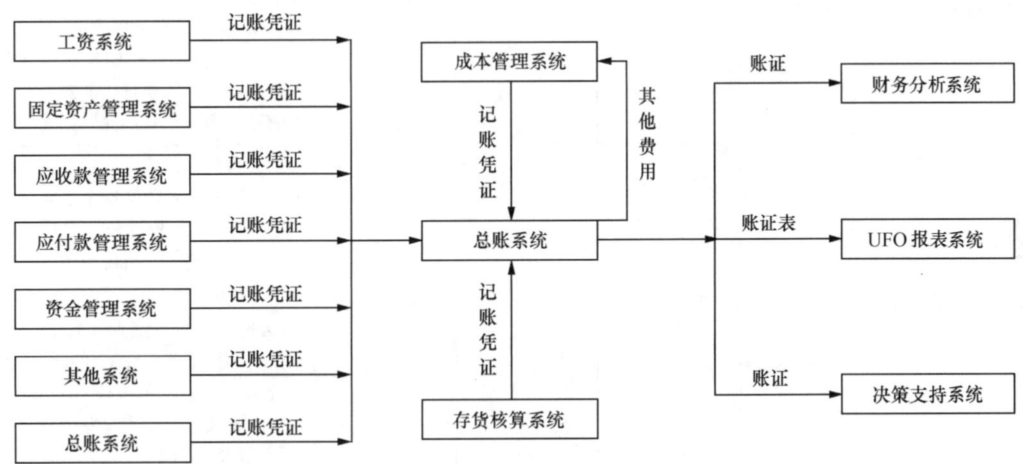

图 4-4　总账系统与其他子系统之间的数据传递关系

任务二　总账系统初始化设置

一、任务描述与分析

易友有限责任公司在“777”账套中，已经成功启用总账系统。从 2021 年 1 月 1 日起，在企业应用平台中，以账套主管“李晶”的身份，进行如下操作。

（1）设置总账系统控制参数，如表 4-1 所示。

表 4-1　易友有限责任公司总账系统控制参数

选　项　卡	参数设置
凭证	取消选中“现金流量科目必录现金流量项目”复选框；自动填补凭证断号；同步删除业务系统凭证；其他选项采用系统默认值
会计日历	将数量小数位、单价小数位设置为 2 位，其他选项采用系统默认值
账簿/凭证打印/预算控制/权限/其他	采用系统默认值

（2）录入总账系统期初余额并进行试算平衡，如表 4-2 所示。

总账系统的初始化包括两个方面的内容：一方面是对系统选项进行设置，使系统功能符合业务要求；另一方面是输入基本的业务信息，使业务处理具备信息基础。系统的初始化是系统开发运用初期的工作，必须由账套主管负责完成。

表 4-2　　易友有限责任公司的总账系统期初余额

科目名称	方　向	币别/计量	期初余额	辅助核算期初数据
库存现金（1001）	借		53 000.00	
银行存款（1002）	借		503 189.00	
交通银行康复路支行（100201）	借		503 189.00	
应收票据（1121）	借		271 200.00	2020-08-20，凭证号：23；向合肥安达公司销售单色圆珠笔 800 盒，无税单价 3 元/支，价税合计 271 200 元，收到对方开来的 6 个月的商业承兑汇票一张，票据面值：271 200 元，票号：88750。票据签发日期和收到日期：2020-08-20，到期日：2021-02-20，增值税专用发票号：5678950002
应收账款（1122）	借		327 700.00	2020-11-25，凭证号：22；向芜湖恒大公司销售双色圆珠笔 500 盒，无税单价 4 元/支，价税合计 226 000 元，款项尚未收到。增值税专用发票号：5678951203。 2020-12-02，凭证号：5；向福州宏丰公司销售单色圆珠笔 300 盒，无税单价 3 元/支，价税合计 101 700 元，款项尚未收到。增值税专用发票号：5678951256
原材料（1403）	借		39 900.00	
笔芯（140301）	借		15 000.00	
	借	支	30 000.00	
笔壳（140302）	借		8 400.00	
	借	个	42 000.00	
笔帽（140303）	借		16 500.00	
	借	个	55 000.00	
库存商品（1405）	借		489 000.00	
单色圆珠笔（140501）	借		225 000.00	
	借	支	150 000.00	
双色圆珠笔（140502）	借		264 000.00	
	借	支	120 000.00	
固定资产（1601）	借		1 939 000.00	
累计折旧（1602）	贷		32 439.00	
短期借款（2001）	贷		400 000.00	
交通银行康复路支行（200101）	贷		400 000.00	
实收资本（4001）	贷		3 000 000.00	
利润分配（4104）	贷		190 550.00	
未分配利润（410415）	贷		190 550.00	

二、相关知识

总账系统期初余额的录入方法如下。

录入期初余额是将企业在启用账套时的期初业务数据输入系统，这是初始化工作中必不可少的工作。如果是年初建立账套，可直接录入年初余额；如果是非年初建立账套，则录入建账月份前各月的借方累计发生额、贷方累计发生额和建账月份的期初余额，系统将自动计算年初余额。

在用友软件的期初余额录入界面可以看到期初余额栏有 3 种不同的颜色。

（1）数据栏为白色，表示该科目是末级科目，可以直接录入科目余额。

（2）数据栏为灰色，表示该科目是非末级科目，此余额不需录入，系统将根据其下级明细科目的余额自动汇总计算。

（3）数据栏为黄色，表示该科目为带有辅助核算项的会计科目余额，将鼠标指针移至设有辅助项的科目处，双击鼠标进入相应辅助核算期初录入窗口，录入辅助核算期初数据，系统将自动计算汇总其辅助核算项金额。

三、任务实施

1. 设置总账系统控制参数

第一步：在企业应用平台“业务工作”选项卡中，执行【财务会计】|【总账】|【设置】|【选项】命令，打开“选项”对话框，系统默认显示“凭证”选项卡。

第二步：单击【编辑】按钮，选中“自动填补凭证断号”复选框，取消选中“现金流量科目必录现金流量项目”复选框，选中“同步删除业务系统凭证”复选框。

微课 026：设置总账系统控制参数

第三步：切换到“会计日历”选项卡，修改“数量小数位”为“2”，修改“单价小数位”为“2”，设置完毕，单击【确定】按钮，如图 4-5 所示，返回企业应用平台窗口。

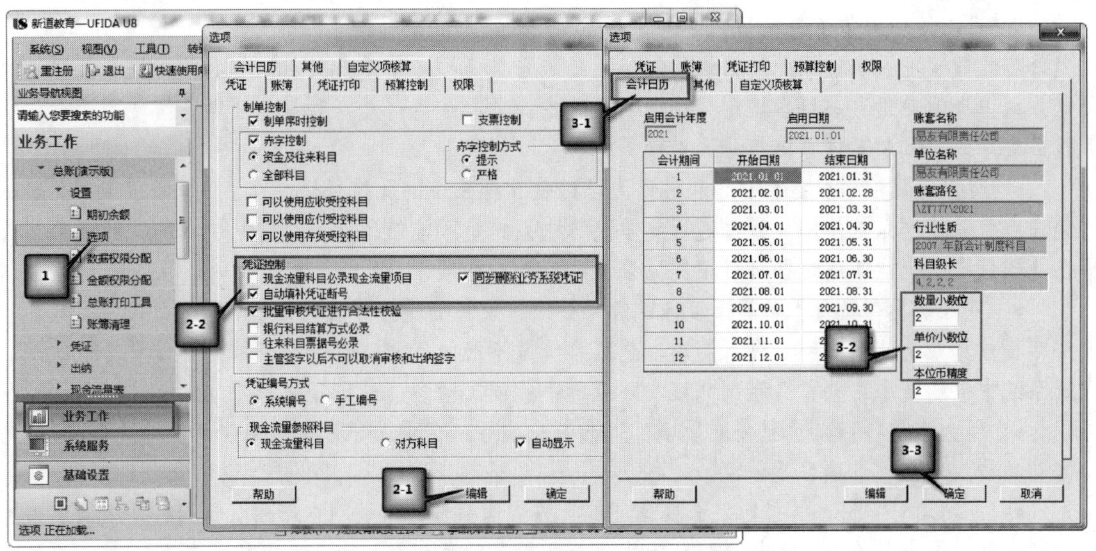

图 4-5　设置总账系统控制参数

另外，“权限”选项卡设置如图 4-6 所示。

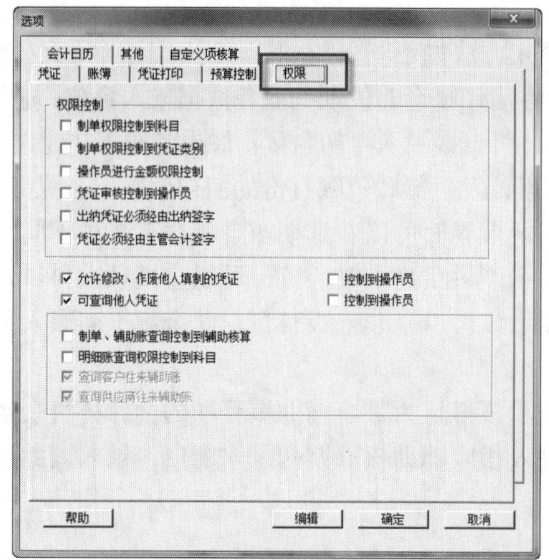

图 4-6 “权限”选项卡设置

说明

（1）“凭证”选项卡包含如下内容。

- 制单序时控制：此项和“系统编号”选项联用，选中该项，则制单时凭证编号必须按日期顺序排列。例如，1 月 25 日编制 25 号凭证，则 1 月 26 日只能开始编制 26 号凭证。
- 支票控制：若选中此项，在制单时使用银行科目编制凭证，系统针对票据管理的结算方式进行登记，如果录入的支票号在支票登记簿中已存在，系统提供登记支票报销的功能；否则，系统提供登记支票登记簿的功能。
- 赤字控制：若选中此项，在制单时，当“资金及往来科目”或“全部科目”的最新余额为负数时，系统将予以提示。系统提供了提示、严格两种方式，用户可根据需要进行选择。
- 可以使用应收受控科目：若科目为应收款管理系统的受控科目，为了防止重复制单，只允许应收款管理系统使用此科目进行制单，总账系统是不能使用此科目制单的。如果希望在总账系统中也能使用这些科目填制凭证，则应选中此项。注意：总账和其他业务系统使用了受控科目会导致应收款管理系统与总账对账不平。
- 可以使用应付受控科目：若科目为应付款管理系统的受控科目，为了防止重复制单，只允许应付款管理系统使用此科目进行制单，总账系统是不能使用此科目进行制单的。如果希望在总账系统中也能使用这些科目填制凭证，则应选中此项。
- 可以使用存货受控科目：若科目为存货核算系统的受控科目，为了防止重复制单，只允许存货核算系统使用此科目进行制单，总账系统是不能使用此科目进行制单的。如果希望在总账系统中也能使用这些科目填制凭证，则应选中此项。
- 现金流量科目必录现金流量项目：选中此项后，在录入凭证时如果使用现金流量科目，则必须输入现金流量项目及金额。
- 自动填补凭证断号：如果选择凭证编号方式为系统编号，则在新增凭证时，系统按凭证类别自动查询本月的第一个断号默认为本次新增凭证的凭证号。如无断号则为新号，与原编号规则一致。

- 批量审核凭证进行合法性校验：批量审核凭证时针对凭证进行二次审核，提高凭证输入的正确率，合法性校验与保存凭证时的合法性校验相同。
- 同步删除业务系统凭证：选中此项后，业务系统删除凭证时相应地将总账的凭证同步删除。否则，将总账凭证作废，不予删除。
- 现金流量参照科目：用来设置现金流量录入界面的参照内容和方式。选中“现金流量科目”单选项，系统只参照凭证中的现金流量科目；选中“对方科目”单选项，系统只显示凭证中的非现金流量科目；选中“自动显示”单选项，系统依据前两个单选项将现金流量科目或对方科目自动显示在指定现金流量项目界面中，否则需要手工参照选择。

（2）“权限”选项卡包含如下内容。

- 制单权限控制到科目：在系统管理的“功能权限”中设置科目权限，再选中此项，权限设置有效。选中此项，则在制单时，操作员只能使用具有相应制单权限的科目制单。
- 制单权限控制到凭证类别：要在系统管理的“功能权限”中设置凭证类别权限，再选中此项，权限设置有效。选中此项，则在制单时，只显示此操作员有权限的凭证类别，同时在凭证类别参照中按人员的权限过滤出有权限的凭证类别。
- 操作员进行金额权限控制：选中此项，可以对不同级别的人员进行金额大小的控制，例如，财务主管可以对 10 万元以上的经济业务制单，一般财务人员只能对 5 万元以下的经济业务制单，这样可以减少由于不必要的责任事故带来的经济损失。如为外部凭证或常用凭证调用生成，则处理方法与预算处理相同，不做金额控制。
- 凭证审核控制到操作员：如只允许某操作员审核其本部门操作员填制的凭证，则应选中此项。
- 出纳凭证必须经由出纳签字：若要求现金、银行科目凭证必须由出纳人员核对签字后才能记账，则选中此项。
- 凭证必须经由主管会计签字：如要求所有凭证必须由会计主管签字后才能记账，则选中此项。
- 允许修改、作废他人填制的凭证：若选中此项，在制单时可修改或作废别人填制的凭证，否则不能修改。
- 制单、辅助账查询控制到辅助核算：设置此项权限，制单时才能使用有辅助核算属性的科目录入分录，查询辅助账时只能查询有权限的辅助项内容。
- 明细账查询权限控制到科目：这里是权限控制的开关，在系统管理中设置明细账查询权限，必须在总账系统的选项设置中打开，才能起到控制作用。

2. 录入总账系统期初余额并进行试算平衡

微课 027：录入总账系统期初余额并进行试算平衡

第一步：在企业应用平台“业务工作”选项卡中，执行【财务会计】|【总账】|【设置】|【期初余额】命令，打开“期初余额录入”窗口，直接录入数据栏为白色的各末级科目的余额。如果某会计科目设有数量金额核算要求，则还要输入期初数量。

第二步：双击数据栏为黄色的带有辅助核算项的会计科目，打开与辅助核算项对应的“期初余额录入”窗口，单击【增行】按钮，录入辅助核算的明细期初数据。若该科目需要输入往来明细资料，则先单击【往来明细】按钮，在打开的“期初往来明细”窗口中单击【增行】按钮，录入该科目的期初往来明细资料，录入完毕，单击【退出】按钮返回“辅助期初余额”窗口，再单击【增行】按钮，录入辅助期初余额，录入完毕，单击【退出】按钮。

第三步：各账户期初余额录入完毕，单击【试算】按钮，弹出“期初试算平衡表”对话框，当显示“试算结果平衡”时，表明期初数据录入基本正确，单击【确定】按钮。单击 按钮关闭对话框，如图 4-7 所示，否则需要进一步核对期初数据。

图 4-7　总账系统期初余额录入

📖**操作提示**

- 无论往来核算在总账系统还是在应收应付系统进行，有往来辅助核算的科目都要按明细录入数据。
- 只要求录入最末级科目的余额和累计发生数，上级科目的余额和累计发生数由系统自动计算。若年中启用，则只要录入末级科目的期初余额及累借、累贷，年初余额将自动计算。
- 如果某科目为数量、外币核算，可以录入期初数量、外币余额，但必须先录入本币余额，再录入外币余额。
- 在录入辅助核算期初余额之前，必须先设置各辅助核算目录。
- 如果期初余额试算不平衡，系统将不允许记账，但可以填制凭证。
- 凭证记账后，期初余额变为浏览、只读状态，这时不能再修改，只可以查询或打印，如果需要修改，需将所有已记账的凭证取消记账。
- 当录入有辅助核算的会计科目的期初余额时，如果因为在辅助核算项对应的期初录入窗口中多拉出一空白行，而导致无法退出时，可按“Esc”键退出。

- 在总账系统录入辅助科目期初余额时，如果不显示对应的个人档案信息（或录入人员编码时，系统提示“人员非法”），原因是未录入“人员档案”信息，或在“人员档案”设置中没有选中“是否业务员”复选框。

四、拓展提高

要想实现对设有往来辅助核算的会计科目引入期初往来明细，必须满足两个条件：一是建账套或年度账未记账状态，二是启用应收款管理系统或应付款管理系统。其操作步骤如下。

第一步：在“期初余额录入”窗口，选择有往来核算属性的会计科目，双击“期初余额”栏，进入“辅助期初余额”窗口，单击【往来明细】按钮，打开“期初往来明细”窗口。

第二步：从“科目名称”下拉框中选择要引入的末级科目名称，单击【引入】按钮，从应收款管理系统或应付款管理系统引入选择科目的期初往来明细，如图 4-8 所示。

图 4-8　引入期初往来明细

任务三　凭证处理

一、任务描述与分析

（1）根据 1 月份发生的经济业务，由账套主管“李晶”在总账系统中填制凭证，要求制单日期与业务发生日期一致。

① 3 日，财务部签发 No.202101 号现金支票，从交行康复路支行提取现金 5 000 元备用。

② 5 日，销售部章立到南京出差，预借差旅费 2 000 元，以现金付讫。

③ 10 日，销售部发生产品广告宣传费 3 000 元，财务部签发 No.zz202101 号转账支票付讫。

④ 12 日，销售部章立报销差旅费 1 200 元，归还现金 800 元，结清预借款（提示：需要生成一张收款凭证和一张转账凭证）。

⑤ 18 日，对机器设备维修，共花费维修费用 2 000 元，财务部签发 No.zz202102 号转账支票付讫。其中，生产一部负担 1 200 元，生产二部负担 800 元。

⑥ 20 日，生产单色圆珠笔，领取材料，其中，领取笔芯 1 000 支（0.5 元/支）、笔壳 1 000 个（0.2 元/个）、笔帽 1 000 个（0.3 元/个）。

⑦ 25 日，购买笔芯 1 000 支，不含税单价 0.5 元，价税合计 565 元。材料已经验收入库，款项以现金支付。

（2）作废并删除凭证。1 月 31 日，由账套主管“李晶”在总账系统中将付字第 5 号凭证（购买笔芯）作废并删除。

（3）审核凭证。1 月 31 日，更换操作员为“王一红”，对本月所发生的记账凭证进行审核。

（4）记账。1 月 31 日，操作员王一红对本月审核无误的记账凭证进行记账。

总账系统的初始化设置工作完成后，系统进入日常业务处理阶段。这一阶段主要完成凭证的录入、修改、审核、签字和记账工作，并查询和打印输出各种日记账、明细账和总分类账，同时对部门、个人及单位往来辅助账进行管理。

二、相关知识

1. 凭证的输入

在会计信息化实际工作中，凭证的输入方式一般有两种：一是直接在计算机上根据审核无误准予报销的原始凭证填制记账凭证，即前台处理方式；二是先由人工制单，审核无误后再集中输入计算机系统，即后台处理方式。一般来说，业务量不大或会计基础工作较好或使用网络版的用户可采用前台处理方式；而在第一年使用或正处于人机并行阶段的用户，则比较适合采用后台处理方式。

记账凭证是总账系统处理的起点，也是所有查询数据中最主要的来源之一。日常业务处理首先从填制凭证开始。填制凭证的基本步骤如下。

（1）执行【凭证】|【填制凭证】命令，显示单张凭证。

（2）单击【增加】按钮或按“F5”键，增加一张新凭证，将鼠标光标定位在凭证类别上，输入或参照选择一个凭证类别字。

（3）如果在“凭证编号方式”中选择“系统编号”，则由系统按时间顺序自动编号。否则，需要手工编号，允许最大凭证号为 32767。系统规定每页凭证可以有 5 笔分录，当某号凭证不止一页，系统自动将在凭证号后标上几分之一。例如，收—0001 号 0002/0003，表示收款凭证第 0001 号凭证共有三张分单，当前光标所在分录在第二张分单上。

（4）系统自动取当前业务日期为记账凭证填制的日期，可修改。

（5）输入凭证分录的摘要，按“F2”键或参照按钮输入常用摘要，但常用摘要的输入不清除原来输入的内容。

（6）输入末级科目或按“F2”键参照录入。

（7）若科目为银行科目，在结算方式设置中确定要进行票据管理，在【选项】中设置“支票控制”，那么这里会要求输入“结算方式”“票号”及“发生日期”。

（8）如果科目设置了辅助核算属性，则在这里还要输入辅助信息，如部门、个人、项目、客户、供应商、数量等。录入的辅助信息将在凭证下方的备注中显示，如图 4-9 所示。

票号 202-1222 日期 2018.11.30		数量 单价	100.000 00 千克 10.000 00 H	合计
备注	项目　车间新建项目 客户　中复电讯		部门 业务员　赵珊珊	

记账　　　　审核　　　　出纳

图 4-9　填制记账凭证的辅助信息

（9）录入该笔分录的借方或贷方本币发生额，金额不能为零，但可以是红字，红字金额以负数形式输入。如果方向不符，可按空格键调整金额方向。

（10）若想放弃当前未完成的分录的输入，可单击【删行】按钮或按“Ctrl + D”组合键删除当前分录。

（11）如果填制凭证使用的科目为现金流量科目，那么在保存凭证前要求指定凭证分录的现金流量项目。如果已经定义了现金流量取数关系，单击【流量】按钮，在弹出现金流量项目指定的窗口中自动显示凭证发生的科目、方向、金额及对应的现金流量项目，可以进行修改。

（12）当凭证全部录入完毕，单击【保存】按钮或按“F6”键保存这张凭证。

需要注意的是，如果设置了“制单序时控制”，则凭证的填制日期应大于等于系统的启用日期，但不超过计算机的系统日期，也不能超过上一张凭证的填制日期。

2. 登记账簿

登记账簿，就是记账，通常也被称为登账或过账。在手工会计中，记账是指由财务人员根据已审核的记账凭证逐笔登记到各明细账，并按期计算出各科目的发生额和余额，汇总形成总账的过程。对于一般的企业来说，由于日常经营业务涉及的科目多，业务发生频繁，并且在记账过程中往往容易产生差错，需要反复计算、校对和审核，因此记账是财务人员日常工作中负荷较重的工作。而在会计信息化中，操作员只需根据已填制的凭证选择记账范围，记账工作由计算机自动完成，这不仅大大减轻了财务人员记账的工作量，而且基本避免了类似手工记账中登账差错的出现。

在会计信息化中，操作员日常填制的凭证在系统中所处的状态可分为两个阶段：一是已填制未记账阶段，这一阶段的记账凭证是以临时文件的形式保存在系统中的，在未记账以前，即使是已经审核的凭证尚可通过取消审核实现“无痕”修改；二是已记账阶段，在用友财务软件中，凭证一旦经过记账处理，则不能再被删除或修改，只能通过“蓝字”补充或“红字”冲销的办法纠正差错，即只能实现“有痕”修改。由此可见，在会计信息化中，凭证填制的准确性决定了记账的准确性，防止日常核算差错的重点集中在记账之前的凭证处理阶段，加强凭证填制与审核的管理，提高凭证处理的准确性，是记账的前提和基础，也是会计信息化日常财务工作的重点。

在进行记账前，用户首先要检验上月是否结账，如果上月未结账，则本月不能进行记账处理，在第一次记账时，若期初余额试算不平衡，系统也不允许记账；其次要对已输入的凭证进行审核，凭证未经审核不能进行记账处理；最后，由于凭证一旦进行记账处理，将不能被修改，为预防万一，在记账前要做好硬盘的备份，以保存记账前的数据。

系统的记账处理是在记账向导的指引下进行的，由于记账过程是系统进行数据处理和对有关数据库文件进行更新的过程，因此记账过程不得中断，如果记账过程由于断电等原因发生中断，系统将自动调用“恢复记账前状态”恢复数据，然后由用户重新进行记账处理。

三、任务实施

微课 029：填制凭证（第一笔业务）

1. 填制凭证（以第一张凭证为例）

第一步：在企业应用平台“业务工作”选项卡中，执行【财务会计】|【总账】|【凭证】|【填制凭证】命令，打开“填制凭证”窗口。

第二步：单击【增加】按钮，系统自动增加一张收款凭证。

填制凭证表头部分。选择凭证类别。单击【收】字旁边的...按钮，打开下拉框，选择凭证类别，这里选择【付】字，直接输入“制单日期”和“附单据数”。

第三步：输入凭证正文部分。依次输入摘要、科目名称（或科目代码，注意必须是末级科目）、借方金额或贷方金额，然后按“Enter”键，继续输入下一条分录的摘要、科目名称、借方金额或贷方金额。若借贷方均无辅助账科目，则输入完成后，可单击【增加】按钮，继续填写下一张凭证。若借贷方科目有辅助核算项，则要在弹出的“辅助项”对话框中输入辅助核算内容，如结算方式、票号、发生日期等内容，如图 4-10 所示。

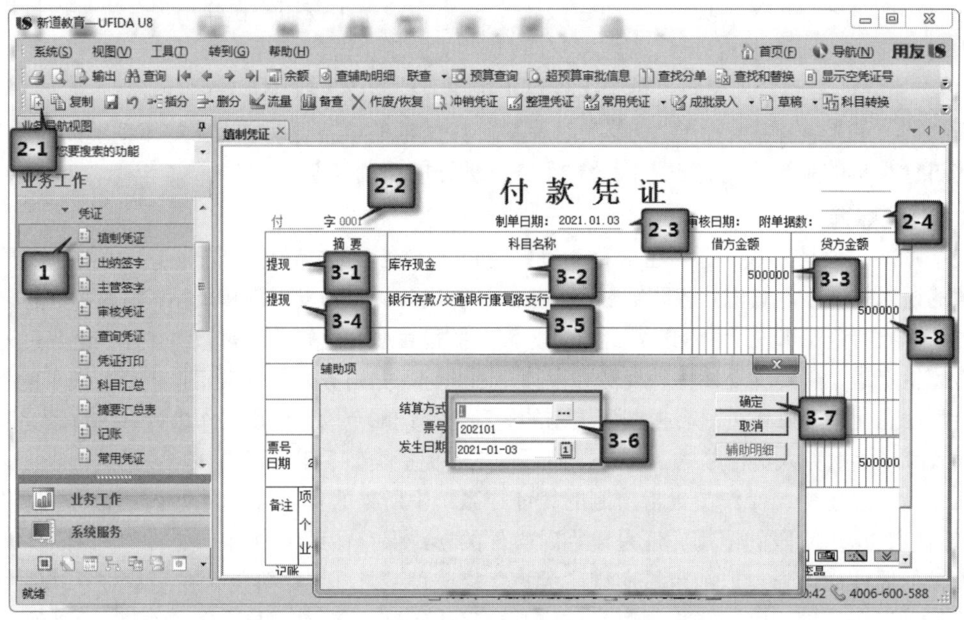

图 4-10 填制凭证

第四步：如果填制后发现凭证有错误，可以直接修改，参见拓展提高。

操作提示

- 凭证填制完成后，在未审核前可以直接修改。
- 在录入会计科目时，在“科目参照”对话框中，如果没有所需科目，可以直接在“科目参照”对话框中单击【编辑】按钮，进入“新增科目设置”对话框进行科目设置。
- 按空格键可以改变账户的借贷方向，按“=”键取当前凭证借贷方金额的差额到当前光标位置。每张凭证上只能使用一次；输完金额后在金额处按“-”键（键盘上的减号键），金额以红色字体显示。

- 在录入辅助明细时，当数量、单价、金额三项都有数据时，系统提供反算功能，改变数量或单价反算金额，改变金额反算单价。
- 在填制凭证时如果含有辅助核算内容的会计科目，则应选择相应的辅助核算内容，否则将不能查询辅助核算的相关资料。
- 在新增凭证过程中，如果有意外情况不能继续，可以保存这张未完成且未保存的凭证，这张凭证是一张草稿凭证，可以是结转生成的凭证，但不包括其他系统生成的凭证。在保存时，不做任何合法性校验，凭证号也不保存。等以后再使用或继续完成这张草稿凭证时可以按操作员引入。
- 如果设置了"制单权限控制到科目"选项，则在制单时不能使用无权限的科目进行制单。

2. 作废并删除凭证

微课 030：作废并删除凭证

第一步：在企业应用平台"业务工作"选项卡中，执行【财务会计】|【总账】|【凭证】|【填制凭证】命令，打开"填制凭证"窗口。

第二步：通过单击 |◀ ◀ ▶ ▶| 按钮翻页查找，或单击【查询】按钮，输入条件查找要作废的凭证，单击【作废/恢复】按钮，凭证左上角显示"作废"字样，表示已将该凭证作废。

第三步：单击【整理凭证】按钮，在弹出的"凭证期间选择"对话框中选择凭证期间，单击【确定】按钮，打开"作废凭证表"对话框。双击需删除凭证所在行的"删除?"选项，空白栏显示"Y"标志，单击【确定】按钮。系统提示"是否还需整理凭证断号"，选择凭证断号重新排列方式，如选中"按凭证号重排"单选项，单击【是】按钮进行整理，如图 4-11 所示。

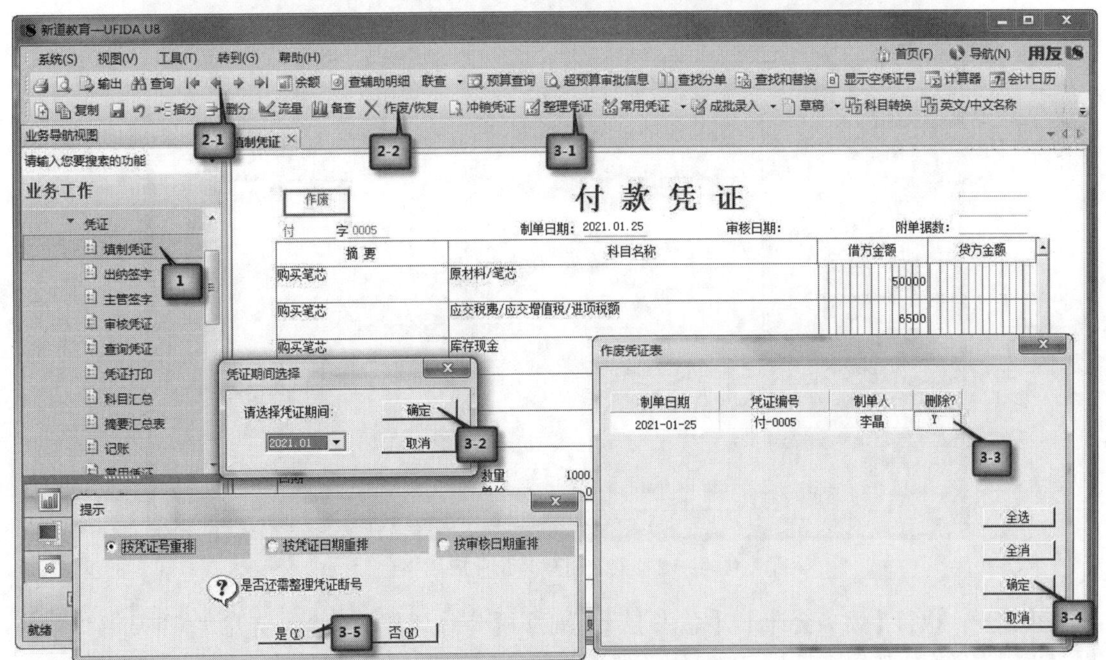

图 4-11　作废并整理凭证

📖操作提示

- 对于作废凭证，可以单击【作废/恢复】命令，取消“作废”标志。
- 作废凭证不能修改、审核，但可以参与记账。
- 查询账簿时查不到作废凭证的数据，但该张凭证仍然占有原凭证编号。
- 若要删除凭证，必须分两步进行操作，即先进行“作废”操作，然后再进行“整理”操作。
- 只能对未记账凭证进行凭证整理。如果对已记账凭证进行凭证整理，应先取消记账，再做凭证整理。
- 未审核的凭证可以直接删除，已审核或已进行出纳签字的凭证，必须在取消审核及出纳签字后才能删除。
- 如果在对作废凭证进行整理时，选择不整理断号，但在总账系统的选项设置中选中“自动填补凭证断号”及“系统编号”复选框，那么在填制凭证时可以由系统自动填补断号。否则，将会出现凭证断号。

3. 审核凭证

第一步：在企业应用平台“业务工作”选项卡中，执行【系统】|【重注册】命令，以“0002”号操作员“王一红”身份登录企业应用平台，如图 4-12 所示。

微课 031：审核凭证

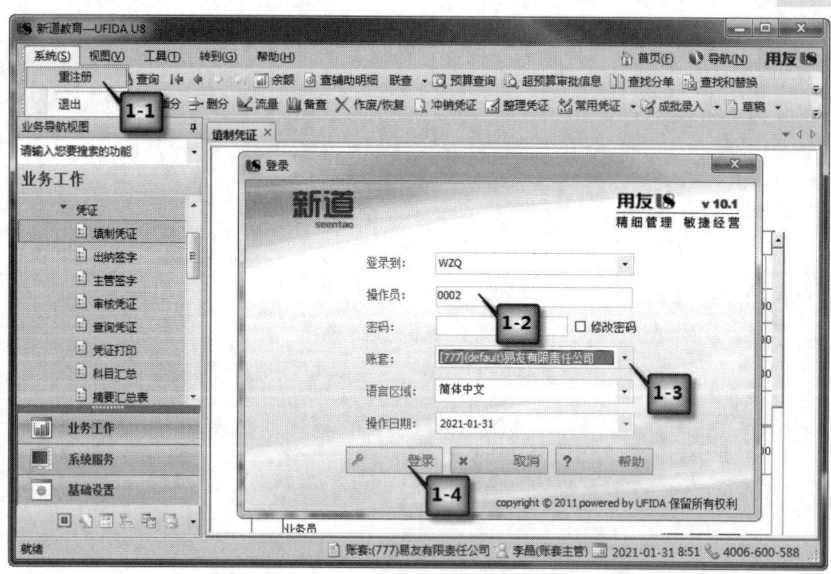

图 4–12 重注册登录企业应用平台

第二步：执行【财务会计】|【总账】|【凭证】|【审核凭证】命令，打开“凭证审核”对话框，单击【确定】按钮，打开“凭证审核列表”窗口。

第三步：双击第 1 张凭证，打开凭证，单击【审核】按钮，逐张进行审核签字；或直接执行【批处理】|【成批审核凭证】命令，进行成批审核签字，如图 4-13 所示。如果审核后发现凭证有错误，可在取消审核后修改。

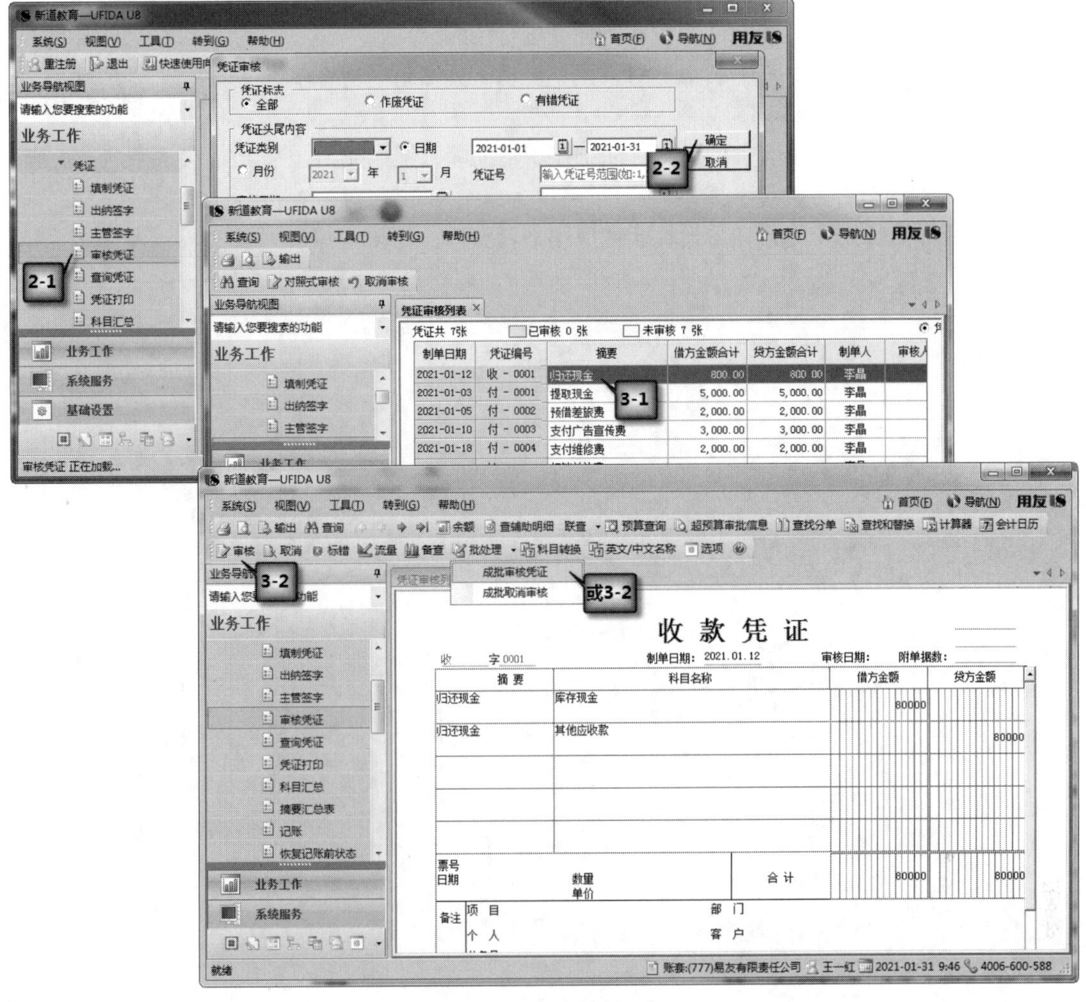

图 4–13　审核凭证

操作提示

- 系统要求审核人和制单人不能是同一个人，所以在审核凭证前一定要检查当前操作员是否就是制单人，如果是，则需要重新注册更换操作员。
- 凭证审核的操作权限应首先在"系统管理"的权限中进行赋权，其次还要注意在总账系统的选项中是否选中"凭证审核控制到操作员"复选框，如果设置了该选项，则应继续设置审核的明细权限，即"数据权限"中的"用户"权限。只有在"数据权限"中设置了某用户有权审核另外某一用户所填制凭证的权限，该用户才真正拥有审核凭证的权限。
- 在审核凭证的功能中还可以对有错误的凭证进行"标错"处理（标错凭证不能被审核，必须取消标错才能审核），还可以"取消"审核（操作方式同取消出纳签字方式）。已审核的凭证将不能修改、删除，只能在取消审核后才能在填制凭证的功能中进行修改、删除。

4. 记账

第一步：在企业应用平台"业务工作"选项卡中，执行【财务会计】|【总账】|【凭证】|【记账】

命令，打开“记账”对话框，在“记账范围”列中输入需要记账的凭证范围或直接单击【记账】按钮，系统默认为对所有凭证进行记账。

微课 032：记账

第二步：打开“期初试算平衡表”对话框，显示试算结果平衡，单击【确定】按钮。

第三步：系统开始登录有关的总账、明细账、辅助账，记账完毕，系统提示“记账完毕!”，单击【确定】按钮。

第四步：单击【退出】按钮，返回企业应用平台窗口，如图 4-14 所示。

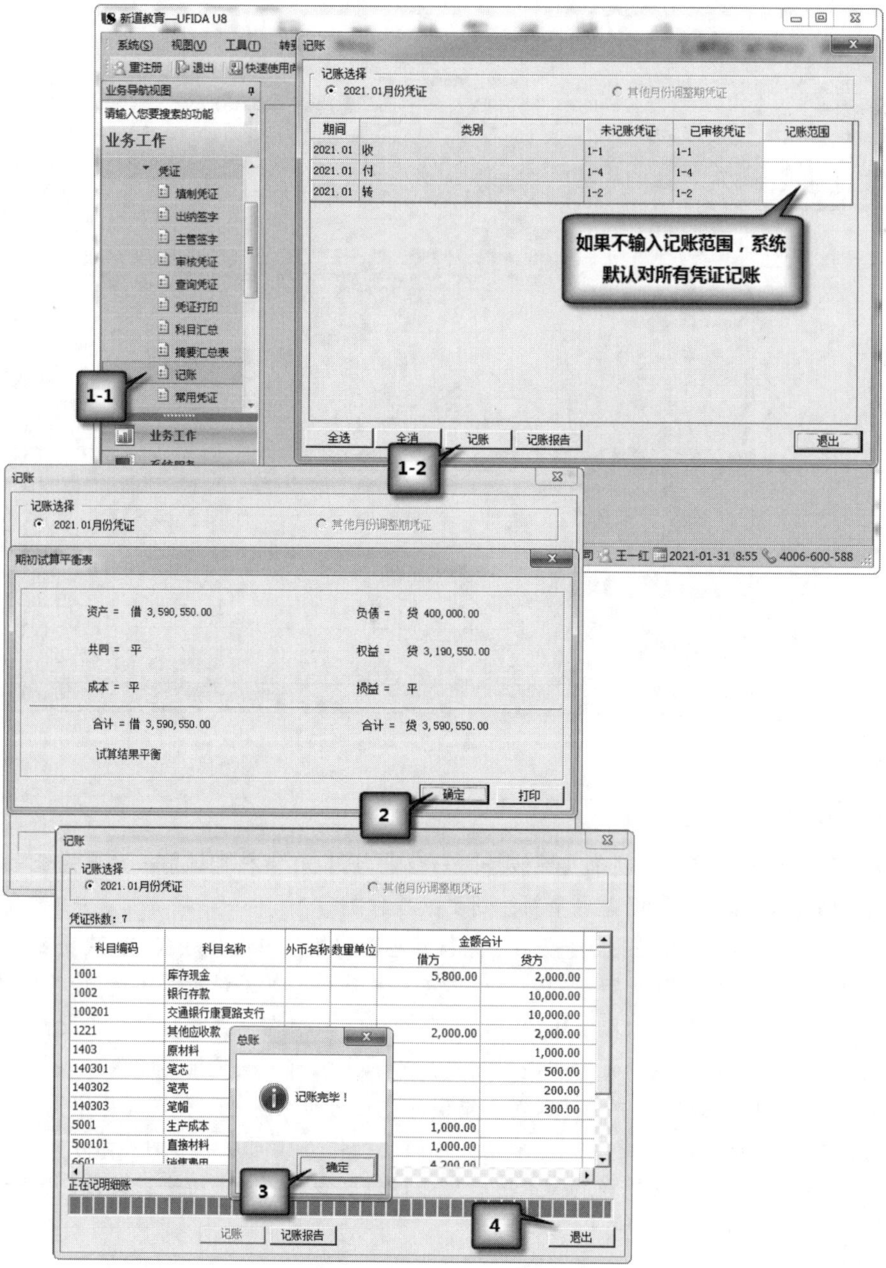

图 4–14　记账操作流程

📖操作提示

- 期初余额试算不平衡不允许记账；有不平衡的凭证不允许记账；未审核的凭证不允许记账；上月月未结账本月不能记账。
- 如果不输入记账范围，系统默认对所有凭证进行记账。
- 作废凭证无须审核即可直接记账。
- 记账过程中不得中断，如果因断电或其他原因造成中断，可通过激活“恢复记账前状态”命令恢复，然后由用户重新进行记账工作（详见拓展提高中“如何取消记账”的操作）。

四、拓展提高

微课 033：凭证未审核、未记账前的修改

1. 如何实现凭证的修改

会计凭证的修改可以分为以下 3 种情况。

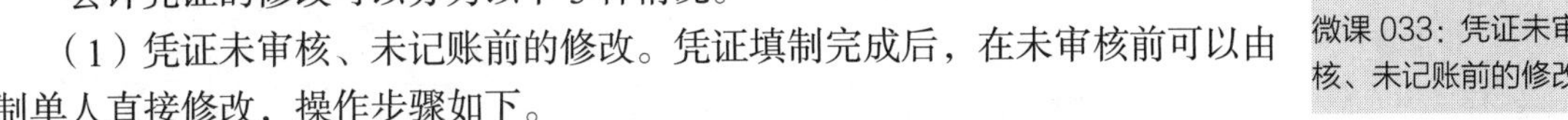

（1）凭证未审核、未记账前的修改。凭证填制完成后，在未审核前可以由制单人直接修改，操作步骤如下。

第一步：由制单人在企业应用平台“业务工作”选项卡中，执行【财务会计】|【总账】|【凭证】|【填制凭证】命令，打开“填制凭证”窗口。

第二步：通过单击 ⏮ ⬅ ➡ ⏭ 按钮翻页查找，或单击【查询】按钮，输入条件查找要修改的凭证。

第三步：对凭证的错误进行修改。若凭证中会计科目的辅助项内容有错误，应先单击含有错误辅助项的会计科目，将鼠标指针移到备注栏中错误的辅助项所在位置，当出现笔头状光标时双击鼠标，在弹出的“辅助项”对话框中直接修改辅助项的内容；也可以按“Ctrl + S”组合键或双击右下角按钮，调出“辅助项”对话框后进行修改，如图 4-15 所示。

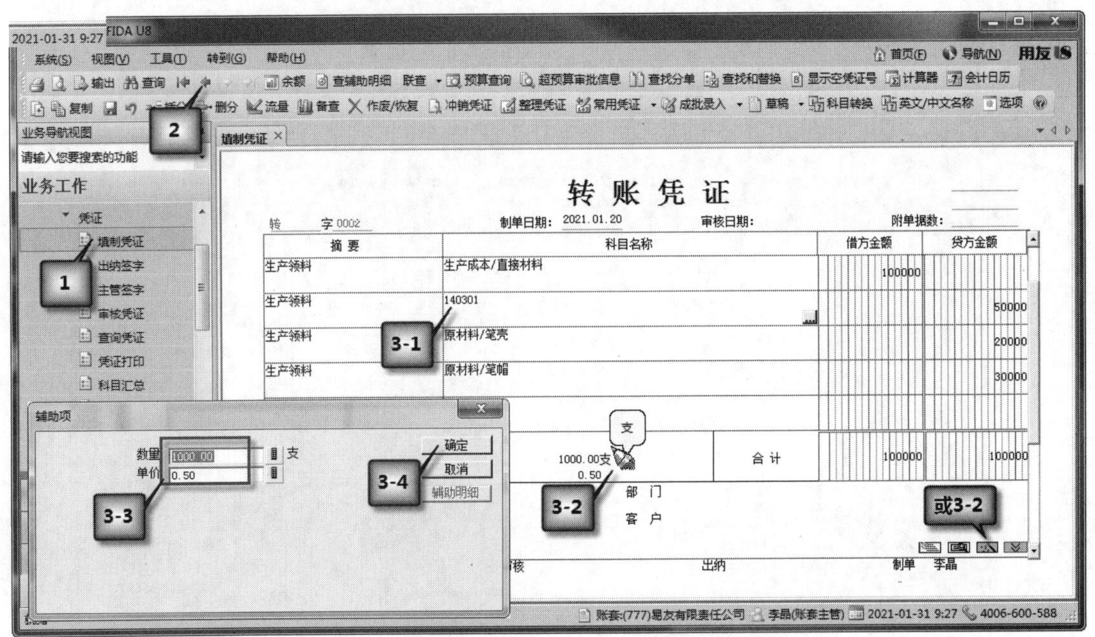

图 4–15　填制凭证——对会计科目辅助项的修改

📖操作提示

- 外部系统传来的凭证不能在总账管理系统中进行修改，只能在生成该凭证的系统中进行修改。
- 如果在总账系统的选项中没有选中“允许修改、作废他人填制的凭证”复选框，则只能由原制单人在填制凭证功能中修改或作废凭证。

（2）凭证已经审核但未记账前的修改。若发现已经通过审核但未记账的凭证有错误，不能直接由制单人修改，必须首先由审核员取消审核错误凭证，然后再由制单人按“凭证未审核、未记账前的修改”的方法，在“填制凭证”窗口中修改，操作步骤如下。

微课 034：凭证已经审核但未记账前的修改

第一步：由审核人在企业应用平台“业务工作”选项卡中，执行【财务会计】|【总账】|【凭证】|【审核凭证】命令。

第二步：打开“凭证审核”对话框，单击【确定】按钮，打开“凭证审核列表”面板。

第三步：双击要修改的凭证，打开一张已经审核签字的凭证，单击【取消】按钮。取消签字后单击【退出】按钮，如图 4-16 所示。

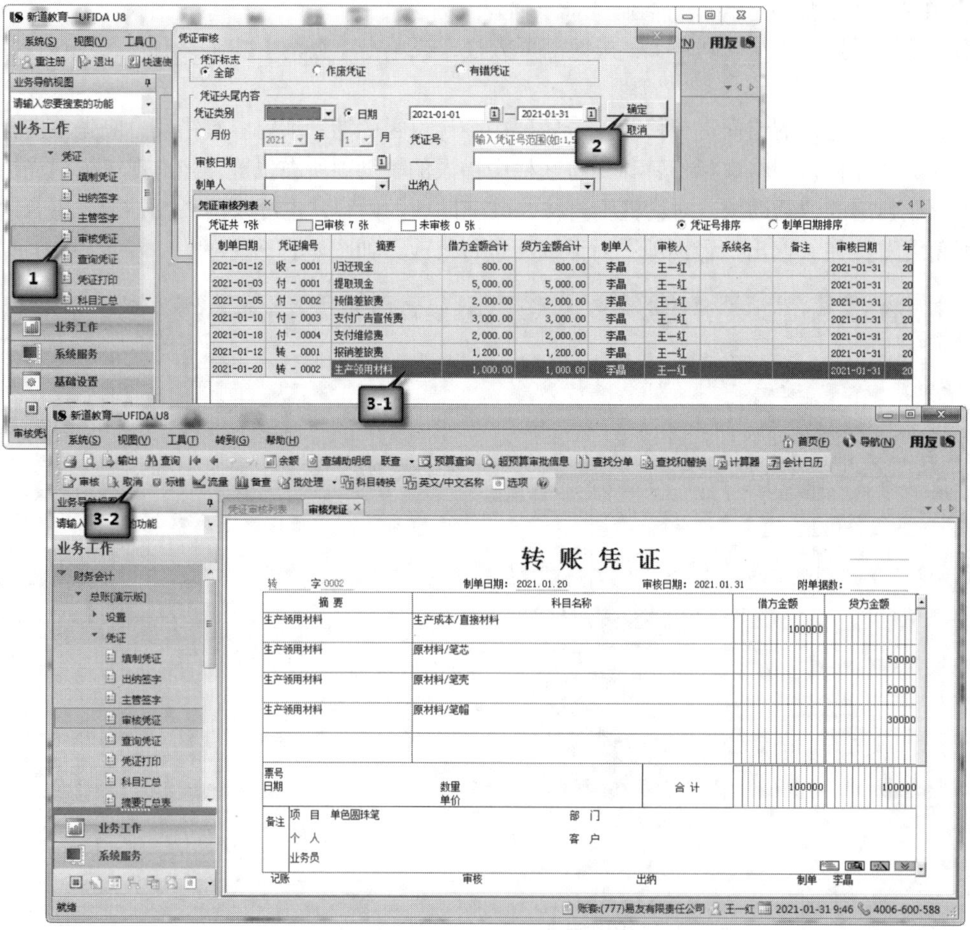

图 4-16　取消审核后修改凭证

第四步：更换操作员为制单人，按“凭证未审核、未记账前的修改”的操作步骤进行修改。

（3）凭证记账后的修改。处理日常业务时，如果在未记账前发现凭证有错误，可以通过直接修改或取消签字后进行修改的方法保证凭证的正确无误。如果凭证已经记账，按照有关规定，只能对错误凭证采取红字冲销法或补充登记法进行更正，即对凭证修改采取有痕迹的修改，以保证留下审计线索。

补充登记法是指增加一张凭证的方法，这里不再复述。红字冲销法，是指将错误凭证采用增加一张红字凭证全额冲销，若需要，再增加一张蓝字正确凭证补充的方法。在会计信息化中，红字冲销凭证的适用条件和操作思路与手工会计相同。

例如，1 月 31 日，发现本月“付”字 1 号凭证的金额有错，应该提取 4 000 元，错填写成 5 000 元，该张凭证已经审核记账，现采用“红字冲销法”生成一张红字凭证，将多记的金额 1 000 元冲销。其操作步骤如下。

第一步：由制单人“李晶”在企业应用平台“业务工作”选项卡中，执行【财务会计】|【总账】|【凭证】|【填制凭证】命令，打开“填制凭证”窗口。

第二步：单击“冲销凭证”按钮，打开“冲销凭证”对话框，选择要冲销的凭证类别为【付 付款凭证】，输入凭证号“0001”，单击【确定】按钮。

第三步：系统自动生成一张红字冲销凭证，修改制单日期为“2021.01.31”，修改红字金额为“1 000”，单击 × 按钮，系统自动保存生成的红字凭证，如图 4-17 所示。

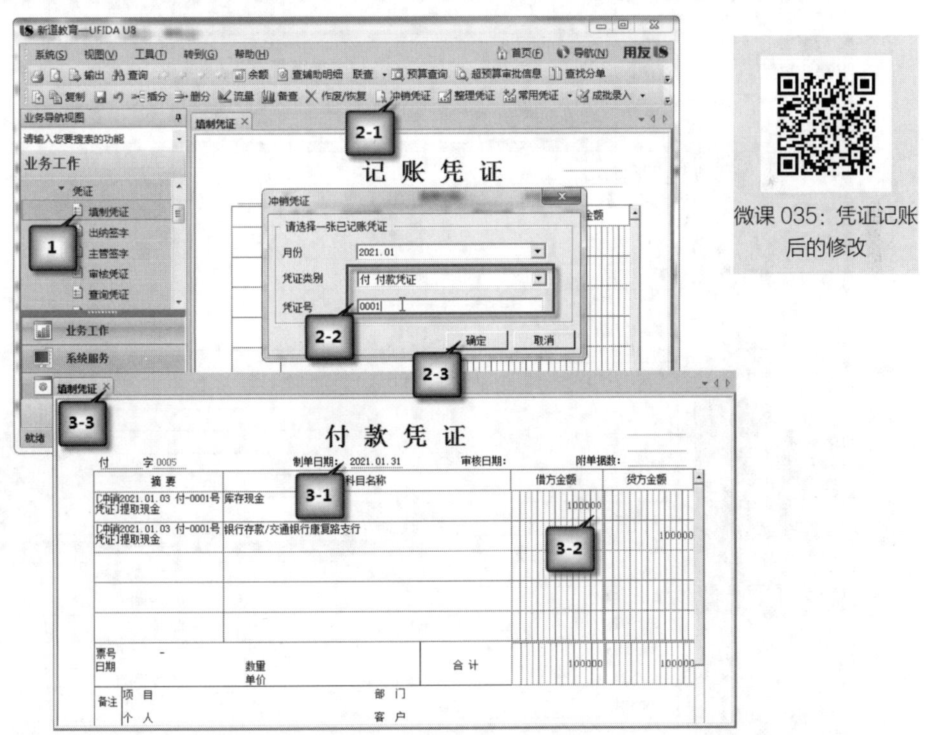

图 4-17　冲销凭证

微课 035：凭证记账后的修改

📖操作提示

对系统生成的红字凭证应予以审核、记账，才能冲销账簿上原有的错误记录。

2. 如何定义常用凭证或保存当前凭证为常用凭证

在企业的日常工作中，会计业务都有其规律性，因此在日常填制凭证的过程中，经常会有许多凭证完全相同或部分相同，如果将这些常用的凭证存储起来，在填制会计凭证时可随时调用，必将提高业务处理的效率。常用凭证的制作方法有两种：一是通过【常用凭证】命令定义，二是保存当前凭证为常用凭证。

（1）定义常用凭证。定义编号为“001”、摘要为“支付办公费”的常用凭证，操作步骤如下。

微课 036：定义常用凭证

第一步：由制单人“李晶”在企业应用平台“业务工作”选项卡中，执行【财务会计】|【总账】|【凭证】|【常用凭证】命令，打开“常用凭证”对话框。

第二步：单击【增加】按钮，输入凭证的“编码”“说明”，并选择“凭证类别”，单击【详细】按钮。

第三步：在打开的对话框中单击 增分 按钮，增加一空行，可增加常用凭证的分录。录入分录时，“摘要”由系统根据说明自动生成，输入科目名称，会计科目可以录入非末级科目。若会计科目有辅助核算，则弹出“辅助信息”对话框，录入辅助信息。如果借贷方金额或辅助信息在定义常用凭证时还不能确定，则可不输入，单击“取消”按钮，留到填制凭证时再输入。继续单击 增分 按钮，定义凭证的第二条分录。定义完毕，单击【退出】按钮，如图 4-18 所示。

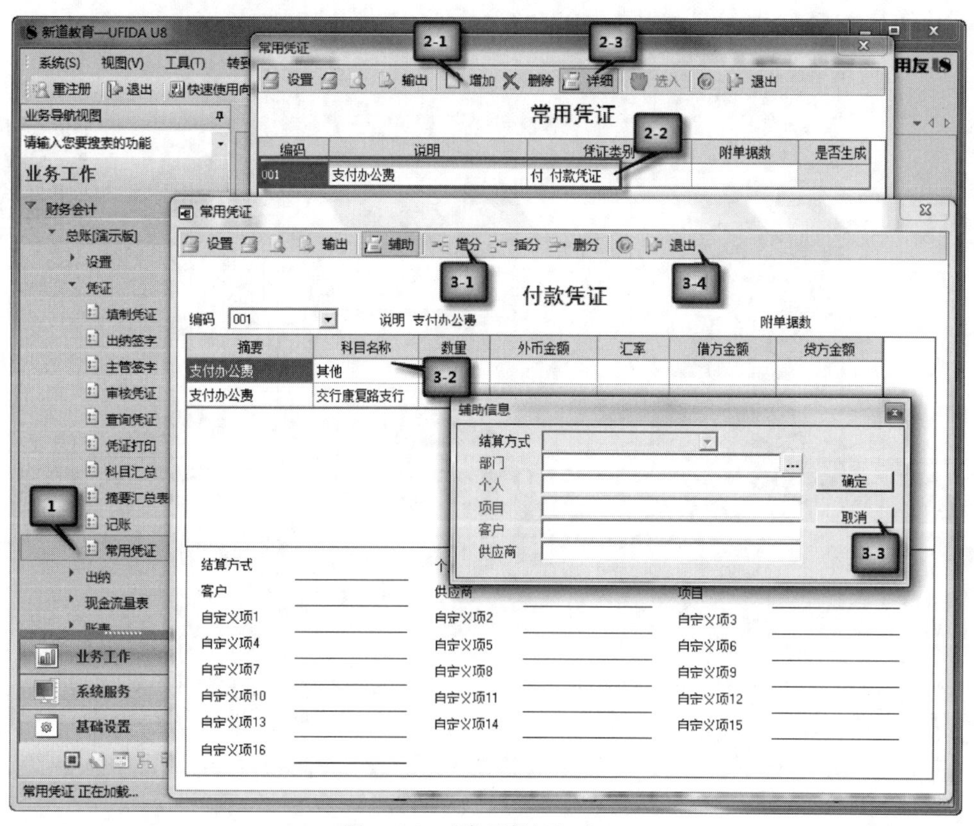

图 4-18 “常用凭证”窗口

（2）保存当前凭证为常用凭证。当认为某张凭证应被作为常用凭证保存时，在录入完该张凭证后，执行【常用凭证】|【生成常用凭证】命令，打开“常用凭证生成”对话框，输入代号和说

明，如图 4-19 所示，单击【确认】按钮。该张凭证即被存入常用凭证库中，以后可按所存代号调用这张常用凭证。

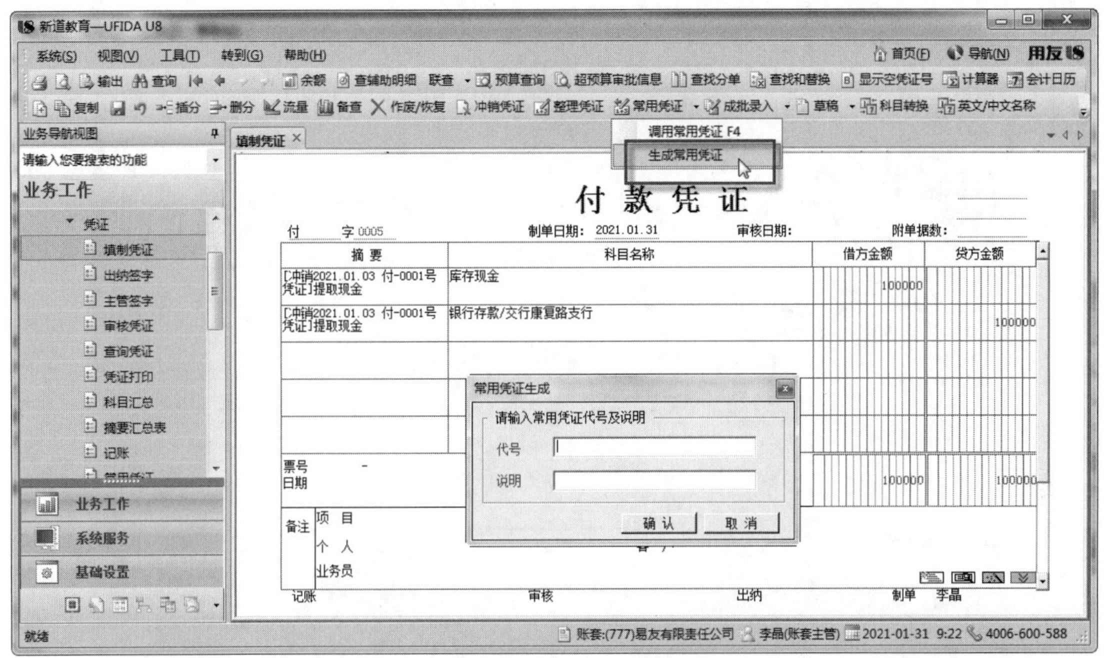

图 4-19　保存当前凭证为常用凭证

说明

此处产生的这张红字凭证将予以作废、删除，后面的演示数据中未包含该张红字凭证。

3. 如何取消记账

微课 037：取消记账

取消记账又称反记账或恢复记账前状态，如记账过程中，由于断电等原因使得记账发生中断，导致记账错误，或者记账后发现输入的记账凭证有错误，需进行修改，可调用恢复记账前状态功能，将数据恢复到记账前状态，待调整完成后再重新记账。系统提供两种恢复记账前状态的方式：一种是将系统恢复到最后一次记账前状态，另一种是将系统恢复到本月月初状态。取消记账的操作步骤如下。

第一步：在企业应用平台“业务工作”选项卡中，执行【财务会计】|【总账】|【期末】|【对账】命令，打开“对账”对话框。按“Ctrl + H”组合键，系统提示“恢复记账前状态功能已被激活”，单击【确定】按钮，再单击【退出】按钮，返回企业应用平台窗口。

第二步：执行【总账】|【凭证】|【恢复记账前状态】命令，打开“恢复记账前状态”对话框。选择恢复方式，如选中“最近一次记账前状态”单选项，单击【确定】按钮。弹出“输入”对话框（本例中无口令），单击【确定】按钮。系统弹出“恢复记账完毕!”提示框，单击【确定】按钮，如图 4-20 所示。

操作提示

已结账的月份不能取消记账，如果要恢复记账前状态，可以在取消结账后再取消记账。

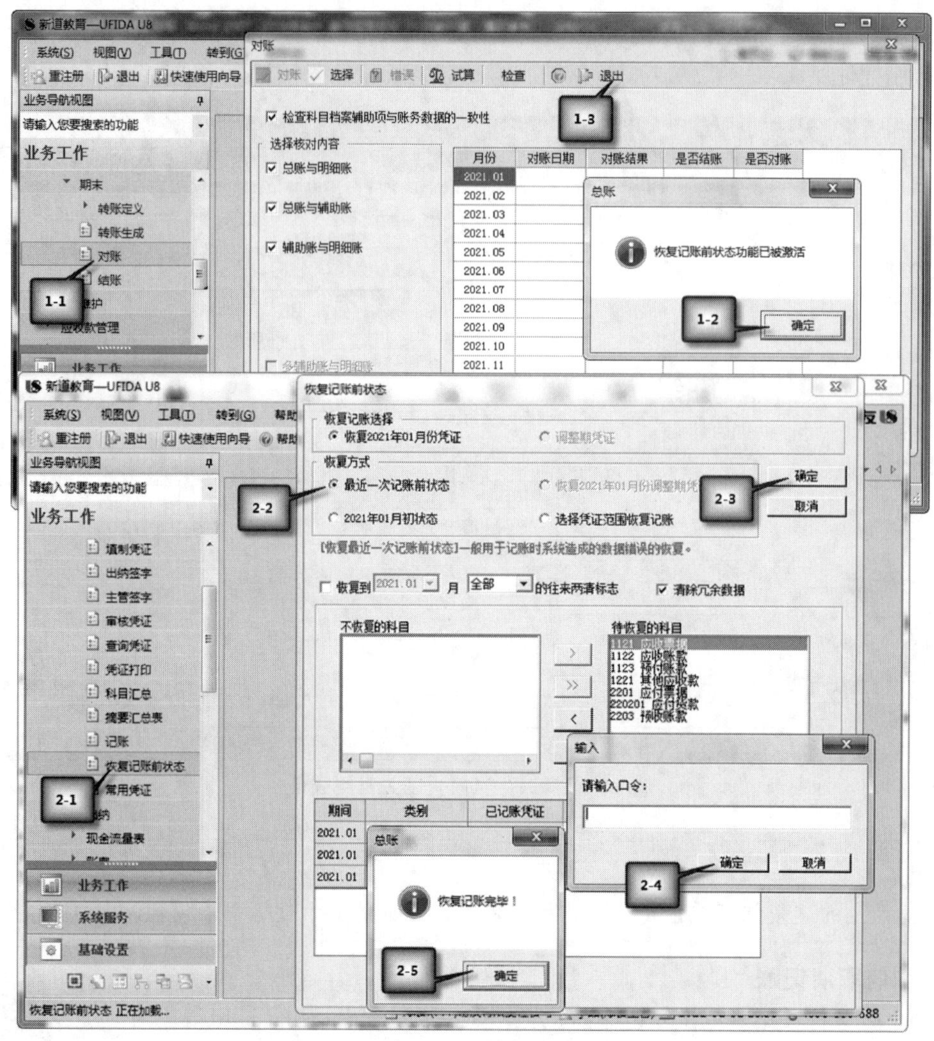

图 4-20 凭证——恢复记账前状态

任务四 出纳处理

一、任务描述与分析

在总账管理系统，以操作员“王一红”的身份，进行如下操作。

（1）指定科目。将 1001 库存现金指定为现金总账科目，将 1002 银行存款指定为银行总账科目。

（2）查询现金日记账。

（3）进行银行对账。

① 777 账套银行账的启用日期为 2021-01-01，本单位开户行为交通银行康复路支行，企业银行存款日记账余额为 503 189 元，银行对账单期初余额为 523 189 元，未达账系银行已收、企业未收款 20 000 元（2020 年 12 月 30 日，结算方式：其他；票号：ZZ709）。要求根据以上资料录入 777 账套银行对账期初余额。

② 输入易友有限责任公司 2021 年 1 月交通银行康复路支行人民币户的银行对账单，如表 4-3 所示。

表 4-3　　易友有限责任公司 2021 年 1 月银行对账单　　单位：元

日　期	结算方式	票　号	借方金额	贷方金额	余　额
2021.01.03	现金支票	202101		5 000.00	518 189.00
2021.01.11	转账支票	zz202101		3 000.00	515 189.00
2021.01.20	转账支票	zz202102		2 000.00	513 189.00
2021.01.31	其他			400.00	512.789.00

③ 进行银行对账。

④ 查询余额调节表。

为了便于出纳人员完成出纳工作，用友软件为出纳人员提供了一套管理工具。出纳管理主要包括出纳账表的查询、支票登记簿的管理及银行对账等功能。

二、相关知识

1. 出纳管理

出纳工作是指以货币资金、票据、有价证券为对象，反映和监督本单位货币资金运动，并对货币资金、票据和有价证券进行整理与保管的工作。货币资金是单位资产中流动性最强、最易导致流失的资产，为了加强对货币资金的管理，按照财务会计制度的规定，每个单位都必须配备出纳人员负责货币资金的收付管理。

出纳人员日常工作的主要内容是进行货币资金的存入和提取。为了加强对货币资金的管理，保证货币资金的安全与完整，按照现行《现金管理暂行条例》的规定，对货币资金的收付有严格的制度要求，单位各项收入所得的现金，超过库存限额的部分或者超过坐支额度的部分，必须于当日存入开户银行；单位在发放工资、支付差旅费及未达到银行结算起点的零星小额支出时，可以从本单位库存现金限额中支付或从银行提取，不得从本单位的现金收入中直接支付。由于以上禁止坐支现金和现金限额管理的规定，出纳人员必须经常在现金和银行存款之间转换货币资金形式：将现金存入银行，增加银行存款；从银行提取现金，使现金增加。

由于出纳人员的工作职责就是对单位的货币资金的安全完整负责，因此，出纳人员必须随时掌握和了解单位货币资金的实际情况。在会计信息化的日常账务处理中，出于内部控制的需要，出纳人员不能从事凭证填制等记账工作，但必须对记账人员登记的收付款凭证的真实性进行审核，对形成付款凭证的票据进行支票登记管理，定期进行货币资金账簿记录与实有货币资金的核对，以保证账款相符。因此在日常账务处理中，企业必须考虑出纳工作的特殊地位和性质，根据出纳管理的业务需要为出纳人员设置相应的签字、支票管理、查询等系统功能和操作权限。

2. 银行对账

银行对账是企业货币资金管理的重要内容，由于凭证传递时间的不同及企业和银行在业务处理上可能存在差错，往往会出现双方账面记录不一致的情况。为了及时发现记账差错，正确掌握银行存款实际可用的金额，企业必须定期将银行存款日记账及银行传来的对账单进行核对并编制银行存款余额调节表，这就是银行对账。

银行对账一般通过以下步骤完成：录入银行对账期初数据、录入银行对账单、进行银行对账、编制银行存款余额调节表、查询对账单和日记账的勾对情况、核销已达账。

银行对账分为自动对账与手工对账两种方式。

（1）自动对账是计算机根据对账依据自动进行的核对、勾销。对账依据可由用户根据需要选择，其中，【方向，金额相同】是必选条件，其他可选条件有【票号相同】【结算方式相同】【日期相差（天）之内】。对于已核对无误的银行业务，系统将自动在银行存款日记账和银行对账单双方打上两清标志，并视为已达账项，对于在两清栏未打上两清符号的记录，系统则视为未达账项。

（2）手工对账是对自动对账的补充，在用户使用完自动对账后，可能还有一些特殊的已达账没有被核对出来，则被视为未达账项。为了保证对账的正确性，用户可用手工对账进行调整。

三、任务实施

1. 指定科目

将 1001 库存现金指定为现金总账科目，将 1002 银行存款指定为银行总账科目，具体操作步骤如下。

第一步：在企业应用平台“基础设置”选项卡中，执行【基础档案】|【财务】|【会计科目】命令，打开“会计科目”窗口。

第二步：执行【编辑】|【指定科目】命令，打开“指定科目”对话框，系统默认选择“1001 库存现金”科目，单击 › 按钮，将“1001 库存现金”科目移至“已选科目”列表框内。

第三步：选中“银行科目”单选项，单击 › 按钮，将“1002 银行存款”科目移至“已选科目”列表框内，单击【确定】按钮，如图 4-21 所示。

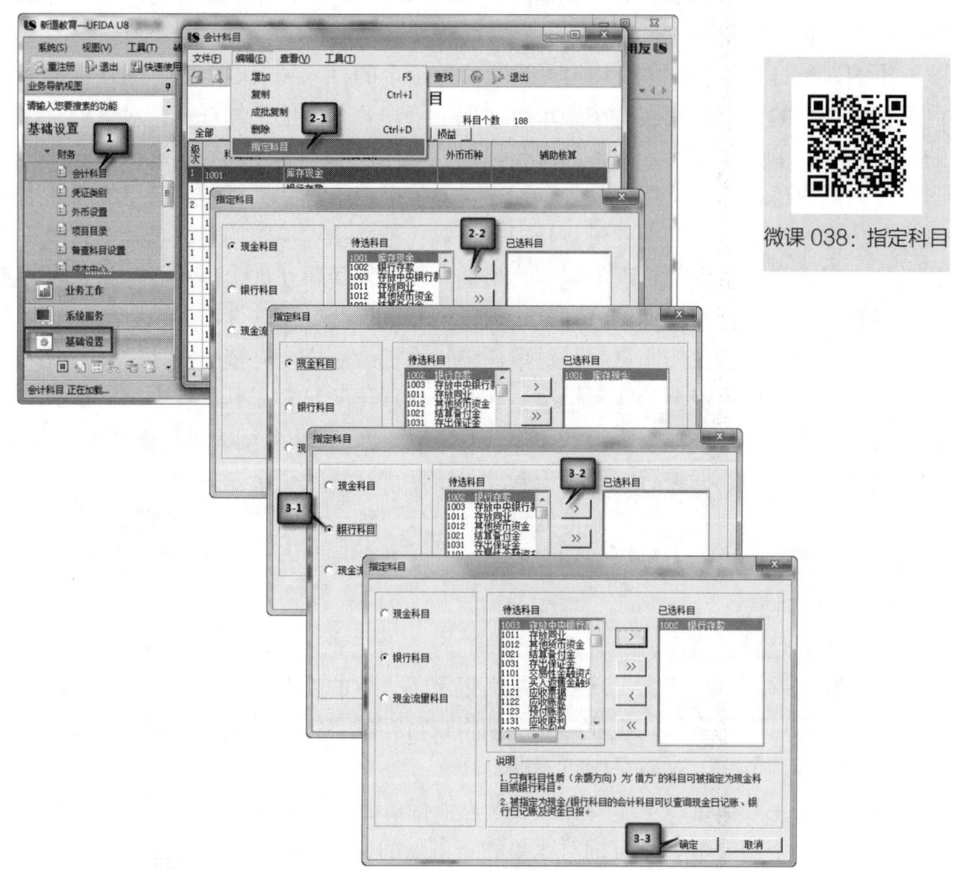

图 4-21　指定科目操作流程

操作提示

- 被指定的库存现金总账科目和银行存款总账科目必须是一级会计科目。
- 只有指定库存现金总账科目和银行存款总账科目才能进行出纳签字操作。
- 只有在“会计科目”功能中使用“指定科目”指定“现金总账科目”及“银行总账科目”，才能查询“现金日记账”及“银行存款日记账”。

2. 查询现金日记账

微课 039：查询现金日记账

第一步：在企业应用平台“业务工作”选项卡中，执行【财务会计】|【总账】|【出纳】|【现金日记账】命令，打开“现金日记账查询条件”对话框。

第二步：对查询条件进行定义，如选中“是否按对方科目展开”复选框和“包含未记账凭证”复选框，单击【确定】按钮。

第三步：打开“现金日记账”窗口，双击 总账 按钮，可查看“库存现金”总账；单击某张凭证记录行，双击 凭证 按钮，即可查看某张具体的记账凭证，如图 4-22 所示。

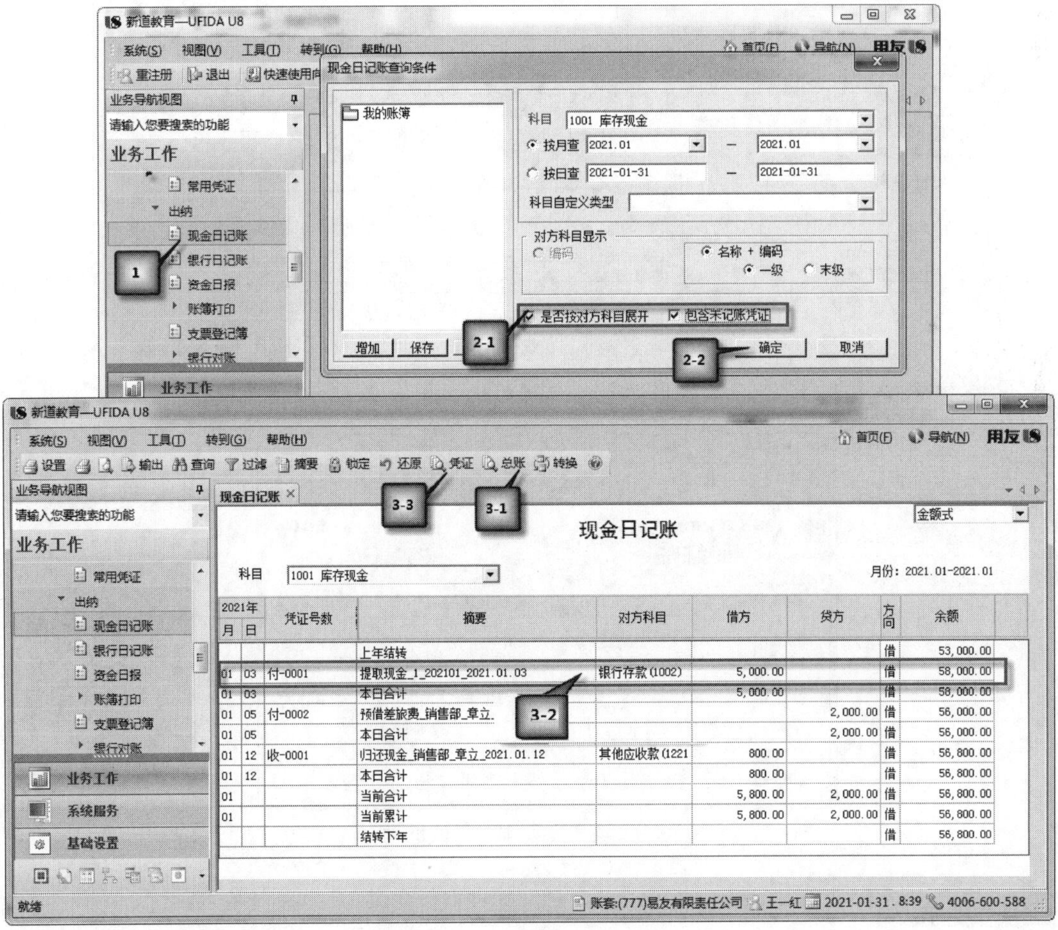

图 4-22　查询现金日记账

3. 进行银行对账

（1）录入 777 账套银行对账期初余额，具体操作步骤如下。

第一步：在企业应用平台“业务工作”选项卡中，执行【财务会计】|【总账】|【出纳】|【银行对账】|【银行对账期初录入】命令，打开“银行科目选择”对话框。

第二步：系统默认要对账的科目为“交行康复路支行（100201）”，单击【确定】按钮，打开“银行对账期初”对话框。

第三步：在单位日记账“调整前余额”栏中输入 503189.00，在银行对账单“调整前余额”栏中输入 523189。

第四步：单击【对账单期初未达项】按钮，打开“银行方期初”窗口，单击【增加】按钮，输入“银行已收、企业未收的”未达账项数据，单击【退出】按钮，在“银行对账期初”对话框中显示调整后余额。

第五步：单击【退出】按钮，返回企业业务平台，如图 4-23 所示。

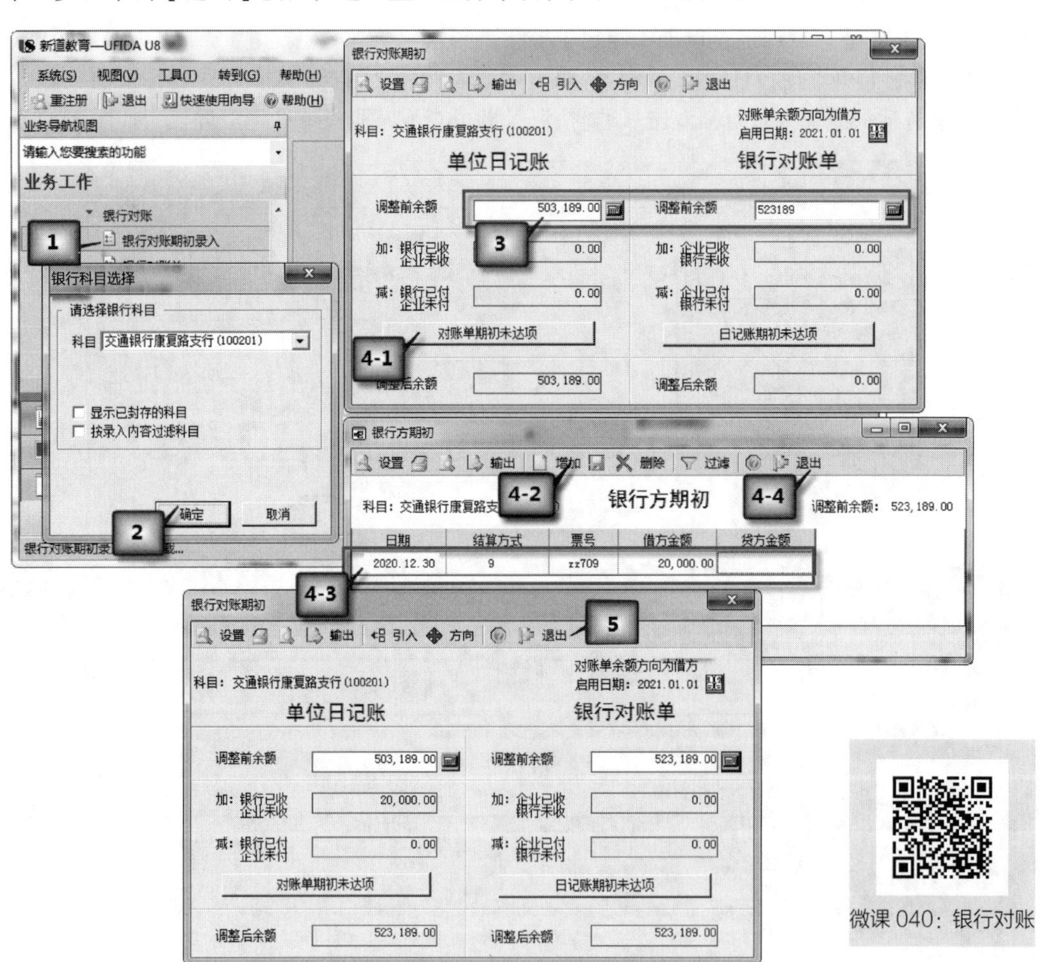

图 4-23　录入银行对账期初

微课 040：银行对账

操作提示

- 银行对账单余额方向为借方时，借方表示银行存款增加，贷方表示银行存款减少；反之，借方表示银行存款减少，贷方表示银行存款增加。系统默认银行对账单余额方向为借方，单击【方向】按钮可调整银行对账单余额方向。

- 在执行对账功能之前，应将"银行对账期初"中的"调整后余额"调平。否则，在对账后编制"银行存款余额调节表"时，会造成银行存款与单位银行账的账面余额不平。

（2）录入表4-3所示的银行对账单，应按照以下操作步骤进行。

第一步：执行【财务会计】|【总账】|【出纳】|【银行对账】|【银行对账单】命令，打开"银行科目选择"对话框。

第二步：选择对账科目、对账月份，单击【确定】按钮，打开"银行对账单"窗口。

第三步：单击【增加】按钮，输入对账单记录，一行内容输入完毕，按"Enter"键继续下一行内容的输入（第一条记录是期初未达账项，无须输入，系统自动带出；余额无须输入，由系统自动生成），全部输入完毕，单击×按钮，如图4-24所示。

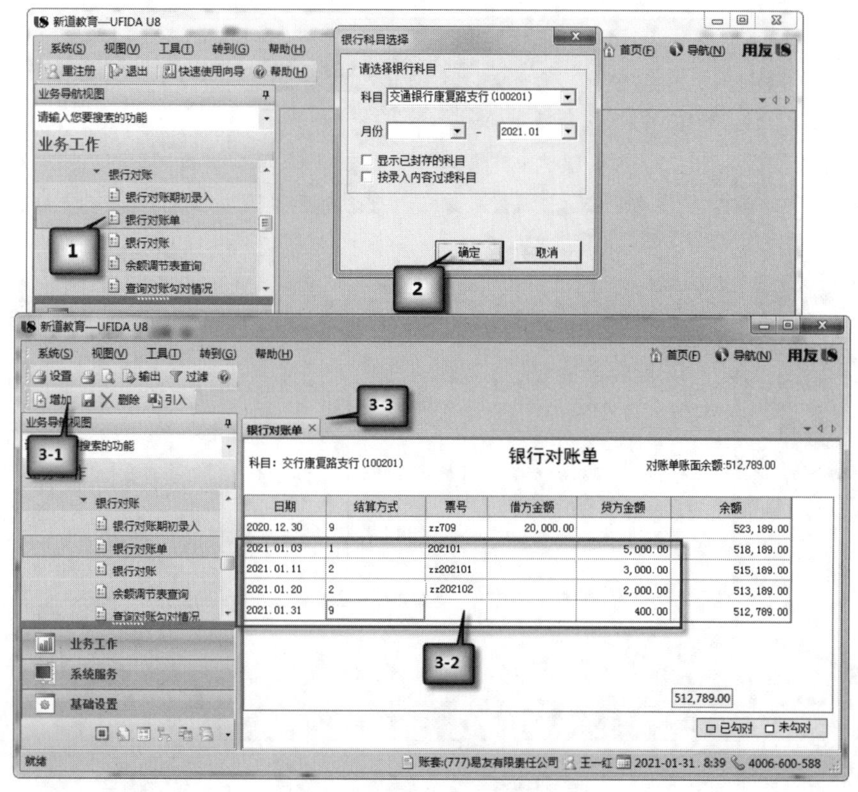

图4–24　录入银行对账单

操作提示

- 录入银行对账单时，其余额由系统根据银行对账单期初自动计算生成。
- 企业如果在多家银行开户，对账单应与其对应账号所对应的银行存款下的末级科目一致。

（3）进行银行对账，应按照如下操作步骤进行。

第一步：执行【财务会计】|【总账】|【出纳】|【银行对账】|【银行对账】命令，打开"银行科目选择"对话框，单击【确定】按钮，打开"银行对账"窗口。

第二步：单击【对账】按钮，打开"自动对账"对话框。输入截止日期，选择对账条件，单击【确定】按钮，系统进行自动勾对并做出勾对符号。如果对账单中有与日记账相对应但未选中的已达账记录，可进行手工对账，分别双击银行对账单和单位日记账的“金额”选项对应的“两清”栏，标上两清标志“Y”。

第三步：对账完毕，单击【检查】按钮，在打开的“对账平衡检查”对话框中查看检查平衡结果，单击“确定”按钮。单击×按钮完成银行对账，如图 4-25 所示。

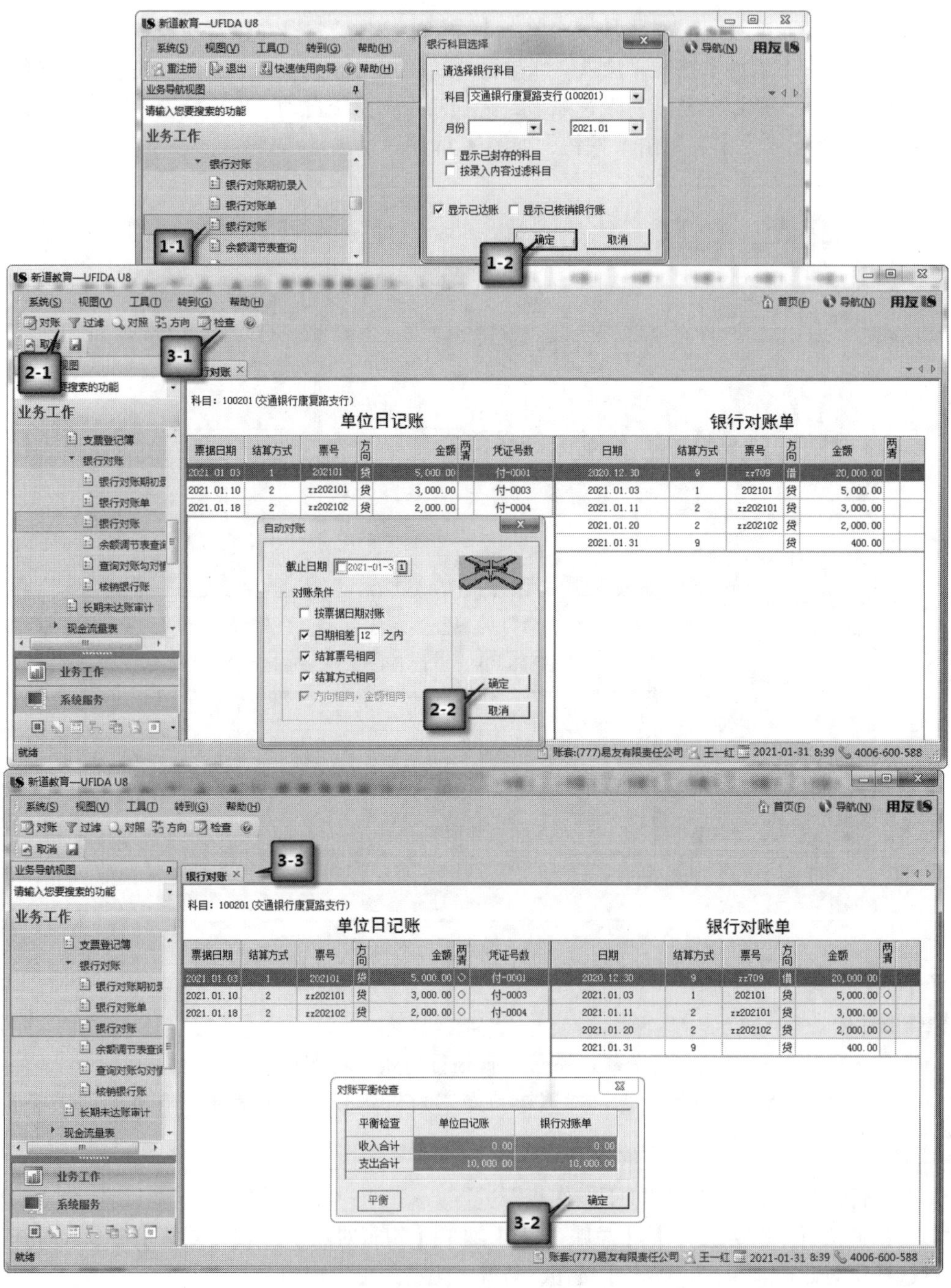

图 4-25　银行对账

📖操作提示

- 自动对账两清的标志为“○”，手工对账两清的标志为“Y”。
- 在自动对账后如果发现一些应勾对而未勾对的账项，可以分别双击“两清”栏，直接手工调整进行勾对。

（4）查询余额调节表，应按照如下操作步骤进行。

第一步：执行【财务会计】|【总账】|【出纳】|【银行对账】|【余额调节表查询】命令，打开“银行存款余额调节表”窗口。

第二步：单击【查看】按钮或直接双击该行，系统即显示“银行存款余额调节表”对话框，单击【退出】按钮，如图 4-26 所示。

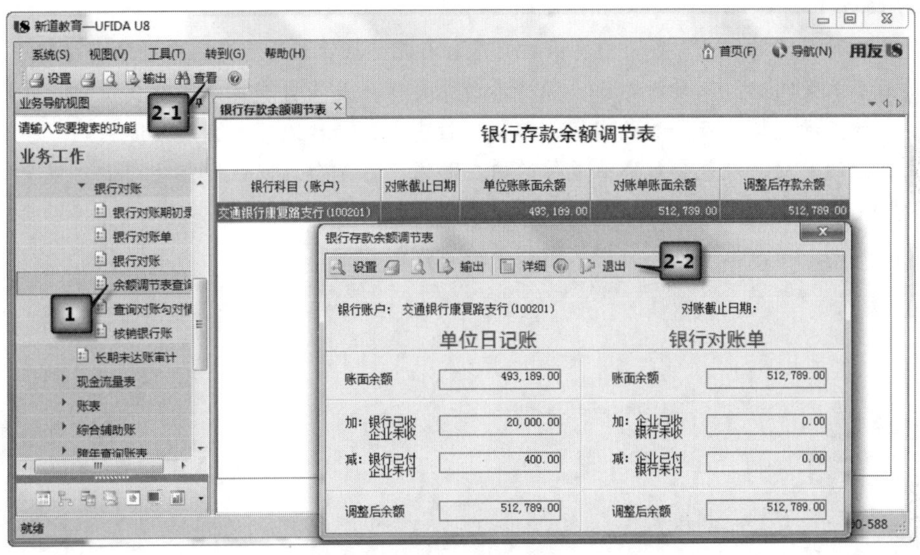

图 4-26　银行存款余额调节表

📖操作提示

- 银行存款余额调节表应显示账面余额平衡，如果不平衡应分别查看：①银行对账期初中的“调整后余额”是否平衡；②银行对账单录入是否正确；③“银行对账”中勾对是否正确。如果不平衡、不正确，需进行调整。
- 在银行对账之后可以查询对账勾对情况，如果确认银行对账结果是正确的，可以使用“核销银行账”功能核销已达账。

小结

本模块主要介绍了总账系统的基本功能、总账系统的基本操作流程及总账系统与其他子系统之间的数据传递关系。通过总账系统初始化设置的操作，熟悉总账系统初始化的主要内容，理解如何通过总账选项的设置实现对凭证、账簿等的控制。通过对凭证处理、出纳处理的学习，掌握总账系统凭证的填制与修改、审核凭证、凭证记账、银行对账等操作。

【视野拓展案例 4】“90 后”女会计兼出纳贪污 40 多万元

【案例资料】

贵州省“90 后”女干部张×工作不到一年即开始贪腐，案发时不到 25 岁的她，却已经涉嫌贪污 40 多万元民生领域资金。

张×于 2016 年 9 月参加工作，是贵州省某县社保事业局的会计兼出纳，她作为财务工作人员，虽然没有太大的权力，却利用职务之便，虚构了王××等人参加城乡居民社会养老保险的虚假事实，又以王××等人参加其他社会养老保险为由申请城乡退保，骗取社保资金，同时侵吞了杨××等 80 余人退回的重复领取养老保险待遇金，涉案金额共计 40 多万元。

最终，张×因涉嫌贪污被检察机关提起公诉。

【案例解读】

会计是一种特殊的职业，每天与货币打交道。因此，会计人员需要恪守廉洁自律的职业道德。廉洁，是指不收受贿赂、不贪污钱财，保持清白。自律，是指自我约束、自我控制、自觉抵制不良欲望。会计活动直接涉及和影响国家、单位、投资者、债权人等各方的经济利益。廉洁自律是会计职业道德的前提，既是会计职业道德的内在要求，也是会计职业声誉的“试金石”。

【思考】

请结合案例，谈一谈会计人员如何做到廉洁自律?

模块五

应收款管理系统核算与管理

知识目标

1．了解用友 ERP-U8 V10.1 应收款管理系统的基本功能
2．了解应收款管理系统不同应用方案的特点
3．熟悉应收款管理系统参数设置的主要内容
4．掌握应收款管理系统期初余额录入的方法
5．掌握应收款管理系统日常业务处理的方法
6．熟悉应收款管理系统账簿查询的作用和基本方法

能力目标

1．能够根据需要进行应收款管理系统的初始化设置
2．能够根据经济业务进行应收单据的录入、审核、制单等操作
3．能够根据经济业务进行收款单据的录入、审核、制单等操作
4．能够正确进行核销、转账、票据管理、坏账等业务处理
5．能够熟练进行应收款管理系统账簿的查询
6．能够熟练进行月末结账与取消结账处理

素养目标

1．具有较强的语言表达、会计职业沟通和协调能力
2．养成科学、严谨的工作作风，严格按照业务流程规范操作
3．具有团队精神，养成会计岗位协作意识

任务一　认知应收款管理系统

一、任务描述与分析

易友有限责任公司已经成功完成了账套号为“777”公司账套的建立，从 2021 年 1 月 1 日起，启用了应收款管理系统。本任务主要介绍应收款管理系统的基本功能、两种应用方案、业务处理流程及其与其他子系统之间的数据传递关系。

二、相关知识

1. 应收款管理系统的基本功能

应收款管理系统主要用于核算和管理客户往来款项。该系统以销售发票、收款单、其他应收单等原始单据为依据，记录销售业务及其他业务所形成的往来款项，处理应收款项收回、坏账、转账等情况，提供票据管理及统计分析功能。

应收款管理系统主要提供了系统初始化设置、日常处理、单据查询、账表管理、其他处理、期末处理等功能，具体包括如下内容。

（1）系统初始化设置：包括系统参数设置、单据类型设置、账龄区间设置、坏账初始设置及期初余额录入等。

（2）日常处理：包括应收单据和收款单据的录入、审核、核销、转账、汇兑损益、坏账、制单处理等。

（3）单据查询：包括对各类单据、详细核销信息、报警信息、凭证等内容的查询。

（4）账表管理：包括总账、明细账、余额表等多种账表查询功能和应收账款分析、收款账龄分析、欠款分析等统计分析功能。

（5）其他处理：包括对核销、转账等处理进行恢复的功能。

（6）期末处理：包括月末结账和取消月结等功能。

2. 应收款管理系统的两种应用方案

根据对客户往来款项核算和管理的程度不同，应收款管理系统提供了“详细核算”和“简单核算”两种应用方案，满足用户不同的管理需要。

（1）“详细核算”应用方案。如果企业的销售业务及应收款核算与管理业务比较复杂，或者企业需要追踪每一笔业务的应收款、收款等情况，或者企业需要将应收款核算到产品一级，那么企业可以选择“详细核算”应用方案。

“详细核算”应用方案的功能主要包括：记录应收款项的形成（包括商品交易和非商品交易所形成的所有应收项目）、处理应收项目的收款及转账问题、对应收票据进行记录和管理、随应收项目的处理过程自动生成凭证并传递给总账系统、对外币业务及汇兑损益进行处理，以及提供针对多种条件的各种查询和分析服务。

（2）“简单核算”应用方案。如果企业的销售、出口业务及应收账款业务比较简单，或者现结业务很多，就可以选择“简单核算”应用方案。

“简单核算”应用方案的功能主要包括：接收销售系统的发票并对其进行审核，对销售发票进行制单处理并传递给总账系统，着重对客户的往来款项进行查询和分析。

企业通过在应收款管理系统中设置“应收账款核算模型”来决定选择哪一种应用方案。

3. 应收款管理系统业务处理流程

应收款管理系统业务处理流程如图 5-1 所示。

4. 应收款管理系统与其他子系统之间的数据传递关系

在“详细核算”应用方案中，应收款管理系统与其他子系统的数据传递关系如图 5-2 所示。

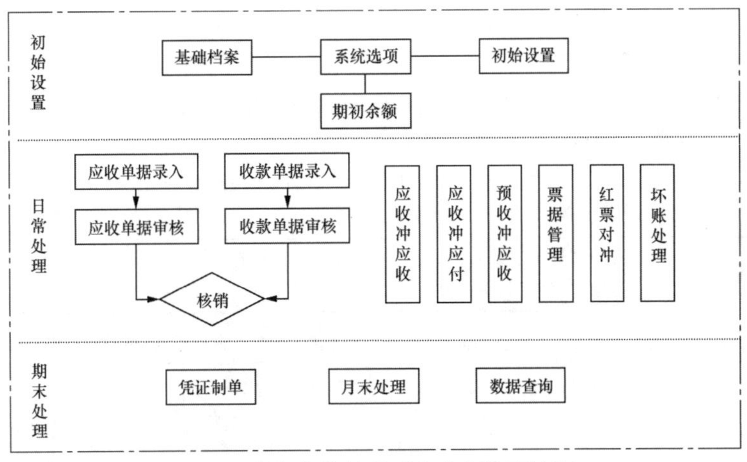

图 5-1　应收款管理系统业务处理流程

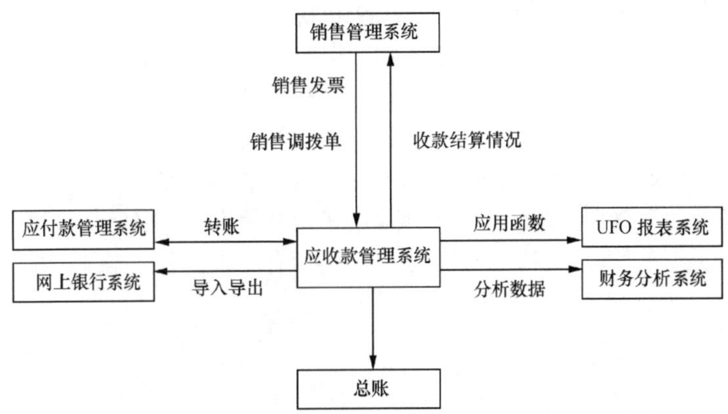

图 5-2　应收款管理系统与其他子系统的数据传递关系

任务二　应收款管理系统初始化设置

一、任务描述与分析

易友有限责任公司在“777”账套中已经成功启用应收款管理系统。从 2021 年 1 月 1 日起，在企业应用平台中以账套主管“李晶”的身份，进行如下操作。

（1）设置应收款管理系统控制参数，如表 5-1 所示。

（2）设置应收款管理系统会计科目，如表 5-2 所示。

（3）设置坏账准备，如表 5-3 所示。

（4）录入应收款管理系统期初余额。

表 5-1　易友有限责任公司应收款管理系统控制参数设置

选　项　卡	参数设置
常规	单据审核日期依据：单据日期； 坏账处理方式：应收余额百分比法； 其他采用系统默认值
凭证	受控科目制单方式：明细到单据； 销售科目依据：按存货； 取消“核销生成凭证”； 取消“红票对冲生成凭证”； 其他采用系统默认值
权限与预警/核销设置	采用系统默认值

表 5-2　　易友有限责任公司应收款管理系统会计科目设置

基本科目设置	应收科目：1122；预收科目：2203；代垫费用科目：1001；商业承兑科目：1121；银行承兑科目：1121；票据利息科目：6603；票据费用科目：6603；现金折扣科目 6603；税金科目：22210104；运费科目：660104
产品科目设置	单色圆珠笔：销售收入科目 600101，应交增值税科目 22210104，销售退回科目 600101；双色圆珠笔：销售收入科目 600102，应交增值税科目 22210104，销售退回科目 600102
结算方式科目设置	结算方式为“现金支票”，科目为 100201；结算方式为“转账支票”，科目为 100201；结算方式为“其他”，科目为 100201

表 5-3　易友有限责任公司坏账准备设置

提取比例	0.5%	坏账准备科目	1231
坏账准备期初余额	0	对方科目	6701

① 2020-08-20，凭证号：23；向合肥安达公司销售单色圆珠笔 800 盒，无税单价 3 元/支，价税合计 271 200 元，收到对方开来的 6 个月的商业承兑汇票一张，票据面值 271 200 元，票号 88750。票据签发日期和收到日期：2020-08-20，到期日：2021-02-20。增值税专用发票号：5678950002。

② 2020-11-25，凭证号：22；向芜湖恒大公司销售双色圆珠笔 500 盒，无税单价 4 元/支，价税合计 226 000 元，款项尚未收到。增值税专用发票号：5678951203。

③ 2020-12-02，凭证号：5；向福州宏丰公司销售单色圆珠笔 300 盒，无税单价 3 元/支，价税合计 101700 元，款项尚未收到。增值税专用发票号：5678951256。

由于初次使用应收款管理系统，需要对该系统进行初始设置，确定使用哪些单据处理应收业务，确定各个业务类型的凭证科目，正式将账套前的所有应收业务数据录入系统中，便于以后进行日常业务处理。

二、相关知识

微课 041：设置应收款管理系统控制参数

在应用应收款管理系统之前，应该对现有的数据资料进行整理，以便能够及时、顺利、准确地运用系统。为便于系统初始化，应该准备如下数据和资料。

（1）有业务往来的所有客户的详细资料包括客户名称、地址、联系电话、开户银行、所属总公司、信用额度、最后的交易情况等，可以根据系统客户目录中的内容准备资料。

（2）用于销售的所有存货的详细资料包括存货的名称、规格型号、价格、成本等数据，可以根据系统存货目录中的内容准备资料。

（3）定义好发票、应收单的格式。

三、任务实施

1. 设置应收款管理系统控制参数

第一步：在企业应用平台“业务工作”选项卡中，执行【财务会计】|【应收款管理】|【设置】|【选项】命令，打开“账套参数设置”对话框，单击【编辑】按钮，系统提示“选项修改需要重新登录才能生效”，单击【确定】按钮，如图 5-3 所示。

第二步：分别单击【常规】【凭证】【权限与预警】【核销设置】选项卡，根据表 5-1 对各参数进行选择设置，设置完毕，单击【确定】按钮，如图 5-4 所示。

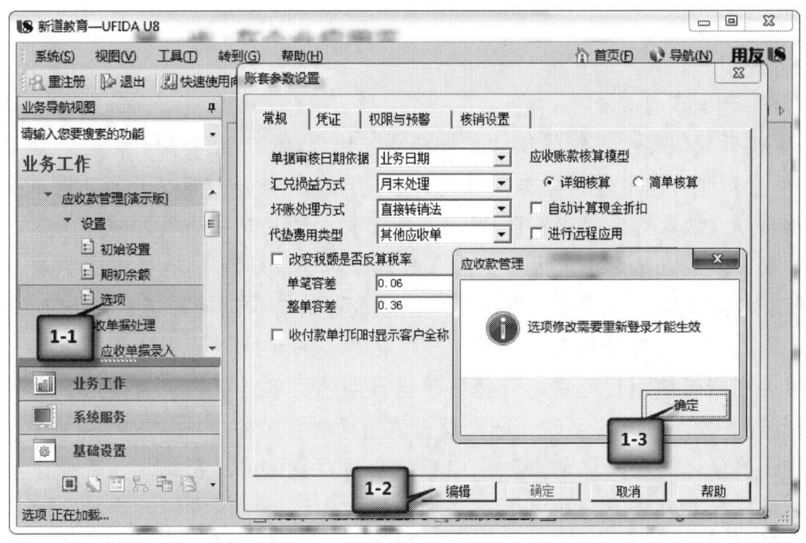

图 5–3　打开“账套参数设置”对话框

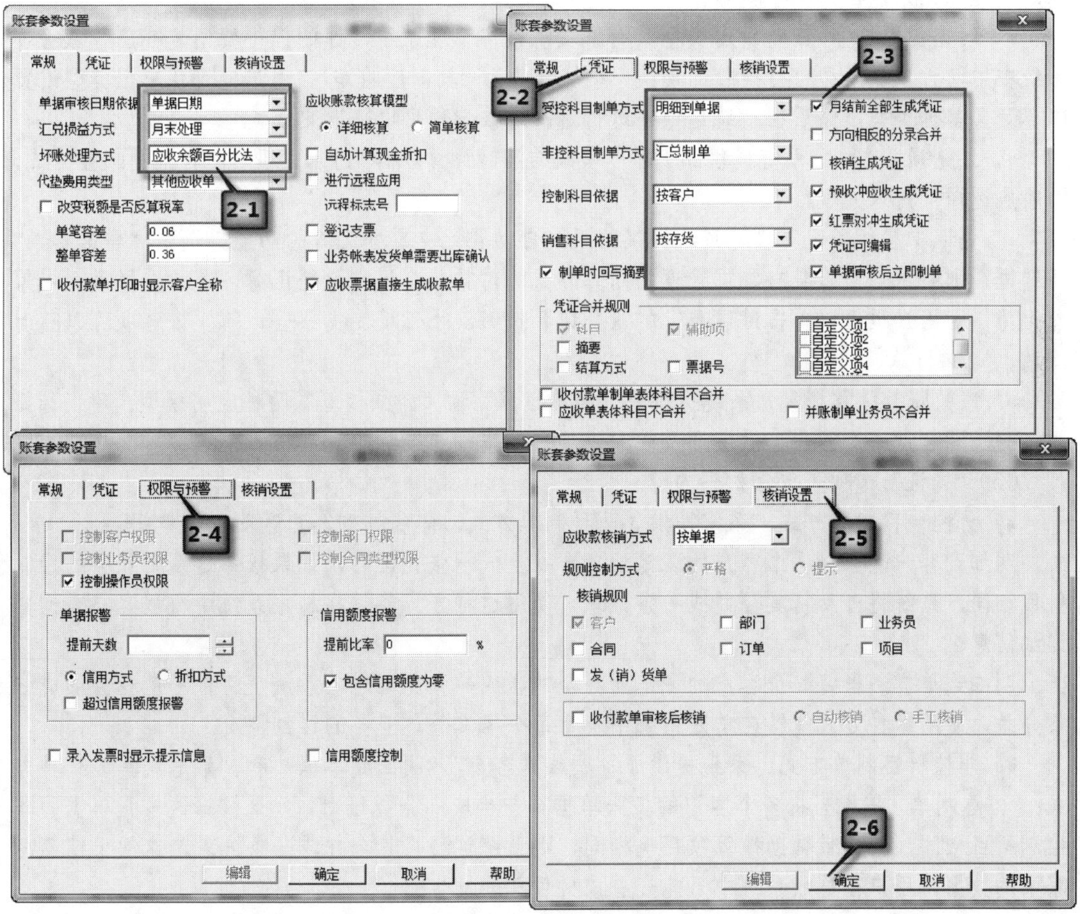

图 5–4　账套参数设置

选项卡内容说明

（1）“常规”选项卡包含如下内容。

- 单据审核日期依据。系统提供“单据日期”和“业务日期”两种依据。如果选择“单据日期”，则在单据处理功能中进行单据审核时，系统自动将单据的审核日期（即入账日期）记为该单据的单据日期。如果选择“业务日期”，则在单据处理功能中进行单据审核时，系统自动将单据的审核日期（即入账日期）记为当前业务日期（即登录日期）。因为单据审核后记账，故单据审核日期依据决定业务总账、业务明细账、余额表等的查询期间取值。如果使用“单据日期”为审核日期，则月末结账时单据必须全部审核，因为下月无法以单据日期为审核日期；而业务日期无此要求。在账套使用过程中，选择按单据日期进行单据审核较为灵活。
- 坏账处理方式。系统提供的坏账处理方式有两种，即备抵法和直接转销法。如果选择备抵法，则系统还提供了三种具体的方法，即应收余额百分比法、销售收入百分比法、账龄分析法。这三种方法需要在初始设置中录入坏账准备期初和计提比例或输入账龄区间等，并在坏账处理中进行后续处理。值得注意的是，在账套使用过程中，如果本年已经计提过坏账准备，则坏账处理方式只能在下一年度修改。
- 代垫费用类型。代垫费用类型具有解决从销售管理系统传递的代垫费用单在应收款管理系统中用何种单据类型进行接收的功能。系统默认为“其他应收单”，用户也可在单据类型设置中自定义单据类型，然后在系统选项中进行选择。该选项可以随时更改。
- 汇兑损益方式。系统提供了“外币余额结清时计算”和“月末处理”两种汇兑损益方式。一般应选择“月末处理”。
- 登记支票。登记支票是系统提供给用户自动登记支票登记簿的功能。选中“登记支票”复选框，则系统自动将具有票据管理的结算方式的付款单登记支票登记簿。若不选择登记支票登记簿，则用户也可以单击付款单上的【登记】按钮，手工填制支票登记簿。该选项可以随时修改。
- 应收账款核算模型。系统提供了“简单核算”和“详细核算”两种应用模型。建议选择“详细核算”，便于对客户、供应商及往来款项进行更加详细的管理和核算。

（2）“凭证”选项卡包含如下内容。

- 受控科目制单方式。系统提供了两种制单方式，即明细到客户和明细到单据。

明细到客户：当将一个客户的多笔业务合并生成一张凭证时，如果核算这多笔业务的控制科目相同，系统将自动将其合并成一条分录。使用这种方式能够在总账系统中根据客户查询其详细信息。

明细到单据：当将一个客户的多笔业务合并生成一张凭证时，系统会将每一笔业务形成一条分录。使用这种方式能够在总账系统中查看每个客户每笔业务的详细情况。

- 非控科目制单方式。系统提供了“明细到客户”“明细到单据”和“汇总制单”3 种方式。“汇总制单”是指当将多个客户的多张单据合并生成一张凭证时，如果核算这多张单据的非控制科目相同，其所带辅助核算项目也相同，则系统自动将其合并成一条分录，这便于精简总账中的数据，用户在总账系统中只能查看该科目总的发生额。
- 控制科目依据。应收款管理系统控制科目是指所有带有客户往来辅助核算的科目。控制科目依据主要提供了“按客户分类”“按客户”和“按地区”3 种依据。
- 销售科目依据。可以选择“按存货分类”和“按存货”作为设置存货的销售收入科目、应交增值税科目和销售退回科目的依据。在此设置的销售科目是系统自动制单科目取值的依据。

- 核销生成凭证。选中此复选框，系统会判断核销双方的单据与当时的入账科目是否相同，若不相同，则需要生成一张调整凭证；否则，不需要进行制单。
- 预收冲应收生成凭证。选中此复选框，则对于该类业务，当预收、应收科目不相同时，系统生成一张转账凭证，并且在期末结账时对是否已生成凭证记录进行检查；否则，无须对此制单和进行期末检查。
- 红票对冲生成凭证。选中此复选框，则对于该类业务，当对冲单据所对应的受控科目不相同时，系统生成一张转账凭证，并且在期末结账时对是否已生成凭证记录进行检查；否则，无须对此制单和进行期末检查。
- 凭证可编辑。选中此复选框，则可以对生成的凭证进行编辑；否则，不可以对生成凭证上的各个项目进行编辑。

（3）"权限与预警"选项卡包含如下内容。

录入发票时显示提示信息：选中此复选框，则在录入发票时，系统会显示该客户的信用额度余额及最后的交易情况；否则不出现任何提示信息，可以提高录入速度。

（4）"核销设置"选项卡包含如下内容。

- 应收款核销方式。系统提供了"按单据""按产品"两种应收款的核销方式。按单据核销，系统将满足条件的未结算单据全部列出，由用户选择要结算的单据，根据用户所选择的单据进行核销。按产品核销，系统将满足条件的未结算单据按存货列出，由用户选择要结算的存货，根据用户所选择的存货进行核销。

如果企业在付款时，没有指定具体支付的是哪个存货的款项，则可以采用"按单据"核销。对于单位价值较高的存货，企业可以采用"按产品"核销，即付款指定到具体存货上。

- 规则控制方式。系统提供了"严格"和"提示"两种规则控制方式。如果选择"严格"控制方式，则核销时严格按照选择的核销规则进行核销，如不符合，则不能完成核销。如果选择"提示"控制方式，核销时若不符合核销规则，系统提示后，由用户选择是否完成核销。
- 核销规则。系统默认为按客户核销，可按客户+其他项进行组合选择。例如选择客户+部门，则表示核销时，需客户相同且部门相同。其他以此类推。系统提供了客户、部门、业务员、合同、订单、项目、发（销）货单等规则。
- 收付款单审核后核销。此选项系统默认为不选择，表示收付款单审核后不立即进行核销操作。可修改为选择，并默认为"自动核销"，表示收付款单审核后立即进行自动的核销操作；选择"手工核销"，则表示收付款单审核后，立即自动进入手工核销界面，由用户手工完成核销。

2. 设置应收款管理系统会计科目

微课 042：设置应收款管理系统会计科目

第一步：在应收款管理系统中，执行【设置】|【初始设置】命令，打开"初始设置"窗口，单击【增加】按钮。

第二步：系统默认选择【基本科目设置】，根据表 5-2 选择基本科目种类、录入或选择相关基本科目代码，如图 5-5 所示。

第三步：执行【产品科目设置】命令，根据表 5-2 录入或选择相关产品科目代码，如图 5-6 所示。

第四步：执行【结算方式科目设置】命令，选择结算方式、币种及对应的结算科目代码，如图 5-7 所示。

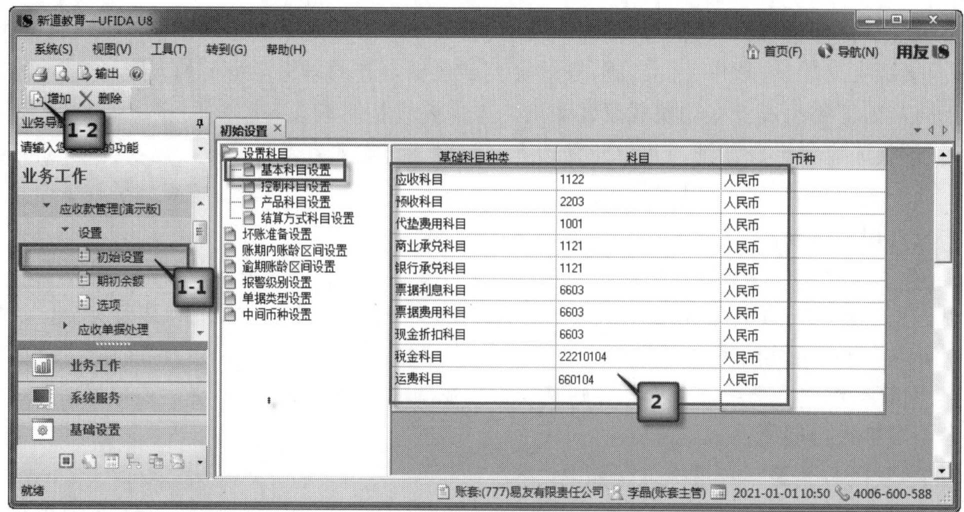

图 5–5　基本科目设置

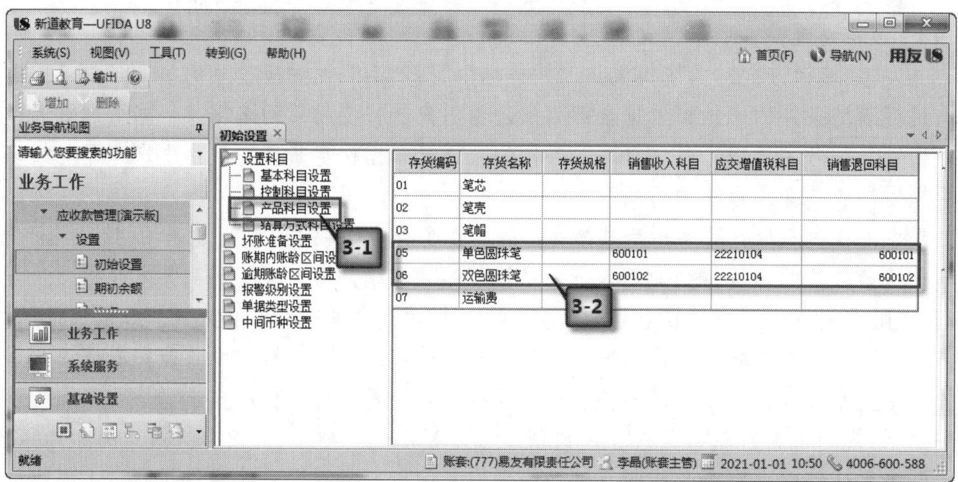

图 5–6　产品科目设置

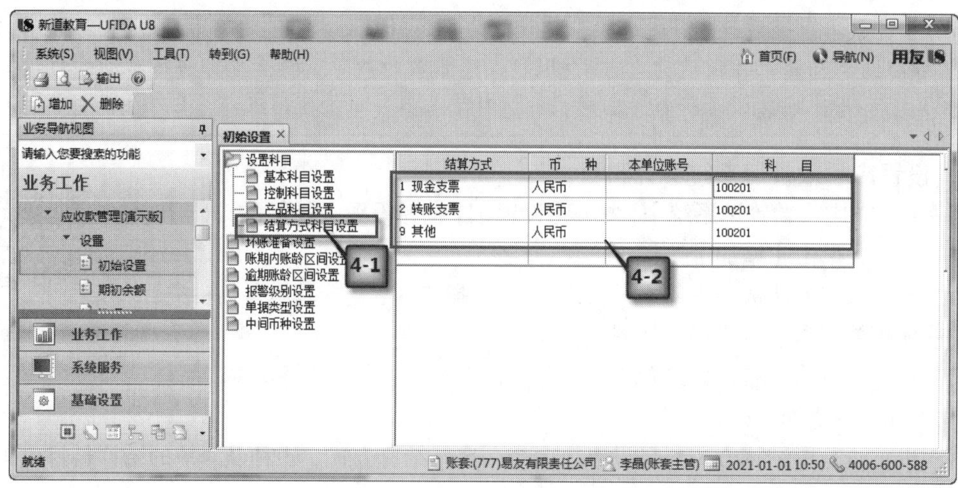

图 5–7　结算方式科目设置

📖操作提示

- 在基本科目设置中，所设置的应收科目“1122 应收账款”、预收科目“2203 预收账款”、商业承兑科目和银行承兑科目“1121 应收票据”，必须是已在总账系统中被设为“客户往来”的会计科目，并且其受控系统为“应收款管理系统”；否则在这里不能被选中。
- 进行基本科目设置时，输入的科目必须是总账系统中的末级科目。
- 只有设置了银行承兑科目和商业承兑科目（应收票据），才可以使用应收款管理系统中的票据功能，以及在期初余额中录入期初应收票据余额。
- 只有设置了基本科目，生成凭证时才能直接生成凭证中的会计科目，否则凭证中将没有会计科目，相应的会计科目只能手工再录入。
- 必须先设置存货档案，否则“产品科目设置”功能不可用。
- 结算方式科目设置是针对已经设置的结算方式设置相应的结算科目，即在收款或付款时，只要告诉系统结算时使用的结算方式，系统就可以自动生成该种结算方式所使用的会计科目。如果在此不设置结算方式科目，则在收款或付款时可以手工输入不同结算方式对应的会计科目。
- 结算科目不能带有客户往来和供应商往来辅助核算。

3. 设置坏账准备

微课 043：设置坏账准备

第一步：在应收款管理系统中，执行【设置】|【初始设置】命令，打开“初始设置”窗口。

第二步：执行【坏账准备设置】命令，根据表 5-3 录入相关信息，单击【确定】按钮，系统提示“储存完毕”，单击【确定】按钮，如图 5-8 所示。

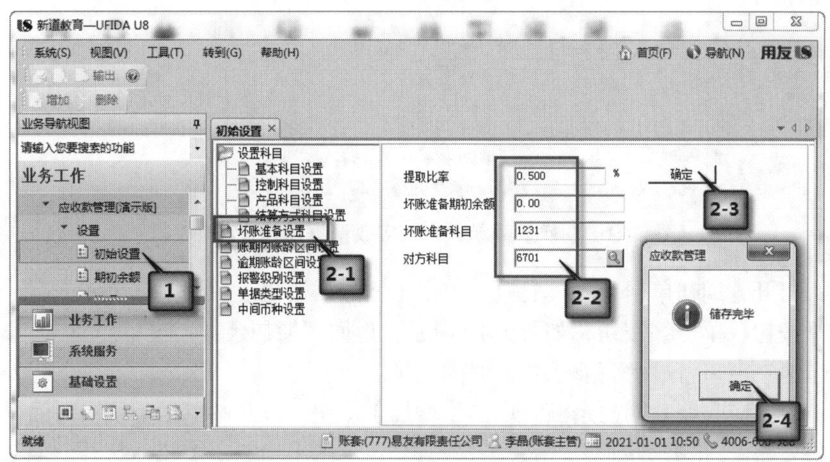

图 5-8　坏账准备设置

📖操作提示

- 如果在选项中并未选择坏账处理方式为“应收余额百分比法”，则在此处就不能录入“应收余额百分比法”所需要的初始设置，即此处的初始设置是与选项中所选择的坏账处理方式相对应的。

- 坏账准备期初余额被确认后，只要进行坏账准备的日常业务处理就不允许再修改。下一年度使用本系统时，可以修改提取比率、坏账准备科目和对方科目。

4. 录入应收款管理系统期初余额

微课 044：录入应收款管理系统期初余额

第一步：录入应收票据期初余额。在应收款管理系统中，执行【设置】|【期初余额】命令，弹出“期初余额—查询”对话框，单击【确定】按钮，打开“期初余额”窗口，单击【增加】按钮，打开“单据类别”对话框，选择单据名称为“应收票据”、单据类型为“商业承兑汇票”，单击【确定】按钮，如图 5-9 所示。

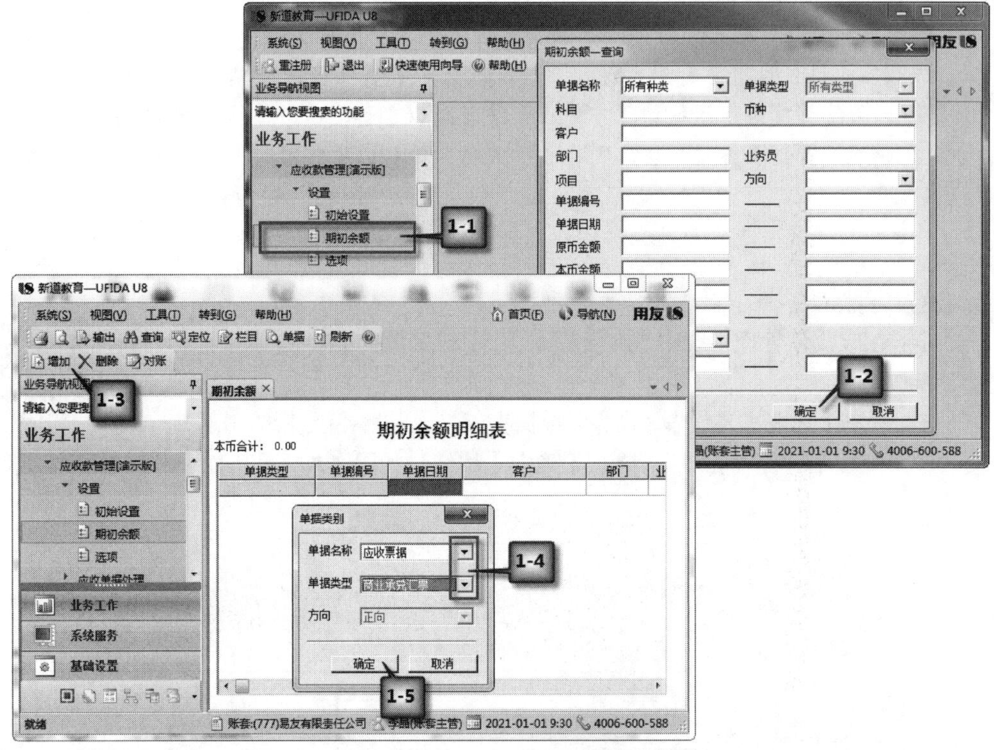

图 5–9 期初余额录入——应收票据期初余额（1）

第二步：打开“期初单据录入”窗口，单击【增加】按钮，录入票据具体内容，录入完毕，单击【保存】按钮。单击×按钮，如图 5-10 所示，返回“期初余额”窗口。单击【刷新】按钮，此时“期初余额”窗口将显示商业承兑汇票的记录。

第三步：录入应收账款期初余额。单击【增加】按钮，打开“单据类别”对话框，选择单据名称为“销售发票”、单据类型为“销售专用发票”，单击【确定】按钮，打开“期初销售发票”窗口，单击【增加】按钮，输入发票具体内容，输入完毕，单击【保存】按钮，单击×按钮，如图 5-11 所示，返回“期初余额”窗口。

第四步：重复第三步的操作，录入第二张销售专用发票的内容，如图 5-12 所示。

第五步：进行期初余额对账。在“期初余额”窗口中，单击【刷新】按钮，再单击【对账】按钮，打开“期初对账”窗口。查看应收款管理系统与总账管理系统的期初余额是否平衡，如图 5-13 所示。

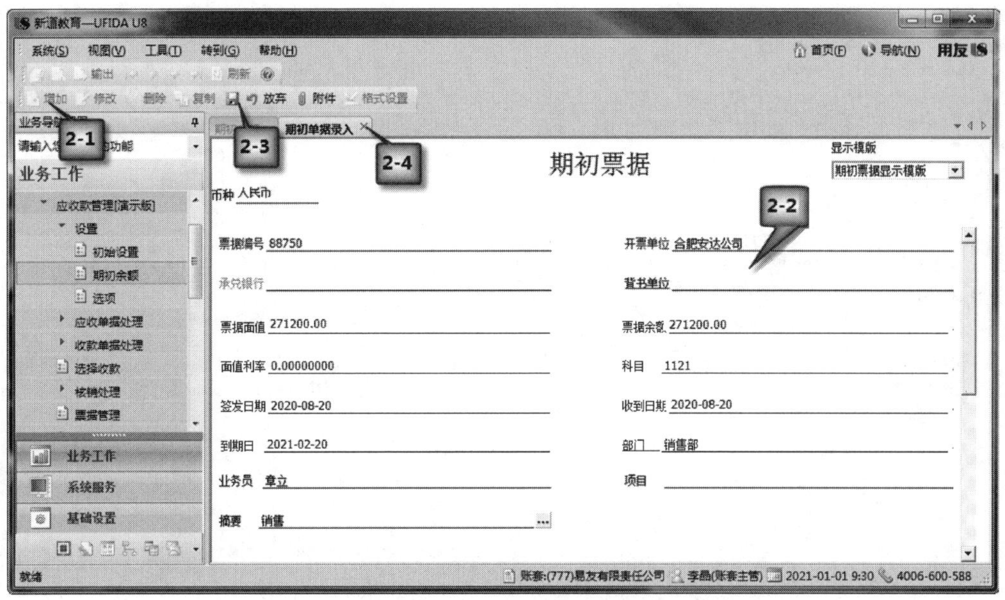

图 5-10　期初余额录入——应收票据期初余额（2）

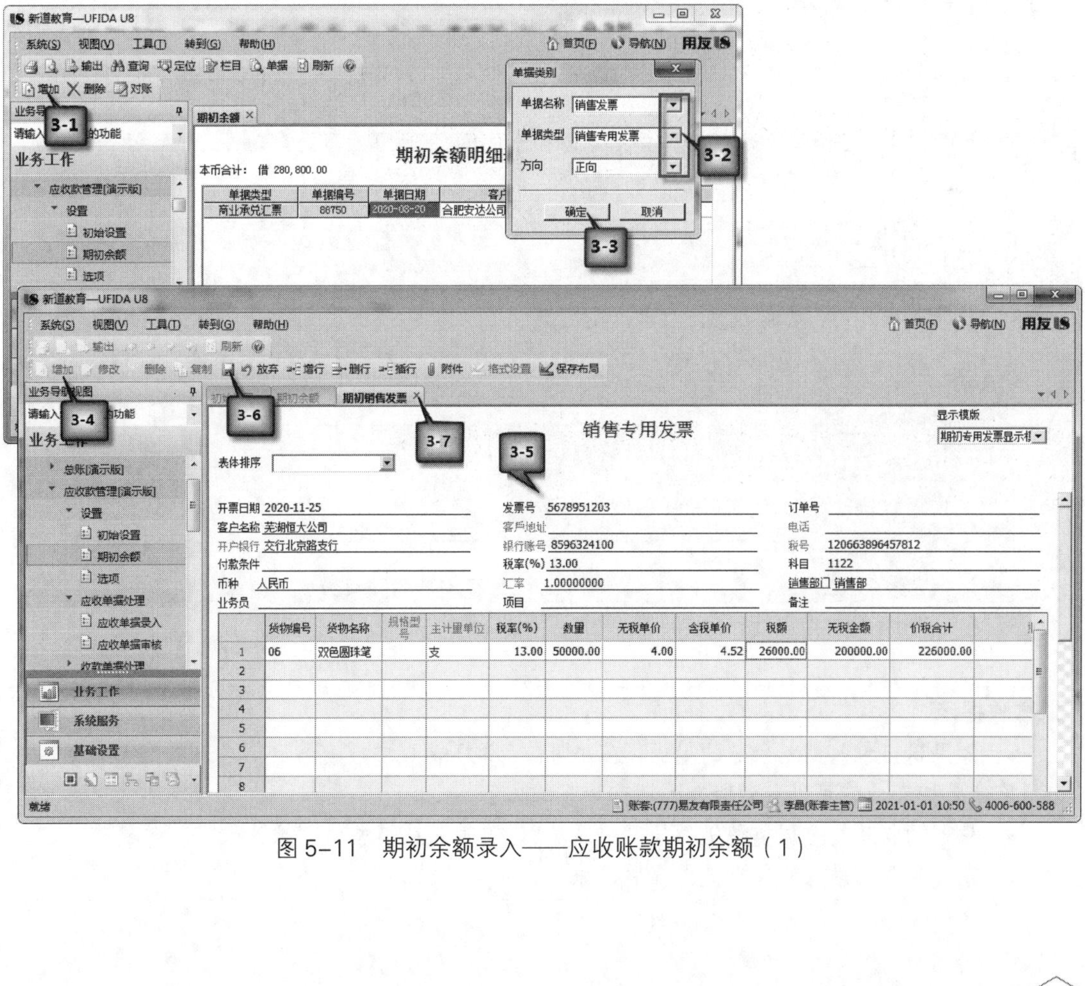

图 5-11　期初余额录入——应收账款期初余额（1）

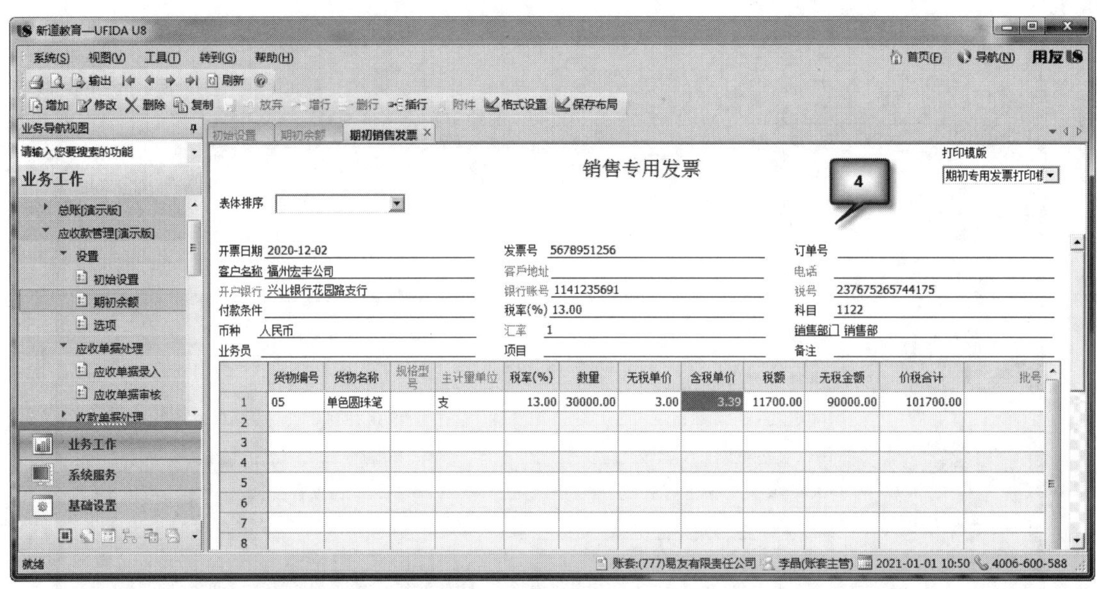

图 5-12 期初余额录入——应收账款期初余额（2）

图 5-13 期初对账

📖操作提示

- 如果退出录入期初余额的单据，在“期初余额”窗口中没有看到新录入的期初余额，单击【刷新】按钮，就可以看到所有的期初余额的内容。
- 录入预收款的单据类型仍然是“收款单”，但是款项类型为“预收款”。
- 期初余额所录入的票据被保存后，系统会自动审核。

任务三 应收款管理系统日常业务处理

一、任务描述与分析

2021 年 1 月，易友有限责任公司发生如下应收款和收款经济业务，以账套主管“李晶”的身份，在应收款管理系统中进行相应业务处理。

（1）应收单据录入、审核并制单。1 月 3 日，销售部开出增值税专用发票（票号：7856201301），向上海安迅公司销售双色圆珠笔 800 盒，无税单价 4 元/支，货已发出，款项尚未收到。同时以现金代垫运费 1 221 元，填写好其他应收单（要求：立即制单）。

（2）收款单据录入、审核、制单、核销。1 月 10 日，收到芜湖恒大公司交来的转账支票一张，金额 240 000 元，支票号：ZZ001，用于支付 2020 年 11 月 25 日购货款 226 000 元，余款项转为预收账款。款项结清，进行核销处理（要求：立即制单）。

（3）商业汇票贴现。1 月 15 日，将 2020 年 8 月 20 日收到的由合肥可达公司签发的商业承兑汇票进行贴现，贴现率为 6%（要求：采用集中制单方式制单）。

（4）选择收款。1 月 18 日，收到福州宏丰公司交来的转账支票一张，金额 101 700 元，支票号：ZZ002，采用选择收款方式进行收款业务处理（要求：采用集中制单方式制单）。

（5）销售退回。1 月 20 日，销售给上海安迅公司的双色圆珠笔有 2 盒与合同约定货号不同，上海安迅公司要求退货，经协商同意退货，开具红字专用发票（票号：7856201302），双色圆珠笔无税单价 4 元。货已发出，款项尚未收到（要求：采用集中制单方式制单）。

（6）计提坏账准备。1 月 31 日，计提坏账准备（要求：采用集中制单方式制单）。

（7）采用集中制单方式对本月发生业务进行批量制单。

应收款管理系统日常业务主要完成企业日常的应收/收款业务录入、应收/收款业务核销、应收并账、汇兑损益及坏账的处理，及时记录应收/收款业务的发生，为查询和分析往来业务提供完整、正确的资料，加强对往来款项的监督管理，提高工作效率。

二、相关知识

应收款管理系统制单规则如下。

1. 应收发票制单

在对销售发票制单时，系统先判断控制科目依据，根据控制科目依据取【控制科目设置】中对应的科目；然后系统判断销售科目依据，根据销售科目依据取【产品科目设置】中对应的科目。若没有设置，则取【基本科目设置】中的应收科目和销售科目；若无，则手工输入。

（1）应收单制单。对应收单制单时，借方取应收单表头科目，贷方取应收单表体科目；若应收单上没有科目，则需要手工输入科目。受控科目取法同上。

借：应收科目

　　贷：对方科目

（2）收款单制单。借方科目为表头结算科目。贷方科目的款项类型为应收款，则贷方科目为应收科目；款项类型为预收款，则贷方科目为预收科目；款项类型为其他费用，则贷方科目为费用科目。若无科目，则需要手工输入科目。

（3）付款单制单。借方科目为结算科目，取表头金额，金额为红字。贷方科目的款项类型为应收款，则贷方科目为应收科目，金额为红字；款项类型为预收款，则贷方科目为预收科目，金额为红字；款项类型为其他费用，则贷方科目为费用科目，金额为红字。若无科目，则需要手工输入科目。

借：结算科目（红字）表头金额

　　贷：应收科目（红字）款项类型 = 应收款

　　　　预收科目（红字）款项类型 = 预收款

　　　　费用科目（红字）款项类型 = 其他费用

2. 核销制单

结算单核销制单受系统初始选项的控制，若选择核销不制单，即使入账科目不一致也不制单。核销制单需要应收单及收款单已经制单，才可以进行核销制单。在核销双方的入账科目不相同的情况下，才需要进行核销制单。

例如，某张应收单入账科目为"应收科目——北京公司"（核销金额 = 130），结算单入账时对应受控科目有"应收科目——北京公司"（核销金额 = 30）、"应收科目——天津公司"（核销金额 = 80）、"预收科目"（核销金额 = 20），则这两张单据核销时生成的凭证如下所示。

借：应收科目——天津公司　　80

　　预收科目　　20

　　贷：应收科目——北京公司　　100

3. 票据处理制单

收到承兑汇票制单，借方则取【基本科目设置】中的应收票据科目，贷方取【产品科目设置】中的销售收入科目及税金科目；若无，取【基本科目设置】中销售收入科目及税金科目；若都没有设置，则需要手工输入科目。

（1）收到票据

借：应收票据

　　贷：主营业务收入

　　　　应交税费——应交增值税（销项税额）

（2）票据计息

借：应收票据

　　贷：财务费用

（3）票据背书

借：应付账款

　　预付账款

　　贷：应收票据

（4）票据贴现

借：贴现科目

　　贷：应收票据

（5）票据结算

借：结算科目

　　贷：应收票据

（6）票据退回

借：应收票据

　　贷：应付账款

（7）票据转出

借：应收账款

　　贷：应收票据

4. 转账制单

依据系统选项判断转账是否制单。

（1）应收冲应收

借：应收账款——A 转入户

　　贷：应收账款——B 转出户

（2）预收冲应收

借：预收账款

　　贷：应收账款

（3）红票制单

同方向一正一负。

（4）应收冲应付制单

借：应付账款

　　预付账款

　　贷：应收账款

或者

借：应付账款

　　贷：应收账款

　　　　预收账款

5. 现结制单

对现结/部分现结的销售发票制单时，贷方取【产品科目设置】中对应的销售科目和应交增值税科目，借方取【结算方式科目设置】中的结算方式对应的科目。

（1）完全现结

借：银行存款

　　贷：主营业务收入

　　　　应交税费——应交增值税（销项税额）

（2）部分现结

借：应收账款

　　银行存款

　　贷：主营业务收入

　　　　应交税费——应交增值税（销项税额）

6. 坏账处理制单

（1）坏账发生制单

借：坏账准备

　　贷：应收账款

（2）坏账计提制单

借：资产减值损失

贷：坏账准备

（3）坏账收回制单

借：应收账款

贷：坏账准备

借：结算科目

贷：应收账款

三、任务实施

微课 045：应收票据录入、审核并制单

1. 应收单据录入、审核并制单

第一步：录入销售专用发票。在应收款管理系统中，执行【应收单据处理】|【应收单据录入】命令，打开“单据类别”对话框，系统默认单据名称为“销售发票”、单据类型为“销售专用发票”，单击【确定】按钮，打开“销售发票”窗口，单击【增加】按钮，输入发票相关信息，单击【保存】按钮。

第二步：审核销售专用发票并制单。单击【审核】按钮，系统弹出“是否立即制单？”提示框，单击【是】按钮，生成销售凭证，选择凭证类别【转】字，单击【保存】按钮。凭证上出现“已生成”标志，单击×按钮，系统自动将当前凭证传递到总账系统等待审核记账，如图 5-14 所示。

第三步：录入其他应收单。再次执行【应收单据处理】|【应收单据录入】命令，打开“单据类别”对话框，选择单据名称为“应收单”、单据类型为“其他应收单”，单击【确定】按钮，打开“应收单”窗口，单击【增加】按钮，输入表头内容，如输入单据日期“2021-01-03”，选择客户“上海安迅公司”，输入金额“1221.00”、摘要“代垫运费”。单击表体第一行，输入贷方科目代码“1001”，单击【保存】按钮。

第四步：审核其他应收单并制单。单击【审核】按钮，系统弹出“是否立即制单？”提示框，单击【是】按钮，生成代垫运费付款凭证，选择凭证类别【付】字，单击【保存】按钮，凭证上出现“已生成”标志，单击×按钮，系统自动将当前凭证传递到总账系统等待审核记账，如图 5-15 所示，返回“应收单”窗口。

操作提示

- 录入销售发票（或应收单）内容后可以直接进行审核，系统会弹出“是否立即制单？”提示框，此时可以直接制单；如果录入销售发票（或应收单）后不直接审核，可以在审核功能区中审核，再到制单功能区中制单。
- 填制应收单时，只需录入上半部分的内容，下半部分的内容除对方科目外，均由系统自动生成。如果不录入下半部分的对方科目，也可以在生成凭证后再手工录入。
- 已审核或已制单生成凭证的单据不能修改或删除，必须先在【凭证查询】窗口中将凭证删除、取消审核后，才能进行单据修改或删除。查询凭证时，要特别注意凭证查询日期的选择，如果日期选择不正确，将查询不到相应的凭证。

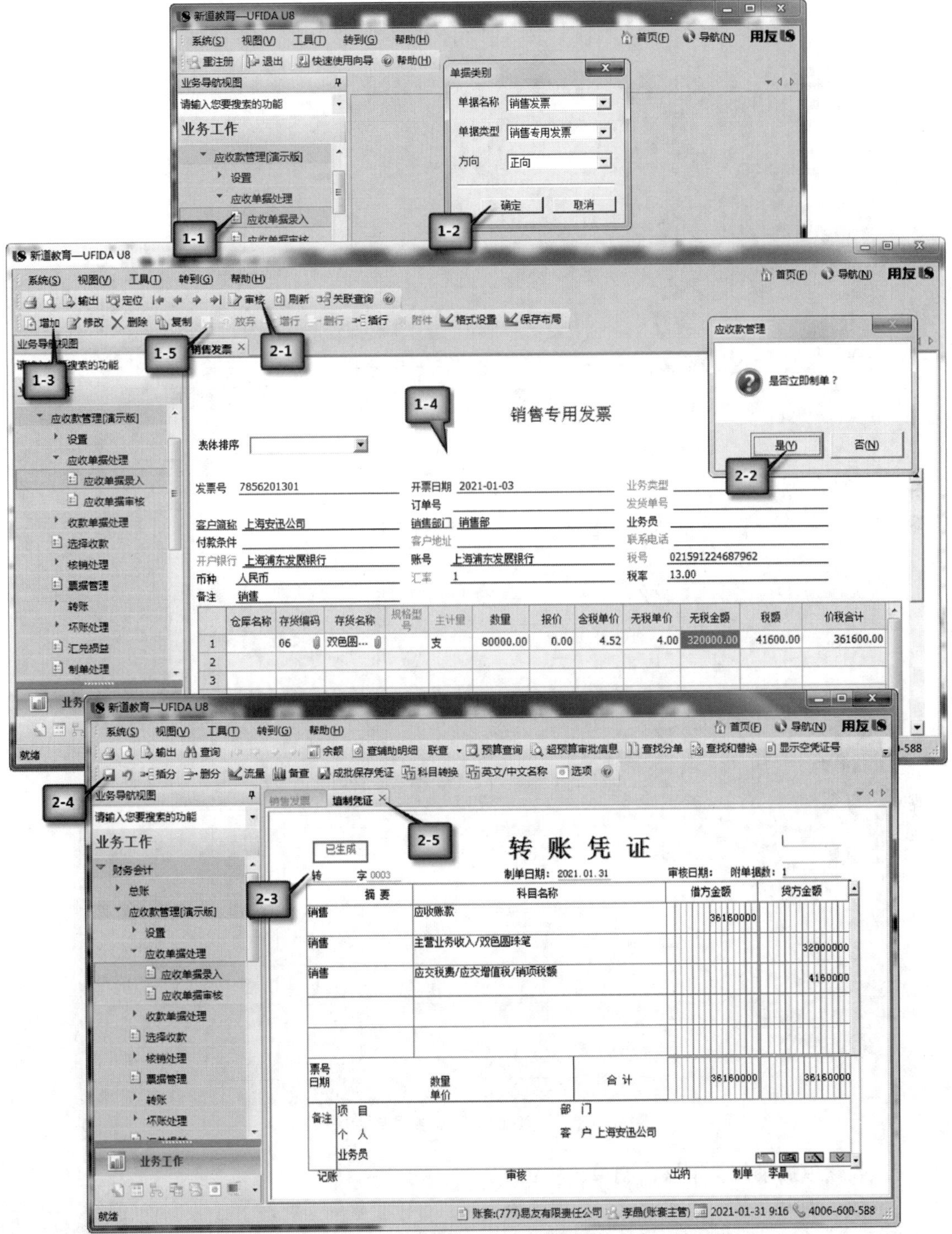

图 5-14　录入销售专用发票并审核制单

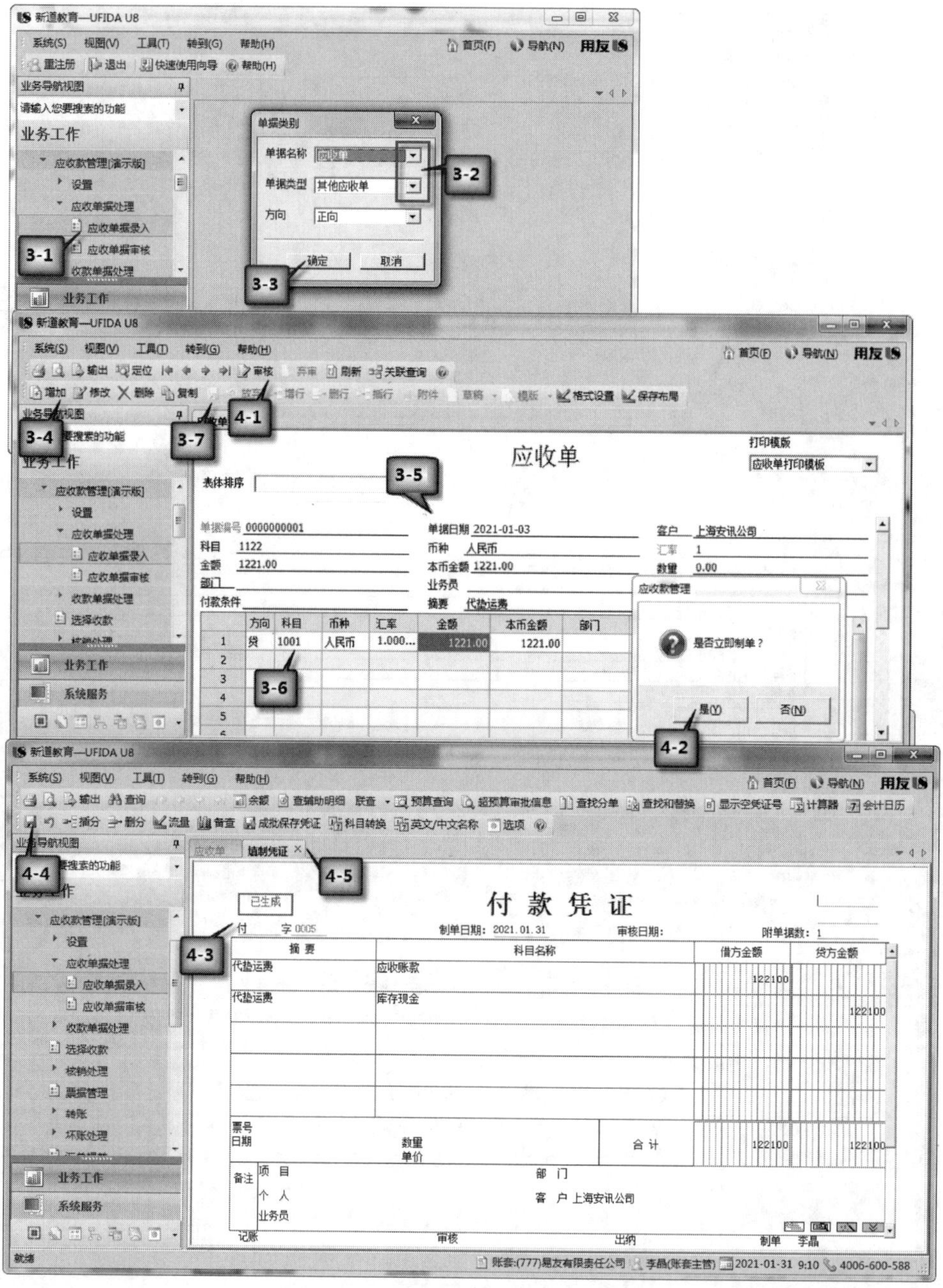

图 5-15　录入其他应收单并审核制单

2. 收款单据录入、审核、制单、核销

第一步：填写收款单。在应收款管理系统中，执行【收款单据处理】|【收款单据录入】命令，打开“收付款单录入”窗口，单击【增加】按钮，输入日期“2021-01-10”，选择客户为“芜湖恒大公司”、结算方式为“转账支票”，输入金额“240 000.00”，输入票据号“ZZ001”。单击表体第一行，将金额改为“226000.00”；单击第二行，将款项类型改为“预收款”，单击【保存】按钮。

微课 046：收款单据录入、审核、制单、核销

第二步：审核收款单并制单。单击【审核】按钮，系统弹出“是否立即制

单？”提示框，单击【是】按钮，生成收回货款的凭证。单击【保存】按钮，凭证上出现“已生成”标志，系统自动将当前凭证传递到总账系统等待审核记账。单击×按钮，返回“收付款单录入”窗口。

第三步：进行款项核销。执行【核销】|【自动核销】命令，系统弹出“是否进行自动核销？”提示框，单击【是】按钮，弹出“自动核销报告”对话框。确定无误后，单击【确定】按钮，如图 5-16 所示。

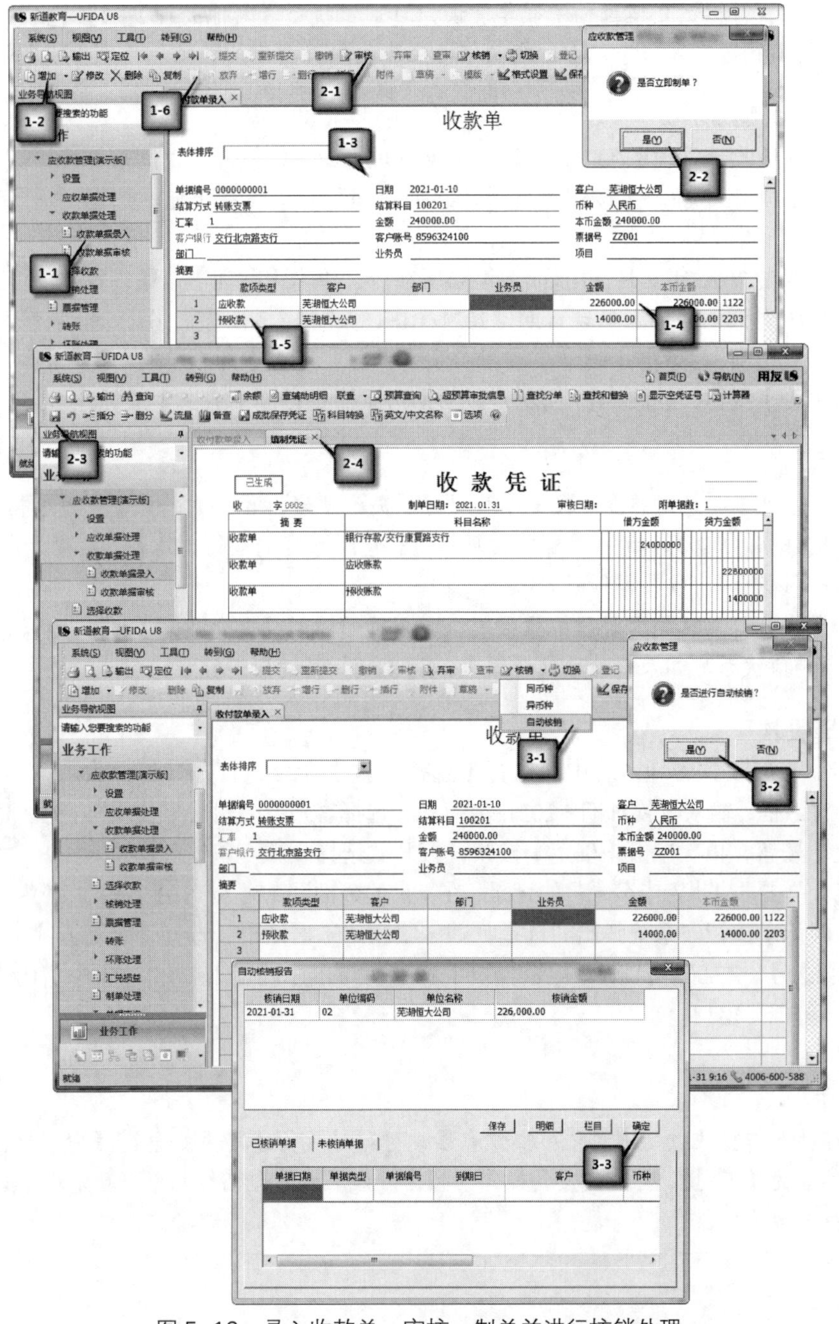

图 5–16　录入收款单、审核、制单并进行核销处理

📖操作提示

- 收款单表体中的款项类型默认为“应收款”，可以进行修改。
- 核销处理是指确定收款单与原始的发票、应收单之间的对应关系，冲减本期应收账款的操作。
- 收款单据必须审核后才能进行核销操作。
- 如果在执行核销处理过程中操作有误，可通过执行【其他处理】|【取消操作】命令将其恢复到操作前状态。如果该处理已经制单，应先删除其对应的凭证，再进行恢复操作。

3. 商业汇票贴现

第一步：在应收款管理系统中，执行【票据管理】命令，打开“查询条件选择”对话框，单击【确定】按钮，打开“票据管理”窗口，系统显示票据记录。

微课 047：商业汇票贴现

第二步：双击 2020 年 8 月 20 日商业汇票所在行，单击【贴现】按钮，打开“票据贴现”对话框，输入贴现日期“2021-01-15”，输入贴现率“6”，选择结算科目“100201”，单击【确定】按钮，系统弹出“是否立即制单？”提示框，单击【否】按钮，如图 5-17 所示，以后即可采用批量制单方式生成凭证。

📖操作提示

- 票据管理主要是对商业承兑汇票和银行承兑汇票进行管理的。系统设置票据管理功能，用来记录票据的详细信息、记录票据的处理情况，包括票据的取得、结算、贴现、背书、转出、计息等，并可以查询应收票据信息。
- 如果在执行票据处理过程中操作有误，可通过执行【其他处理】|【取消操作】命令将其恢复到操作前状态。如果该处理已经制单，应先删除其对应的凭证，再进行恢复操作。

4. 选择收款

微课 048：选择收款

第一步：在应收款管理系统中，执行【选择收款】命令，打开“选择收款—条件”对话框，输入收款日期“2021-01-18”，选择客户“福州宏丰公司”，单击【确定】按钮，再次单击【确定】按钮，打开“选择收款—单据”窗口。

第二步：单击“福州宏丰公司”的记录，在“收款金额”处输入“101 700”，单击【OK 确认】按钮。系统弹出“选择收款—收款单”对话框，选择“结算方式”为“转账支票”，输入票据号“ZZ002”，输入摘要“收回货款”，单击【确定】按钮，如图 5-18 所示，返回“选择收款—单据”窗口。

📖操作提示

如果在执行选择收款处理过程中操作有误，可通过执行【其他处理】|【取消操作】命令，选择操作类型为【核销】，将其恢复到操作前状态。如果该处理已经制单，应先删除其对应的凭证，再进行恢复操作。

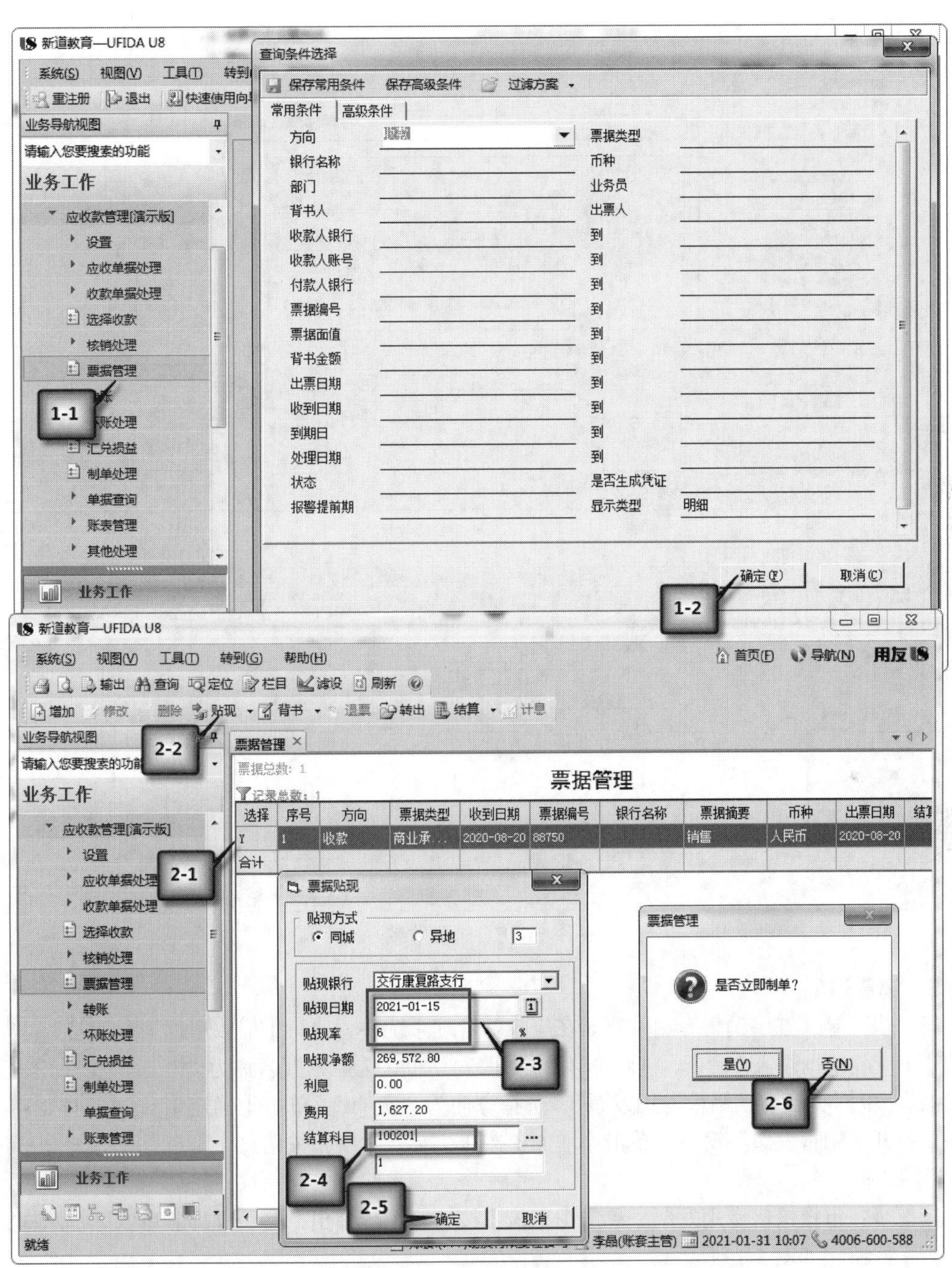

图 5-17　进行票据贴现

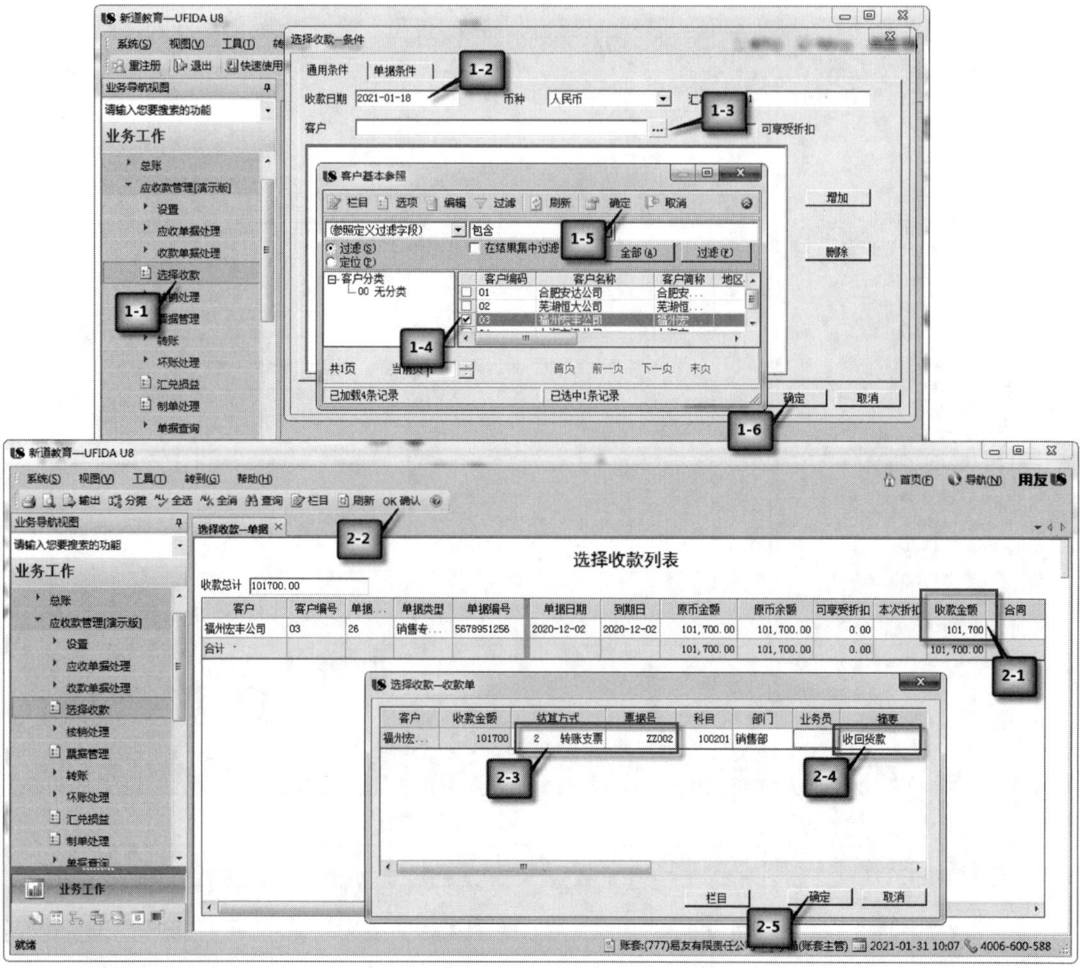

图 5–18　选择收款

5. 销售退回

微课 049：销售退回

第一步：录入红字销售专用发票。在应收款管理系统中，执行【应收单据处理】|【应收单据录入】命令，打开“单据类别”对话框，选择单据名称为“销售发票”、单据类型为“销售专用发票”，选择方向为“负向”，单击【确定】按钮，打开“销售发票”窗口，单击【增加】按钮，录入发票相关信息，单击【保存】按钮。

第二步：审核销售专用发票。单击【审核】按钮，系统弹出“是否立即制单？”提示框，单击【否】按钮，如图 5-19 所示。

第三步：红票对冲。在应收款管理系统中，执行【转账】|【红票对冲】|【手工对冲】命令，打开“红票对冲条件”对话框，选择客户“04-上海安迅公司”，选择计算日期“2021-01-20”，单击【确定】按钮，打开“红票对冲”窗口，在单据日期为“2021-01-03”的销售专用发票的“对冲金额”栏中输入金额“904.00”，单击【保存】按钮，如图 5-20 所示。系统弹出“是否立即制单？”提示框，单击【否】按钮。系统自动将选中的红字应收单和蓝字应收单对冲完毕，显示应

收单原币余额合计为“361 917.00”，如图 5-21 所示。

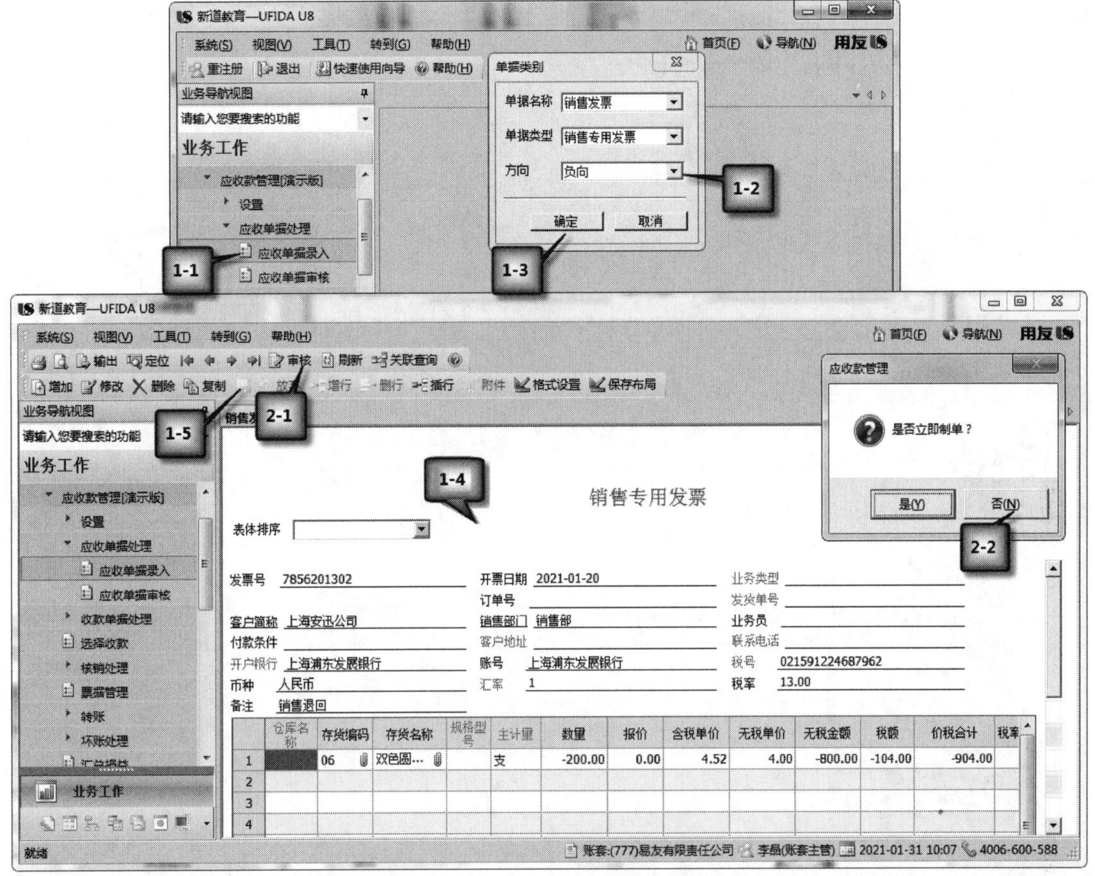

图 5-19　录入红字销售专用发票

📖操作提示

- 红票对冲可实现某客户的红字应收单与其蓝字应收单、收款单与付款单中间进行冲抵的操作。
- 自动对冲可同时对多个客户依据红冲规则进行红票对冲，提高红票对冲的效率。自动红票对冲提供进度条，并提交自动红冲报告，用户可了解自动红冲的完成情况及失败原因。
- 手工对冲一次只能对一个客户进行红票对冲，用户可自行选择红票对冲的单据，提高红票对冲的灵活性。手工红票对冲时系统提供红、蓝上下两个列表，红票记录全部用红色显示，蓝票记录全部用黑色显示。
- 红票对冲凭证可选择立即制单生成，也可通过执行【制单处理】|【红票对冲制单】命令生成。

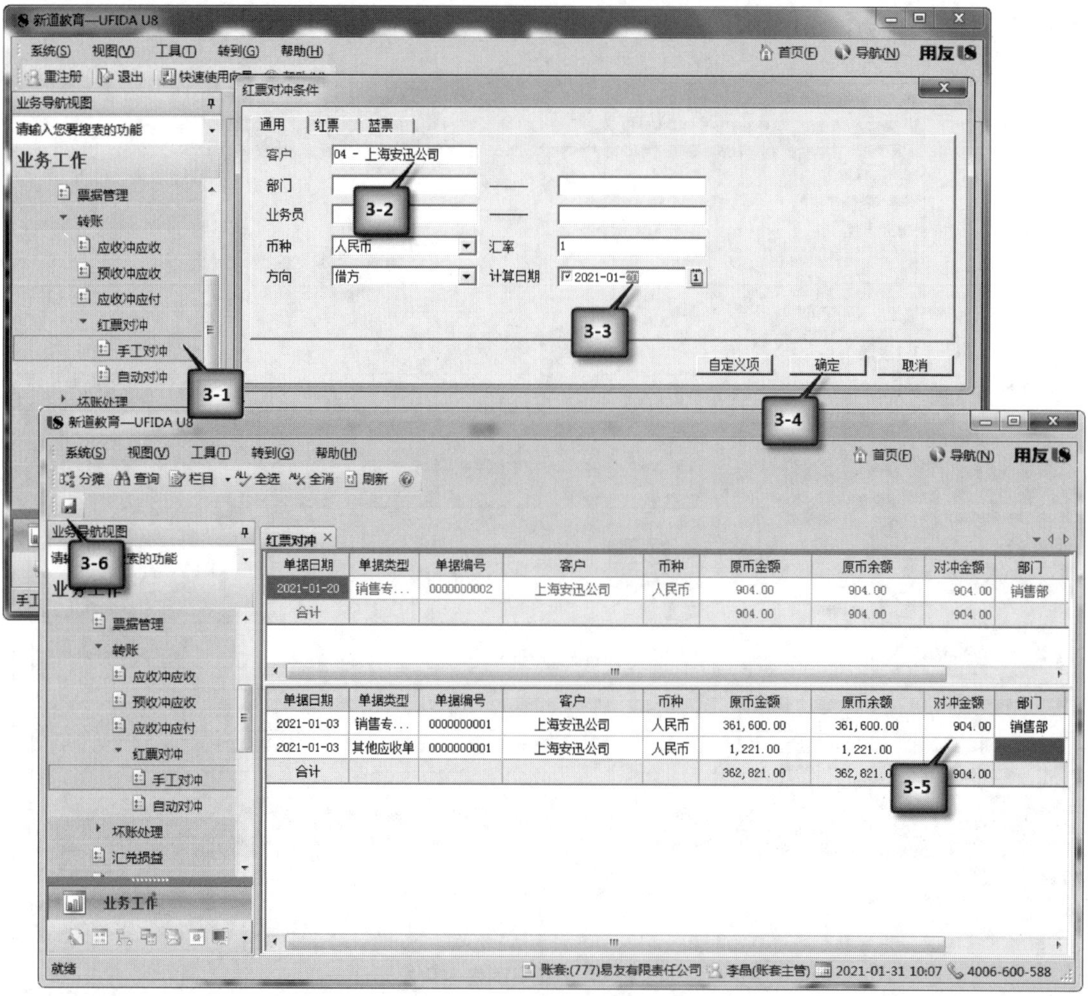

图 5-20　红票对冲（1）

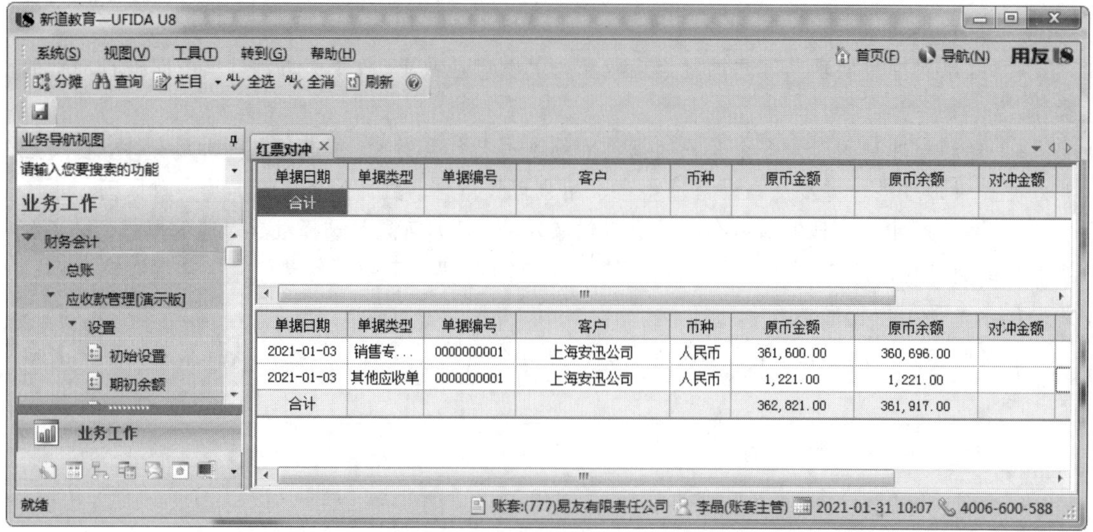

图 5-21　红票对冲（2）

6. 计提坏账准备

1 月 31 日，计提坏账准备（要求：采用集中制单方式制单）。

在应收款管理系统中，执行【坏账处理】|【计提坏账准备】命令，打开“应收账款百分比法”窗口，单击【OK 确认】按钮，系统弹出“是否立即制单？”提示框，单击【否】按钮，如图 5-22 所示。

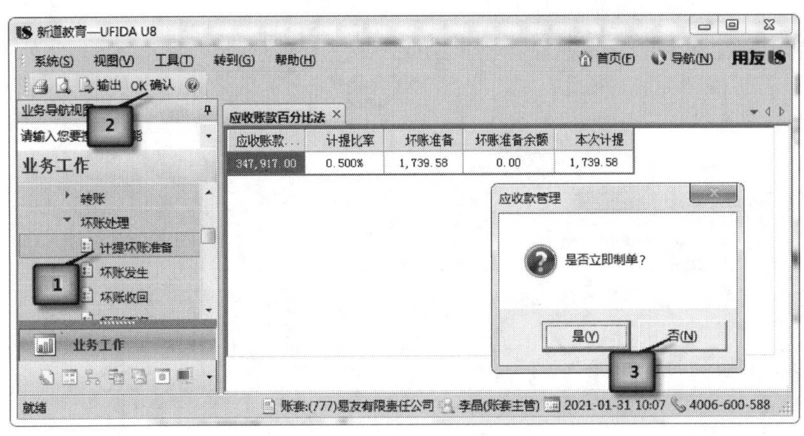

微课 050：计提坏账准备

图 5-22　计提坏账准备

操作提示

如果在执行坏账处理过程中操作有误，可通过执行【其他处理】|【取消操作】命令将其恢复到操作前状态。如果该处理已经制单，应先删除其对应的凭证，再进行恢复操作。

7. 采用集中制单方式对本月发生业务进行制单（具体操作见“拓展提高”）

四、拓展提高

1. 如何进行应收款管理系统记账凭证批量制单

在应收款管理系统中，记账凭证的生成方式可以分为立即制单和批量制单。立即制单就是在进行单据处理、转账处理、票据处理及坏账处理的过程中，当系统弹出“是否立即制单？”提示框时，单击【是】按钮，立即进行制单处理、生成记账凭证。批量制单是指在相关业务完成后，通过【制单处理】命令批量生成记账凭证。

例如，对本月应收款管理系统发生的尚未完成制单处理的经济业务进行批量制单，操作步骤如下。

第一步：在应收款管理系统中，执行【制单处理】命令，打开“制单查询”对话框，选择需要制单的业务类型，如选中“发票制单”“应收单制单”“收付款单制单”“票据处理制单”等复选框，单击【确定】按钮。

第二步：打开“制单”窗口，此时系统显示尚未生成凭证的业务或单据，单击【全选】按钮，再单击【制单】按钮。

第三步：在打开的“填制凭证”窗口中，已经生成第一张凭证，系统默认凭证字为【收】，修改凭证字为【转】字，单击【保存】按钮。单击 ➡ 按钮，继续生成后面两张凭证，保存后退出，返回“制单”窗口，如图 5-23 所示。

微课 051：批量制单

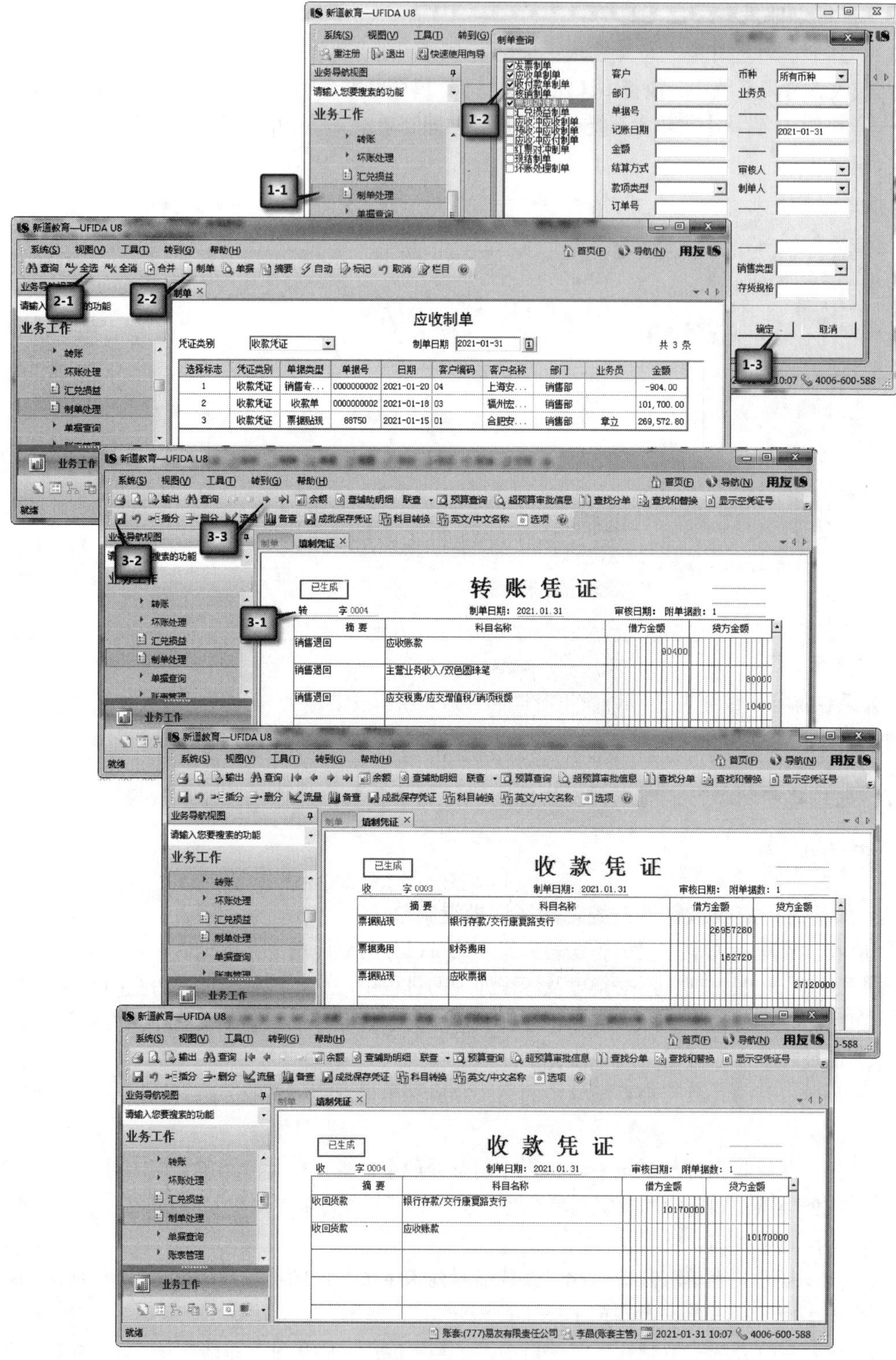

图 5-23 制单处理

第四步：单击【查询】按钮，打开“制单查询”对话框，选中“坏账处理制单”复选框，单击

【确定】按钮，打开“制单”窗口，单击【全选】按钮，再单击【制单】按钮。在打开的“填制凭证”窗口中，修改凭证字为【转】字，单击【保存】按钮。完成坏账处理制单，如图 5-24 所示。

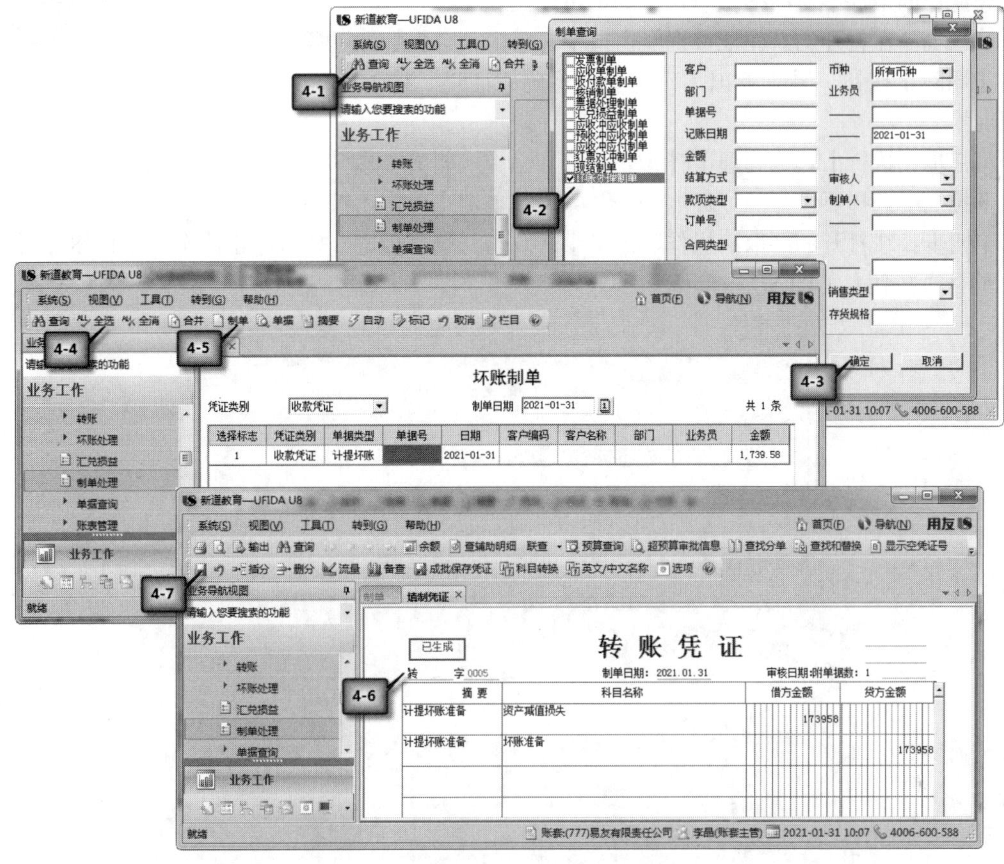

图 5–24　制单处理——坏账处理制单

操作提示

- 选择要进行制单的单据，在“选择标志”一栏双击，系统会在该栏目中给出一个序号，表明要将该单据制单。用户可以修改系统给出的序号。例如，系统给出的序号为 1，用户可以改为 2。相同序号的记录会制成一张凭证。用户也可单击【合并】按钮，进行合并制单。
- 如果同时使用了总账系统，所输入的制单日期应该满足总账制单日期序时要求，即大于同月同凭证类别的日期。因此，本模块所生成的凭证日期均为 2021-01-31。
- 如果所选单据需生成的凭证类别已明确，用户可直接在“制单”窗口中单击【凭证类别】下拉按钮，调整凭证类别。

2. 如何进行应收款管理系统错误业务的取消操作

在应收款管理系统中，如果对原始单据进行填制、审核后发现操作失误，或对原始单据进行填制、审核并生成记账凭证后发现操作失误，可通过【取消操作】命令将其恢复到操作前的状态，以便进行修改。如果需要取消的业务已经制单，应先删除记账凭证，再进行取消操作。

系统提供的可以恢复的业务类型包括：① 恢复单据核销前状态；② 恢复坏账处理前状态；③ 恢复计算汇兑损益前状态；④ 恢复票据的处理前状态；⑤ 恢复转账处理前状态。

对本月计提坏账业务进行取消操作的步骤如下。

微课 052：取消计提坏账操作

第一步：在应收款管理系统中，执行【单据查询】|【凭证查询】命令，打开“凭证查询条件”对话框，单击【确定】按钮。

第二步：在打开的“凭证查询”窗口中，单击“计提坏账”凭证记录条，单击【删除】按钮，系统弹出“确定要删除此凭证吗”提示框，单击【是】按钮。

第三步：执行【其他处理】|【取消操作】命令，打开“取消操作条件”对话框，在“操作类型”下拉框中选择要恢复的“坏账处理”类型，单击【确定】按钮。

第四步：在打开的“取消操作”窗口中，双击“选择标志”栏或单击【全选】按钮，再单击【OK 确认】按钮，如图 5-25 所示。

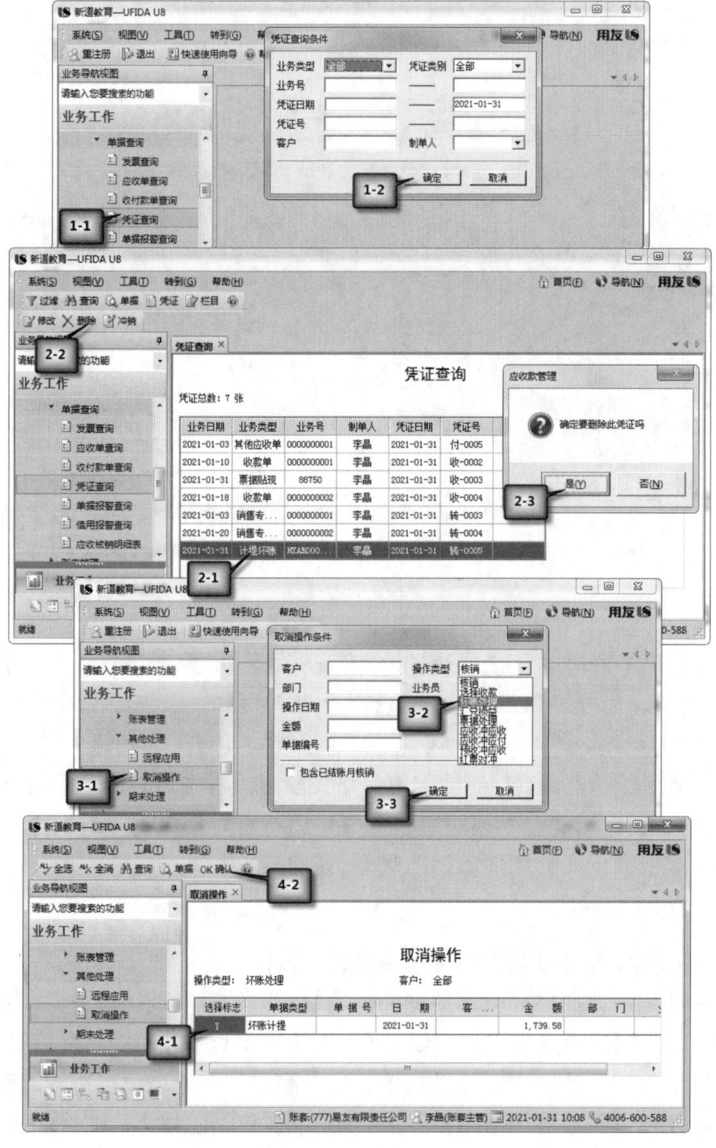

图 5-25　取消操作

📖操作提示

- 如果需要取消的业务已经制单，应先删除其对应的凭证，再执行恢复操作。
- 一张原始单据所生成的凭证被删除后，用户可以对该原始单据重新制单。例如，一张发票所生成的凭证被删除后，用户可以重新对发票生成凭证。
- 票据转出后所生成的应收单如果已经进行了核销等处理，则不能恢复。
- 票据背书的对象如果是应付账款系统的供应商且应付账款系统该月份已经结账，则不能恢复。
- 票据计息和票据结算后，如果又进行了其他处理，如票据贴现等，则不能恢复。

任务四　应收款管理系统期末业务处理

一、任务描述与分析

2021 年 1 月 31 日，在应收款管理系统中，以账套主管“李晶”的身份，进行如下操作。

（1）查询本公司所有客户欠款情况。

（2）办理月末结账。

二、相关知识

1. 应收款管理系统账表管理功能

对于一家严密管理往来款项的企业来说，向客户定期发送对账单，及时分析客户的信用情况，是企业信用管理和资金管理的重要内容。

在用友 ERP-U8 V10.1 应收款管理系统中，对往来账款的查询分析主要包括：自定义报表查询、业务账表查询、科目账表查询以及统计分析等。其中，用户可通过“我的账表”功能，进行新建账夹，设置账夹口令，进行自定义报表；通过“业务账表”功能，进行业务总账表、业务余额表、业务明细账、对账单的查询；通过“统计分析”功能，进行应收账龄分析、收款账龄分析、欠款分析、收款预测等。

2. 应收款管理系统月末结账规则

在应收款管理系统中，如果当月业务已全部处理完毕，就要进行月末结账，然后才可以开始下月的工作。通过应收款管理系统进行月末结账需要遵循以下规则。

（1）应收款管理系统与销售管理系统集成使用，应在销售管理系统结账后，才能对应收款管理系统进行结账处理。

（2）当选项中设置的审核日期为单据日期时，本月的单据（发票和应收单）在结账前应该全部审核；当选项中设置的审核日期为业务日期时，截至本月月末还有未审核单据（发票和应收单），照样可以进行月结处理；如果还有合同结算单未审核，仍然可以进行月结处理；如果本月的收款单还有未审核的，则不能结账。

（3）当选项中设置月结时必须将当月单据及处理业务全部制单，则月结时若检查当月有未制单记录时不能进行月结处理；当选项中设置月结时不用检查是否全部制单，即无论当月有无未制单记录，均可进行月结处理。

（4）如果是本年度最后一个期间结账，建议将本年度进行的所有核销、坏账、转账等处理全部制单。

（5）如果是本年度最后一个期间结账，建议将本年度外币余额为 0 的单据的本币余额结转为 0。

三、任务实施

微课 053：查询客户欠款情况

1. 查询本公司所有客户欠款情况

第一步：在应收款管理系统中，执行【账表管理】|【统计分析】|【欠款分析】命令，打开“欠款分析”对话框，单击【确定】按钮。

第二步：打开“欠款分析”窗口，查看客户的欠款分析报表。单击【比率】按钮，查看客户欠款及比例分析情况，如图 5-26 所示。

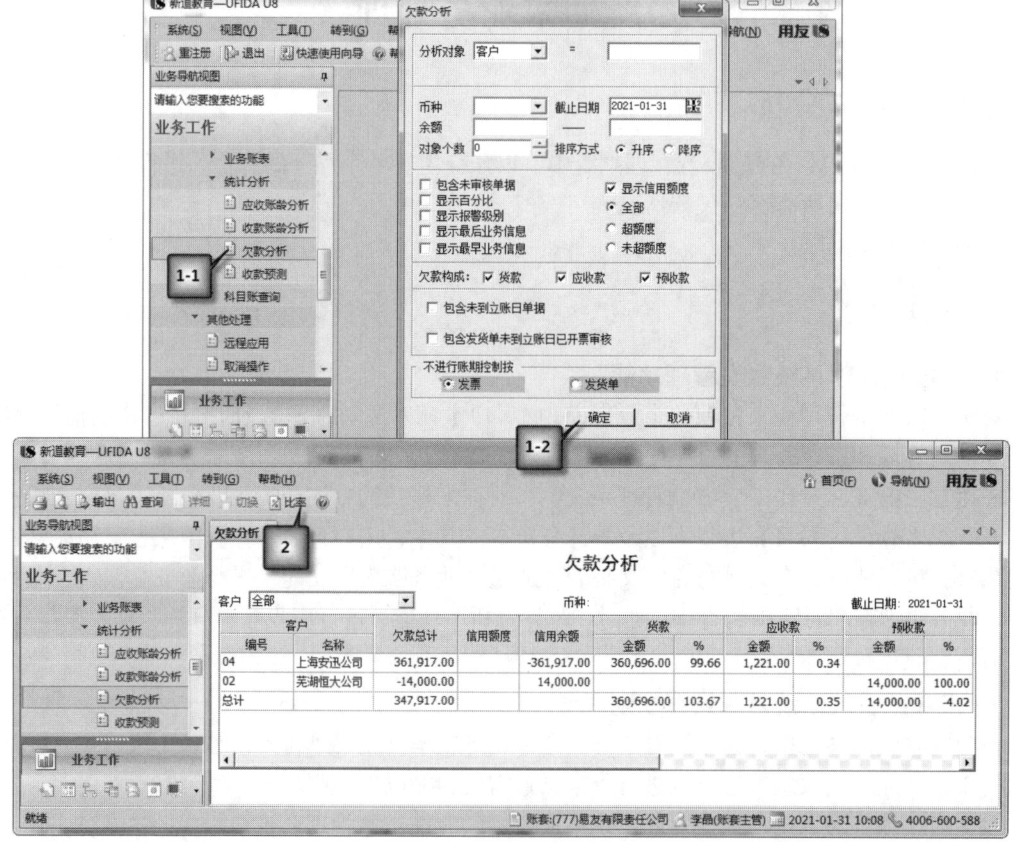

图 5-26 欠款分析

微课 054：应收款管理系统月末结账

2. 办理月末结账

第一步：在应收款管理系统中，执行【期末处理】|【月末结账】命令，打开“月末处理”对话框，在“一月”的“结账标志”栏中双击，单击【下一步】按钮。

第二步：打开“月末处理”对话框，系统显示各种处理类型均已完成，单击【完成】按钮，系统提示“1 月份结账成功”，单击【确定】按钮，如图 5-27 所示。

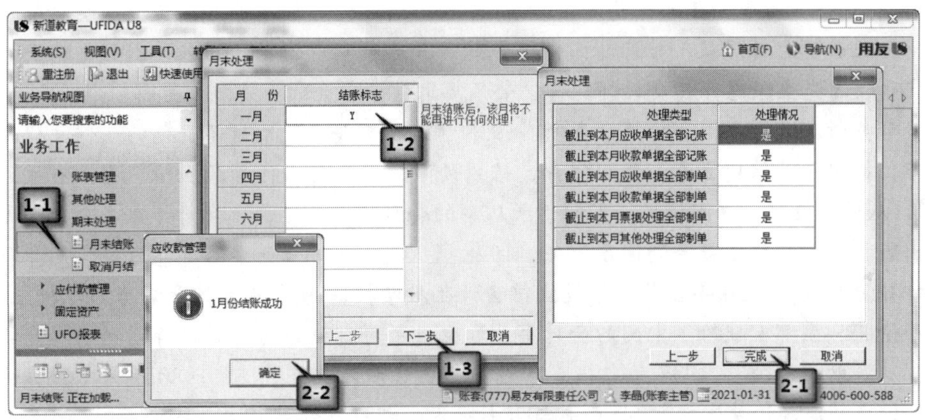

图 5-27　月末结账

操作提示

- 进行月末处理时，一次只能选择一个月进行结账，前一个月末结账，则本月不能结账。
- 如果结账过程不顺利，可以根据“月末处理”对话框的“处理情况”检查结果进行相应处理。在此可以单击任意一项，以检查详细情况。
- 在执行“月末结账”功能后，发现该月还需要处理有关业务或之前操作过程有误，则可以对应收款管理系统取消结账。
- 如果当月总账系统已经结账，则不能执行应收款管理系统取消结账功能。

小结

本模块主要介绍了应收款管理系统的基本功能、应收款管理系统不同应用方案的特点、应收款管理系统参数设置的主要内容、应收款管理系统期初余额录入的方法和应收款管理系统日常业务处理的方法。

应收款管理系统与总账管理系统、销售管理系统联系密切，在本模块的学习过程中，应与供应链管理系统学习相结合，从整体上对用友软件的操作流程有全面的认识。

【视野拓展案例 5】 中国现代会计学之父——潘序伦的立信品牌

【案例资料】

潘序伦被誉为“中国现代会计之父”，是我国著名的会计学家、会计教育家、会计实务专家和会计实业家，也是“三位一体”立信会计实业的创办者，为我国现代会计事业的启蒙与发展做出重大贡献，他创立的“立信精神”更作为一种精神，被国人传承。

1893 年，潘序伦出生在江苏省宜兴市蜀山镇（现丁蜀镇），曾祖父和伯父都是清代举人。1919 年，他破格进入上海圣约翰大学，提前毕业，获得文学士学位。1921 年，潘序伦以上海考区第 4 名的成绩考取了南洋兄弟烟草公司招考的留学生，启程奔赴美国哈佛大学就读。1923 年，潘序伦获得哈佛大学企业管理硕士学位，翌年，又获得哥伦比亚大学经济博士学位。1924 年秋，潘序伦回国，任上海商科大学教务主任兼会计系主任、上海国立暨南学校（现暨南大学）商学院院长和重庆大学兼职教授等职，致力于引进并传授西方先进的会计知识与技术。

1927 年 1 月，潘序伦在上海爱多亚路 39 号创办潘序伦会计事务所，试图在会计师业务中，帮助工商企业改变会计现状，推行新式借贷会计，开启改革中国会计的艰苦创业之路。经过一段时间的实践，潘先生深感开展会计师业务，必须要取信于社会，于是取《论语》中“民无信不立”一句，将事务所改名为立信会计师事务所。1928 年，他又将“民无信不立”的立信文化进行了提炼与升华，提出了“信以立志，信以守身，信以处事，信以待人，毋忘立信，当必有成”的“立信精神”。从此，他将“立信精神”贯彻于所从事的会计事业，无论是会计师事务所，还是会计学校以及出版社，均赢得了社会的高度信任。1928 年春，“立信”开设会计补习班，同年秋，创办立信会计补习学校，1930 年 8 月，增设立信会计函授学校，1937 年立信会计专科学校正式成立。

潘序伦将毕生都奉献给了中国的会计事业和会计教育。他曾为资助过自己的南洋兄弟烟草公司设立“思源助学基金”；1937 年自捐 6 万元筹备立信会计专科学校；1980 年为学校复办捐出一生积蓄，设立“潘序伦奖学金”；将存书与出书版税全部投入会计教育。1985 年 11 月 8 日，潘序伦因病逝世，终年 92 岁。潘序伦一生著述颇丰，他引用王安石的“合天下之众者材，理天下之财者法，守天下之法者吏也。吏不良，则有法而莫守；法不善，则有财而莫理”作为会计工作的指导思想，以毕生从事的会计事业和立信会计师事务所的实践，树立了会计行业的诚信和职业道德的典范。

【案例解读】

潘序伦一直致力于会计理论的革新和会计人才的培养，开创了学校、事务所、出版社三位一体的立信会计事业，成为中国现代会计学界的泰斗。他对财政、金融、税务经济管理有很深的研究，在会计学、审计学等方面有很深的造诣，是一位集大成的会计学家。作为会计人员，除了要坚守爱岗敬业、诚实守信、廉洁自律、客观公正、坚持准则、提高技能、参与管理和强化服务的职业道德规范，也应当学习潘序伦先生的“立信精神”。

【思考】

结合本例谈谈自己的心得体会，说一说从事财经工作的人员要传承哪些精神与文化修养?

模块六

应付款管理系统核算与管理

知识目标

1．了解用友 ERP-U8 V10.1 应付款管理系统的基本功能
2．了解应付款管理系统不同应用方案的特点
3．熟悉应付款管理系统参数设置的主要内容
4．掌握应付款管理系统期初余额录入的方法
5．掌握应付款管理系统日常业务处理的方法
6．掌握应付款管理系统月末处理的方法

能力目标

1．能够根据需要进行应付款管理系统的初始化设置
2．能够根据经济业务进行应付单据的录入、审核、制单等操作
3．能够根据经济业务进行付款单据的录入、审核、制单等操作
4．能够正确进行核销、转账、票据管理等业务处理
5．能够熟练进行应付款管理系统账簿的查询
6．能够熟练进行月末结账与取消结账处理

素养目标

1．具有较强的语言表达、会计职业沟通和协调能力
2．养成科学、严谨的工作作风，严格按照业务流程规范操作
3．具有团队精神，养成会计岗位协作意识

任务一　认知应付款管理系统

一、任务描述与分析

易友有限责任公司已经成功完成账套号为“777”公司账套的建立，从 2021 年 1 月 1 日起启用应付款管理系统。本任务主要介绍应付款管理系统的基本功能、应用方案及业务处理流程等。

二、相关知识

1．应付款管理系统的基本功能

应付款管理系统主要用于核算和管理供应商往来款项。该系统以发票、其他应付单、付款单

等原始单据为依据，记录采购业务及其他业务所形成的往来款项，处理应付款项支付、转账等情况，提供票据处理和统计分析的功能。

应付款管理系统主要提供系统初始化设置、日常处理、单据查询、账表管理、其他处理和月末处理等功能，具体包括如下内容。

（1）系统初始化设置：包括系统参数定义、单据类型设置、账龄区间的设置及期初余额录入等。

（2）日常处理：包括应付单据和付款单据的录入、审核、核销、转账、汇兑损益、制单等处理。

（3）单据查询：包括各类单据、详细核销信息、报警信息、凭证等内容的查询。

（4）账表管理：包括总账、明细账、余额表等多种账表查询功能，应付账款分析、付款账龄分析、欠款分析等统计分析功能。

（5）其他处理：包括对核销、转账等处理进行恢复的功能。

（6）月末处理：包括月末结账和取消结账功能。

2. 应付款管理系统两种应用方案

应付款管理系统通过发票、其他应付单、付款单等单据的录入，对企业的往来账款进行综合管理，及时、准确地提供供应商的往来账款余额资料和各种分析报表，帮助用户合理进行资金调配，提高资金的使用效率。

根据对供应商往来款项核算和管理的程度不同，系统提供了应付款“详细核算”和“简单核算”两种应用方案。

如果企业采购业务及应付账款业务繁多，或者需要追踪每一笔业务的应付款、付款等情况，或者需要将应付款核算到产品一级，可选择“详细核算”应用方案。

如果单位采购业务及应付款核算业务比较简单，或者现结业务较多，可选择“简单核算”应用方案。

3. 应付款管理系统的业务处理流程

应付款管理系统的业务处理流程如图 6-1 所示。

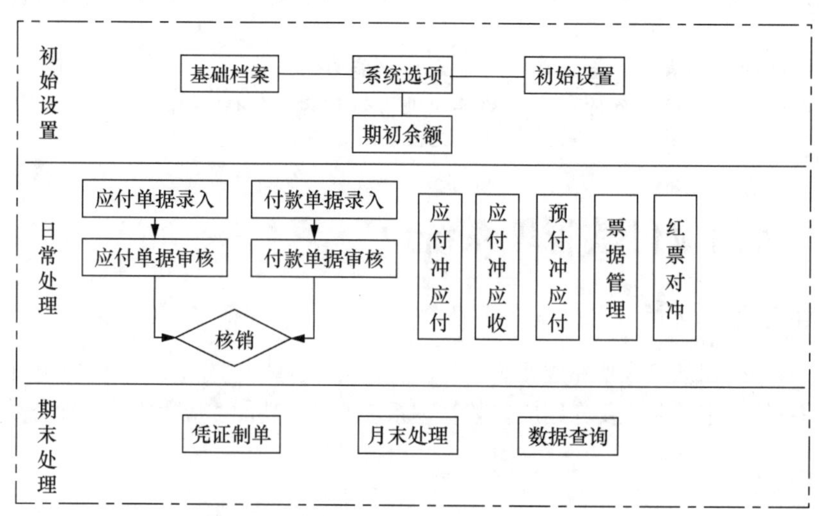

图 6-1　应付款管理系统的业务处理流程

4. 应付款管理系统与其他子系统的主要关系

在“详细核算”应用方案中，应付款管理系统与其他子系统的数据传递关系如图 6-2 所示。

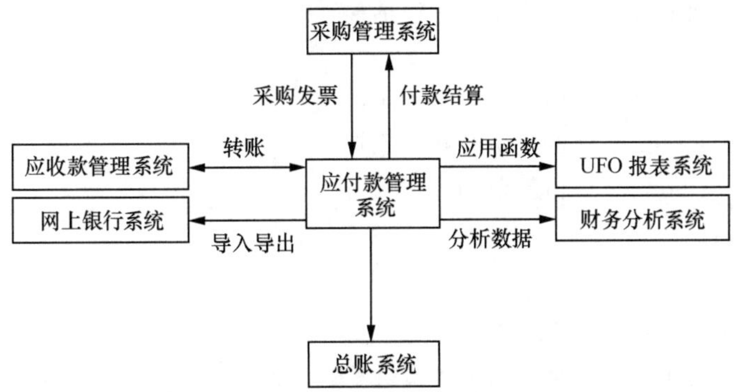

图 6-2　应付款管理系统与其他系统的数据传递关系

任务二　应付款管理系统初始化设置

一、任务描述与分析

易友有限责任公司在“777”账套中已经成功启用应付款管理系统。从 2021 年 1 月 1 日起，在企业应用平台中，以账套主管“李晶”的身份，进行如下操作。

（1）设置应付款管理系统控制参数，如表 6-1 所示。

（2）设置应付款管理系统的会计科目，如表 6-2 所示。

表 6-1　易友有限责任公司应付款管理系统控制参数

选　项　卡	参数设置
常规	单据审核日期依据：单据日期； 自动计算现金折扣； 其他采用系统默认值
凭证	受控科目制单方式：明细到单据； 采购科目依据：按存货； 其他采用系统默认值
权限与预警/核销设置/收付款控制	采用系统默认值

表 6-2　易友有限责任公司应付款管理系统会计科目设置

基本科目设置	应付科目：220201；预付科目：1123；采购科目：1402；税金科目：22210101；商业承兑科目：2201；银行承兑科目：2201；票据利息科目：6603；票据费用科目：6603；现金折扣科目：6603
结算方式科目设置	现金支票：100201；转账支票：100201；其他：100201

由于初次使用应付款管理系统，需要对该系统进行初始设置，确定使用哪些单据处理应付业务、各个业务类型的凭证科目，将正式启用账套前的所有应付业务数据录入系统中，便于以后进行日常业务处理。

二、相关知识

在应用应付款管理系统之前，应该对现有的数据资料进行整理，以便能够及时、顺利、准确地运用该系统。

为便于系统初始化，应该准备如下数据和资料。

（1）有业务往来的所有供应商的详细资料，包括供应商名称、地址、联系电话、开户银行、信用额度、最后的交易情况及供应商的分类方式等。

（2）用于采购的所有存货的详细资料，包括存货的名称、规格型号、价格、成本等数据及存货的分类方式。

（3）上一期期末及本期期初所有供应商的应付账款、预付账款、应付票据等数据，这些期初数据最好能够精确到某一张具体的发票或某一笔具体的业务。

（4）定义好发票、应付单、付款单的格式。

三、任务实施

微课 055：设置应付款管理系统控制参数

1. 设置应付款管理系统控制参数

第一步：在企业应用平台“业务工作”选项卡中，执行【财务会计】|【应付款管理】|【设置】|【选项】命令，打开“账套参数设置”对话框，单击【编辑】按钮，系统提示“选项修改需要重新登录才能生效”，单击【确定】按钮。

第二步：分别单击【常规】【凭证】选项卡，对各参数进行设置，全部设置完毕，单击【确定】按钮，如图 6-3 所示。

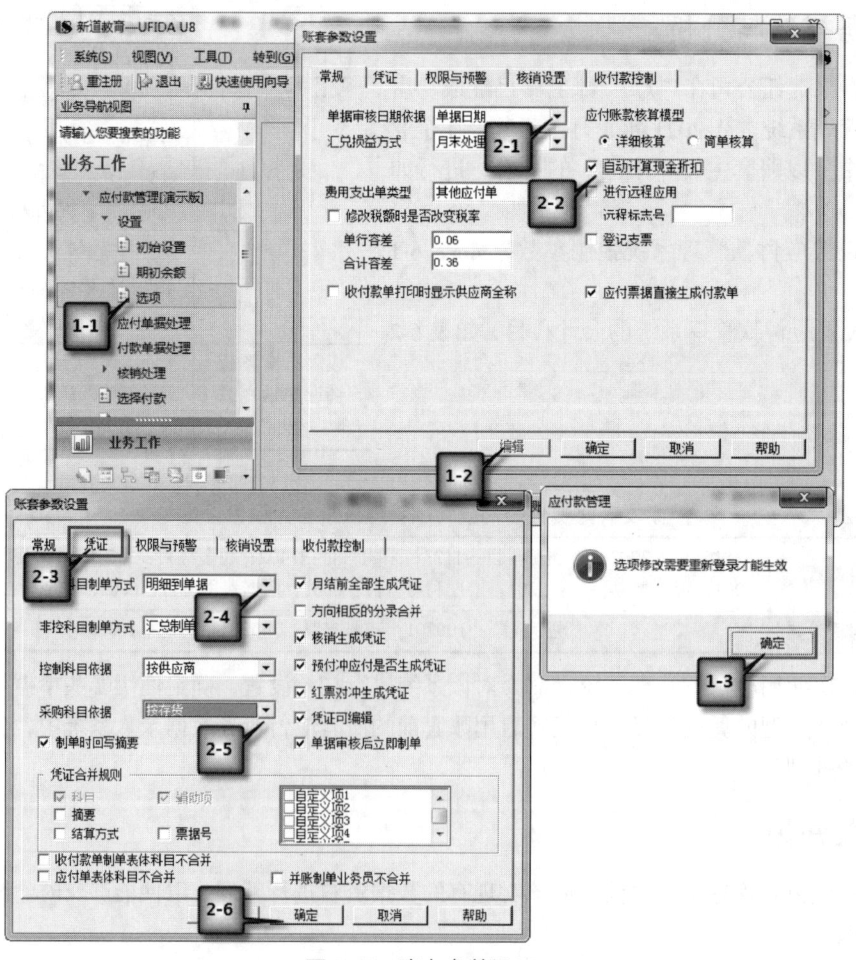

图 6-3 账套参数设置

选项卡内容说明

（1）“常规”选项卡中包含如下内容。

- 单据审核日期依据。其包括“单据日期”和“业务日期”两种依据。选择“单据日期”，在进行单据审核时，系统自动将审核日期（即入账日期）记为该单据的单据日期。选择“业务日期”，在进行单据审核时，系统自动将审核日期（即入账日期）记为当前业务日期（即登录日期）。在账套使用过程中，选择按“单据日期”进行单据审核较为灵活。
- 汇兑损益方式。其包括“外币余额结清时计算”和“月末处理”两种汇兑损益结算方式。一般选择“月末处理”。
- 自动计算现金折扣。若选中该复选框，需对单据核销界面中的“栏目”进行单据栏目设置，系统会在核销界面显示可享受折扣和本次折扣。
- 应付账款核算模型。其包括“简单核算”和“详细核算”两种应用模型。系统默认选择“详细核算”。
- 应付票据直接生成付款单。若选中该复选框，则应付票据在保存时同时生成付款单。

（2）“凭证”选项卡中包含如下内容。

- 受控科目制单方式。有“明细到供应商”和“明细到单据”两种方式可供选择。“明细到供应商”是指将一个供应商的多笔业务合并生成一张凭证时，如果核算多笔业务的控制科目相同，则系统自动将其合并成一条分录，便于在总账系统中根据供应商查询其详细信息。“明细到单据”是指将一个供应商的多笔业务合并生成一张凭证时，系统会自动将每一笔业务形成一条分录，便于在总账系统中查看供应商的每一笔业务的详细情况。建议选择“明细到单据”方式。
- 非控科目制单方式。有“明细到供应商”“明细到单据”和“汇总制单”3 种方式可供选择。“汇总制单”指将多个供应商的多笔业务合并生成一张凭证时，如果核算这多笔业务的非控制科目相同，其所带辅助核算项目也相同，则系统自动将其合并成一条分录，便于精简总账中的数据，在总账系统中只能查看该科目的一个总的发生额。
- 控制科目依据。应付款管理系统控制科目是指所有带有供应商往来辅助核算的科目。
- 采购科目依据。可以选择“按存货分类”和“按存货”作为设置存货的采购科目、采购税金科目的依据。在此设置的采购科目是系统自动制单科目取值的依据。
- 核销生成凭证。选中此复选框，系统会判断核销双方的单据当时的入账科目是否相同，若不相同，则需要生成一张调整凭证；否则，不需要进行制单。
- 预付冲应付是否生成凭证。选中此复选框，对于该类业务，当预付、应付科目不相同时，系统生成一张转账凭证，并且在期末结账时对是否已生成凭证记录进行检查；否则，无须对此制单和进行期末检查。
- 红票对冲生成凭证。选中此复选框，则对于该类业务，当对冲单据所对应的受控科目不相同时，系统生成一张转账凭证，并且在期末结账时对是否已生成凭证记录进行检查；否则，无须对此制单和进行期末检查。
- 凭证可编辑。选中此复选框，可对生成的凭证进行编辑；否则，无法对生成的凭证上的各个项目进行编辑修改。

（3）“权限与预警”选项卡中包含如下内容。

- 启用供应商权限。只有在应付款管理系统中有该选项。在账套参数设置对供应商进行记录集数据权限控制时，该选项才可设置；账套参数中对供应商的记录集权限不进行控制时，应付款管理系统中不对供应商进行数据权限控制。

- 启用部门权限。只有在应付款管理系统中有该选项，需要进行设置、控制。在账套参数设置对部门进行记录集数据权限控制时，该选项才可设置；账套参数中对部门的记录集权限不进行控制时，应付款管理系统中不对部门进行数据权限控制。

（4）“核销设置”选项卡中包含如下内容。

- 应付款核销方式。核销是指付款冲销应付款的操作。系统提供按单据和按产品两种应付款的核销方式。按单据核销是指在款项结算时，系统将满足条件的未结算单据全部列出，由用户选择需结算的单据并进行核销。按产品核销是指在款项结算时，系统将满足条件的未结算单据按存货全部列出，由用户选择需结算的存货并进行核销。一般企业选择按单据核销即可。
- 规则控制方式。系统提供了严格和提示两种规则控制方式。如果选择严格的规则控制方式，则核销时严格按照选择的核销规则进行核销，如不符合，则不能完成核销。如果选择提示的规则控制方式，核销时不符合核销规则，提示后，由用户选择是否完成核销。
- 核销规则。系统默认为按供应商核销，可按“供应商+其他项”进行组合选择。例如选择“供应商+部门”，则表示核销时，需供应商相同且部门相同。其他以此类推。系统提供了供应商、部门、业务员、合同、订单、项目等选项。
- 收付款单审核后核销。此选项系统默认为不选择，表示收付款单审核后不进行立即核销操作。可修改为选择，并默认为自动核销，表示收付款单审核后进行立即自动的核销操作；选择为手工核销，则表示收付款单审核后，立即自动进入手工核销界面，由用户手工完成核销。

微课 056：设置应付款管理系统会计科目

2. 设置应付款管理系统会计科目

第一步：在应付款管理系统中，执行【设置】|【初始设置】命令，打开“初始设置”窗口。

第二步：单击【增加】按钮，选择“基础科目种类”，依次输入或选择相关基本科目代码，如图 6-4 所示。

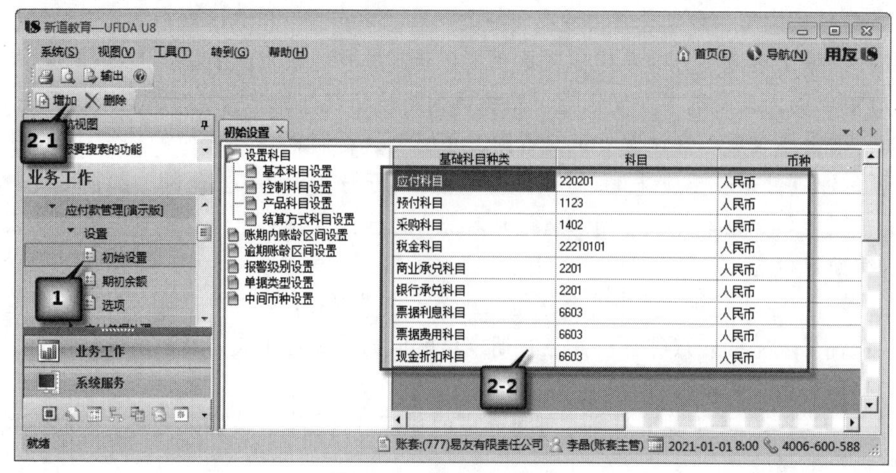

图 6-4 基本科目设置

第三步：选择【结算方式科目设置】，设置结算方式、币种及对应的结算科目代码，如图 6-5 所示。

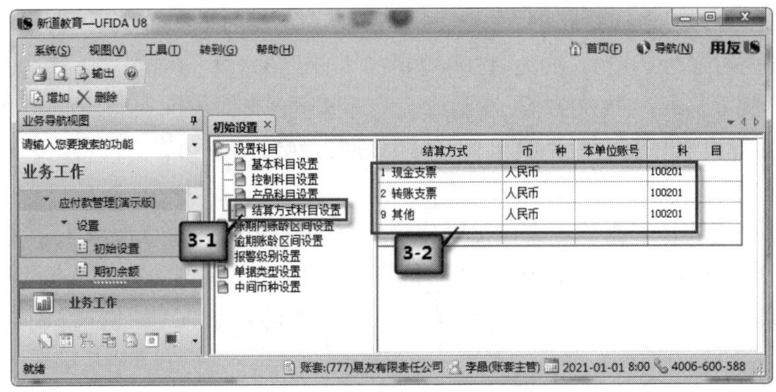

图 6–5　结算方式科目设置

操作提示

- 在基本科目设置中所设置的应付科目“220201 应付账款”、预付科目“1123 预付账款”及银行承兑科目和商业承兑科目“2201 应付票据”，应在总账系统中设置辅助核算内容为“供应商往来”，并且受控系统为“应付款管理系统”；否则在这里不能被选中。
- 只有在这里设置了基本科目，在生成凭证时才能直接生成凭证中的会计科目，否则凭证中将没有会计科目，相应的会计科目只能通过手工录入。
- 只有设置了银行承兑科目和商业承兑科目，才可以使用票据登记簿功能，并在期初余额中录入期初应付票据余额。
- 设置基本科目时，输入的科目必须是总账系统中的末级科目。
- 结算科目必须是最明细科目。结算科目不能带有客户往来和供应商往来辅助核算。

任务三　应付款管理系统日常业务处理

一、任务描述与分析

2021 年 1 月，易友有限责任公司发生如下应付款或付款经济业务，以账套主管“李晶”的身份，在应付款管理系统完成单据的填制与审核，并立即生成记账凭证。

（1）应付单据录入、审核并合并制单。1 月 5 日，采购员黄平向佳和公司购入 30 盒（3 000 支）笔芯，收到对方开来的增值税专用发票（票号：ZY0021），发票载明笔芯 3 000 支，单价 0.50 元。采购合同约定，货款付款条件为“2/10，1/20，*n*/30”。材料全部合格，验收入库，款项尚未支付。

（2）付款单据录入、审核并制单。1 月 12 日，预付永达公司购货款 5 000 元，开出转账支票付讫（票号：ZZ202103）。

（3）应付单据录入、审核、制单、核销。1 月 13 日，采购部从新益公司采购笔帽 20 盒，共计金额 600 元，以汇兑方式（票号：33702121）付讫，采购员黄平将供应商开具的普通发票（票号：30961856）交财会部门。财会部门录入原始单据、生成记账凭证后，进行自动核销处理。

（4）现金折扣期限内付款、付款单录入、审核、核销与制单。1 月 14 日，开出转账支票（票号：ZZ202104），支付向佳和公司购入 30 盒笔芯的价税款，共计 1 710 元。

（5）应付单据录入、审核并制单。1 月 15 日，采购员黄平向佳和公司（开户行：交通银行黄山路支行；佳和公司账号：1207100025150067967）购入 80 盒（38 000 支）笔芯，收到对方开来的增值税专用发票（票号：ZY0097），发票载明笔芯 8 000 支，单价 0.50 元。开出商业承兑汇票（票号：3420891，收到日期：2021-01-15，到期日期：2021-04-30）支付货款，材料全部合格，验收入库。

应付款管理系统的日常业务主要包括完成企业日常的应付/付款业务录入、应付/付款业务核销、应付并账、票据管理等业务的处理，及时记录应付/付款业务的发生，为查询和分析业务往来提供完整、正确的资料，加强对往来款项的监督管理，提高企业商业信用及工作效率。

二、相关知识

1. 采购发票制单

在采购发票制单时，系统先判断控制科目依据，根据单据上的控制科目依据取【控制科目设置】中对应的科目；然后判断采购科目依据，根据单据上的采购科目依据取【产品科目设置】中对应的科目。若没有设置，则取【基本科目设置】中的应付科目和采购科目；若无，则手工输入。

例如，控制科目依据为按供应商，则系统依据采购发票上的“供应商”，取该“供应商”在【控制科目设置】中的科目“应付账款——供应商——北京公司”；采购科目依据为按存货分类，则系统依据采购发票上的存货，寻找其存货分类的采购科目为“材料采购——西药”，税金科目为“应交税费——应交增值税（进项税额）”。

借：材料采购——西药
　　应交税费——应交增值税（进项税额）
　　贷：应付账款——供应商——北京公司

2. 应付单制单

对应付单制单时，贷方取应付单表头科目，借方取应付单表体科目。若应付单上表体没有科目，则需要手工输入科目；若表头没有科目，则取【控制科目设置】中的应付科目。

借：对应科目
　　贷：应付科目

3. 付款单制单

对应付款管理系统中的付款单制单时，结算单表体款项类型为应付款，则借方科目为应付科目；款项类型为预付款，则借方科目为预付科目；款项类型为其他费用，则借方科目为费用科目；贷方科目为结算科目，取表头金额。

借：应付科目　　款项类型 = 应付款
　　预付科目　　款项类型 = 预付款
　　费用科目　　款项类型 = 其他费用
　　贷：结算科目　　表头金额

4. 收款单制单

对应付款管理系统中的收款单制单时，结算单表体款项类型为应付款，则借方科目为应付科目，金额为红字；款项类型为预付款，则借方科目为预付科目，金额为红字；款项类型为其他费用，则借方科目为费用科目，金额为红字；贷方科目为结算科目，取表头金额，金额为红字。

借：应付科目（红字）　　款项类型 = 应付款

预付科目（红字）　　款项类型＝预付款

费用科目（红字）　　款项类型＝其他费用

贷：结算科目（红字）　表头金额

5. 结算单核销制单

结算单核销制单在以下两种情况下，才需要制单。同时，该功能受系统初始选项的控制，若选项中选择核销不制单，即使入账科目不一致也不制单。

① 核销制单需要应收单及收款单已经制单，才可以进行核销制单。

② 在核、销双方的入账科目不相同的情况下，才需要进行核销制单。

例如应付单入账科目为“应付科目——北京公司”（核销金额＝130），结算单入账时对应受控科目有“应付科目——北京公司”（核销金额＝30）、“应付科目——天津公司”（核销金额＝80）、“预付科目”（核销金额＝20），则这两张单据核销时生成的凭证如下。

借：应付科目——北京公司　　100

　　贷：预付科目　　20

　　　　应付科目　　80

6. 票据处理制单

应付票据制单，借方取【基本科目设置】中的应付票据科目，贷方取【产品科目设置】中的采购科目及税金科目；若无，取【基本科目设置】中采购科目及税金科目；若都没有设置，则需要手工输入科目。

票据利息制单，借方取【结算方式科目设置】中的结算科目，贷方取【基本科目设置】中的票据利息科目。

（1）支付票据。

借：应付账款

　　贷：应付票据

（2）票据计息。

借：票据计息

　　贷：应付票据

（3）票据结算。

借：应付票据

　　贷：结算科目

（4）票据转出。

借：应付票据

　　贷：应付账款

7. 汇兑损益制单

汇兑损益科目取【基本科目设置】中的汇兑损益科目。

8. 转账制单

依据系统选项进行判断转账是否制单。

（1）应付冲应付。

借：应付账款——北京公司　转出户

　　贷：应付账款——天津公司　转入户

（2）预付冲应付。

借：应付账款

贷：预付账款

（3）红票制单。同方向一正一负。

（4）应收冲应付制单。

① 借：应付账款

预付账款

贷：应收账款

② 借：应付账款

贷：应收账款

预收账款

9. 现结制单

对现结或部分现结的采购发票制单时，借方取【产品科目设置】中对应的采购科目和应交增值税科目，贷方取【结算方式科目设置】中的结算方式对应的科目。

（1）完全现结。

借：材料采购

应交税费——应交增值税（进项税额）

贷：结算科目

（2）部分现结。

借：材料采购

应交税费——应交增值税（进项税额）

贷：结算科目

应付账款

微课 057：应付单据录入、审核并制单

三、任务实施

1. 应付单据录入、审核并制单

第一步：录入采购专用发票并审核。在应付款管理系统中，执行【应付单据处理】|【应付单据录入】命令，打开“单据类别”对话框，系统默认单据名称为“采购发票”，单据类型为“采购专用发票”，单击【确定】按钮，打开“采购发票”窗口，单击【增加】按钮，输入发票号“ZY0021”、输入开票日期“2021-01-05”，选择供应商“佳和公司”，输入税率“13.00”，选择付款条件“2/10，1/20，*n*/30”，备注输入“采购笔芯”，选择“笔芯”存货编码“01”，输入数量“3 000.00”，输入原币单价“0.50”，原币金额自动算出，单击【保存】按钮。单击【审核】按钮，系统弹出“是否立即制单？”提示框，单击【是】按钮，如图 6-6 所示。

第二步：生成采购凭证。选择凭证类别【转】字，修改第一行会计科目为“原材料/笔芯”，输入数量“3 000.00 支”，单击【保存】按钮。凭证上出现“已生成”标志，单击×按钮，系统自动将当前凭证传递到总账系统等待审核记账，如图 6-7 所示。

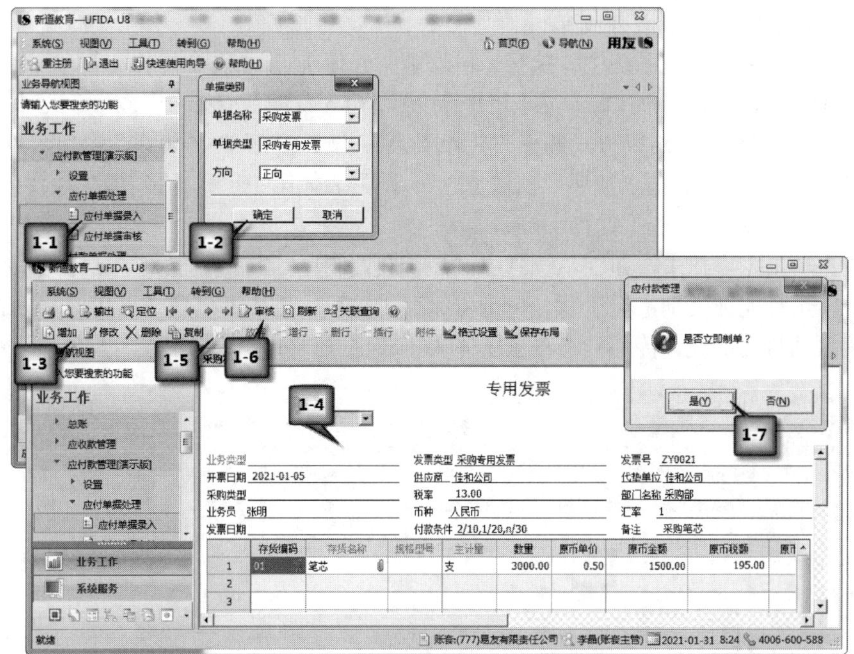

图 6–6　录入、审核采购专用发票

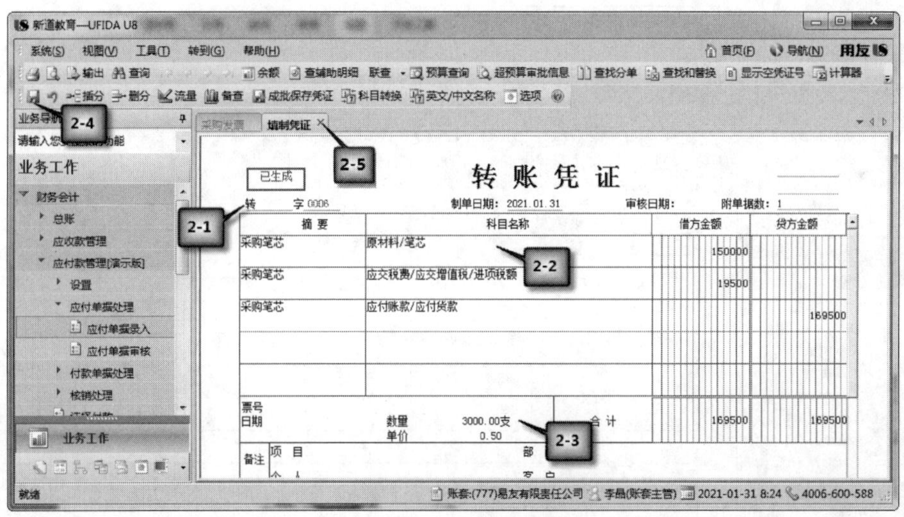

图 6–7　生成采购凭证

操作提示

- 录入采购发票后可以直接进行审核，然后系统会弹出“是否立即制单？”提示框，此时可以直接制单，也可以不立即制单，以后通过制单处理功能进行集中制单。如果录入采购发票后不直接审核，可以在审核功能中审核，再到制单功能中制单。
- 应付单据被修改后必须保存，保存的单据只有在审核后才能制单。
- 对已经审核并生成凭证的应付单据弃审，必须在“凭证查询”窗口删除凭证后，才能进行弃审操作；如果该单据生成的凭证已在总账系统中记账，则需在总账系统中取消记账，然后再执行前面的操作。

2. 付款单据录入、审核并制单

微课 058：付款单据录入、审核并制单

第一步：在应付款管理系统中，执行【付款单据处理】|【付款单据录入】命令，打开“收付款单录入”窗口，单击【增加】按钮，输入日期“2021-01-12”，选择供应商“永达公司”，结算方式选择“转账支票”，输入金额“5 000.00”，输入票据号“ZZ202103”，输入摘要“预付货款”，单击表体第一行，选择“款项类型”为“预付款”，单击【保存】按钮。

第二步：单击【审核】按钮，系统弹出“是否立即制单？”提示框，单击【是】按钮，生成预付款凭证，选择凭证类别【付】字，单击【保存】按钮。凭证上出现“已生成”标志，单击 × 按钮，系统自动将当前凭证传递到总账系统等待审核记账，如图 6-8 所示。

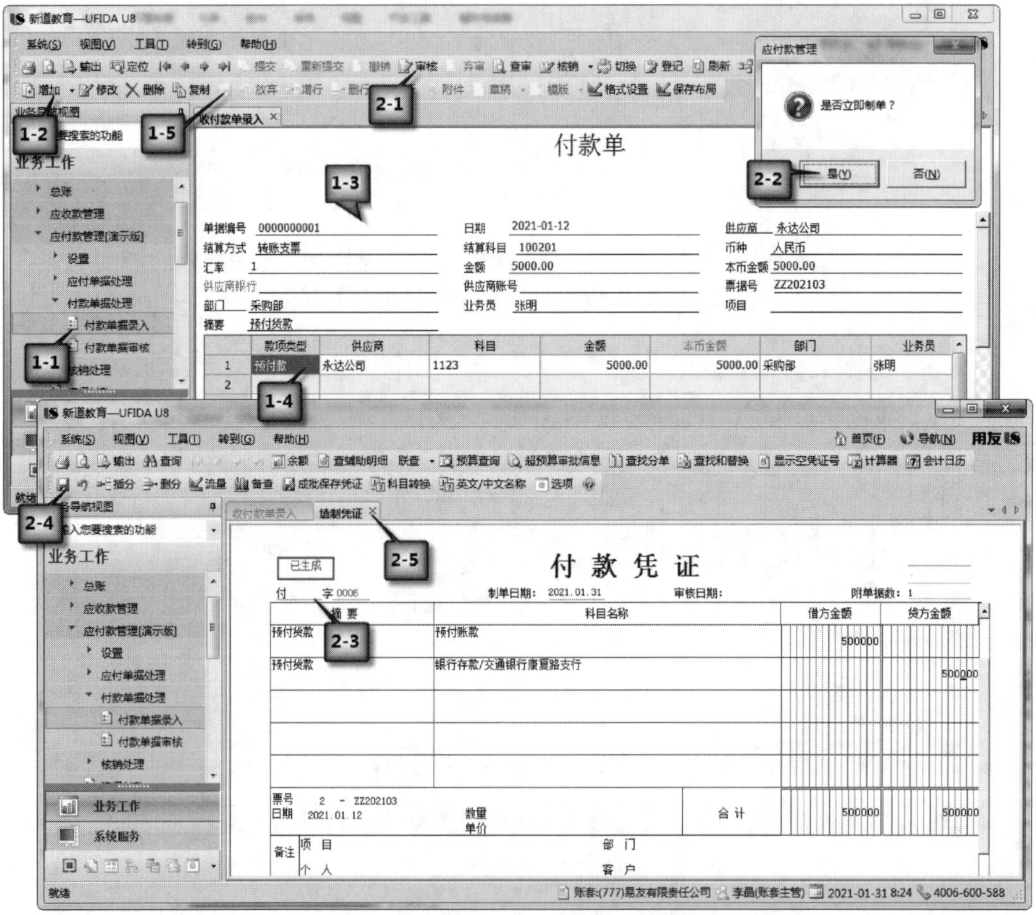

图 6-8　录入、审核付款单并制单

📖操作提示

- 如果一张付款单同时包含不同用途的款项，必须指明该笔款项中哪些属于冲销应付款，哪些属于生成预付款，哪些属于支付的其他费用。
- 单击付款单的【保存】按钮后，系统会自动生成付款单表体的内容。表体中的款项类型系统默认为“应付款”，可以进行修改。

3. 应付单据录入、审核、制单、核销

微课 059：应付单据录入、审核、制单、核销

第一步：录入采购普通发票。在应付款管理系统中，执行【应付单据处理】|【应付单据录入】命令，打开“单据类别”对话框，选择单据名称“采购发票”、单据类型“采购普通发票”，单击【确定】按钮，打开“采购发票”窗口。单击【增加】按钮，输入发票号“30961856”，输入开票日期“2021-01-13”，选择供应商“新益公司”，输入备注“采购笔帽”，在表体第一行，选择存货名称“笔帽”、存货编码“03”，输入数量“2 000.00”，将税率及原币税额改为“0.00”，输入原币金额“600.00”，单击【保存】按钮。

第二步：审核采购普通发票。单击【审核】按钮，系统弹出“是否立即制单？”提示框，单击【是】按钮，生成采购凭证，修改第一行会计科目为“原材料/笔帽”，输入数量“2 000.00 个”，选择凭证类别【转】字，单击【保存】按钮。凭证上出现“已生成”标志，单击 × 按钮，系统自动将当前凭证传递到总账系统等待审核记账，如图 6-9 所示。

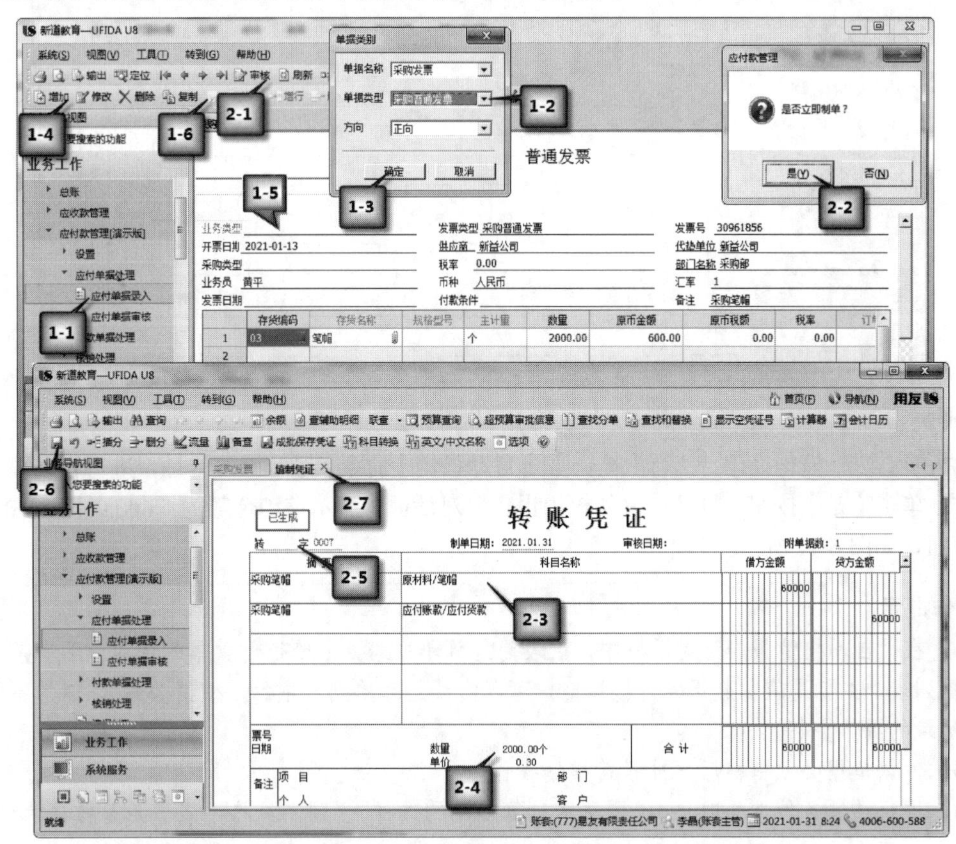

图 6-9　录入、审核普通发票并制单

第三步：录入付款单。在应付款管理系统中，执行【付款单据处理】|【付款单据录入】命令，打开“收付款单录入”窗口，单击【增加】按钮，输入日期“2021-01-13”，选择供应商 “新益公司”，结算方式选择“其他”，输入票据号“33702121”，输入金额“600.00”，输入摘要“付款”，单击【保存】按钮。

第四步：审核付款单并制单。单击【审核】按钮，系统弹出“是否立即制单？”提示框，单击【是】按钮，单击【保存】按钮。凭证上出现“已生成”标志，单击 × 按钮，系统自动将当前

凭证传递到总账系统等待审核记账，如图 6-10 所示。

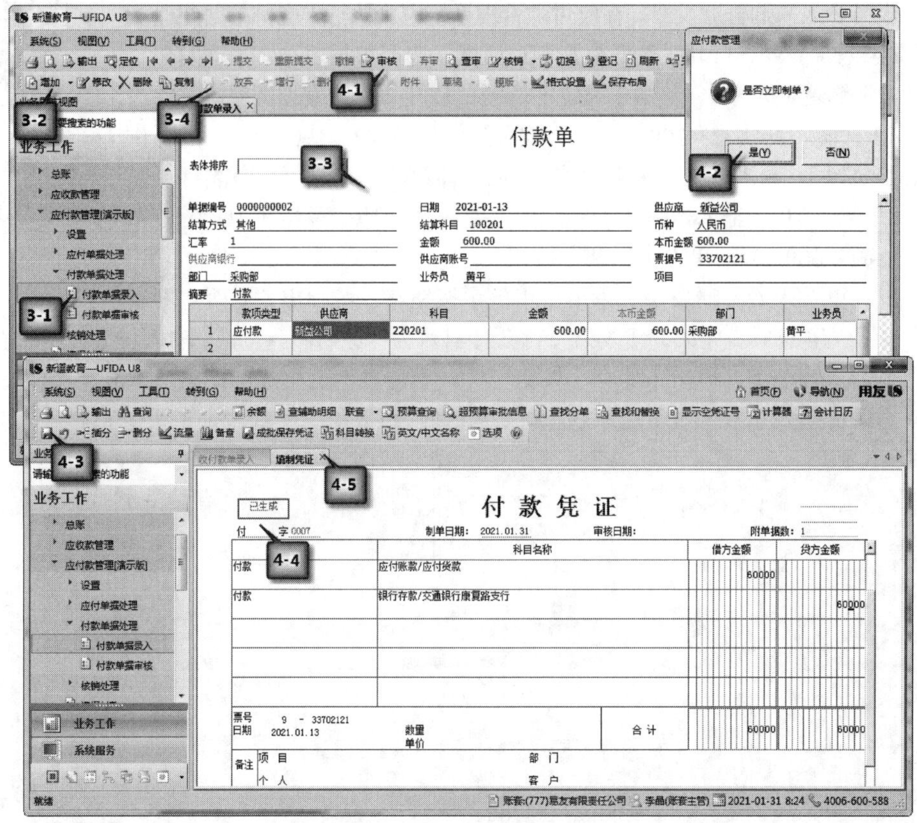

图 6-10　录入、审核付款单并制单

第五步：进行核销处理。执行【核销】|【自动核销】命令，系统弹出“是否进行自动核销？”提示框，单击【是】按钮。打开“自动核销报告”对话框，显示核销金额为“600.00”。单击【确定】按钮，如图 6-11 所示。

📖操作提示

- 在“自动核销报告”对话框中，上表为结算单列表，主要是付款单的记录；下表是已核销单据列表，主要是应付款记录。核销时，可以修改结算单列表中的“核销金额”，但是不能大于该记录的原币金额。
- 付款单据必须审核后才能进行核销操作。
- 进行核销条件选择时，一定要注意计算日期的选择，否则系统将不能显示要核销的单据。
- 如果在执行核销处理过程中操作有误，可通过执行【其他处理】|【取消操作】命令将其恢复到操作前状态。如果该处理已经制单，应先删除其对应的凭证，再进行恢复。

第六步：生成核销凭证。执行【制单处理】命令，打开“制单查询”对话框，选中“核销制单” 复选框，单击【确定】按钮。打开“制单”窗口，显示尚未生成凭证的业务或单据，单击【全选】按钮，再单击【制单】按钮，生成核销凭证，选择凭证类别【转】字，单击【保存】按钮。凭证上出现“已生成”标志，单击×按钮，系统自动将当前凭证传递到总账系统等待审核记账，如图 6-12 所示。

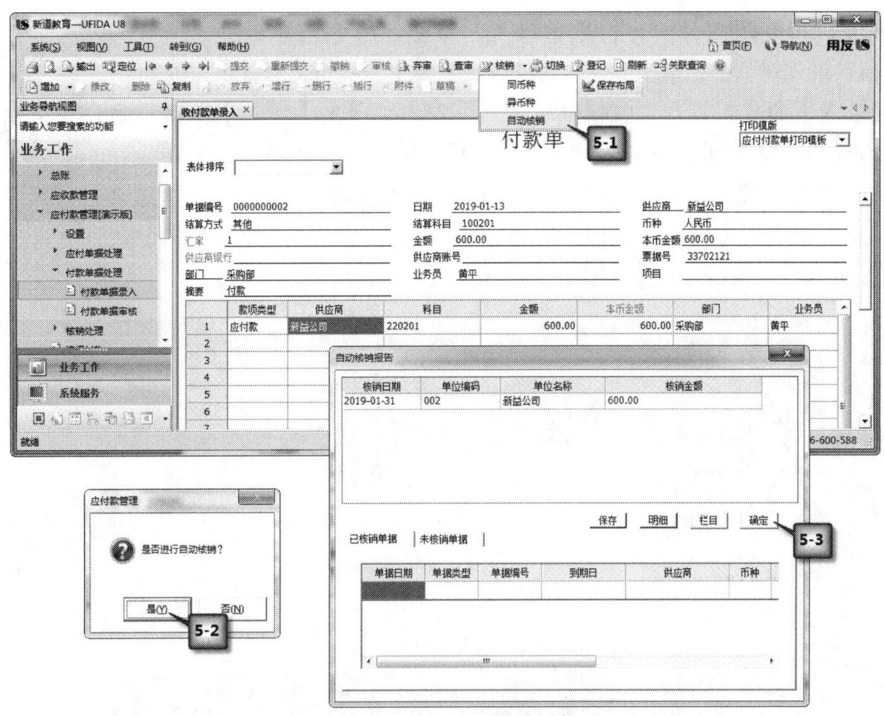

图 6–11　自动核销处理

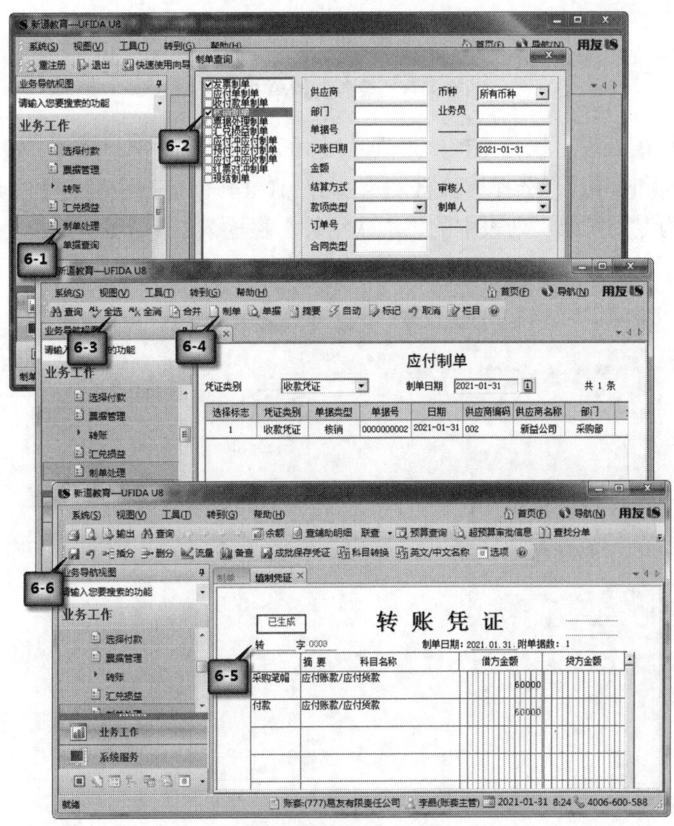

图 6–12　生成核销凭证

4. 现金折扣期限内付款、付款单录入、审核、核销与制单

微课 060：现金折扣期限内付款业务处理

第一步：录入付款单并审核。在应付款管理系统中，执行【付款单据处理】|【付款单据录入】命令，打开“收付款单录入”窗口，单击【增加】按钮，输入日期“2021-01-14”，选择供应商“佳和公司”，结算方式选择“转账支票”，输入票据号“ZZ202104”，输入金额“1665.00”，输入摘要“付款”，选择款项类型“应付款”，单击【保存】按钮。单击【审核】按钮，系统弹出“是否立即制单？”提示框，单击【否】按钮，如图 6-13 所示。

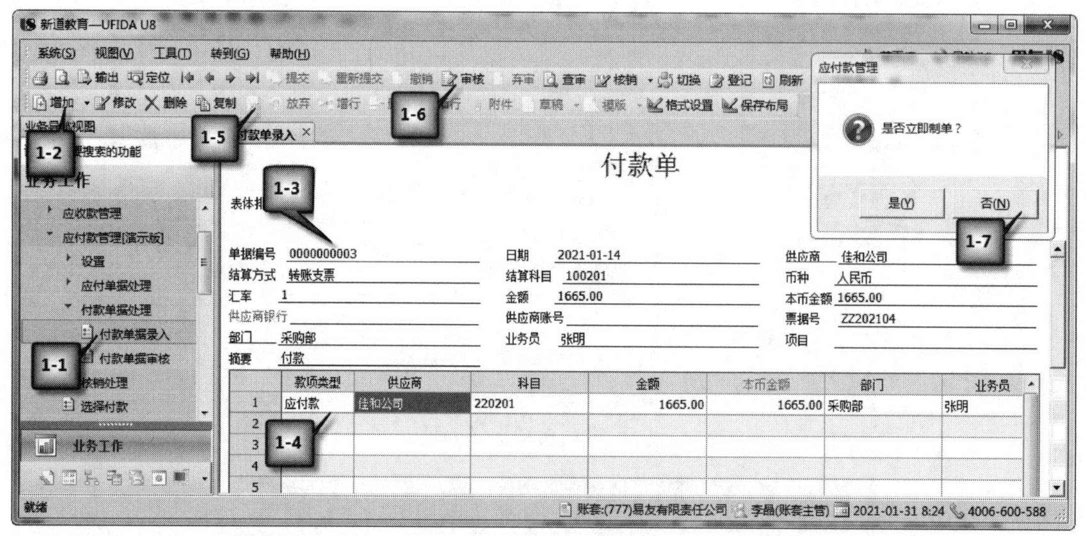

图 6-13　录入付款单并审核

第二步：进行核销处理。执行【核销处理】|【手工核销】命令，打开“核销条件”对话框，选择供应商“001-佳和公司”，选择计算日期“2021-01-14”，单击【确定】按钮。打开“单据核销”窗口，在“采购专用发票”列表中的“本次结算”栏输入结算金额“1 665.00”，单击【保存】按钮，如图 6-14 所示。

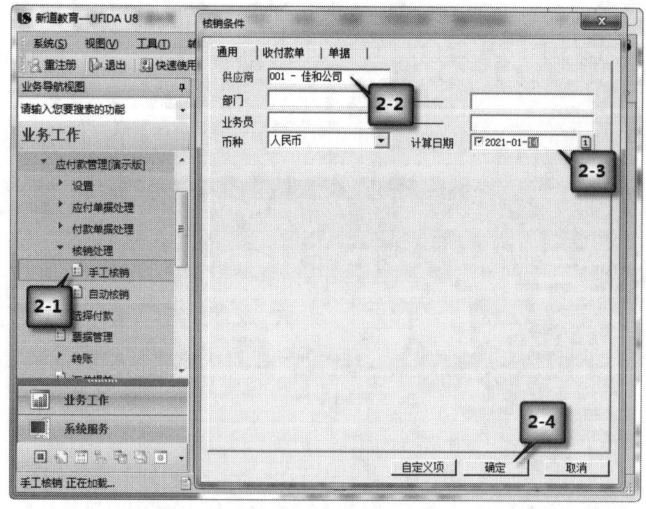

图 6-14　核销处理

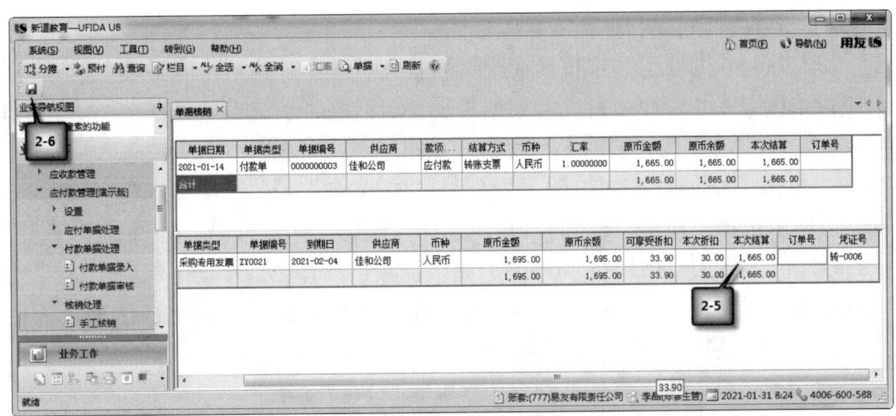

图 6–14　核销处理（续）

第三步：生成含有现金折扣的凭证。执行【制单处理】命令，打开“制单查询”对话框，选中“收付款单制单”“核销制单”复选框，单击【确定】按钮。打开“应付制单”窗口，显示尚未生成凭证的业务或单据，单击【全选】按钮，再单击【合并】按钮和【制单】按钮，生成含有现金折扣的凭证，调整“财务费用”科目的方向为借方，金额为红字，选择凭证类别【付】字，单击【保存】按钮。凭证上出现“已生成”标志，单击 × 按钮，系统自动将当前凭证传递到总账系统等待审核记账，如图 6-15 所示。

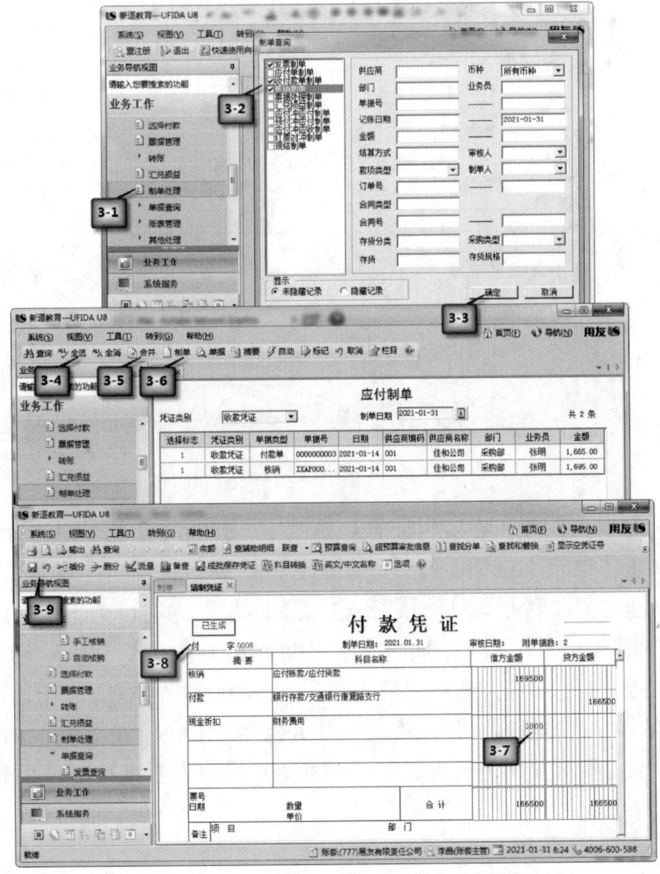

图 6–15　生成含有现金折扣的凭证

5. 应付单据录入、审核并制单

微课 061：应付单据录入、审核并制单

第一步：录入采购专用发票并审核。在应付款管理系统中，执行【应付单据处理】|【应付单据录入】命令，打开“单据类别”对话框，系统默认单据名称为“采购发票”，单据类型为“采购专用发票”，单击【确定】按钮，打开“采购发票”窗口。单击【增加】按钮，输入发票号“ZY0097”，输入开票日期“2021-01-15”，原币选择供应商“佳和公司”，选择“笔芯”存货编码“01”，输入数量“8 000.00”，输入原币单价“0.50”，原币金额自动算出，单击【保存】按钮。单击【审核】按钮，系统弹出“是否立即制单？”提示框，单击【否】按钮，如图 6-16 所示。

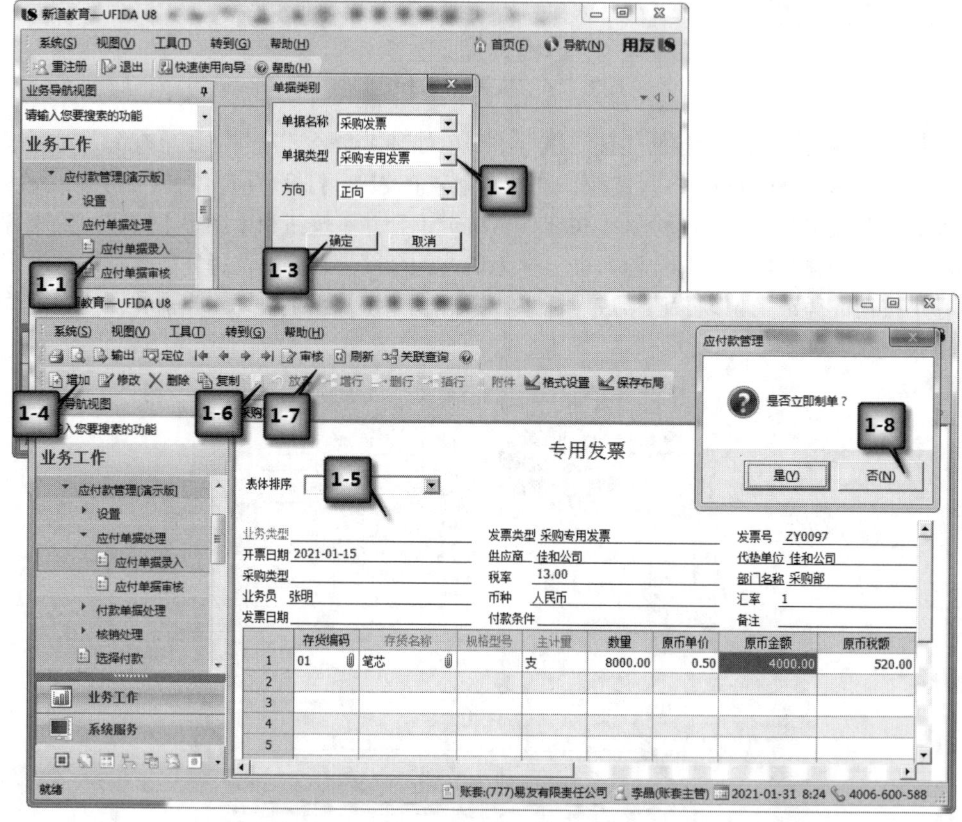

图 6-16　录入采购专用发票并审核

第二步：录入商业承兑汇票。在应付款管理系统中，执行【票据管理】命令，打开“查询条件选择”对话框，单击【确定】按钮，打开“票据管理”窗口，单击【增加】按钮，打开“应付票据”窗口，选择票据类型“商业承兑汇票”，输入票据编号“3420891”，选择结算方式“商业承兑汇票”，输入收到日期“2021-01-15”，输入出票日期“2021-01-15”，输入到期日“2021-04-30”，选择出票人“易友有限责任公司”，选择出票人账号“24100279797887”，选择付款人银行“交行康复路支行”，输入收款人“佳和公司”，输入收款人账号“1207100025150067967”，输入收款人开户银行“交通银行黄山路支行”，输入金额“4520.00”，输入票据摘要“采购笔芯”，单击【保存】按钮，如图 6-17 所示。

图 6–17　录入商业承兑汇票

第三步：审核付款单。在应付款管理系统中，执行【付款单据审核】命令，打开“付款单查询条件”对话框，单击【确定】按钮，打开“收付款单列表”窗口，选择要审核的单据，单击【审核】按钮，在弹出的“提示”对话框中单击【确定】按钮，如图 6-18 所示。单击【保存】按钮，凭证上出现“已生成”标志，单击 × 按钮。

第四步：制单。执行【制单处理】命令，打开“制单查询”对话框，选中“收付款单制单”“票据处理制单”复选框，单击【确定】按钮。打开“应付制单”窗口，显示尚未生成凭证的业务或单据，单击【全选】按钮，再单击【制单】按钮。生成采购笔芯的转账凭证，选择凭证类别【转】字，修改第一行会计科目名称为“原材料/笔芯”，输入数量“8 000.00 支”，单击【保存】按钮。凭证上出现“已生成”标志，单击 ➔ 按钮，生成以应付票据支付货款凭证。选择凭证类别【转】字，单击【保存】按钮。凭证上出现“已生成”标志，单击 × 按钮，系统自动将当前凭证传递到总账系统等待审核记账，如图 6-19 所示。

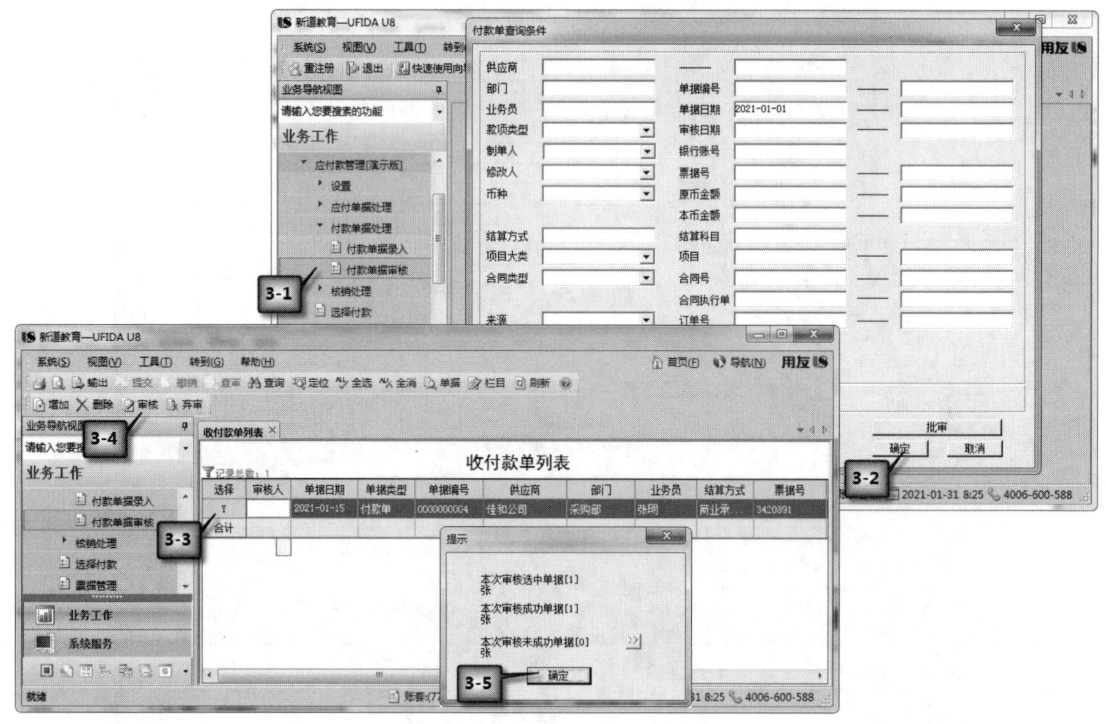

图 6-18　审核付款单

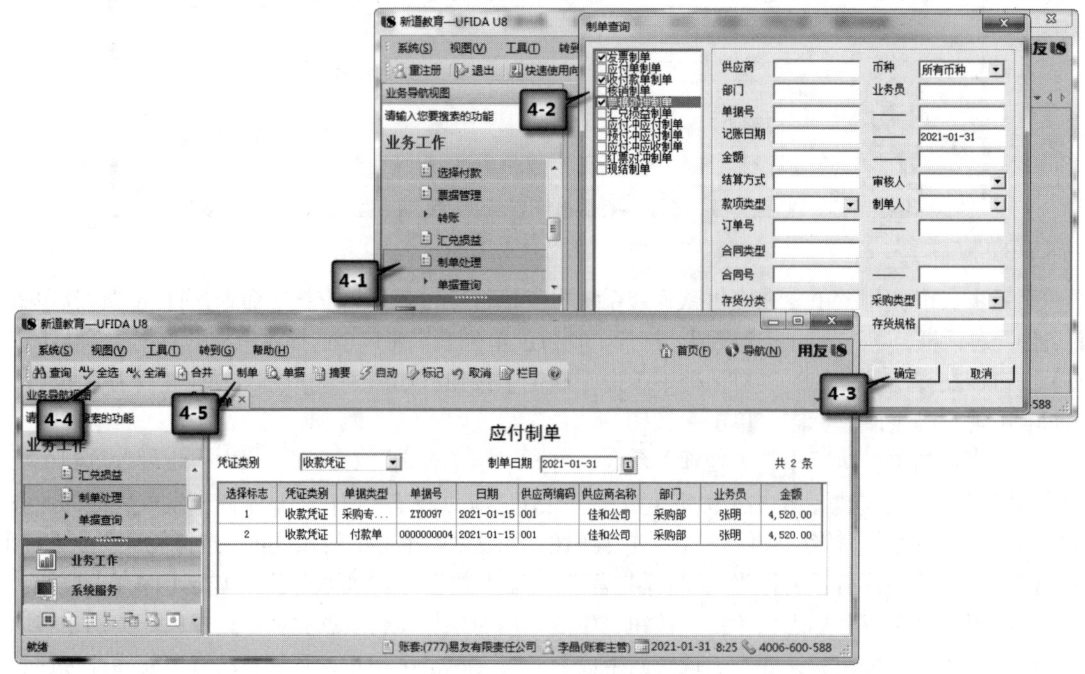

图 6-19　制单处理

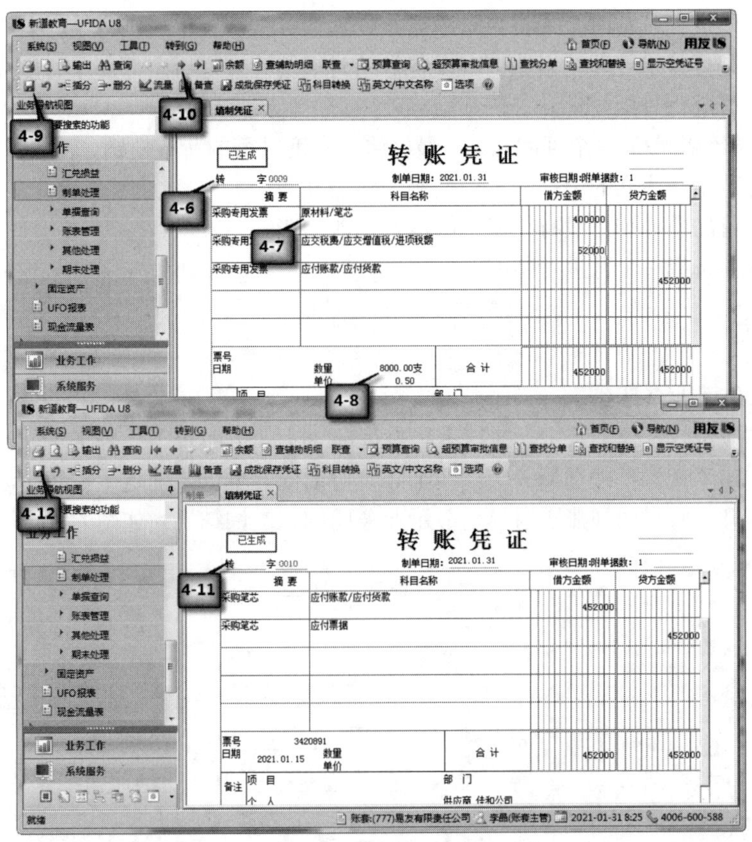

图 6-19　制单处理（续）

任务四　应付款管理系统期末业务处理

一、任务描述与分析

2021 年 1 月 31 日，在应付款管理系统中，以账套主管"李晶"的身份，进行如下操作。

（1）查询本公司业务明细账。

（2）办理月末结账。

二、相关知识

在应付款管理系统中，如果当月业务已全部处理完毕，就需要执行月末结账功能，然后才可以开始下月工作。应付款管理系统进行月末结账需要遵循以下规则。

（1）应付款管理系统与采购管理系统集成使用，应在采购管理系统结账后，才能对应付款管理系统进行结账处理。

（2）当选项中设置审核日期为单据日期时，本月的单据（发票和应付单）在结账前应该全部审核。当选项中设置审核日期为业务日期时，截至本月末还有未审核单据（发票和应付单），照样可以进行月结处理。

（3）如果本月的付款单还有未审核的，不能结账。

（4）当选项中设置月结时必须将当月单据及处理业务全部制单，则月结时若检查当月有未制单的记录时不能进行月结处理。当选项中设置月结时不用检查是否全部制单，则无论当月有无未制单的记录，均可进行月结处理。

（5）如果是本年度最后一个期间结账，最好将本年度进行的所有核销、转账等处理全部制单，并且将本年度外币余额为 0 的单据的本币余额结转为 0。

（6）如果本月的前一个月没有结账，则本月不能结账。

（7）一次只能选择一个月进行结账。

微课 062：查询业务明细账

三、任务实施

1. 查询本公司业务明细账

第一步：在应付款管理系统中，执行【账表管理】|【业务账表】|【业务明细账】命令，弹出“查询条件选择—应付明细账”对话框，单击【确定】按钮。

第二步：打开“应付明细账”窗口，显示业务明细账查询结果，如图 6-20 所示。

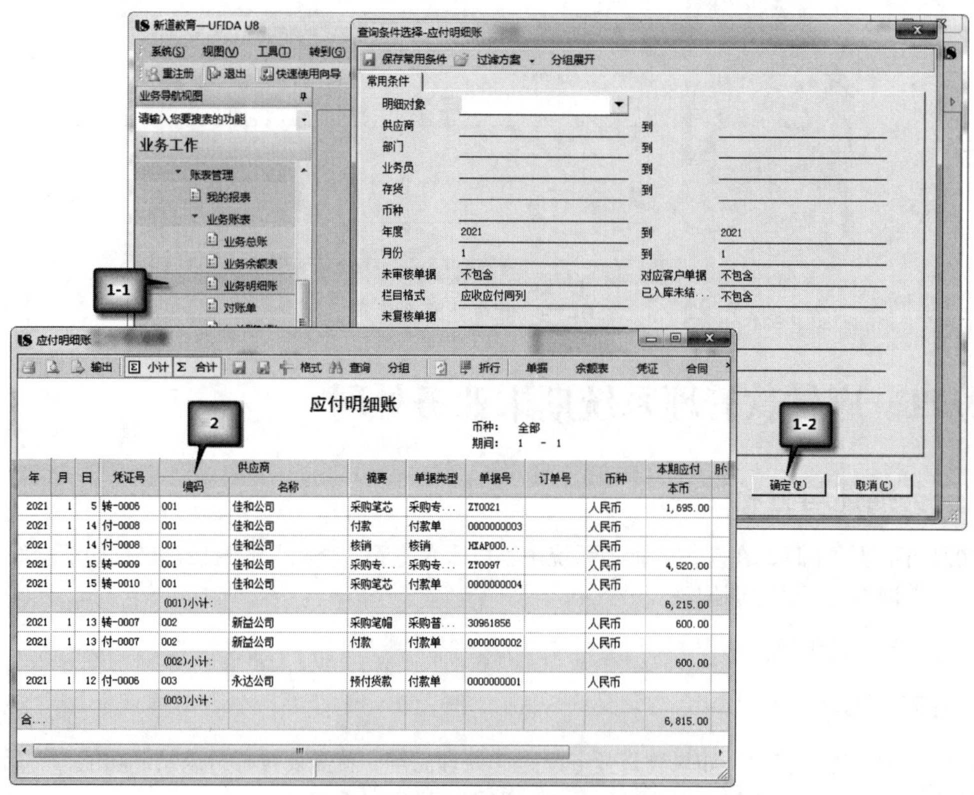

年	月	日	凭证号	供应商编码	供应商名称	摘要	单据类型	单据号	订单号	币种	本期应付本币
2021	1	5	转-0006	001	佳和公司	采购笔芯	采购专...	ZY0021		人民币	1,695.00
2021	1	14	付-0008	001	佳和公司	付款	付款单	0000000003		人民币	
2021	1	14	付-0008	001	佳和公司	核销	核销	HXAP000...		人民币	
2021	1	15	转-0009	001	佳和公司	采购专...	采购专...	ZY0097		人民币	4,520.00
2021	1	15	转-0010	001	佳和公司	采购笔芯	付款单	0000000004		人民币	
				(001)小计:							6,215.00
2021	1	13	转-0007	002	新益公司	采购笔帽	采购普...	30961856		人民币	600.00
2021	1	13	付-0007	002	新益公司	付款	付款单	0000000002		人民币	
				(002)小计:							600.00
2021	1	12	付-0006	003	永达公司	预付货款	付款单	0000000001		人民币	
				(003)小计:							
合...											6,815.00

图 6-20　查询业务明细账

2. 办理月末结账

微课 063：应付款管理系统月末结账

第一步：在应付款管理系统中，执行【期末处理】|【月末结账】命令，打开“月末处理”对话框，在“一月”的“结账标志”栏双击，出现结账标志【Y】，单击【下一步】按钮。

第二步：打开“月末处理”对话框，系统显示各种处理类型均已完成，单击【完成】按钮，系统提示“1 月份结账成功”，单击【确定】按钮，如图 6-21 所示。

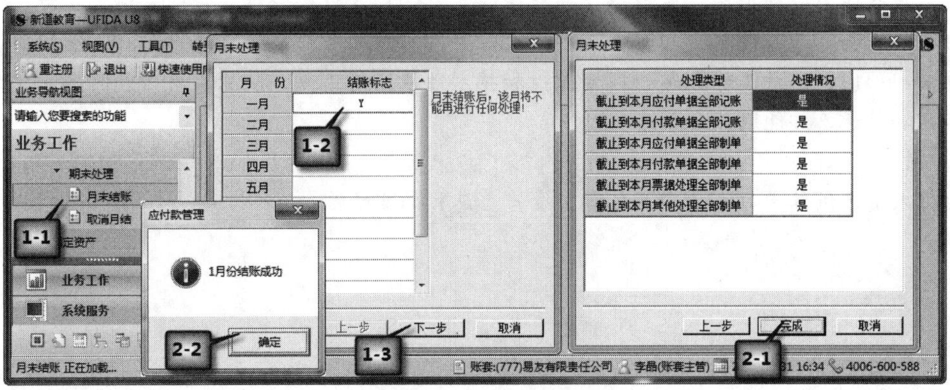

图 6–21　月末结账

🕮操作提示

- 如果结账过程不顺利，可以根据“月末处理—处理情况表”的检查结果进行相应处理。在此可以单击任意一项，以检查详细情况。
- 在执行月末结账功能后，发现该月还需要处理有关业务或之前操作过程有误，则可以执行取消结账操作。
- 如果当月总账系统已经结账，则不能执行应付款管理系统取消结账操作。

小结

本模块主要介绍了应付款管理系统的基本功能、应付款管理系统不同应用方案的特点、应付款管理系统业务处理流程、应付款管理系统参数设置，以及应付款管理系统日常业务处理的方法。

应付款管理系统与总账管理系统、采购管理系统联系密切，在本模块的学习过程中，应与供应链管理系统学习相结合，从整体上全面认识用友软件的操作流程。

【视野拓展案例 6】 会计人员要坚持提高职业技能

【案例资料】

A 公司是一家国有公司，刘某是 A 公司的一名会计，刘某的儿子在当地一所大学就读会计专业。刘某为了让儿子更好地体验会计实务，在未经任何领导批示的情况下，将公司的记账凭证、会计账簿带回家给儿子看。此外，在参加单位组织的会计人员继续教育培训过程中，刘某经常缺席，对培训的内容一无所知。

【案例解读】

刘某将公司的记账凭证、会计账簿带回家的行为不符合规定。根据规定，会计档案原则上不得借出；遇有特殊需要，经本单位负责人批准，在不拆散原卷册的前提下，可以提供查阅或者复制原件，但必须办理登记手续。另外，刘某缺席会计人员继续教育培训的行为违背了提高技能的会计人员职业道德规范。

职业技能，也称为职业能力，是人们进行职业活动、承担职业责任的能力和手段。就会计职业而言，职业技能包括会计理论水平、会计实务操作能力、职业判断能力、自动更新知识能力、提供会计信息能力、沟通交流能力以及职业经验等。会计人员是会计工作的主体，会计工作质量会受到会计人员职业技能水平的影响。可以说，会计人员的职业技能水平是会计人员职业道德水平的保证。同时，会计工作也是一门专业性和技术性很强的工作，从业人员必须具备一定的会计专业知识和技能，才能胜任会计工作。

【思考】

会计人员不继续学习提高职业技能，会产生怎样的影响？

模块七

固定资产管理系统核算与管理

知识目标

1．了解用友 ERP-U8 V10.1 固定资产管理系统的基本功能
2．了解固定资产账套的内容及作用
3．熟悉固定资产管理系统的业务处理流程
4．掌握固定资产管理系统初始设置的主要内容
5．掌握固定资产管理系统日常业务处理的基本方法
6．掌握固定资产折旧的处理过程

能力目标

1．能够熟练进行固定资产管理系统的初始化设置
2．能够熟练进行固定资产增加、减少、变动的处理
3．能够正确进行折旧的计算与计提
4．能够熟练进行固定资产报表输出与查询
5．能够熟练进行月末结账与取消结账处理

素养目标

1．培养严谨细致的会计职业素养
2．树立法律风险防范意识，依法进行固定资产核算
3．具有团队精神，养成会计岗位协作意识

任务一　认知固定资产管理系统

一、任务描述与分析

易友有限责任公司已经成功建立了账套号为“777”的公司账套，从 2021 年 1 月 1 日起启用固定资产管理系统。本任务主要介绍固定资产管理系统的基本功能、业务处理流程等。

二、相关知识

1. 固定资产管理系统的基本功能

固定资产管理系统的功能有完成企业固定资产日常业务的核算和管理，生成固定资产卡片，

按月反映固定资产的增加、减少、原值变化及其他变动，并输出相应的增减变动明细账，按月自动计提折旧，生成折旧分配凭证，同时输出一些相关的报表和账簿。固定资产管理系统的基本功能有以下几个。

（1）初始设置。初始设置是使用者首先必须完成的工作。通过初始设置，系统将按照用户的实际情况定义核算与管理。该操作具有非常重要的意义，这些基本设置是使用固定资产管理系统进行核算和管理的基础，主要包括建立固定资产账套、基础信息设置和原始卡片录入。

（2）卡片管理。固定资产的卡片管理是指固定资产卡片台账管理。固定资产管理系统提供了卡片管理的功能，主要从制作卡片、变动单及评估单3个方面实现卡片管理，包括卡片录入、卡片修改、卡片删除、卡片打印及资产变动管理等功能。

（3）日常处理。固定资产的日常处理主要是指当固定资产发生增加、减少、原值变动、部门转移、使用状况变动、使用年限调整和折旧方法调整时，更新固定资产卡片。

（4）月末处理。固定资产的月末处理主要包括如何计提固定资产减值准备和固定资产折旧、生成固定资产的相关凭证，以及如何进行凭证的修改和删除、怎样进行对账与月末结账。

（5）账表管理。固定资产管理系统提供固定资产总账、固定资产登记簿、部门、类别明细账、单个固定资产明细账，以及固定资产分析表、固定资产统计表、固定资产折旧表、固定资产减值准备表等账表。通过"我的账表"对系统所提供的全部账表进行管理，资产管理部门可随时查询各种账表，提高资产管理效率。

2. 固定资产管理系统与其他系统的主要关系

固定资产管理系统资产增加（录入新卡片）、资产减少、卡片修改（涉及原值或累计折旧时）、资产评估、原值变动、累计折旧调整、计提减值准备调整、转回减值准备调整、折旧分配都要将有关数据通过记账凭证的形式传输到总账系统，同时通过对账保持固定资产账目的平衡。

固定资产管理系统也为成本管理系统和UFO报表系统提供数据支持，向项目管理系统传递项目折旧数据，向设备管理系统提供卡片信息，同时还可以从设备管理导入卡片信息。固定资产管理系统与其他系统的主要关系如图7-1所示。

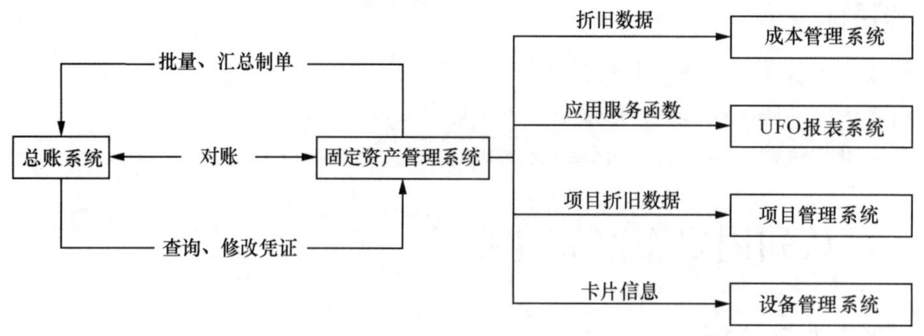

图7-1 固定资产管理系统与其他系统的主要关系

3. 固定资产管理系统的业务处理流程

固定资产管理系统提供企业单位操作流程应用方案和行政事业单位操作流程应用方案两种选择。以企业单位操作流程应用方案为例，固定资产管理系统建账当年业务处理流程如图7-2所示。

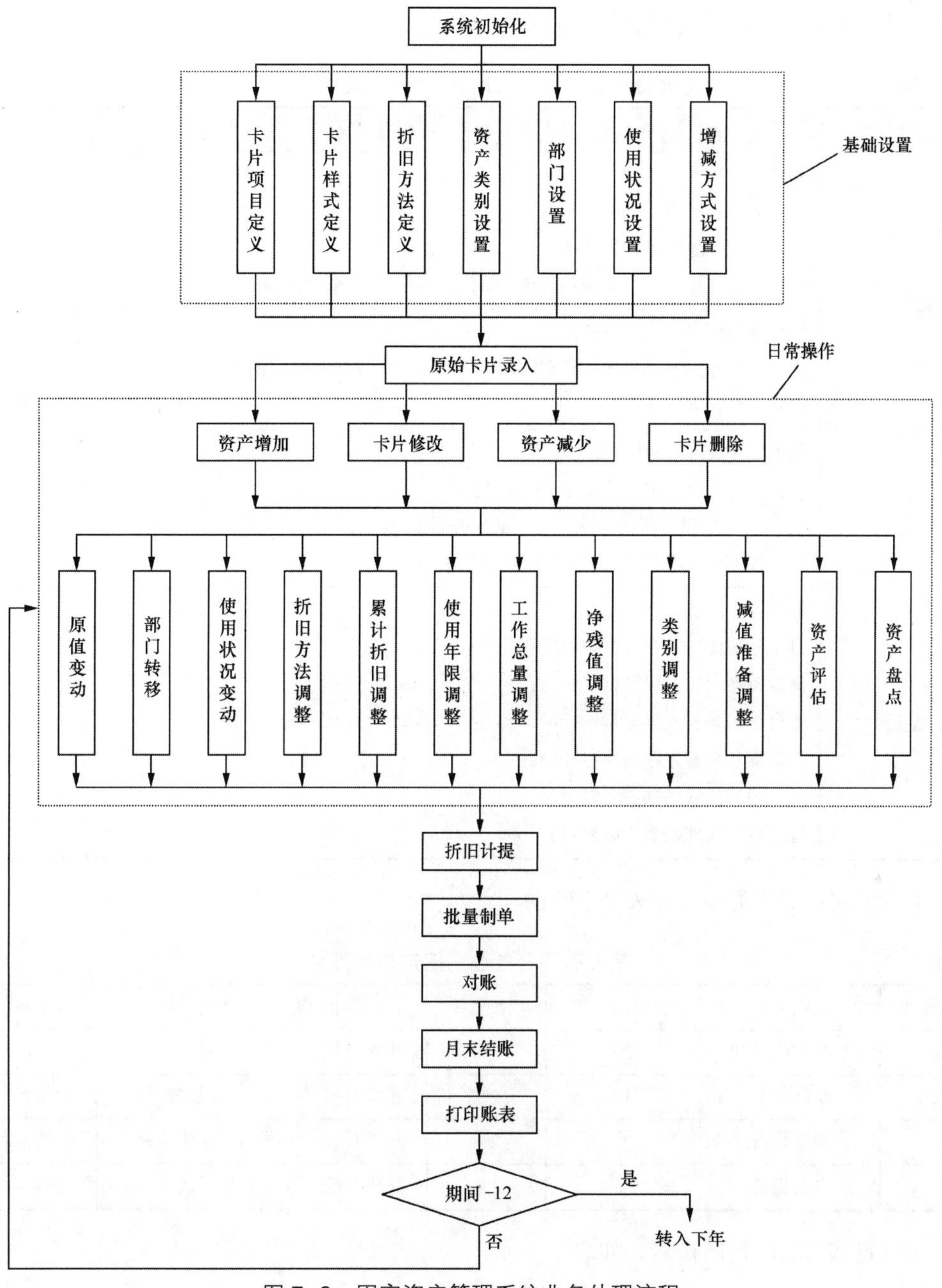

图 7-2 固定资产管理系统业务处理流程

任务二 固定资产管理系统初始化设置

一、任务描述与分析

易友有限责任公司已经成功建立了账套号为“777”的公司账套，从 2021 年 1 月 1 日起启用固定资产管理系统。在企业应用平台中，以账套主管“李晶”的身份，进行如下操作。

（1）设置固定资产管理系统账套控制参数，如表 7-1 所示。

表 7-1　　易友有限责任公司固定资产管理系统账套控制参数设置

控制参数	参数设置
折旧信息	本账套计提折旧； 折旧方法：平均年限法（一）； 折旧汇总分配周期：1 个月； 当月初已计提月份 = 可使用月份-1 时，将剩余折旧全部计提
编码方式	资产类别编码方式：2112； 固定资产编码方式：按“类别编码 + 部门编码 + 序号”自动编码； 卡片序号长度为 3
财务接口	与账务系统进行对账； 对账科目：固定资产对账科目：固定资产（1601）； 　　　　　累计折旧对账科目：累计折旧（1602）； 在对账不平情况下允许固定资产月末结账
补充参数	业务发生后立即制单； 月末结账前一定要完成制单登账业务； 固定资产缺省入账科目：1601； 累计折旧缺省入账科目：1602； 减值准备缺省入账科目：1603； 增值税进项税额缺省入账科目：22210101； 固定资产清理缺省入账科目：1606

（2）设置固定资产类别，如表 7-2 所示。

表 7-2　　易友有限责任公司固定资产类别

类别编码	类别名称	使用年限（年）	净残值率	计提属性	折旧方法	卡片样式
01	房屋及建筑物	30	3%	正常计提	平均年限法（一）	通用样式
02	机器设备	10	2%	正常计提	平均年限法（一）	含税卡片样式
03	运输设备	6	2%	正常计提	平均年限法（一）	含税卡片样式
04	办公设备	5	1%	正常计提	平均年限法（一）	含税卡片样式

（3）设置部门对应折旧科目，如表 7-3 所示。

表 7-3　　易友有限责任公司部门对应折旧科目

部　门	对应折旧科目
综合管理部、财务部、采购部、仓管部	管理费用/折旧费（660201）
销售部	销售费用/折旧费（660101）
生产一部、生产二部	制造费用/折旧费（510101）

（4）设置固定资产增减方式对应入账科目，如表 7-4 所示。

表 7-4　　易友有限责任公司固定资产增减方式对应入账科目

增加方式	对应入账科目	减少方式	对应入账科目
直接购入	银行存款—交通银行康复路支行（100201）	出售	固定资产清理（1606）
投资者投入	实收资本（4001）	盘亏	待处理财产损溢（1901）
在建工程转入	在建工程（1604）	报废	固定资产清理（1606）

（5）录入固定资产原始卡片，如表 7-5 所示。

表 7-5　　易友有限责任公司固定资产原始卡片

卡片编号	00001	00002	00003	00004	00005
固定资产编号	0101001	010501001	0402001	0402002	0404001
固定资产名称	1 号楼	2 号楼	华硕电脑	打印机	轿车
类别编号	01	01	04	04	04
类别名称	房屋及建筑物	房屋及建筑物	办公设备	办公设备	办公设备
部门名称	综合管理部、财务部各占用 20%，采购部、销售部各占用 30%	生产一部、生产二部各占用 50%	财务部	财务部	财务部
增加方式	在建工程转入	在建工程转入	直接购入	直接购入	直接购入
使用状况	在用	在用	在用	在用	在用
使用年限/年	30	30	5	5	5
折旧方法	平均年限法（一）				
开始使用日期	2020-06-08	2020-06-28	2020-10-10	2020-10-10	2020-11-15
币种	人民币	人民币	人民币	人民币	人民币
原值/元	960 000	800 000	56 000	3 000	120 000
累计折旧/元	15 552	12 960	1 848	99	1 980
净残值率	3%	3%	1%	1%	1%

（6）与总账系统对账。

固定资产管理系统基础设置是指在进行固定资产业务处理之前必须完成的系统功能设置和固定资产核算数据的录入，主要包括启用固定资产管理系统、建立固定资产账套、设置固定资产类别、设置固定资产核算默认科目和录入固定资产原始卡片。

二、相关知识

固定资产管理系统初始化是根据单位的具体情况，建立一个符合企业财务工作要求的固定资产子账套的过程。固定资产管理系统在初次使用的时候必须经过初始化，才能用于固定资产的日常管理。固定资产管理系统初始化工作内容包括建立账套和基础设置。其中，建立账套主要包括建立账套的启用月份、折旧信息、资产编码方式、财务接口等。

固定资产计提折旧后，必须把折旧归入成本或费用，根据不同使用者的具体情况，按部门或按类别归集。当按部门归集折旧费用时，某一部门所属的固定资产折旧费用将归集到一个比较固定的科目，所以部门对应折旧科目设置就是给部门选择一个折旧科目，录入卡片时，该科目自动显示在卡片中，不必逐一输入，可提高工作效率。在生成部门折旧分配表时，每一部门按折旧科目汇总，生成记账凭证。

固定资产的种类繁多、规格不一，要强化固定资产管理，及时、准确做好固定资产核算，就必须建立科学的固定资产分类体系，为核算和统计管理提供依据。企业可根据自身的特点和管理要求，确定一个较为合理的资产分类方法。

原始卡片是指卡片记录的资产开始使用日期的月份先于其录入系统的月份，即已使用过并已计提折旧的固定资产卡片。在使用固定资产管理系统进行核算前，必须将原始卡片资料录入系统，保持历史资料的连续性。原始卡片的录入并不限制在第一个期间结账前，任何时候都可以录入原始卡片。

三、任务实施

微课 064：设置固定资产参数

1. 设置固定资产参数

第一步：在企业应用平台"业务工作"选项卡中，执行【财务会计】|【固定资产】命令，系统弹出"这是第一次打开此账套，还未进行过初始化，是否进行初始化？"提示框，单击【是】按钮。

第二步：打开"初始化账套向导——约定及说明"对话框，选中"我同意"单选项，单击【下一步】按钮。

第三步：打开"初始化账套向导——启用月份"对话框，单击【下一步】按钮，如图 7-3 所示。

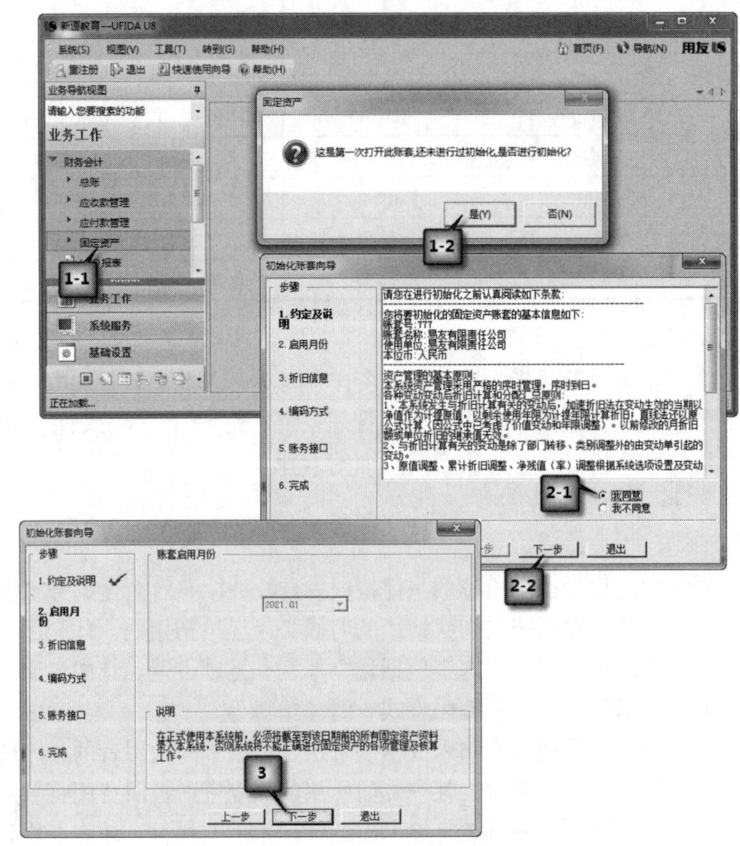

图 7-3　固定资产初始化账套向导——约定及说明、启用月份

第四步：打开“初始化账套向导——折旧信息”对话框，选择主要折旧方法“平均年限法(一)”，其他选项采用系统默认设置，单击【下一步】按钮。

第五步：打开“初始化账套向导——编码方式”对话框，选中“自动编码”单选项，选择自动编码方式“类别编码 + 部门编码 + 序号”。修改“序号长度”为“3”，单击【下一步】按钮，如图 7-4 所示。

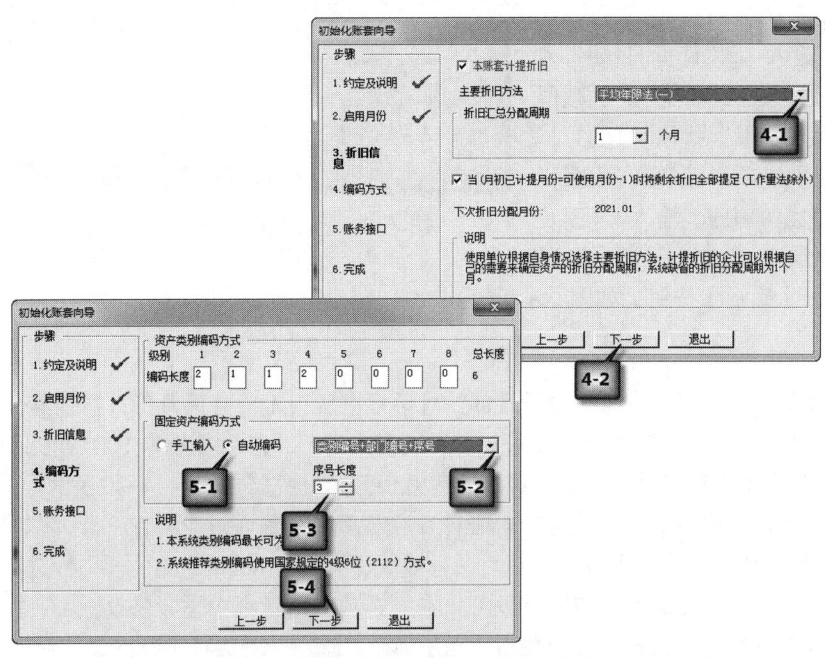

图 7-4　固定资产初始化账套向导——折旧信息、编码方式

第六步：打开“初始化账套向导——财务接口”对话框，设置“固定资产对账科目”代码“1601”、“累计折旧对账科目”代码“1602”，其他选项采用系统默认设置，单击【下一步】按钮。

第七步：打开“初始化账套向导——完成”对话框，确认账套信息建立正确后，单击【完成】按钮。系统弹出“已经完成了新账套的所有设置工作，是否确定所设置的信息完全正确并保存对新账套的所有设置？”提示框，单击【是】按钮，如图 7-5 所示。系统弹出“已成功初始化本固定资产账套!”提示框，单击【确定】按钮。

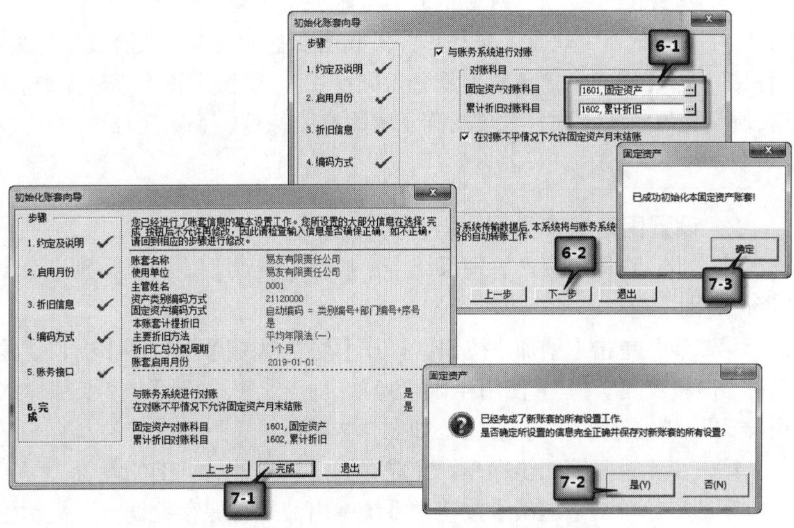

图 7-5　固定资产初始化账套向导——财务接口、完成

第八步：执行【财务会计】|【固定资产】|【设置】|【选项】命令，打开“选项”对话框，单击“与财务系统接口”选项卡，单击【编辑】按钮，选中“业务发生后立即制单”复选框，输入“[固定资产]缺省入账科目”代码“1601”，输入“[累计折旧]缺省入账科目”代码“1602”，输入“[减值准备]缺省入账科目”代码“1603”，输入“[增值税进项税额]缺省入账科目”代码“22210101”，输入“[固定资产清理]缺省入账科目”代码“1606”，单击【确定】按钮，如图 7-6 所示。

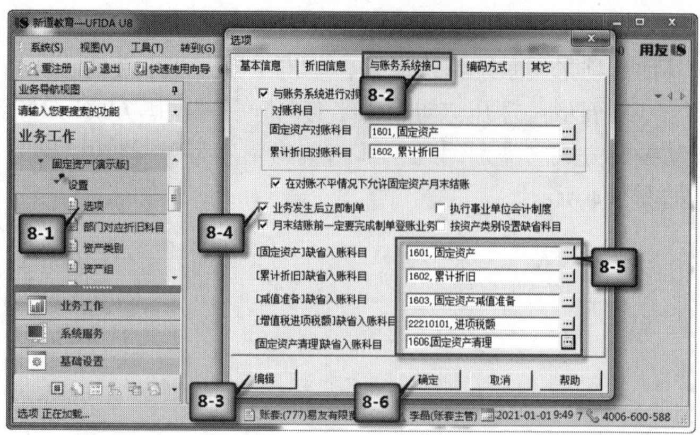

图 7-6　固定资产选项——与财务系统接口设置

📖操作提示

- 在“初始化账套向导——启用月份”对话框中所列示的启用月份只能查看，不能修改，如果需要修改，必须在固定资产管理系统启用设置中进行。启用月份确定后，在此月之前的所有固定资产都将作为期初数据，而系统从启用月份开始计提折旧。
- 固定资产对账科目和累计折旧对账科目应与总账系统内对应科目一致，一般情况下应选择固定资产和累计折旧的一级科目。
- 固定资产初始化账套中有些参数可以在“选项”对话框中进行修改。
- 如果在系统运行过程中发现错误，无法通过“选项”对话框进行纠错，则可以使用“重新初始化账套”功能重新建立账套。
- 如果在“选项”对话框的“与账务系统接口”选项卡中选中“业务发生后立即制单”复选框，则制单时间为每一笔业务发生后立即制单。
- 如果在“选项”对话框的“与账务系统接口”选项卡中设置“[固定资产]缺省入账科目”“[累计折旧]缺省入账科目”“[减值准备]缺省入账科目”“[增值税进项税额]缺省入账科目”及“[固定资产清理]缺省入账科目”，则固定资产管理系统在制作记账凭证时，会自动按所设置的缺省入账科目填制凭证中的有关科目，否则凭证中的相关科目为空，届时需要手工填制。

2. 设置固定资产类别

微课 065：设置固定资产类别

第一步：在固定资产管理系统中，执行【设置】|【资产类别】命令，打开“资产类别”窗口。

第二步：单击【增加】按钮，打开【列表视图|单张视图】窗口，输入类别名称“房屋及建筑物”、使用年限“30”、净残值率“3”，选择卡片样式为“通用样式”，单击【保存】按钮，如图 7-7 所示。

第三步：重复第二步操作，完成对固定资产其他类别的设置。

第四步：单击【退出】按钮，系统弹出“是否保存数据？”提示框，单击【否】按钮。

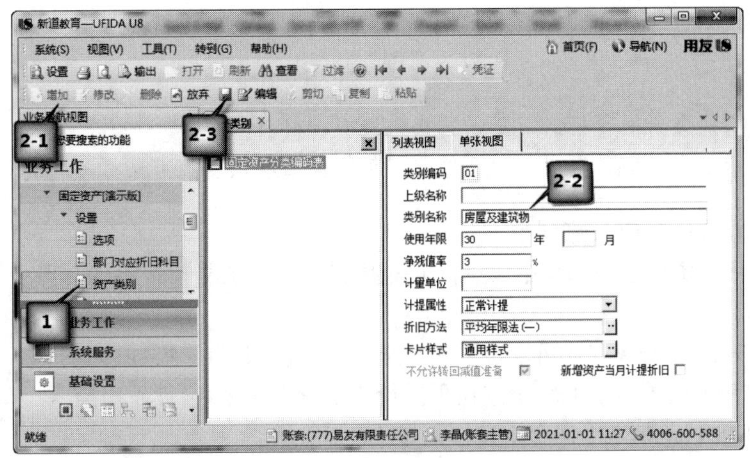

图 7–7　设置资产类别

操作提示

- 应先建立上级固定资产类别后再建立下级类别。如果在建立上级类别时已经设置使用年限、净残值率，当增加的下级类别与上级类别设置相同时，可自动继承，不用修改；否则，可以修改。
- 类别编码、名称、计提属性及卡片样式不能为空。
- 非明细级类别编码不能修改与删除。明细级类别编码修改时只能修改本级的编码。
- 使用过的类别的计提属性不能修改。
- 系统已使用的类别不允许增加下级类别和删除。

3. 设置部门对应折旧科目

第一步：在固定资产管理系统中，执行【设置】|【部门对应折旧科目】命令，打开“部门对应折旧科目”窗口。

第二步：选择部门“综合管理部”，单击【修改】按钮（或单击【编辑】按钮再执行【编辑】命令），设置“折旧科目”代码“660201”，单击【保存】按钮，如图 7-8 所示。

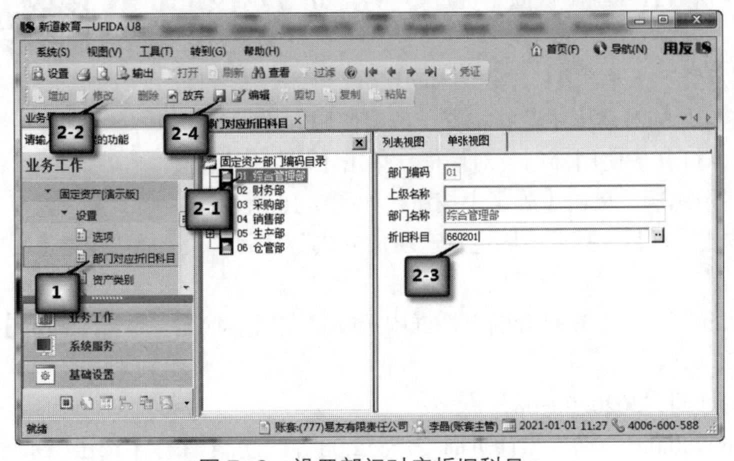

图 7–8　设置部门对应折旧科目

微课 066：设置部门对应折旧科目

第三步：重复第二步操作，完成对其他部门对应折旧科目的设置。

操作提示

- 设置部门对应折旧科目时，必须选择末级会计科目。
- 设置上级部门折旧科目时，则下级部门可以自动继承，也可选择不同的科目。

4. 设置增减方式对应入账科目

微课 067：设置增减方式对应入账科目

第一步：在固定资产管理系统中，执行【设置】|【增减方式】命令，打开“增减方式”窗口。

第二步：在左边“增减方式目录表”中，选择 “直接购入”增加方式，单击【修改】按钮（或单击【编辑】按钮再执行【编辑】命令），设置对应入账科目代码“100201”，单击【保存】按钮，如图 7-9 所示。

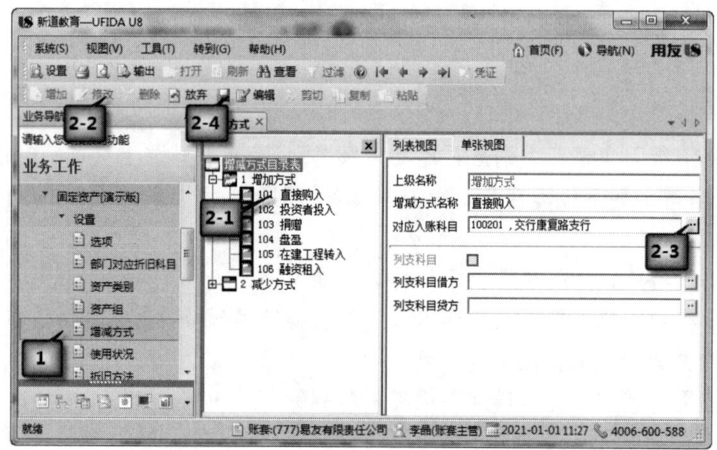

图 7-9 设置增减方式的对应科目

第三步：重复第二步操作，完成对其他增减方式对应科目的设置。

5. 录入固定资产原始卡片

微课 068：录入固定资产原始卡片

第一步：在固定资产管理系统中，执行【卡片】|【录入原始卡片】命令，打开“固定资产类别档案”窗口，系统默认固定资产类别为“01 房屋及建筑物”，单击【确定】按钮。

第二步：在打开的“固定资产卡片”窗口中，录入固定资产名称“1 号楼”，单击“使用部门”按钮，在打开的对话框中选择本资产部门使用方式“多部门使用”，单击【确定】按钮，打开“使用部门”对话框，单击【增加】按钮，分别选择使用部门，输入使用比例，单击【确定】按钮，如图 7-10 所示。

第三步：双击“增加方式”栏目，打开“固定资产增加方式”对话框，选择“在建工程转入”方式。

第四步：双击“使用状况”栏目，在打开的对话框中选择“在用”状况，单击【确定】按钮（或直接双击“在用”状况）。

第五步：输入开始使用日期“2020-06-08”。

第六步：输入原值“960000.00”，输入累计折旧“15552.00”，单击【保存】按钮，系统弹出“数据成功保存!”提示框，单击【确定】按钮，如图 7-11 所示。系统将自动添加下一张卡片。

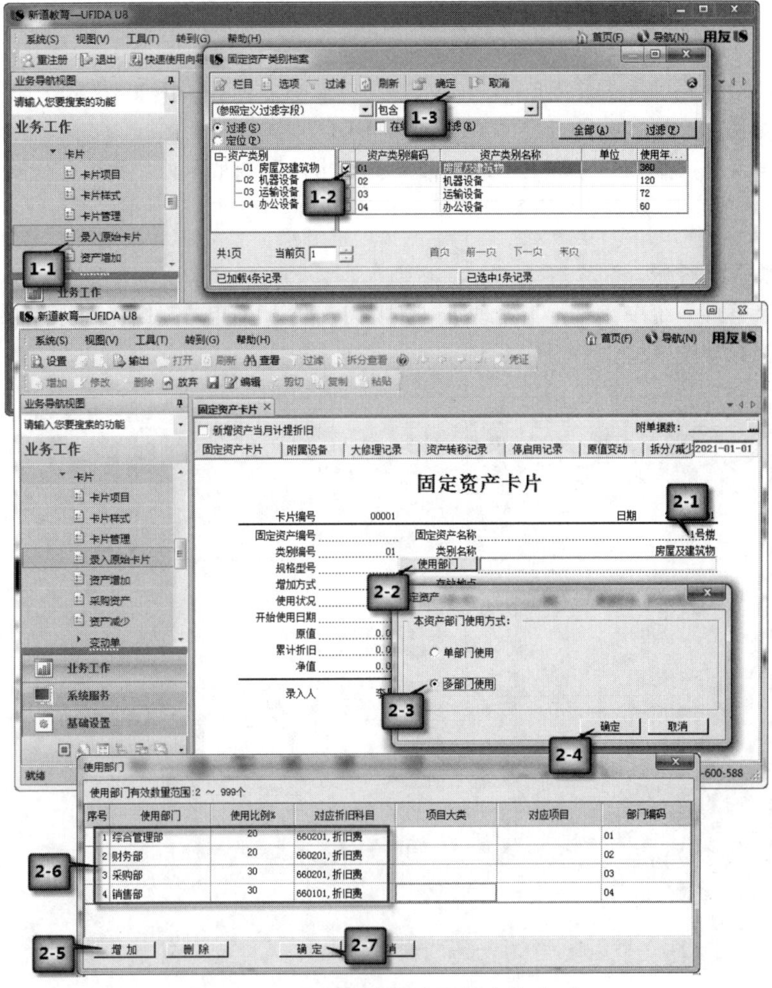

图 7–10　录入固定资产原始卡片（1）

第七步：重复第二步至第六步操作，完成对其他固定资产卡片的输入。

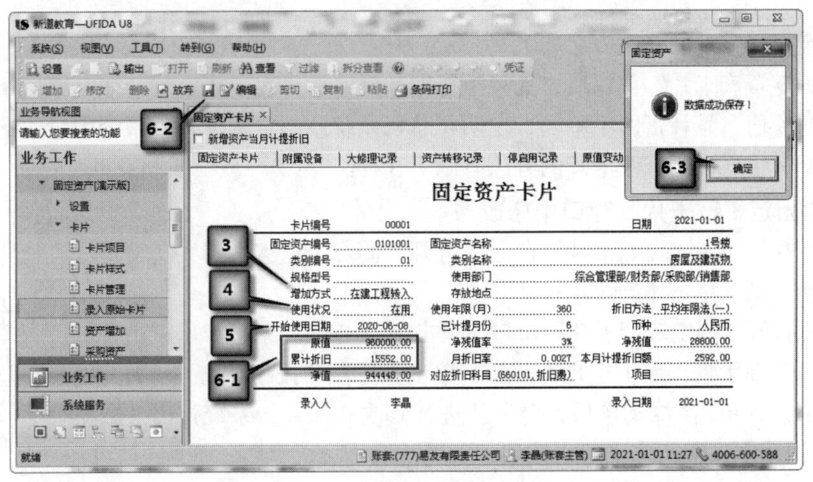

图 7–11　录入固定资产原始卡片（2）

操作提示

- 录入原始卡片时，卡片中的“录入人”自动显示为当前操作员，“录入日期”为当前登录日期。“开始使用日期”必须采用“YYYY-MM-DD”形式录入。
- 在“固定资产卡片”窗口中，除“固定资产卡片”选项卡外，还有若干的附属选项卡，附属选项卡上的信息只供参考，不参与计算，也不回溯。

6. 与总账系统对账

在固定资产管理系统中，执行【处理】|【对账】命令，弹出“与财务对账结果”提示框，单击【确定】按钮，如图 7-12 所示。

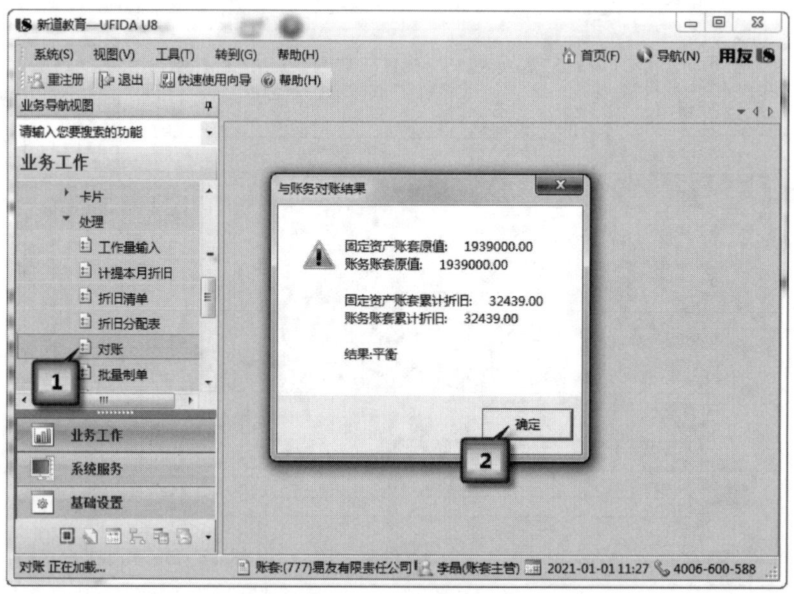

图 7–12　对账

四、拓展提高

实现固定资产卡片的修改方法如下。

退出“固定资产卡片”窗口后，如果执行期初对账后，发现固定资产账套原值、累计折旧与账务账套中的原值、累计折旧不平衡，说明在总账系统或固定资产管理系统中录入的固定资产原值或累计折旧有错误，则修改卡片的方法有以下 3 种。

1. 在“固定资产卡片”窗口中修改

第一步：执行“录入原始卡片”命令，打开“固定资产类别档案”窗口，选择固定资产类别，单击【确定】按钮。

第二步：打开“固定资产卡片”窗口，单击放弃按钮，系统弹出“是否取消本次操作？”提示框，单击【是】按钮，单击页码翻转按钮，找到要修改的卡片，单击修改按钮，对卡片进行修改并保存，系统弹出“数据成功保存！”提示框，单击【确定】按钮，如图 7-13 所示。

微课 069：在“固定资产卡片”窗口中修改

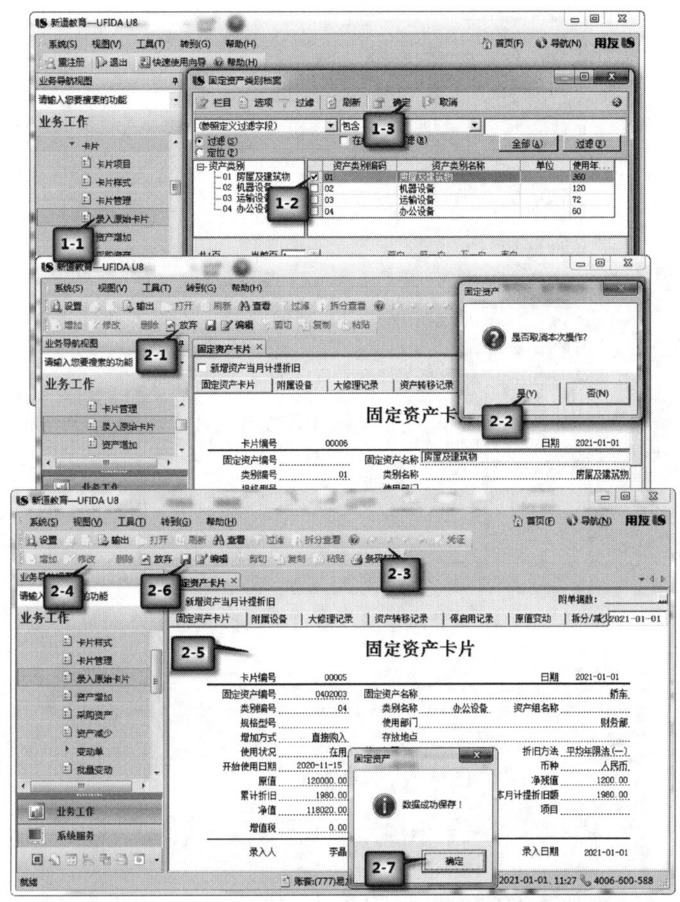

图 7–13　在“录入原始卡片”窗口中修改固定资产卡片

说明

在图 7-13 所示的操作步骤中，未对固定资产卡片做修改，故单击【修改】按钮后，直接单击【保存】按钮。

2. 在“卡片管理”窗口中修改

第一步：在固定资产管理系统中，执行【卡片】|【卡片管理】命令，打开“查询条件选择—卡片管理”对话框，取消选择开始使用日期“2021-01-01”，单击【确定】按钮。

第二步：在“卡片管理”窗口中，选择要修改的卡片，单击【修改】按钮，即可进行修改。修改完成后单击【保存】按钮，如图 7-14 所示。

微课 070：在“卡片管理”窗口中修改

3. 在“固定资产登记簿”窗口中修改

第一步：在固定资产管理系统中，执行【账表】|【我的账表】命令，打开“报表”窗口；选择【账簿】|【固定资产登记簿】文件夹，打开“条件—固定资产登记簿”对话框，单击【确定】按钮。

第二步：在打开的“固定资产登记簿”窗口中，选择要修改的卡片，单击打开按钮，打开要修改的固定资产卡片，单击【修改】按钮进行修改，修改完毕，单击【保存】按钮，如图 7-15 所示。

微课 071：在“固定资产登记簿”窗口中修改

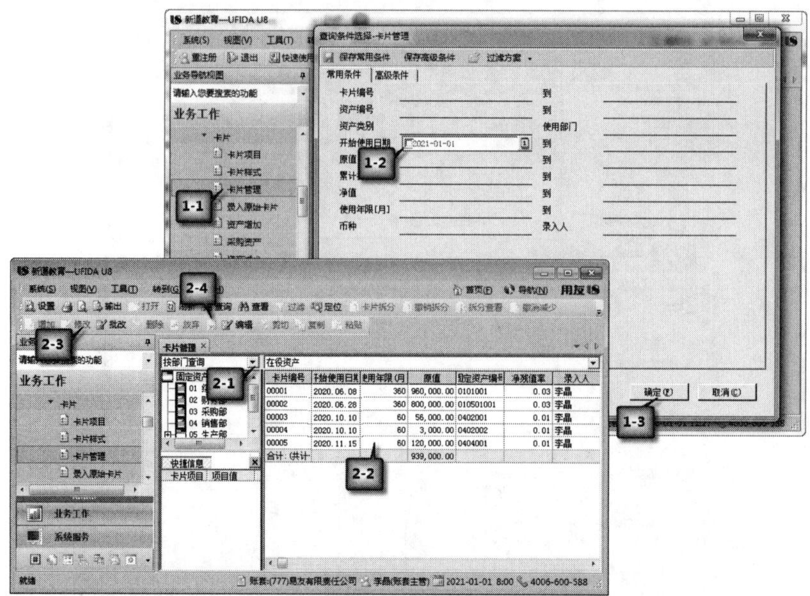

图 7-14　在“卡片管理”窗口中修改固定资产卡片

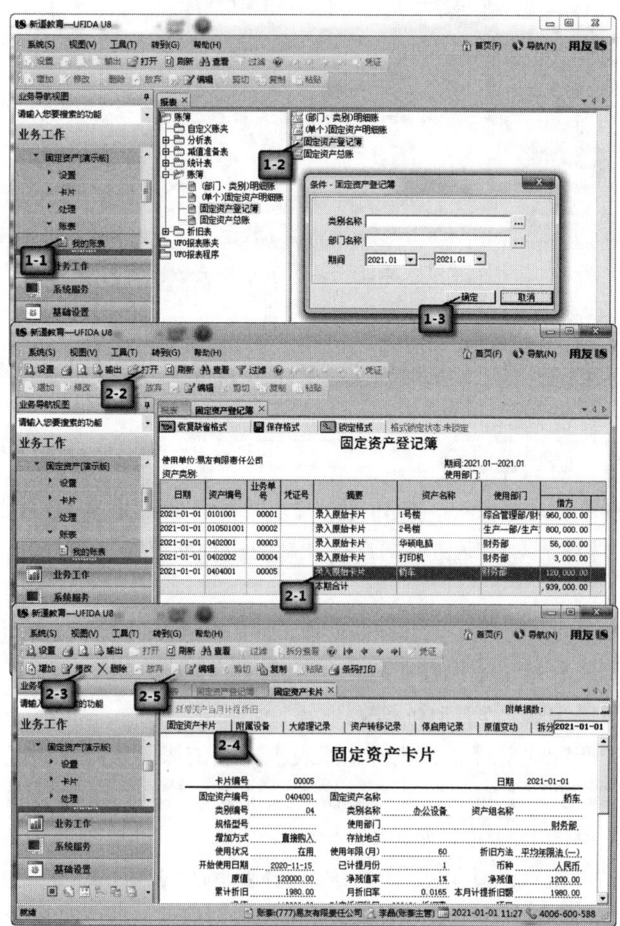

图 7-15　在“固定资产登记簿”窗口中修改固定资产卡片

📖操作提示

- 如果固定资产卡片需要修改的内容是原值或累计折旧数值，同时该资产已制作了记账凭证，只有删除该凭证才能修改卡片。
- 如果发现卡片有录入错误，或在资产使用过程中有必要修改卡片的一些内容时，可以通过卡片修改功能实现，这种修改为无痕迹修改。
- 原始卡片的原值、使用部门、使用状况、累计折旧、净残值率、折旧方法、使用年限在没有做变动单或评估单的情况下，在录入当月可以无痕迹修改；如果做过变动单，只有删除变动单才能无痕迹修改；若各项目做过一次月末结账，则只能通过变动单或评估单调整，不能通过卡片修改功能修改。

任务三　固定资产管理系统日常业务处理

一、任务描述与分析

2021 年 1 月，在固定资产管理系统中以账套主管“李晶”的身份，进行如下操作。

（1）增加固定资产。1 月 3 日，公司购进 4 台联想计算机，取得增值税专用发票（票号：00758371），票上注明单价为 4 000 元/台，增值税税率为 13%，价税合计为 18 080 元，该设备使用年限 5 年，净残值率 1%，采用平均年限法（一）计提折旧，计算机交生产一部投入使用，开出转账支票（票号：zz230917），从交行康复路支行转账支付款项。1 月 31 日，采用批量制单方式由固定资产管理系统生成一张凭证（合并）传递到总账系统（固定资产名称：联想计算机，固定资产编号：040501001—040501004）。

（2）计提折旧。1 月 31 日，计提 1 月份固定资产折旧，并生成凭证传递到总账系统。

（3）资产减少。1 月 31 日，经批准，将财务部的打印机（卡片编号：00004）售出，取得现金 565 元。开具一张增值税专用发票（票号：7856201303），发票注明，金额 500 元，税额 65 元，价税合计 565 元。生成凭证传递到总账系统。

（4）计提固定资产减值准备。1 月 31 日，经批准，对卡片编号为 00003 的华硕计算机计提 5 000 元减值准备。

二、相关知识

固定资产管理系统和总账系统之间存在数据的自动传输关系，这种传输是通过记账凭证来完成的。固定资产管理系统需要制作记账凭证的情况包括资产增加或减少、卡片修改（涉及原值和累计折旧时）、资产评估（涉及原值和累计折旧时）、原值变动、累计折旧调整，以及折旧分配等。

制作记账凭证可以采取立即制单和批量制单两种方法实现。当在“选项”中设置了“业务发生后立即制单”，则以上需要制单的相关业务发生后，系统自动调出凭证进行修改；如果在“选项”中未设置“业务发生后立即制单”，则可采用批量制单功能完成制单工作。批量制单功能可同时将一批需要制单的业务连续制作凭证并传输到总账系统，避免了多次制单的烦琐。凡是在业务发生时没有制单的，该业务自动排列在批量制单表中，表中列示应制单的业务发生日期、类型、原始单据号、默认的借贷方科目和金额，以及制单选择标志。

三、任务实施

微课 072：增加固定资产

1. 增加固定资产

第一步：在固定资产管理系统中，执行【卡片】|【资产增加】命令，打开“固定资产类别档案”窗口，选择资产类别编码为“04”，资产类别名称为“办公设备”，单击【确定】按钮，打开“固定资产卡片”窗口。

第二步：输入新增的第一张固定资产卡片内容，输入完毕，单击【保存】按钮，系统自动生成一张购入固定资产的记账凭证，并弹出“数据成功保存!”提示框，单击“确定”按钮，再单击 × 按钮，系统提示“还有 1 张凭证没保存”，单击【确定】按钮。系统弹出“还有没保存的凭证，是否退出？”提示框，单击【是】按钮，如图 7-16 所示。

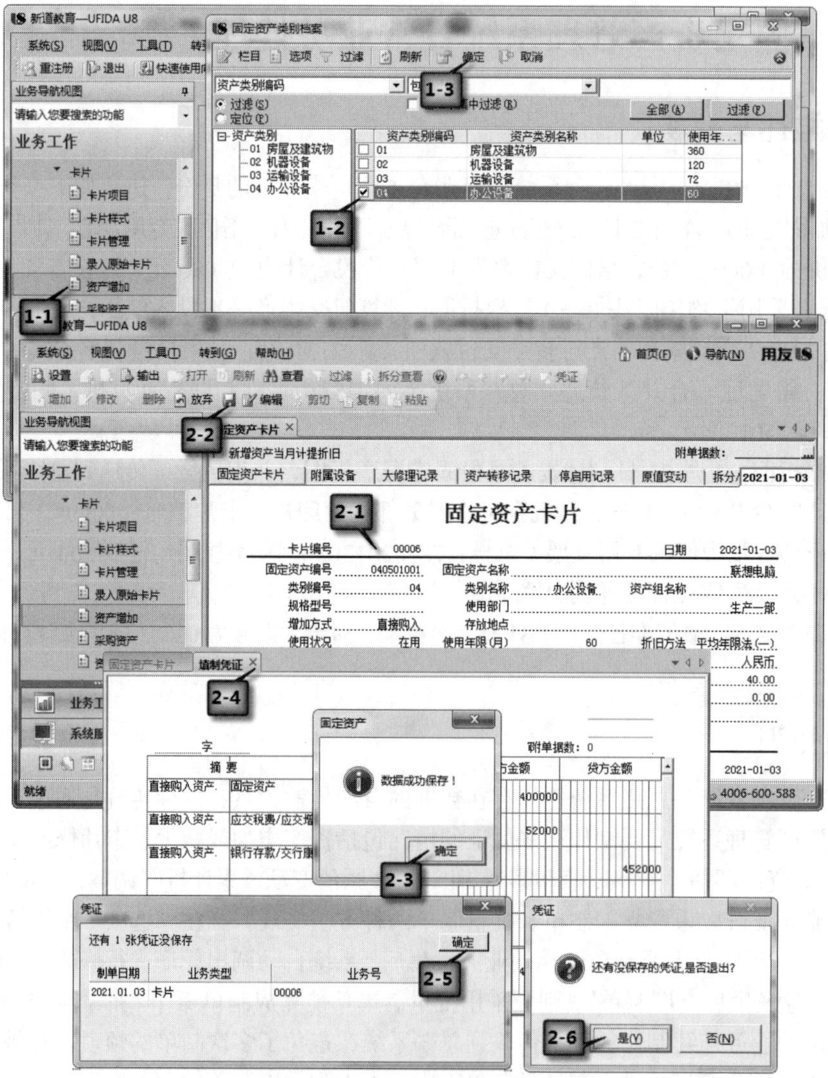

图 7-16　增加固定资产（1）

第三步：单击【复制】按钮，打开“固定资产”对话框，输入起始资产编号“040501002”、终止资产编号“040501004”，以及卡片复制数量“3”张，单击【确定】按钮，系统提示“卡片批量复制完成”，单击【确定】按钮，如图 7-17 所示。

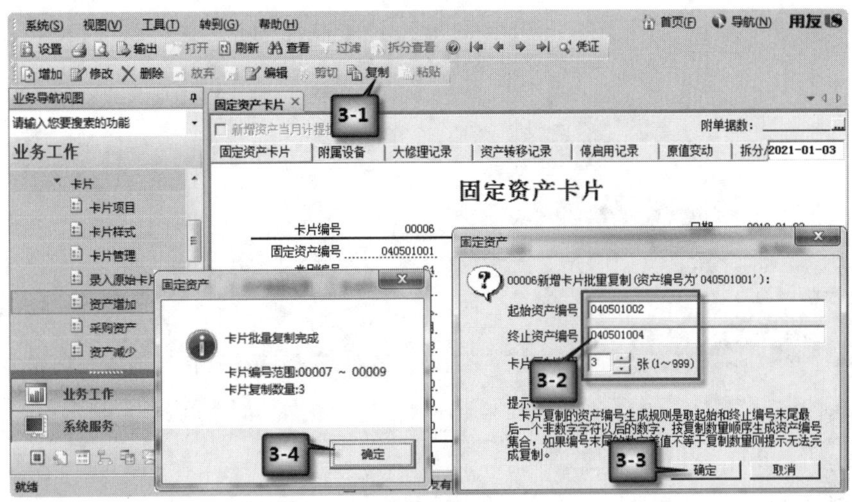

图 7–17　增加固定资产（2）

第四步：批量制单。更换操作时间为 2021-01-31，重新登录固定资产管理系统，执行【处理】|【批量制单】命令，打开“查询条件选择—批量制单”对话框，选择业务类型“新增资产”，单击【确定】按钮，打开“批量制单”窗口，选择凭证类别“付 付款凭证”，单击【全选】按钮，再单击【合并】按钮。

第五步：切换到“制单设置”选项卡，单击【凭证】按钮，出现购买联想计算机的凭证，选择“银行存款/交行康复路支行”会计科目，添加票号、日期等辅助项，单击【保存】按钮，凭证上出现“已生成”标志，单击 × 按钮，系统自动将当前凭证传递到总账系统等待审核记账，如图 7-18 所示。

操作提示

- “资产增加”操作与“原始卡片录入”操作相对应。资产录入方式取决于固定资产的开始使用日期，只有当开始使用日期的期间等于录入的期间时，才能通过“资产增加”录入。
- 只有在固定资产管理系统的“选项”设置中选中“业务发生后立即制单”复选框，系统才能在新增固定资产卡片后，自动弹出“填制凭证”窗口，否则必须在“批量制单”窗口中进行凭证处理。
- 如果发现凭证有错误，可以在“凭证查询”窗口找到错误凭证，单击【编辑】按钮进行修改。
- 如果因为卡片的错误而导致凭证出错，则需要删除凭证、修改卡片后，再次生成正确的凭证。

2. 计提折旧

第一步：在固定资产管理系统中，执行【处理】|【计提本月折旧】命令，系统弹出“是否要查看折旧清单？”提示框，单击【是】按钮，系统弹出“本操作将计提本月折旧，并花费一定时间，是否要继续？”提示框，单击【是】按钮，打开“折旧清单”窗口，单击【退出】按钮。

微课 073：计提本月折旧

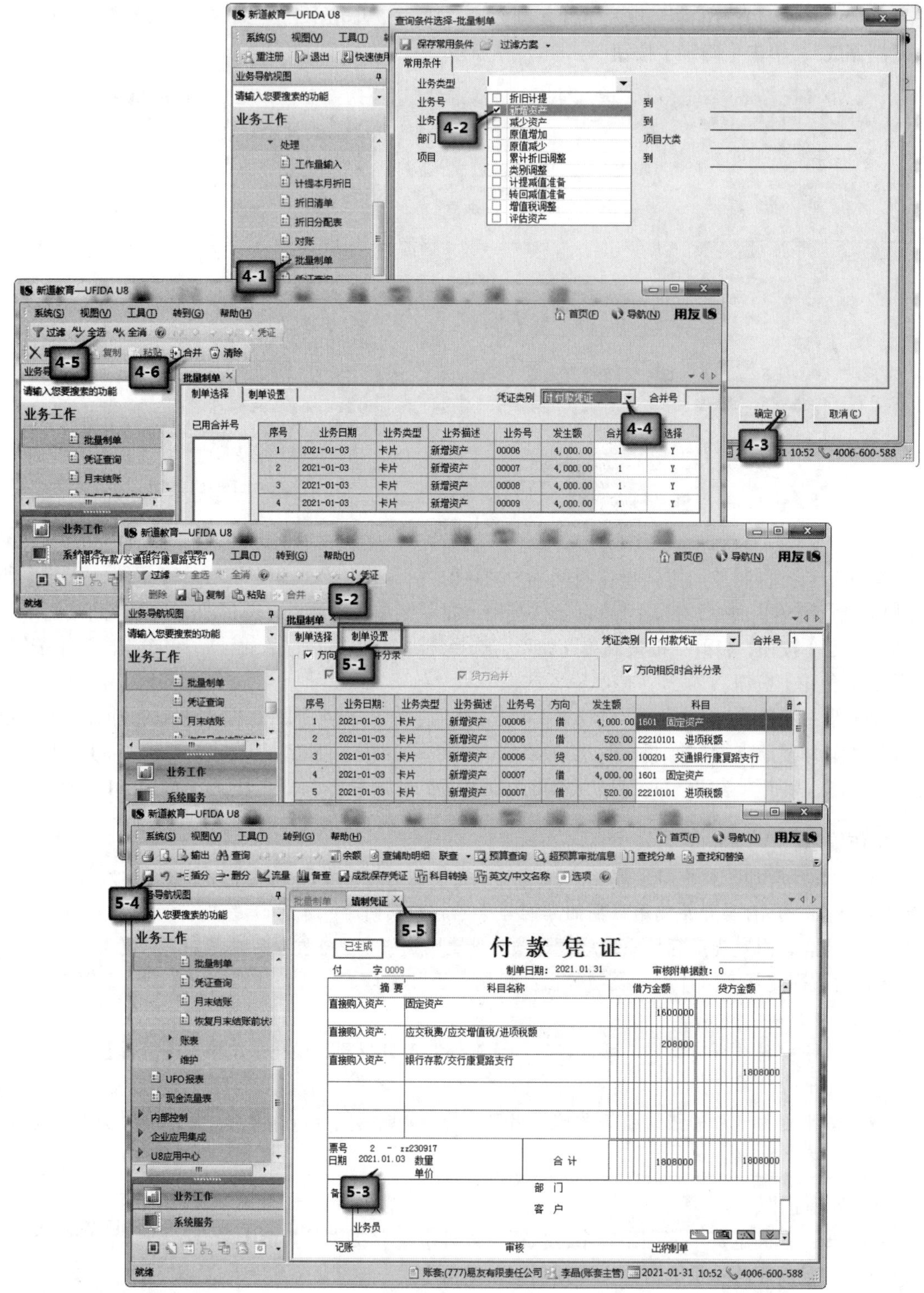

图 7–18　批量制单

第二步：打开“折旧分配表”窗口，系统提示“计提折旧完成!”，单击【确定】按钮。单击

【凭证】按钮，系统生成计提折旧的凭证，选择凭证字【转】，单击【保存】按钮，凭证上出现“已生成”标志，单击×按钮，如图 7-19 所示。

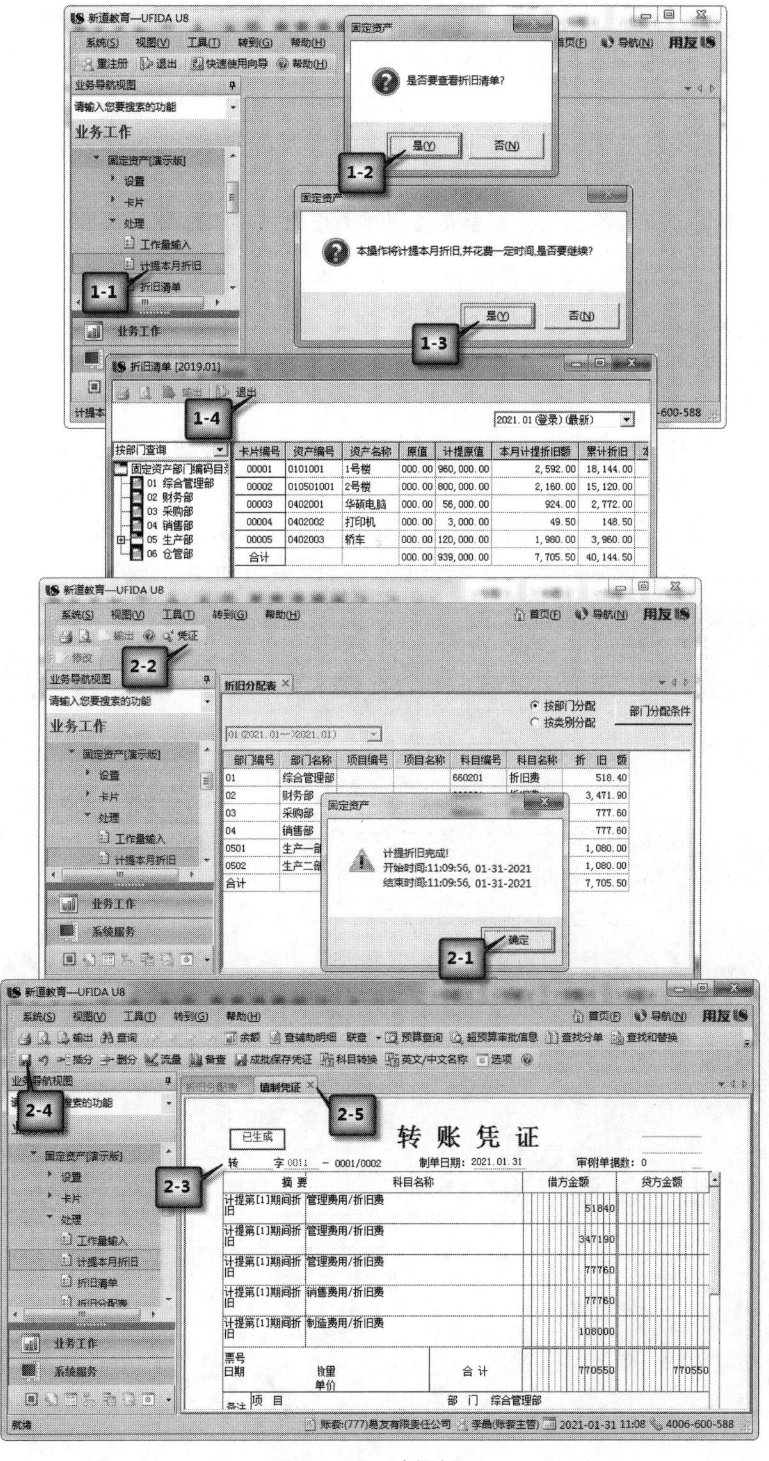

图 7–19　计提折旧

操作提示

- 固定资产管理系统在一个期间内可以多次计提折旧，每次计提折旧后，只是将计提的折旧累加到月初的累计折旧，不会重复累计。
- 如果上次计提折旧已制单，数据已传递到账务系统，则必须删除该凭证才能重新计提折旧。
- 如果计提折旧后对账套进行了影响折旧计算或分配的操作，必须重新计提折旧，否则系统不允许结账。
- 在折旧费用分配表界面，可以单击【制单】按钮制单，也可以利用“批量制单”功能进行制单。

3. 资产减少

微课 074：资产减少

第一步：在固定资产管理系统中，执行【卡片】|【资产减少】命令，打开“资产减少”窗口。

第二步：选择卡片编号“00004”，单击【增加】按钮，选择减少方式“出售”，单击【确定】按钮，系统生成固定资产减少的凭证并弹出“所选卡片已经减少成功!”提示框，单击【确定】按钮。选择凭证字【转】，单击【保存】按钮，凭证上出现“已生成”标志，单击×按钮，如图 7-20 所示。

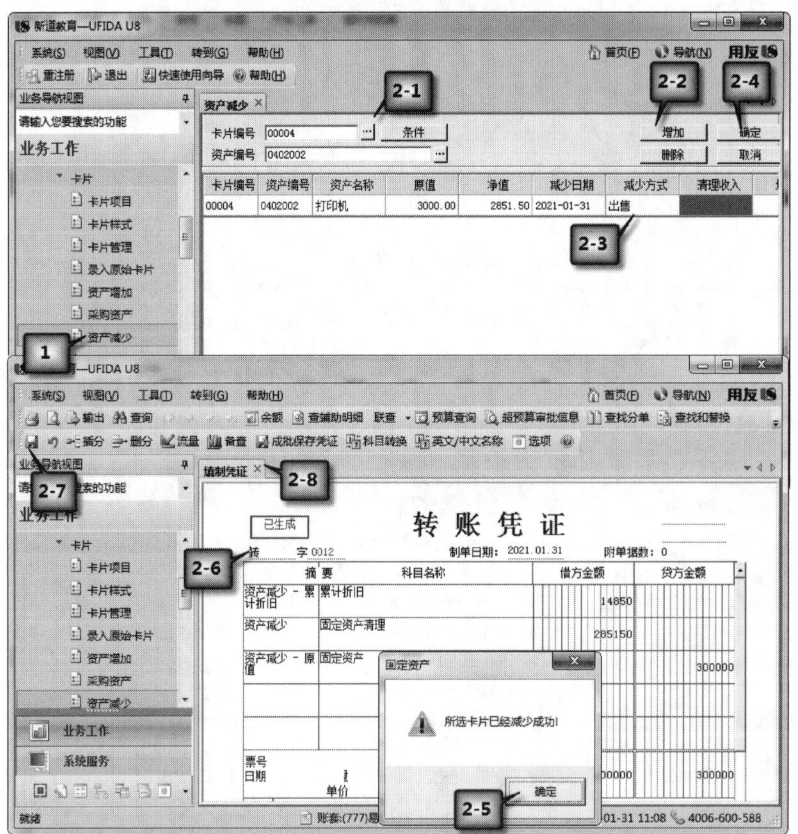

图 7-20　资产减少

第三步：执行【总账】|【凭证】|【填制凭证】命令，打开“填制凭证”窗口，单击【增加】按钮，输入打印机出售收入的会计分录，选择凭证字【收】，如图 7-21 所示。

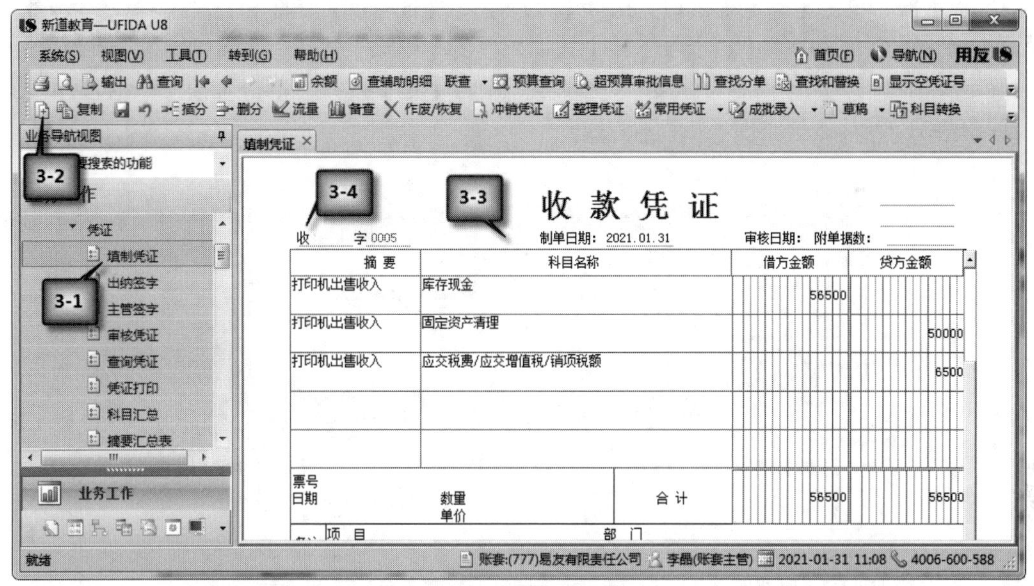

图 7–21 总账—填制凭证（1）

第四步：单击【增加】按钮，输入结转固定资产清理（打印机）的会计分录，如图 7-22 所示。

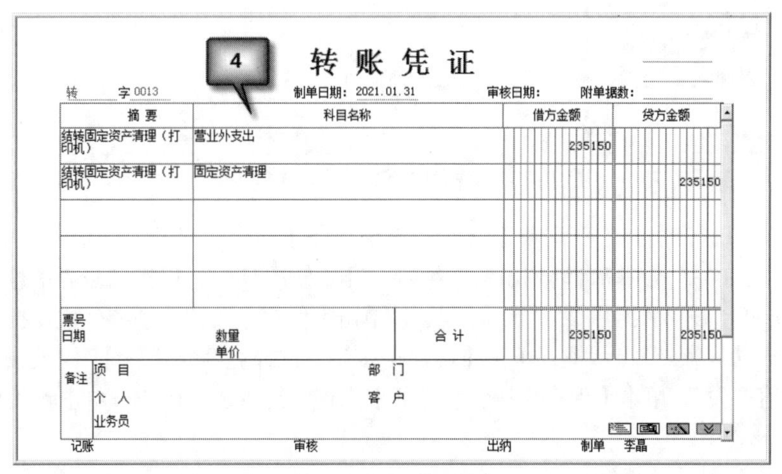

图 7–22 总账—填制凭证（2）

操作提示

- 在固定资产减少时，首先要从固定资产卡片中将该资产卡片删除，然后再进行凭证处理。
- 由于固定资产在减少当月仍需计提折旧，因此固定资产减少的核算必须在计提当月的固定资产折旧后才能进行。

4. 计提固定资产减值准备

第一步：在固定资产管理系统中，执行【卡片】|【变动单】|【计提减值准备】命令，系统弹

出“上一次计提折旧已制作了第【11】号【转】凭证，之后系统又发生了影响折旧数据的业务，需重新生成折旧分配表。请先删除此凭证后，才能进行此项操作！”提示框，单击【确定】按钮。执行【处理】|【凭证查询】命令，打开“凭证查询”窗口，选中第【11】号【转】凭证，单击【删除】按钮，系统弹出“确定要删除吗？删除后不可恢复！”提示框，单击【是】按钮，单击×按钮，如图 7-23 所示。

微课 075：计提固定资产减值准备

图 7–23　计提固定资产减值准备（1）

第二步：执行【卡片】|【变动单】|【计提减值准备】命令，打开“固定资产变动单”窗口。输入卡片编号“00003”，系统自动列出资产编号、开始使用日期、规格型号等信息，输入减值准备金额“5 000.00”，输入变动原因“市价下跌”，单击【保存】按钮。系统生成计提减值准备凭证并弹出“数据成功保存！”提示框，单击【确定】按钮。选择凭证字【转】，输入或选择借方科目名称“资产减值损失”，单击【保存】按钮，凭证上出现“已生成”标志，单击×按钮，如图 7-24 所示。

操作提示

- 固定资产在使用过程中，可能会因为原值变动、部门转移、使用状况变动、使用年限调整、折旧方法调整、净残值（率）调整、工作总量调整、累计折旧调整、资产类别调整等而需要对固定资产卡片中的一些项目进行调整。这些变动在固定资产管理系统中通过固定资产变动单进行操作。此类操作必须留下原始凭证，制作的原始凭证称为变动单。
- 变动单不能修改，只有当月可删除重做。
- 当月录入的原始卡片或新增卡片在执行变动单操作时部分功能受限，如不能进行原值增加、原值减少、部门转移等操作。

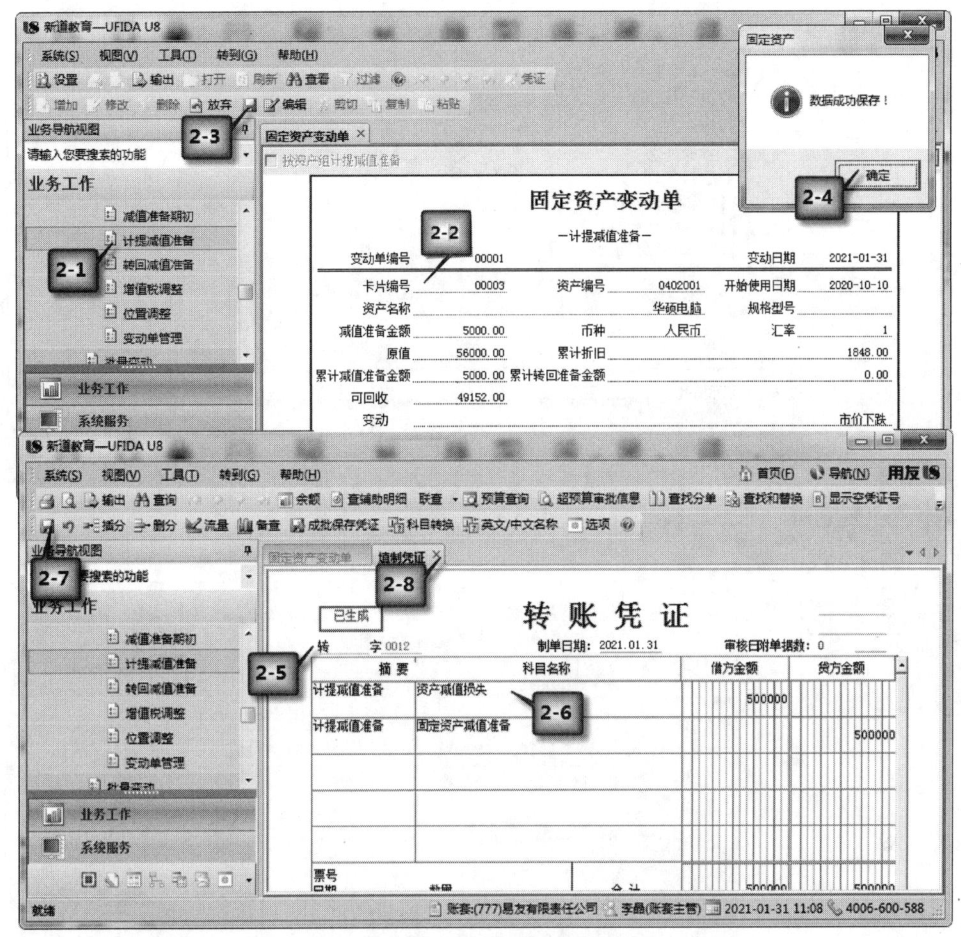

图 7–24　计提固定资产减值准备（2）

四、拓展提高

撤销固定资产减少的操作步骤如下。

微课 076：撤销固定资产的减少

第一步：在固定资产管理系统中，执行【卡片】|【卡片管理】命令，打开“查询条件选择—卡片管理”对话框，取消选中开始使用时间“2021-01-31”，单击【确定】按钮，打开“卡片管理”窗口，选择“已减少资产”。

第二步：选择需要撤销固定资产减少的卡片，单击【撤销减少】按钮，系统弹出“确实要恢复[00004]号卡片的资产吗？”提示框，单击【是】按钮，则恢复减少的资产。系统弹出“00004 资产减少已经做了第[12]号[转]凭证，请先删除凭证!”提示框，单击【确定】按钮，如图 7-25 所示。这里只演示了撤销固定资产减少的方法，并未实际撤销固定资产[00004]号卡片的减少。

操作提示

如果资产减少操作已制作凭证，必须删除凭证后才能进行恢复资产减少的操作。

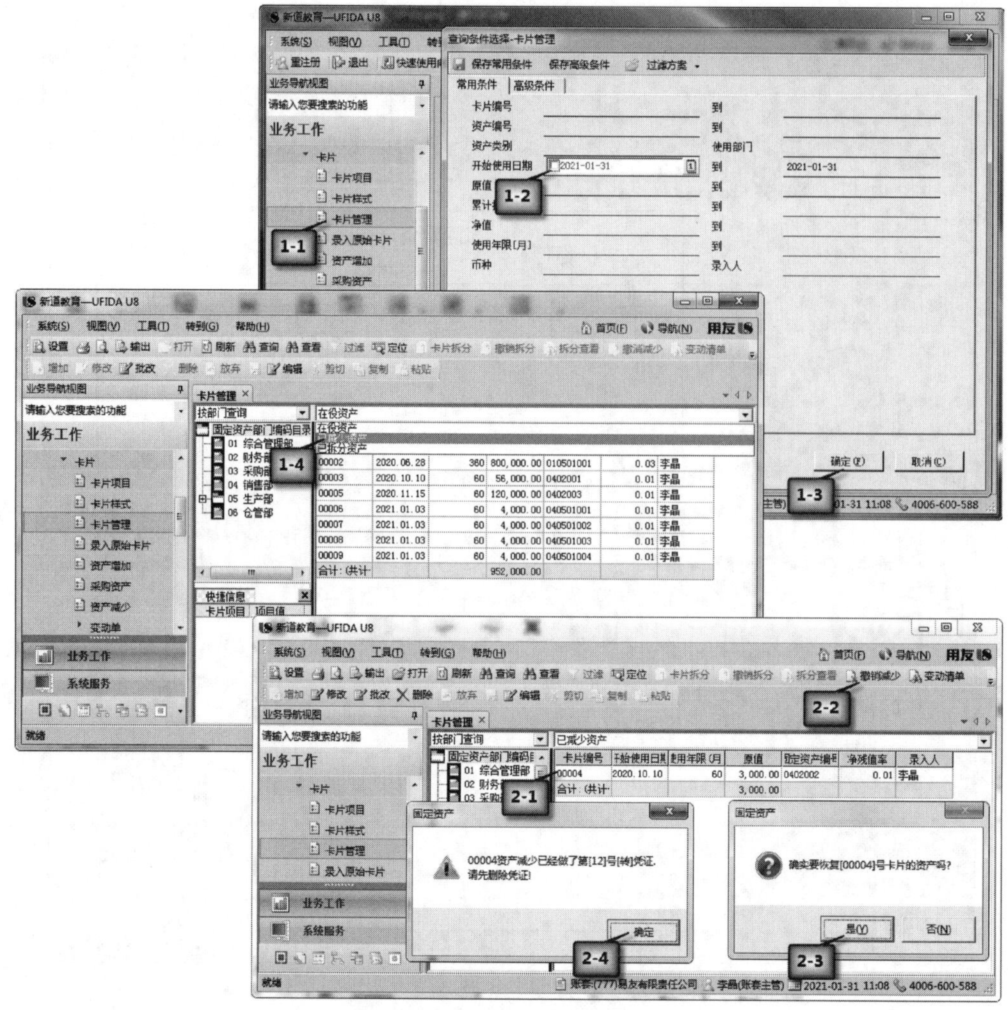

图 7-25　撤销固定资产的减少

任务四　固定资产管理系统期末业务处理

一、任务描述与分析

在固定资产管理系统中以账套主管“李晶”的身份，进行如下操作。

（1）1 月 31 日，对办公设备类固定资产进行实地盘点，发现卡片编号为 040501004 的联想计算机短缺，原价为 4 000 元，购入时增值税税额为 520 元。查明原因后，经批准由企业承担短缺损失。

（2）1 月 31 日，办理月末结账。

二、相关知识

1. 固定资产的期末盘点

企业应定期或至少每年年末对固定资产进行清查盘点，以保证固定资产核算的真实性，充分挖掘企业现有固定资产的潜力。固定资产盘点的主要步骤如下。

（1）对固定资产进行实地清查，将清查的实物数据录入固定资产管理系统，与账面数据进行对比，并由系统自动生成盘点结果清单。

（2）对固定资产的盘点进行盈亏确认。

（3）对固定资产盘点结果进行处理。

2. 固定资产的月末结账与取消结账

固定资产的月末结账是在完成当期业务核算的基础上进行的，所以结账前系统会自动检查当月是否进行折旧计提核算，并且所有核算业务是否都已制单生成凭证，经检查符合结账的基本条件后，才能进行月末结账。如果在选项中没有选择“在对账不平情况下允许固定资产月末结账”选项，则需要进行对账检查并平衡后，才能办理月末结账。

假如在结账后发现结账前操作有误，必须修改结账前的数据，则可以使用“恢复结账前状态”功能，又称“反结账”，即将数据恢复到月末结账前状态，结账时所做的所有工作都被无痕迹删除。需要注意：①以要恢复的月份登录，如要恢复到1月底，则以1月份登录；②由于成本管理系统每月从本系统提取折旧费用数据，因此一旦成本管理系统提取了某期的数据，该期不能反结账；③如果当前的账套已经做过年末处理，那么就不允许再执行恢复月初状态功能。

取消结账的具体操作步骤如下。

（1）执行【处理】|【恢复月末结账前状态】命令，系统弹出“是否继续？”提示框。

（2）单击【是】按钮，弹出“成功恢复月末结账前状态”提示框。

（3）单击【确定】按钮。

微课077：资产盘点

三、任务实施

1. 对固定资产进行盘点

操作提示

由于在进行任务三中的“计提固定资产减值准备”业务处理时删除了计提折旧的凭证，因此在对固定资产进行盘点之前，需先进行计提折旧的操作并生成计提折旧凭证，具体操作步骤参见图7-19。

第一步：新增盘点单。在固定资产管理系统中，执行【卡片】|【资产盘点】命令，打开“资产盘点”窗口，单击【增加】按钮，打开【新增盘点单—数据录入】窗口，单击【范围】按钮，打开“盘点范围设置”对话框，选择盘点方式“按资产类别盘点”，选择资产类别“办公设备[04]”，单击【确定】按钮，选择“040501004”所在行，单击【删行】按钮，单击【全选】按钮，再单击【核对】按钮，打开“盘点结果清单”窗口，单击【退出】按钮。单击【保存】按钮，系统弹出“盘点单（单据号：00001）保存成功!”提示框，单击【确定】按钮，如图7-26所示。

第二步：盘点盈亏确认。执行【卡片】|【盘点盈亏确认】命令，打开“盘盈盘亏确认”窗口，在“审核”栏中选择“同意”，单击【保存】按钮。系统弹出“保存成功!”提示框，单击【确定】按钮，如图7-27所示。

第三步：对盘亏进行处理。执行【卡片】|【资产盘亏】命令，打开“资产盘亏”窗口，选择待处理的盘亏资产（固定资产编号：040501004），单击【盘亏处理】按钮，打开“资产减少”窗口，单击【确定】按钮，生成待处理资产盘亏的凭证，系统弹出“所选卡片已经减少成功!”提示

框，单击【确定】按钮，选择凭证字【转】，修改借方科目名称为“待处理财产损溢”，单击【保存】按钮，凭证上出现“已生成”标志，单击×按钮，如图 7-28 所示。

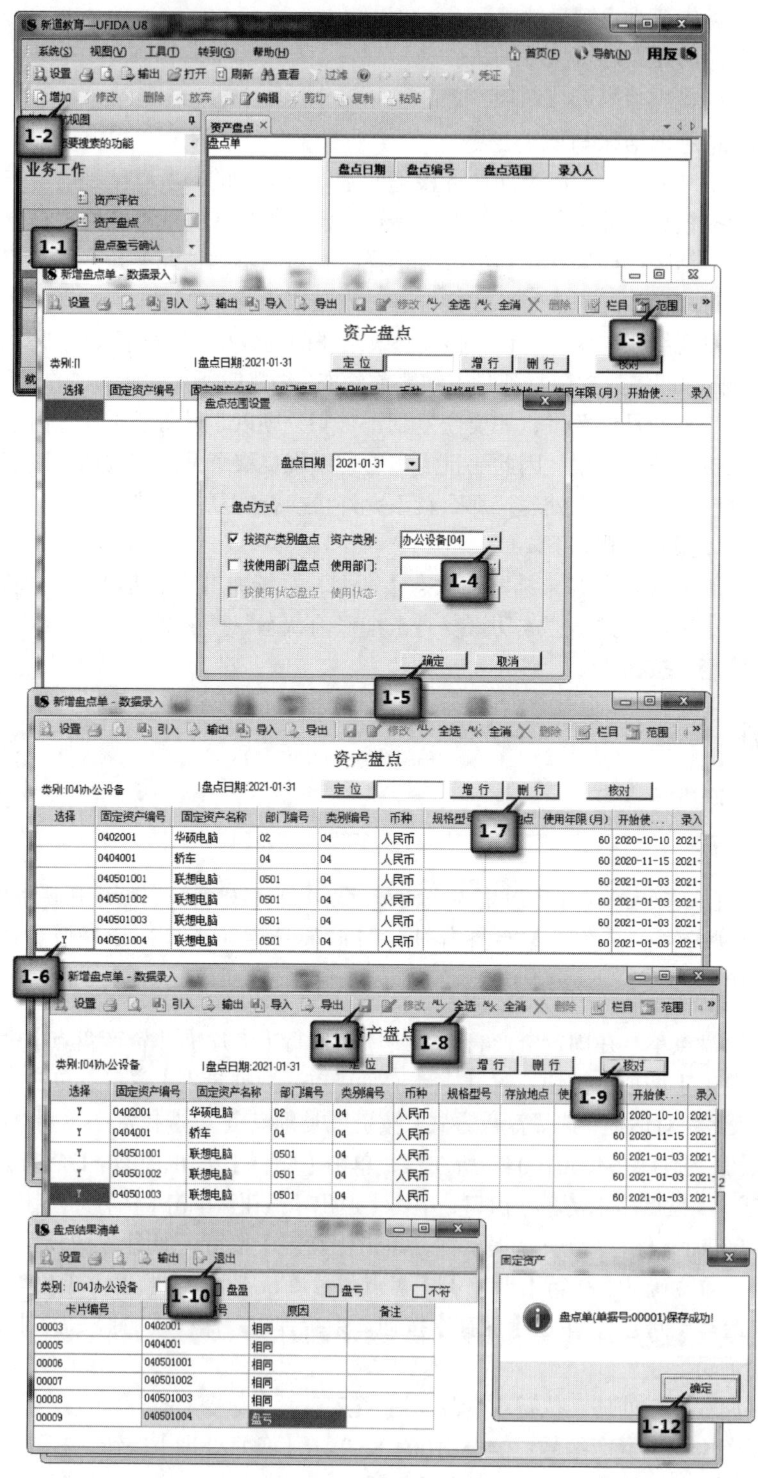

图 7-26 固定资产盘点

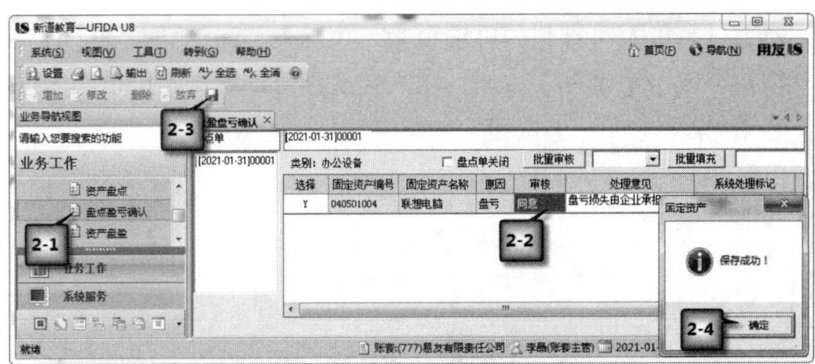

图 7–27　盘点盘亏确认

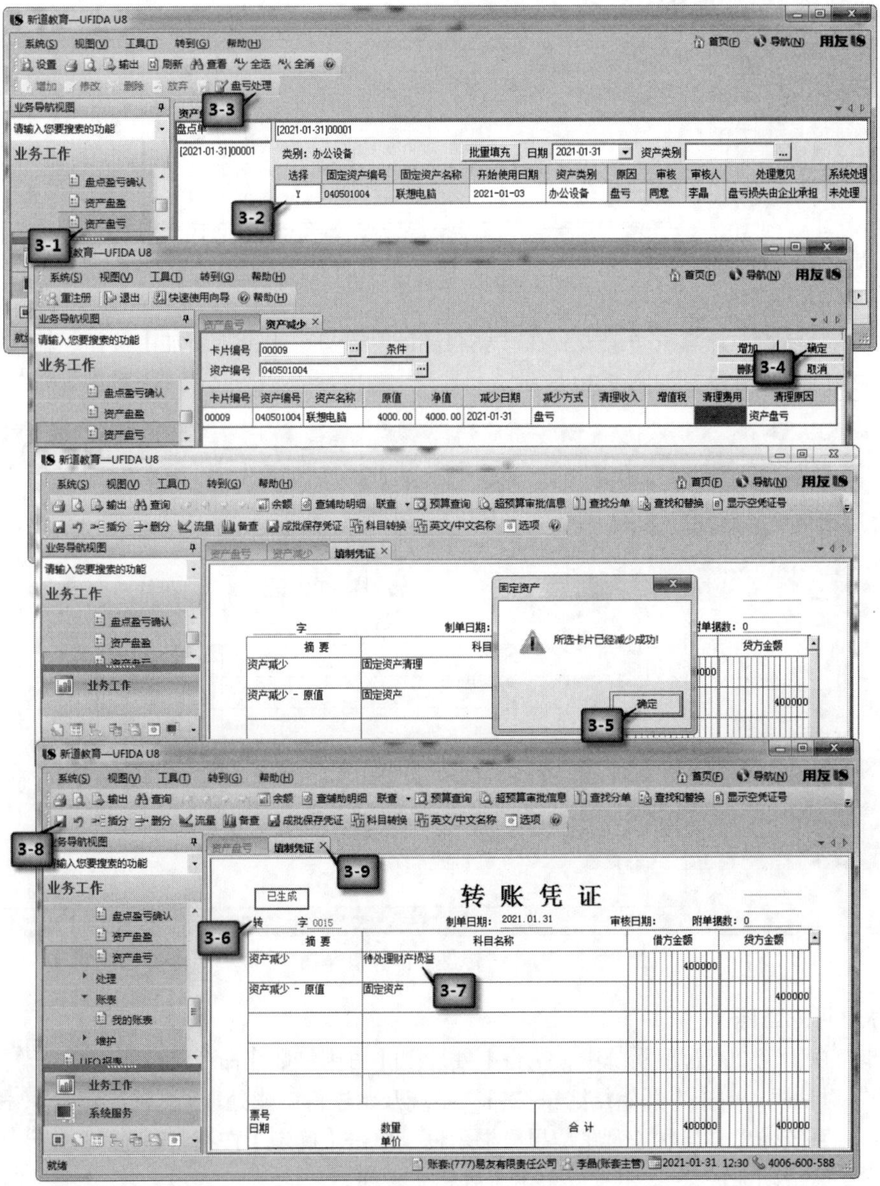

图 7–28　固定资产盘亏处理

第四步：转出盘亏计算机不可抵扣的进项税额。执行【总账】|【凭证】|【填制凭证】命令，打开“填制凭证”窗口，单击【增加】按钮，输入转出盘亏计算机不可抵扣的进项税额的会计分录，选择凭证字【转】，单击【保存】按钮，如图 7-29 所示。

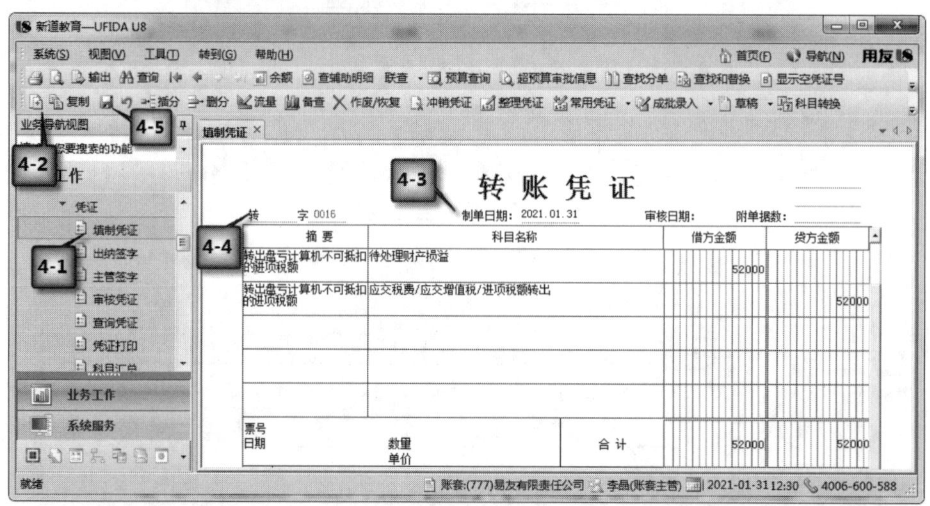

图 7–29　转出盘亏计算机不可抵扣的进项税额

第五步：结转盘亏计算机净损失。在“填制凭证”窗口中单击【增加】按钮，输入结转盘亏计算机净损失的会计分录，如图 7-30 所示。

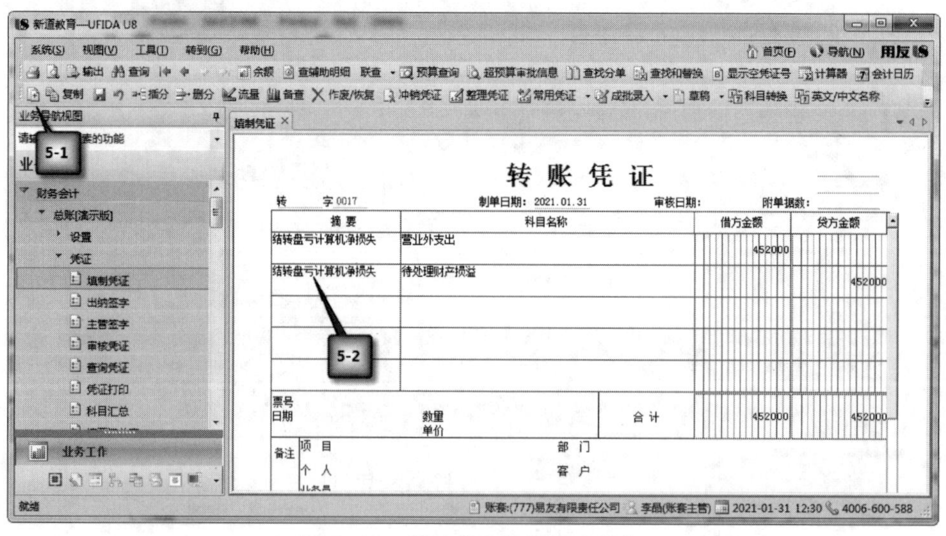

图 7–30　结转盘亏计算机净损失

2. 办理月末结账

第一步：在固定资产管理系统中，执行【处理】|【月末结账】命令，打开“月末结账”对话框，单击【开始结账】按钮，系统开始进行结账处理。

第二步：系统弹出“与财务对账结果”提示框，单击【确定】按钮，系统弹出“月末结账成功完成!”提示框，单击【确定】按钮。

第三步：系统弹出结账情况说明提示框，提示重新修改登录日期，单击【确

微课 078：固定资产管理系统月末结账

定】按钮，完成结账，如图 7-31 所示。

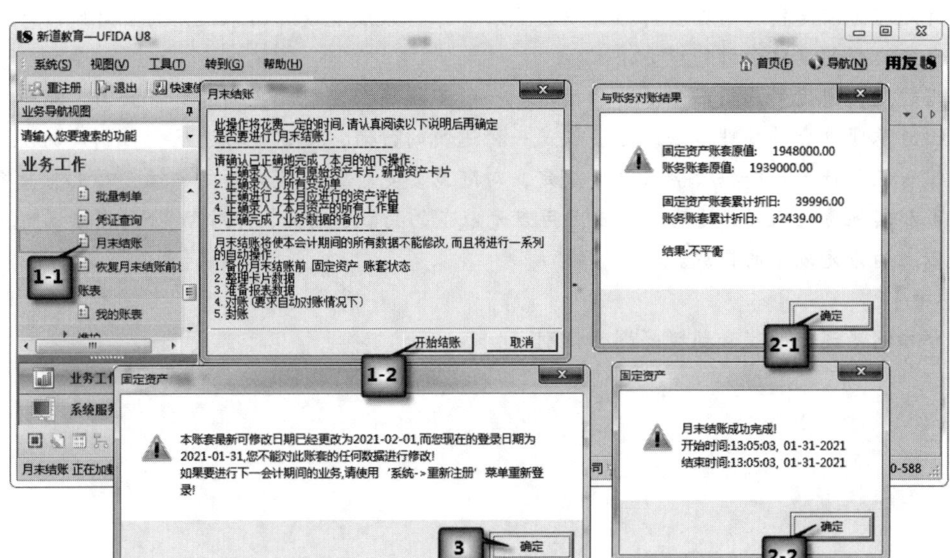

图 7–31　月末结账

操作提示

- 之所以会出现“与财务对账结果不平衡”，是因为在总账系统中尚未对固定资产管理系统传递的凭证进行审核、记账。
- 月末结账工作每月进行一次，如果结账后发现结账前的操作有误，则可使用系统提供的“恢复月末结账前状态”功能进行“反结账”。
- 如果总账系统已结账，则固定资产管理系统不可以再执行取消结账操作。

小结

本模块主要介绍了固定资产管理系统的基本功能、业务处理流程、与其他子系统之间的数据传递关系、参数设置的主要内容及方法、固定资产增加或减少等日常业务处理的方法，以及计提折旧、处理固定资产盘盈盘亏、办理月末结账等期末业务的处理方法。通过上机操作，我们能够熟练掌握固定资产增加、减少、计提折旧、固定资产变动等日常业务的处理，以及对账、结账等期末业务的处理，对固定资产系统的主要功能和使用方法有更深刻的认识。

【视野拓展案例 7】 公司不能随意变更会计处理方法

【案例资料】

W 公司是一家外商投资公司，于 2012 年注册成立。2020 年 6 月，W 公司为了减少企业所得税支出，公司负责人鲍某要求会计人员肖某变更了处于正常使用状态的设备折旧的计提方法。于是，肖某采用双倍余额递减法代替原本的平均年限法，该设备累计折旧年限为十五年，已投入使用三年，折旧方法的改变使公司当年的税前利润减少了 80 万元，达到了少缴税的目的。

【案例解读】

会计处理方法是指公司在会计核算中按照法律、行政法规或者国家统一的会计制度等规定采用适合于本公司的具体会计处理方法。

根据规定，固定资产折旧方法一经选用，一般不得随意变更。会计人员肖某为了减少企业所得税支出随意变更会计处理方法，这不仅是一种逃税的行为，更是一种违反会计制度的规定、应承担法律责任的行为。根据《会计法》规定，对随意变更会计处理方法的单位，对其直接负责的主管人员和其他责任人员，处两千元以上两万元以下的罚款，因此，可对 W 公司负责人鲍某处以两千元以上两万元以下的罚款。

【思考】

结合本例，谈谈逃税和纳税筹划的区别。

模块八

薪资管理系统核算与管理

知识目标

1．了解用友 ERP-U8 V10.1 薪资管理系统的基本功能
2．熟悉薪资管理系统的业务操作流程
3．掌握薪资管理系统基础设置的内容和方法
4．掌握薪资管理系统初始设置的主要内容
5．掌握薪资管理系统薪酬业务处理的内容和基本方法

能力目标

1．能够按业务要求设置薪资管理系统账套
2．能够按业务要求正确设置工资项目和应用计算公式
3．能够正确进行工资数据处理和薪酬业务核算
4．能够熟练对工资数据进行账表处理和分析
5．能够完成薪资管理系统的期末结账

素养目标

1．树立高度的社会责任意识，自觉维护职工权益
2．树立依法纳税意识，自觉缴纳个人所得税
3．具有团队精神，养成会计岗位协作意识
4．具有较强的语言表达、会计职业沟通和协调能力

任务一　认知薪资管理系统

一、任务描述与分析

易友有限责任公司已经成功建立了账套号为“777”的公司账套，从 2021 年 1 月 1 日起，启用薪资管理系统，本任务主要介绍薪资管理系统的基本功能和业务操作流程。

二、任务实施

1．薪资管理系统的基本功能

用友 ERP-U8 V10.1 应用系统中的薪资管理系统适用于企业、行政、事业及科研单位，它具有工

资核算和发放功能及强大的工资分析、管理功能，并提供了同一企业内多种工资核算类型的解决方案。

薪资管理系统的基本功能应包括系统初始设置、工资数据输入、工资汇总计算、工资数据输出、工资结算与分配等。其基本功能结构如图 8-1 所示。

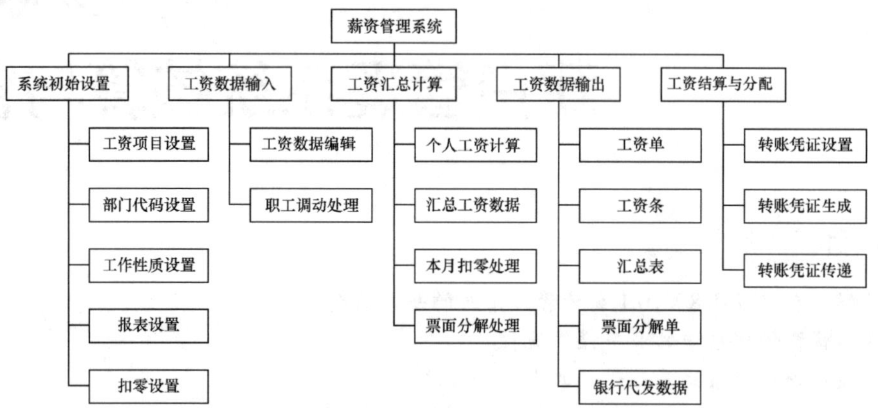

图 8-1　薪资管理系统的基本功能结构

2. 薪资管理系统的业务操作流程

用友 ERP-U8 V10.1 薪资管理系统可以设置单工资类别和多工资类别。若企业选择多工资类别，薪资管理系统的业务操作流程如图 8-2 所示。

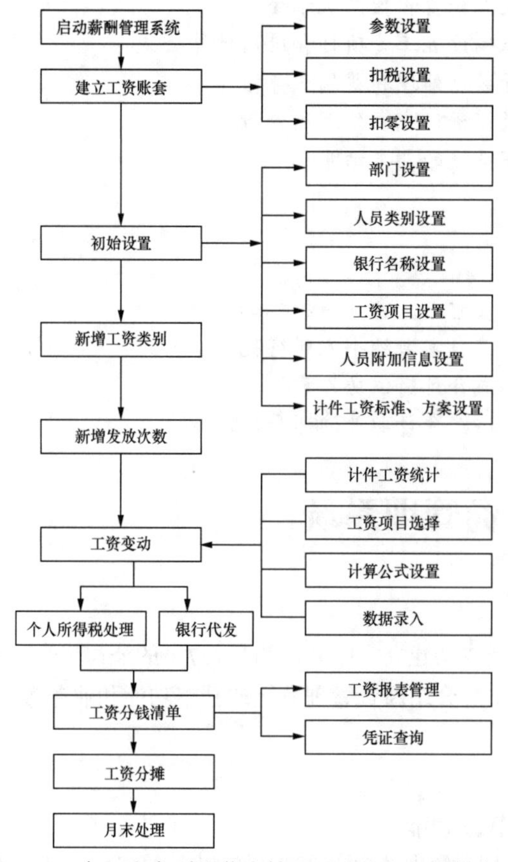

图 8-2　多工资类别的薪资管理系统的业务操作流程

任务二 薪资管理系统初始化设置

一、任务描述与分析

易友有限责任公司已经成功建立了账套号为“777”的公司账套，从2021年1月1日起，启用薪资管理系统，以账套主管“李晶”的身份登录企业应用平台，在薪资管理系统中，进行如下操作。

（1）建立薪资管理系统账套，如表8-1所示。

（2）建立工资类别，如表8-2所示。

表8-1 薪资管理系统账套控制参数

控制参数	参数设置
参数设置	多工资类别个数
扣税设置	从工资中代扣个人所得税
扣零设置	不扣零
人员编码	与公共平台的人员编码长度一致

表8-2 工资类别设置

工资类别名称	类别人员所属部门	工资类别的启用日期
正式员工工资类别	全部部门	2021-01-01
临时员工工资类别	生产一部、生产二部	2021-01-01

（3）关闭工资类别，设置工资项目，如表8-3所示。

表8-3 工资项目设置

工资项目名称	类型	长度	小数	增减项
基本工资	数字	8	2	增项
岗位工资	数字	8	2	增项
交补	数字	8	2	增项
医疗保险	数字	8	2	减项
工伤保险	数字	8	2	减项
生育保险	数字	8	2	减项
养老保险	数字	8	2	减项
失业保险	数字	8	2	减项
住房公积金	数字	8	2	减项
缺勤扣款	数字	8	2	减项
缺勤天数	数字	8	2	其他
计提工资费用基数	数字	8	2	其他
“五险一金”计提基数	数字	8	2	其他
个人所得税计提基数	数字	8	2	其他

（4）批量增加“正式员工工资类别”各部门人员档案并输入个人银行账号，如表8-4所示。

表 8-4 “正式员工工资类别”各部门人员档案

人员编号	人员姓名	性　别	行政部门	人员类别	银行账号
001	陈强	男	综合管理部	企业管理人员	02000300001
002	徐冰	女	综合管理部	企业管理人员	02000300002
003	李晶	女	财务部	企业管理人员	02000300003
004	王一红	女	财务部	企业管理人员	02000300004
005	张明	男	采购部	采购人员	02000300005
006	黄平	男	采购部	采购人员	02000300006
007	章立	男	销售部	营销人员	02000300007
008	吴立行	男	销售部	营销人员	02000300008
009	赵兵	男	生产一部	车间管理人员	02000300009
010	张恒	男	生产一部	生产人员	02000300010
011	王一菲	女	生产二部	车间管理人员	02000300011
012	何原	男	生产二部	生产人员	02000300012
013	倪展鹏	男	仓管部	企业管理人员	02000300013

（5）设置“正式员工工资类别”的工资项目，如表 8-5 所示。

表 8-5 “正式员工工资类别”工资项目

工资项目名称	类　型	长　度	小　数	增 减 项
基本工资	数字	8	2	增项
岗位工资	数字	8	2	增项
交补	数字	8	2	增项
医疗保险	数字	8	2	减项
工伤保险	数字	8	2	减项
生育保险	数字	8	2	减项
养老保险	数字	8	2	减项
失业保险	数字	8	2	减项
住房公积金	数字	8	2	减项
缺勤扣款	数字	8	2	减项
缺勤天数	数字	8	2	其他
计提工资费用基数	数字	8	2	其他
“五险一金”计提基数	数字	8	2	其他
个人所得税计提基数	数字	8	2	其他

（6）设置“正式员工工资类别”工资项目的计算公式，如表 8-6 所示。

易友有限责任公司规定：采购人员和营销人员的交通补贴为 400 元，其他人员的交通补贴为 200 元；医疗保险按“五险一金计提基数”的 2%计算；养老保险按“五险一金计提基数”的 8%计算；失业保险按“五险一金计提基数”的 0.2%计算；住房公积金按“五险一金计提基数”的

12%计算；缺勤扣款按“(基本工资/30)×缺勤天数×60%”计算；个人所得税计提基数按基本工资、岗位工资、交补三项之和扣除养老保险、医疗保险、失业保险和住房公积金计算；计提工资费用基数按基本工资、岗位工资、交补三项之和扣除缺勤扣款计算。各工资项目的计算公式如表8-6所示。

(7) 设置“正式员工工资类别”扣缴个人所得税计税基数。个人所得税申报表中“收入额合计”项目对应的项目为“个人所得税计提基数”。

(8) 设置“正式员工工资类别”扣缴个人所得税税率表。个人所得税扣税基数调整为 5 000 元，个人所得税税率表如表 8-7 所示。

表 8-6　“正式员工工资类别”工资项目计算公式

工资项目	定义公式
交补	iff(人员类别 = “采购人员” or 人员类别 = “营销人员”，400，200)
医疗保险	五险一金计提基数×0.02
养老保险	五险一金计提基数×0.08
失业保险	五险一金计提基数×0.002
住房公积金	五险一金计提基数×0.12
五险一金计提基数	基本工资+岗位工资+交补
缺勤扣款	(基本工资/30)×缺勤天数×0.6
个人所得税计提基数	基本工资+岗位工资+交补-缺勤扣款-养老保险-医疗保险-失业保险-住房公积金
计提工资费用基数	基本工资+岗位工资+交补-缺勤扣款

表 8-7　个人所得税税率表

级次	应纳税所得额下限/元	应纳税所得额上限/元	税率/%	速算扣除数
1	0	(含) 3 000	3	0
2	3 000	(含) 12 000	10	210
3	12 000	(含) 25 000	20	1 410
4	25 000	(含) 35 000	25	2 660
5	35 000	(含) 55 000	30	4 410
6	55 000	(含) 80 000	35	7 160
7	80 000		45	15 160

二、相关知识

1. 薪资管理系统的工资类别管理

不同的企业，其管理模式不同，工资核算也存在不同的模式，因此用友 ERP-U8 V10.1 薪资管理系统提供单类别工资核算和多类别工资核算两种应用方案。

(1) 单类别工资核算。如果企业中所有员工的工资发放项目相同、工资计算方法也相同，可以对全部员工进行统一工资核算，对应选用系统提供的单类别工资核算应用方案。

(2) 多类别工资核算。如果企业存在下列情况之一，则需要选用系统提供的多类别工资核算应用方案。

① 企业中存在不同类别的人员，不同类别的人员工资发放项目不同，计算公式也不相同，但需要进行统一工资核算管理。例如，企业需要分别对在职人员、退休人员、离休人员进行工资核算，或者企业需要将临时工与正式职工区别开来，分别进行工资核算等。

② 企业每月进行多次工资发放，月末需要进行统一核算。例如，企业采用周薪制或工资和奖

金分次发放。

③ 企业在不同地区设有分支机构，而工资核算由总部统一管理。

④ 工资发放时使用多种货币，如人民币、美元等。

2. 工资账套、工资类别、人员类别概念的比较

工资账套、工资类别、人员类别是 3 个容易混淆的概念。工资账套是用来进行工资管理的系统。一个核算账套下只能建立一个工资账套；工资类别是按工资项目的不同而设置的工资数据管理类别，一个工资账套下可设置多个工资类别；人员类别是按工资分配政策或核算中计入会计科目的不同而对人员进行的分类，人员类别与工资费用的分配、分摊有关。设置人员类别便于进行工资的分类汇总计算。

三、任务实施

微课 079：建立薪资管理系统账套

1. 建立薪资管理系统账套

第一步：在企业应用平台“业务工作”选项卡中，执行【人力资源】|【薪资管理】命令，打开“建立工资套”对话框。

第二步：首先进行“参数设置”，选中“多个”单选项，单击【下一步】按钮。

第三步：打开“扣税设置”界面，选中“是否从工资中代扣个人所得税”复选框，单击【下一步】按钮。

第四步：打开“扣零设置”界面，系统默认为不扣零，单击【下一步】按钮。

第五步：打开“人员编码”界面，系统弹出“本系统要求您对员工进行统一编号，人员编码同公共平台的人员编码保持一致。”提示框，单击【完成】按钮，如图 8-3 所示。

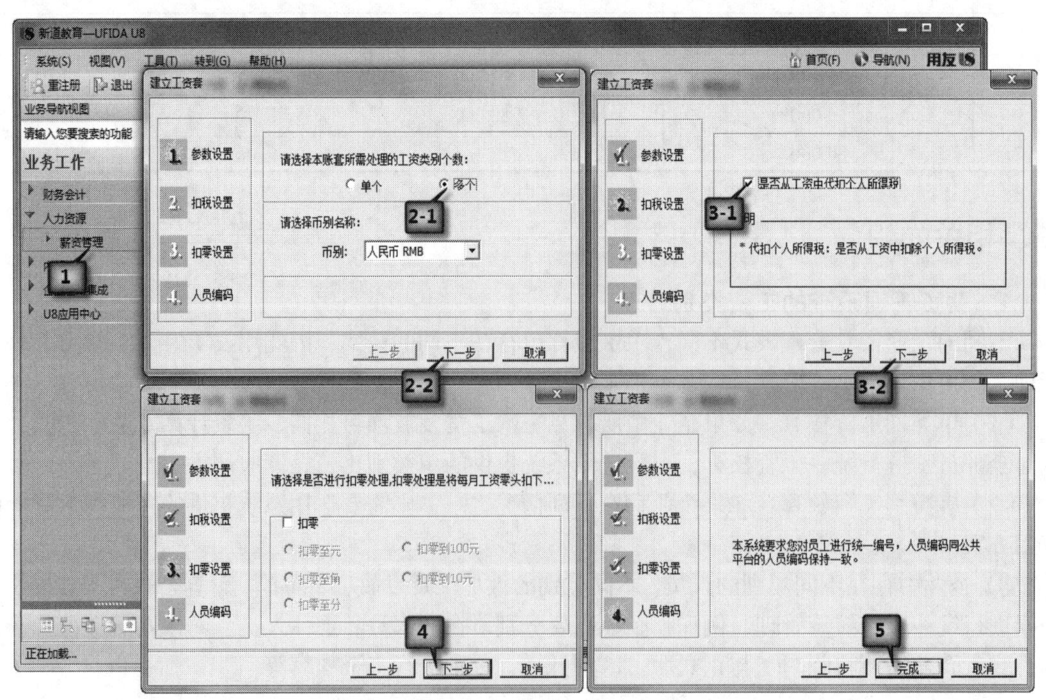

图 8-3 建立工资套

📖操作提示

- 薪资管理系统可以建立 999 套工资账套。
- 建账完毕后，部分建账参数可以在【选项】中进行修改。对于多类别工资的账套，必须在建立工资类别后且打开工资类别的状态下，才能对建账参数进行修改。
- 只有主管人员才能修改工资参数。

2. 建立工资类别

微课 080：建立工资类别

第一步：在薪资管理系统中，执行【工资类别】|【新建工资类别】命令，打开“新建工资类别”对话框。

第二步：输入工资类别名称“正式员工工资类别”，单击【下一步】按钮。

打开“新建工资类别”对话框，单击【选定全部部门】按钮，单击【完成】按钮。系统弹出“是否以 2021-01-01 为当前工资类别的启用日期？”提示框，单击【是】按钮，如图 8-4 所示。

第三步：重复第一步至第二步操作，建立临时员工工资类别。

图 8-4　建立工资类别

3. 关闭工资类别，设置工资项目

第一步：在薪资管理系统中，执行【工资类别】|【关闭工资类别】命令，系统提示“已关闭工资类别”，单击【确定】按钮。

微课 081：设置工资项目

第二步：执行【设置】|【工资项目设置】命令，打开“工资项目设置”对话框，“工资项目”列表中显示系统提供的固定工资项目。

第三步：单击【增加】按钮，根据表 8-3 所示的内容，从“名称参照”下拉列表中选择或直接输入工资项目名称，并设置新建工资项目的类型、长度、小数位数和工资增减项。增项直接计入应发合计，减项直接计入扣款合计，若工资项目类型为字符型，则小数位不可用，增减项为“其他”。单击【确定】按钮，系统弹出“工资项目已经改变，请确认各工资类别的公式是否正确。否则计算结果可能不准确”提示框，单击【确定】按钮，如图 8-5 所示。

📖操作提示

- 设置工资项目就是定义工资项目的名称、类型、宽度。
- 薪资管理系统提供了一些固定项目，包括“应发合计”“扣款合计”“实发合计”工资项目。在建立工资套时，如果选择扣零处理，则会增加“本月扣零”和“上月扣零”两个工资项目；如果选择扣税处理，则会增加“代扣税”工资项目；这些属于固定项目，不能修改或删除。
- 在关闭工资类别的状态下，执行【设置】|【工资项目设置】命令，可以进行所有工资类别全部工资项目的设置；在打开某个工资类别的状态下，执行【设置】|【工资项目设置】命

令，只能从已设置的全部工资项目中选择当前工资类别所需的工资项目。

- 如果所需要的工资项目不存在，则要关闭本工资类别，然后新增工资项目，再打开此工资类别进行选择。
- 不能删除已输入数据的工资项目和已设置计算公式的工资项目。

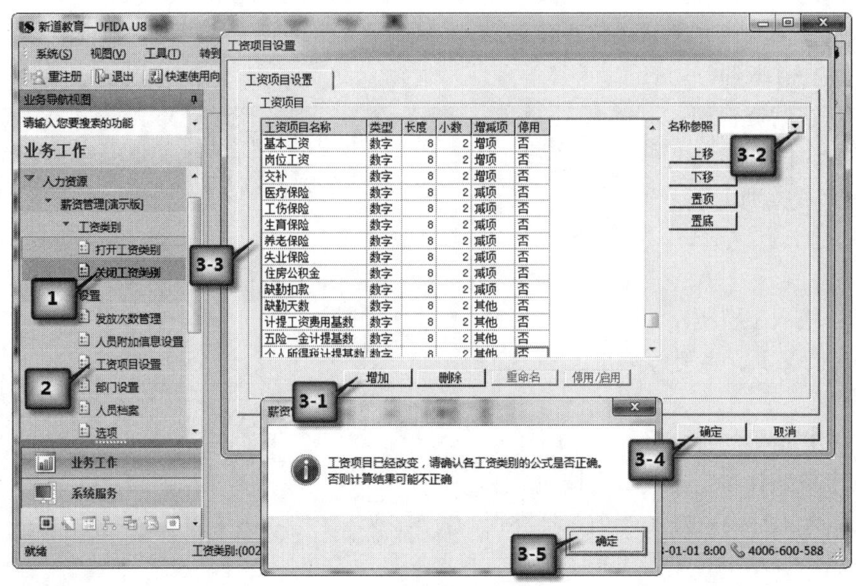

图 8-5　设置工资项目

4. 批量增加“正式员工工资类别”各部门人员档案并输入个人银行账号

第一步：在薪资管理系统中，执行【工资类别】|【打开工资类别】命令，打开“打开工资类别”对话框，选择类别编码为 001 的“正式员工工资类别”，单击【确定】按钮。

微课 082：批量增加人员档案

第二步：执行【设置】|【人员档案】命令，打开“人员档案”窗口，单击【批增】按钮，打开“人员批量增加”对话框，单击【查询】按钮，系统显示该类别下员工档案，单击【确定】按钮。

第三步：返回“人员档案”窗口，看到所设置的各部门人员档案，双击第一条记录，打开“人员档案明细”对话框，选择银行名称为“交行康复路支行”，输入银行账号“02000300001”，单击【确定】按钮，系统弹出“写入该人员档案信息吗？”提示框，单击【确定】按钮，如图 8-6 所示。系统自动列出下一位职员档案。

第四步：重复第三步的操作，完成其他人员档案中银行名称及银行账号信息的设置。

操作提示

- 在增加人员档案时，“停发工资”“调出”和“数据档案”不可选，在修改状态下才能编辑。
- 在“人员档案明细”对话框中，可以单击【数据档案】按钮，录入薪资数据。如果个别人员档案需要修改，可在此对话框中直接修改。如果一批人员的某个薪资项目同时需要修改，可以利用数据替换功能，将符合条件人员的某个薪资项目的内容统一替换某个数据。若进行替换的薪资项目已设置了计算公式，则在重新计算时以计算公式为准。

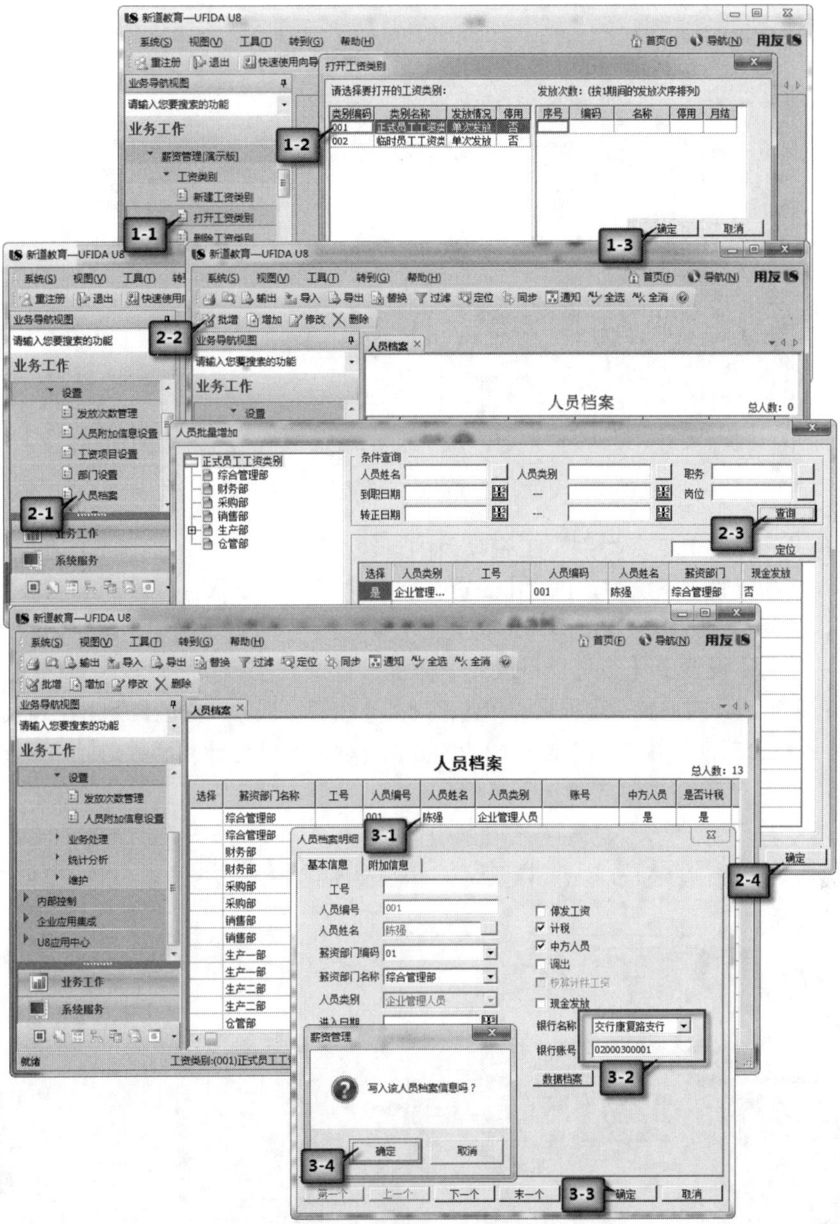

图 8–6　批量设置人员档案

5. 设置“正式员工工资类别”的工资项目

第一步：在薪资管理系统中，执行【工资类别】|【打开工资类别】命令，打开“打开工资类别”对话框，选择类别编码为 001 的“正式员工工资类别”，单击【确定】按钮。

第二步：执行【设置】|【工资项目设置】命令，打开“工资项目设置”对话框，“工资项目”列表中显示系统提供的固定工资项目。

第三步：单击【增加】按钮，在“名称参照”下拉列表中选择各工资项目名称，全部设置完毕，单击【确定】按钮，如图 8-7 所示。

微课 083：设置“正式员工工资类别”的工资项目

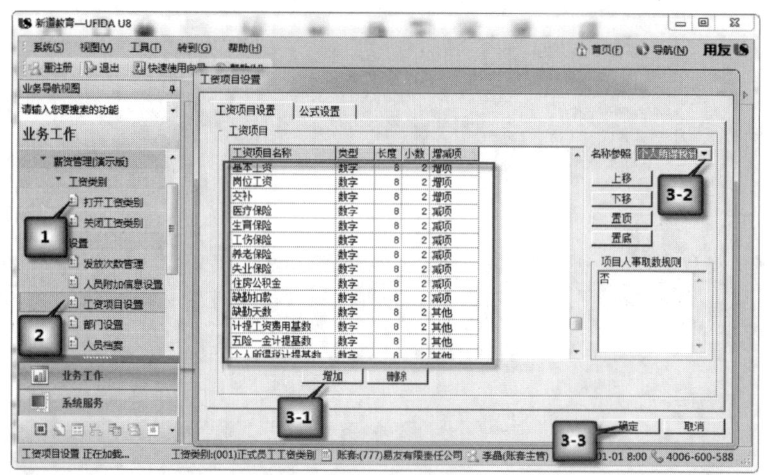

图 8–7　设置“正式员工工资类别”的工资项目

6. 设置“正式员工工资类别”工资项目的计算公式

第一步：在薪资管理系统中，执行【工资类别】|【打开工资类别】命令，打开“打开工资类别”对话框，选择类别编码为 001 的“正式员工工资类别”，单击【确定】按钮。

第二步：执行【设置】|【工资项目设置】命令，打开“工资项目设置”对话框。

第三步：单击“公式设置”选项卡，单击【增加】按钮，从“工资项目”下拉列表中选择“交补”，单击【函数公式向导输入...】按钮，如图 8-8 所示，即可打开“函数向导——步骤之 1”对话框。

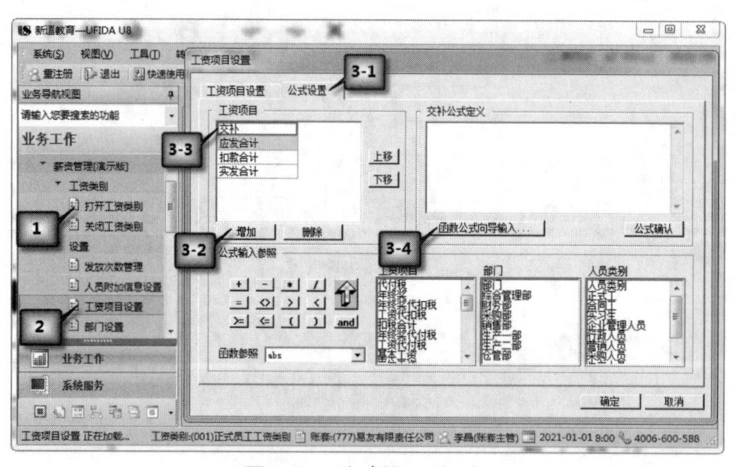

图 8–8　公式设置（1）

微课 084：设置工资项目的计算公式

第四步：在“函数名”列表中选择“iff”函数，右侧出现对应的函数说明及范例，单击【下一步】按钮，打开“函数向导——步骤之 2”对话框，单击“逻辑表达式”右侧的参照按钮，打开“参照”对话框。从“参照列表”下拉列表中选择“人员类别”，从“人员类别”列表中选择“营销人员”，单击【确定】按钮，返回“函数向导——步骤之 2”对话框，继续在“逻辑表达式”文本框中输入“or”，再重复上述步骤选择“采购人员”，在“算术表达式 1”文本框中输入“400”，在“算术表达式 2”文本框中输入“200”，单击【完成】按钮，返回“公式设置”界面，单击【公式确认】按钮。

第五步：单击【增加】按钮，从“工资项目”下拉列表中选择“医疗保险”，单击“医疗保险公式定义”输入区域，选择工资项目“五险一金计提基数”；在运算符区域单击“*”(或直接输入)，输入数字“0.02”，单击【公式确认】按钮，如图 8-9 所示。

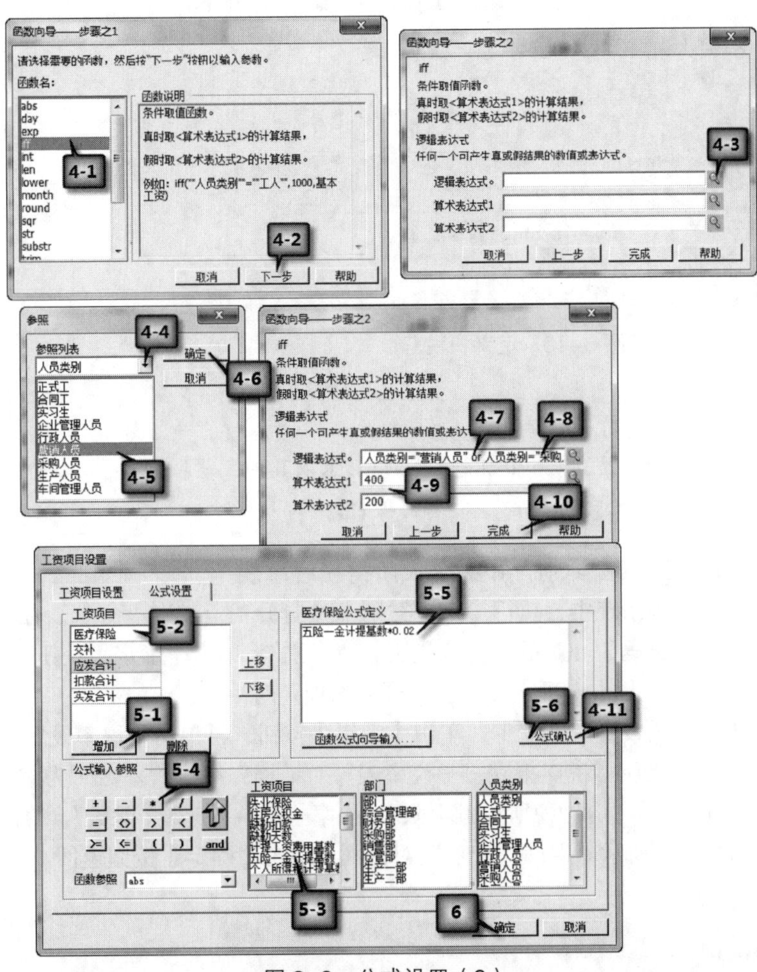

图 8–9　公式设置（2）

第六步：继续完成对其他工资项目公式的定义。全部公式定义完毕，单击【确定】按钮。

📖操作提示

公式的设置可以利用系统提供的函数、工资项目、部门、人员类别参照进行，若定义的公式不符合逻辑，系统会给出“非法的公式定义”提示。

7. 设置“正式员工工资类别”扣缴个人所得税计提基数

第一步：在薪资管理系统中，执行【工资类别】|【打开工资类别】命令，打开“打开工资类别”对话框。选择类别编码为 001 的“正式员工工资类别”，单击【确定】按钮。

第二步：执行【设置】|【选项】命令，打开“选项”对话框。

第三步：单击“扣税设置”选项卡，单击【编辑】按钮，选择收入额合计为“个人所得税计提基数”，单击【确定】按钮，如图 8-10 所示。

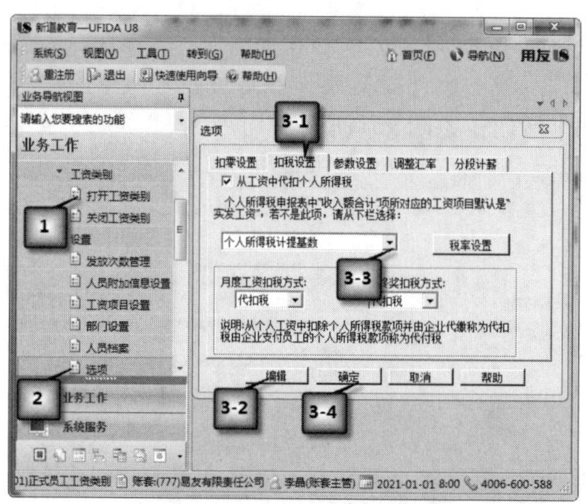

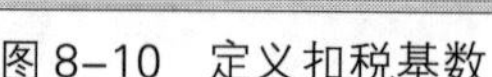

图 8-10 定义扣税基数

微课 085：设置“正式员工工资类别”扣缴个人所得税计提基数

操作提示

系统默认以“实发合计”作为扣税基数。如果想以其他工资项目作为扣税标准，则需要在定义工资项目时单独为应税所得设置一个工资项目。

8. 设置“正式员工工资类别”扣缴个人所得税税率表

第一步：在薪资管理系统中，执行【工资类别】|【打开工资类别】命令，打开“打开工资类别”对话框。选择类别编码为 001 的“正式员工工资类别”，单击【确定】按钮。

第二步：执行【设置】|【选项】命令，打开“选项”对话框。

第三步：单击“扣税设置”选项卡，单击【编辑】按钮，再单击【税率设置】按钮。

第四步：打开“个人所得税申报表——税率表”对话框，修改“基数“为“5000.00”，分别修改“应纳税所得额下限”“应纳税所得额上限”“税率（%）”“速算扣除数”。修改完成后，单击【确定】按钮，如图 8-11 所示。返回“选项”对话框，单击【确定】按钮返回。

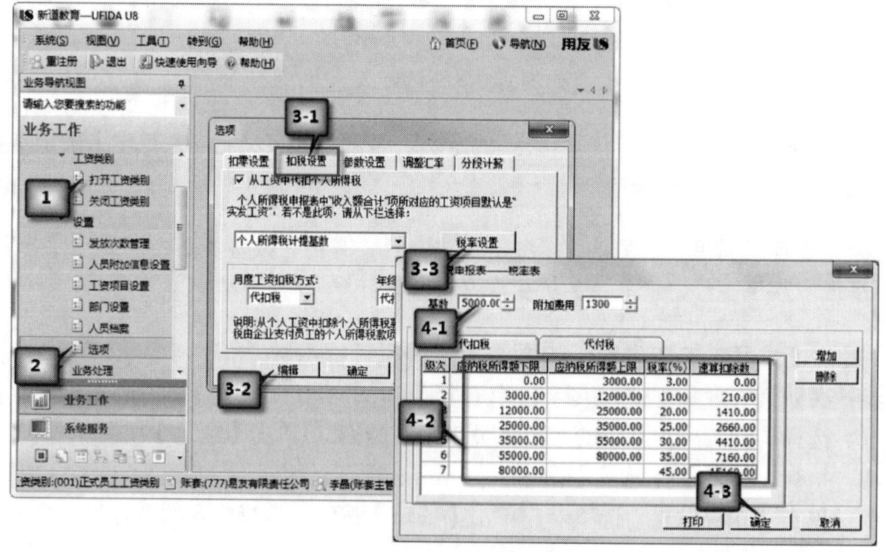

图 8-11 定义个人所得税税率表

任务三　薪资管理系统日常业务处理

一、任务描述与分析

在薪资管理系统中，以账套主管“李晶”的身份，打开“正式员工工资类别”，进行如下操作。

（1）录入所有人员工资的固定数据、变动数据并执行计算与汇总，如表 8-8 所示。

表 8-8　　易友有限责任公司正式人员工资数据统计

人员编号	姓　名	部　门	人员类别	基本工资/元	岗位工资/元	缺勤天数/天
001	陈强	综合管理部	企业管理人员	3 000	1 500	
002	徐冰	综合管理部	企业管理人员	2 200	1 200	
003	李晶	财务部	企业管理人员	2 500	1 400	
004	王一红	财务部	企业管理人员	2 200	1 200	
005	张明	采购部	采购人员	2 200	1 200	
006	黄平	采购部	采购人员	2 200	1 200	1
007	章立	销售部	营销人员	2 200	1 200	
008	吴立行	销售部	营销人员	2 200	1 200	
009	赵兵	生产一部	车间管理人员	2 400	1 400	2
010	张恒	生产一部	生产人员	1 800	1 200	
011	王一菲	生产二部	车间管理人员	2 400	1 400	
012	何原	生产二部	生产人员	1 800	1 200	
013	倪展鹏	仓管部	企业管理人员	2 000	1 000	
合计				29 100	16 300	

（2）数据替换。因去年销售部推广产品业绩较好，2021 年 1 月，销售部员工的岗位工资在原来 1 200 元的基础上，每人调增 200 元。

（3）定义分配工资费用并生成凭证。根据表 8-9 定义分配工资费用的凭证并生成 1 月份工资费用分配凭证。

表 8-9　　易友有限责任公司定义分配工资费用凭证

分摊构成设置（计提比例 100%）						
部门名称	人员类别	工资项目	借方科目	借方项目大类	借方项目	贷方科目
综合管理部、财务部、仓管部	企业管理人员	计提工资费用基数	660202			221101
销售部	营销人员	计提工资费用基数	660102			221101
采购部	采购人员	计提工资费用基数	660202			221101
生产一部	生产人员	计提工资费用基数	500102	圆珠笔成本核算	单色圆珠笔	221101
生产二部	生产人员	计提工资费用基数	500102	圆珠笔成本核算	双色圆珠笔	221101
生产一部、生产二部	车间管理人员	计提工资费用基数	510109			221101

（4）定义由公司承担的住房公积金的凭证。根据表 8-10 定义由公司承担的住房公积金的凭证。

表 8-10　　易友有限责任公司定义由公司承担的住房公积金凭证

分摊构成设置（计提比例 12%）						
部门名称	人员类别	工资项目	借方科目	借方项目大类	借方项目	贷方科目
综合管理部、财务部、仓管部	企业管理人员	五险一金计提基数	660202			221108
销售部	营销人员	五险一金计提基数	660102			221108
采购部	采购人员	五险一金计提基数	660202			221108
生产一部	生产人员	五险一金计提基数	500102	圆珠笔成本核算	单色圆珠笔	221108
生产二部	生产人员	五险一金计提基数	500102	圆珠笔成本核算	双色圆珠笔	221108
生产一部、生产二部	车间管理人员	五险一金计提基数	510109			221108

（5）定义由个人承担的住房公积金的凭证。根据表 8-11 定义由个人承担的住房公积金的凭证。

表 8-11　　易友有限责任公司定义由个人承担的住房公积金凭证

分摊构成设置（计提比例 12%）				
部门名称	人员类别	工资项目	借方科目	贷方科目
综合管理部、财务部、仓管部	企业管理人员	五险一金计提基数	221101	224101
销售部	营销人员	五险一金计提基数	221101	224101
采购部	采购人员	五险一金计提基数	221101	224101
生产一部、生产二部	生产人员	五险一金计提基数	221101	224101
生产一部、生产二部	车间管理人员	五险一金计提基数	221101	224101

（6）定义计提工会经费的凭证。根据表 8-12 定义计提工会经费的凭证。

表 8-12　　易友有限责任公司定义计提工会经费凭证

分摊构成设置（计提比例 2%）						
部门名称	人员类别	工资项目	借方科目	借方项目大类	借方项目	贷方科目
综合管理部、财务部、仓管部	企业管理人员	应发合计	660202			221109
销售部	营销人员	应发合计	660102			221109
采购部	采购人员	应发合计	660202			221109
生产一部	生产人员	应发合计	500102	圆珠笔成本核算	单色圆珠笔	221109
生产二部	生产人员	应发合计	500102	圆珠笔成本核算	双色圆珠笔	221109
生产一部、生产二部	车间管理人员	应发合计	510109			221109

（7）定义计提代扣个人所得税的凭证。根据表 8-13 定义计提代扣个人所得税的凭证。

表 8-13　　易友有限责任公司定义计提代扣个人所得税凭证

部门名称	人员类别	工资项目	借方科目	贷方科目
综合管理部、财务部、仓管部	企业管理人员	代扣税	221101	222104
销售部	营销人员	代扣税	221101	222104
采购部	采购人员	代扣税	221101	222104

续表

部门名称	人员类别	工资项目	借方科目	贷方科目
生产一部、生产二部	生产人员	代扣税	221101	222104
生产一部、生产二部	车间管理人员	代扣税	221101	222104

（8）批量生成凭证。批量生成 1 月份由公司承担的住房公积金的凭证、由个人承担的住房公积金的凭证、计提工会经费的凭证及计提代扣个人所得税的凭证。

（9）开出转账支票（票号：zz202105），缴纳本月由公司及个人承担的住房公积金共计 11 808 元。

初次使用薪资管理系统，需要录入全部人员所有可录入的工资数据，而在以后的正常使用中，只要录入工资数据发生变动的项目即可，定义了计算公式的工资项目数据由系统自动计算生成。

二、相关知识

1. 薪资管理系统提供的工资数据的快速输入方法

第一次使用薪资管理系统时，必须将所有人员的基本工资数据录入计算机，每月发生的工资数据变动，如代扣款项的扣发、缺勤情况的录入、奖金的录入等，也需要及时进行调整。为了快速、准确地输入工资数据，在工资变动窗口可以使用以下工资数据的快速输入方法。

（1）单击【编辑】按钮，在页编辑器中可以对选定的人员进行工资数据的快速输入，单击“上一人”或“下一人”选项可变更人员。

（2）如果只有一个或几个工资项目需要输入工资数据，可以单击【过滤器】下拉按钮，选择“过滤设置”选项，将要输入工资数据的项目设置为“已选项目”，“工资变动”界面只显示被过滤的项目。

（3）如果只需要对部分人员的工资数据进行输入，可通过单击【筛选】或【定位】按钮将目标人员过滤出来。

（4）单击【替换】按钮可将符合条件人员的某个工资项目数据统一替换为另一个数据。

2. 职工薪酬包含的内容及分配工资计提五险一金、工会经费和职工教育经费的账务处理

（1）按照《企业会计准则第 9 号——职工薪酬》的规定，职工薪酬包括短期薪酬、离职后福利、辞退福利和其他长期职工福利等。其中，短期薪酬具体包括：① 职工工资、奖金、津贴和补贴；② 职工福利费；③ 医疗保险费、工伤保险费和生育保险费；④ 住房公积金；⑤ 工会经费和职工教育经费；⑥ 短期带薪缺勤；⑦ 短期利润分享计划；⑧ 其他短期薪酬。

（2）企业在分配工资、职工福利费，计提各种社会保险费、住房公积金、工会经费和职工教育经费等职工薪酬时，应做如下账务处理。

借：生产成本
　　制造费用
　　管理费用
　　销售费用等
　　贷：应付职工薪酬——工资
　　　　　　　　　　——职工福利费
　　　　　　　　　　——社会保险费
　　　　　　　　　　——住房公积金
　　　　　　　　　　——工会经费
　　　　　　　　　　——职工教育经费

在明确了工资费用分配等账务处理之后，企业可以在薪资管理系统中正确定义分配工资、职工福利费、计提各种社会保险费、住房公积金、工会经费和职工教育经费等会计凭证，正确计算应付职工薪酬金额和应计入成本费用的薪酬金额。

三、任务实施

微课 086：录入工资数据

1. 录入所有人员工资固定数据、变动数据并执行计算与汇总

第一步：在薪资管理系统中，执行【工资类别】|【打开工资类别】命令，打开“打开工资类别”对话框。选择类别编码为 001 的“正式员工工资类别”，单击【确定】按钮。

第二步：执行【业务处理】|【工资变动】命令，打开“工资变动”窗口。

第三步：分别录入每位人员的基本工资、岗位工资及缺勤人员的缺勤天数。

第四步：单击【计算】按钮，再单击【汇总】按钮，进行工资的重新计算与汇总，如图 8-12 所示。

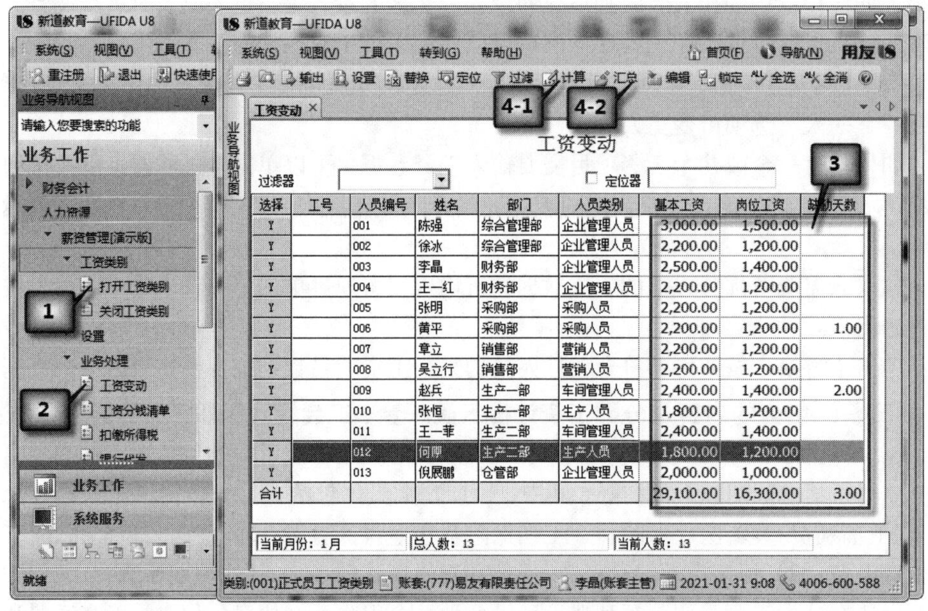

选择	工号	人员编号	姓名	部门	人员类别	基本工资	岗位工资	缺勤天数
Y		001	陈强	综合管理部	企业管理人员	3,000.00	1,500.00	
Y		002	徐冰	综合管理部	企业管理人员	2,200.00	1,200.00	
Y		003	李晶	财务部	企业管理人员	2,500.00	1,400.00	
Y		004	王一红	财务部	企业管理人员	2,200.00	1,200.00	
Y		005	张明	采购部	采购人员	2,200.00	1,200.00	
Y		006	黄平	采购部	采购人员	2,200.00	1,200.00	1.00
Y		007	章立	销售部	营销人员	2,200.00	1,200.00	
Y		008	吴立行	销售部	营销人员	2,200.00	1,200.00	
Y		009	赵兵	生产一部	车间管理人员	2,400.00	1,400.00	2.00
Y		010	张恒	生产一部	生产人员	1,800.00	1,200.00	
Y		011	王一菲	生产二部	车间管理人员	2,400.00	1,400.00	
Y		012	何厚	生产二部	生产人员	1,800.00	1,200.00	
Y		013	倪展鹏	仓管部	企业管理人员	2,000.00	1,000.00	
合计						29,100.00	16,300.00	3.00

图 8-12　录入工资固定数据和变动数据并执行计算与汇总

操作提示

- 在工资变动界面单击鼠标右键，在弹出的快捷菜单中选择“动态计算”命令，则工资数据变动时，带有计算公式的工资项目会据此重新计算，否则，需要单击【计算】按钮进行重新计算。
- 若在个人所得税功能区中修改了“税率表”或重新选择了“收入额合计”选项，则在退出个人所得税功能区后，需要在“工资变动”窗口中单击【计算】和【汇总】按钮重新计算，以保证“代扣税”工资项目正确反映单位实际代扣个人所得税的金额。
- 退出“工资变动”窗口前，需要进行工资数据的“汇总”操作。

2. 数据替换

微课 087：数据替换

第一步：选择类别编码为 001 的“正式员工工资类别”，在“工资变动”窗口中单击【全选】按钮，再单击【替换】按钮，打开“工资项数据替换”对话框。

第二步：选择要替换的工资项目为“岗位工资”，输入替换目标数据“岗位工资 + 200”，设置替换条件“部门 =（04）销售部”，单击【确定】按钮，系统弹出“数据替换后将不可恢复，是否继续？”提示框，单击【是】按钮，系统弹出“2 条数据被替换，是否重新计算？”提示框，单击【是】按钮，如图 8-13 所示。

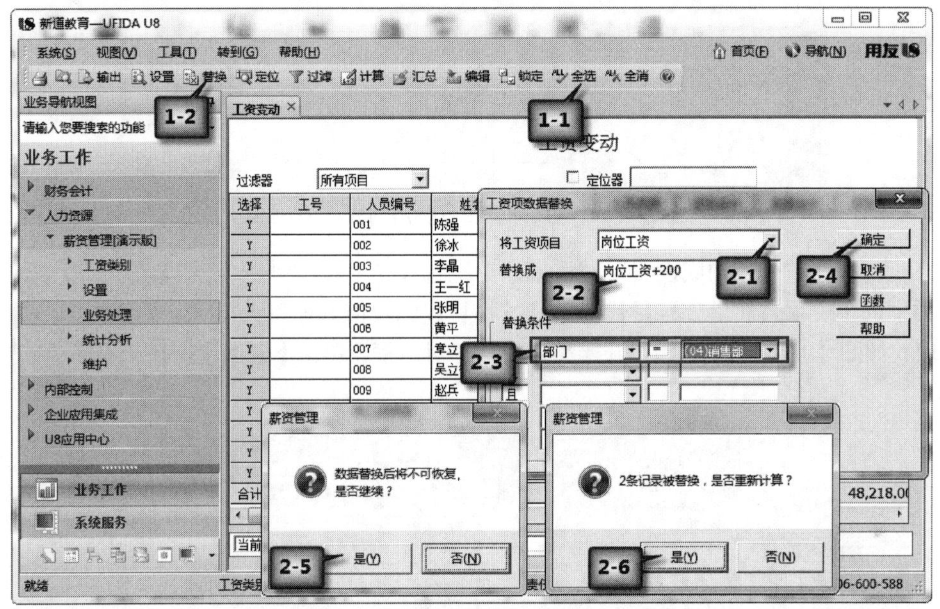

图 8–13　数据替换

操作提示

- 若进行数据替换的工资项目已设置了计算公式，则在重新计算时以计算公式为准。
- 如未输入替换条件而进行替换，则系统默认替换条件为本工资类别的全部人员。
- 如果想对某数据类型的工资项目按特定比例增加或减少同样的数额，需要录入此工资项目的名称、运算符及常数。

3. 定义分配工资费用凭证并生成

微课 088：定义分配工资费用凭证并生成

定义分配工资费用的凭证并生成 1 月份工资费用分配凭证。

第一步：选择类别编码为 001 的“正式员工工资类别”，执行【业务处理】|【工资分摊】命令，打开“工资分摊”对话框。

第二步：单击【工资分摊设置...】按钮，打开“分摊类型设置”对话框，单击【增加】按钮，打开“分摊计提比例设置”对话框，输入计提类型名称“分配工资”，系统默认分摊计提比例为“100%”，单击【下一步】按钮，如图 8-14 所示。

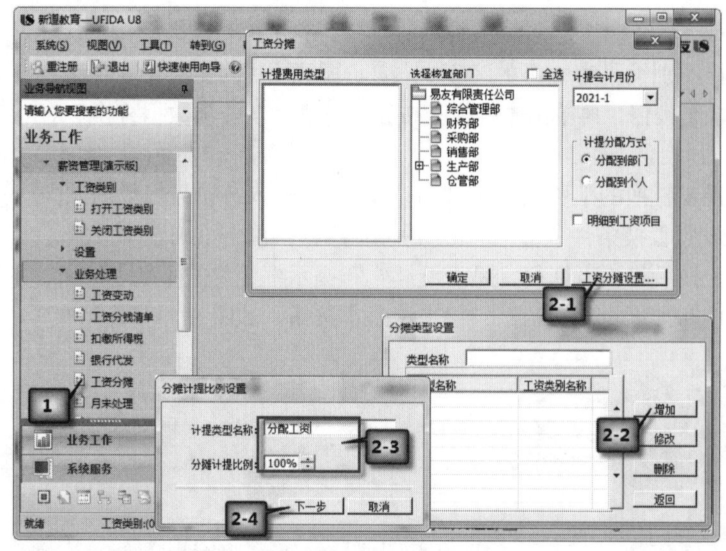

图 8–14　定义分配工资费用的凭证（1）

第三步：打开“分摊构成设置”对话框，分别选择“人员类别”“部门名称”，输入或选择不同人员类别的工资项目、借方科目代码、贷方科目代码及借方项目大类等。设置完毕，单击【完成】按钮，如图 8-15 所示。返回“分摊类型设置”对话框，单击【返回】按钮，返回“工资分摊”对话框。

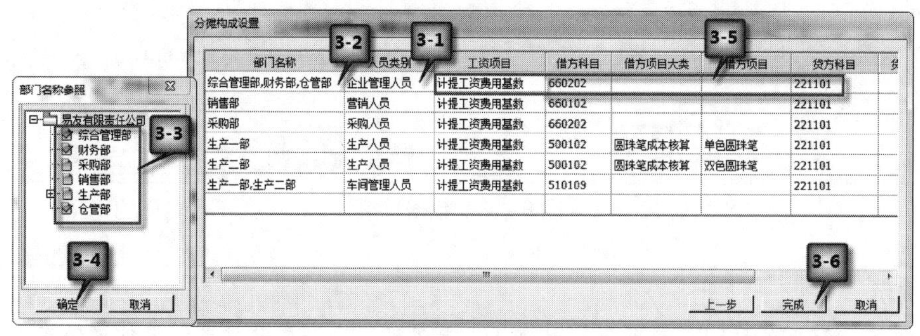

图 8–15　定义分配工资费用的凭证（2）

第四步：选中“计提费用类型”列表框中的“分配工资”复选框，选择所有核算部门，选中“明细到工资项目”复选框和“按项目核算”复选框，单击【确定】按钮。

第五步：打开“工资分摊明细”窗口，选择要生成凭证的类型为“分配工资”，选中“合并科目相同、辅助项相同的分录”复选框，单击【制单】按钮，生成分配工资的凭证，选择凭证类别【转】字，单击【保存】按钮，凭证上出现“已生成”标志，如图 8-16 所示。单击 × 按钮，系统自动将当前凭证传递到总账系统等待审核记账。

4. 定义由公司承担的住房公积金凭证

第一步：选择类别编码为 001 的“正式员工工资类别”，在“工资分摊”对话框中单击【工资分摊设置...】按钮，打开“分摊类型设置”对话框，单击【增加】按钮，打开“分摊计提比例设置”对话框，输入计提类型名称“公司-住房公积金”，输入分摊计提比例“12%”，单击【下一步】按钮，如图 8-17 所示。

微课 089：定义由公司承担的住房公积金凭证

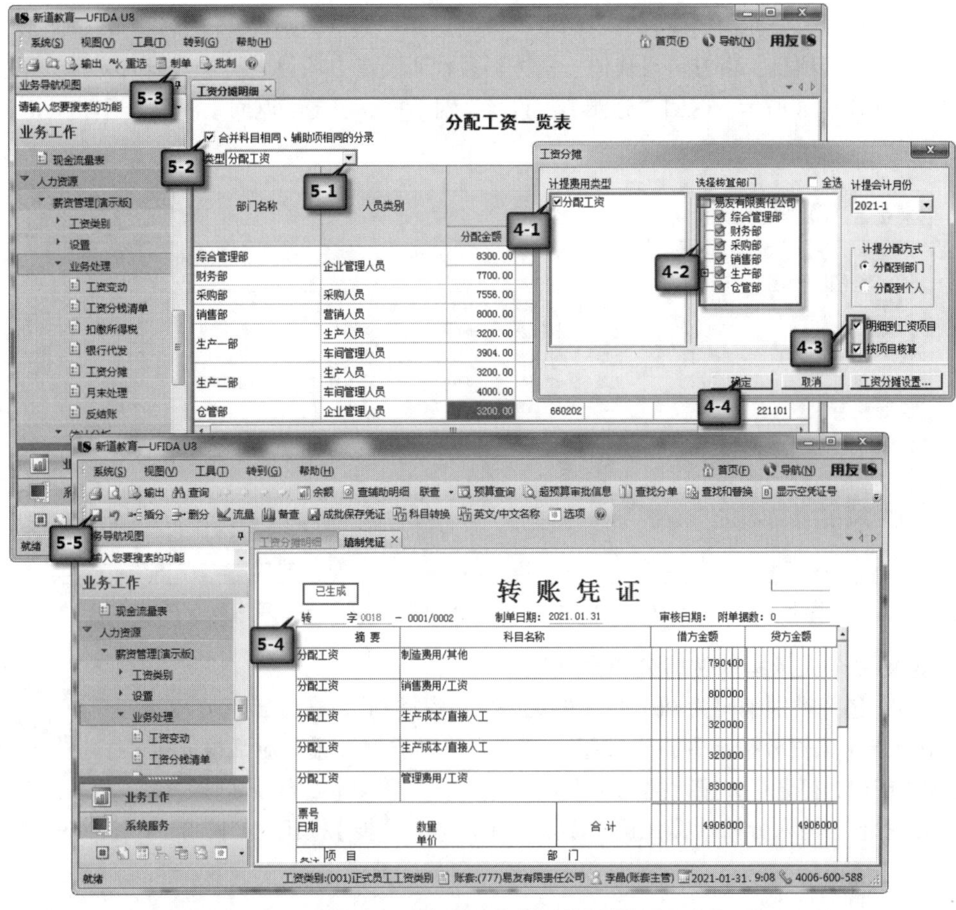

图 8-16　生成工资费用分配凭证

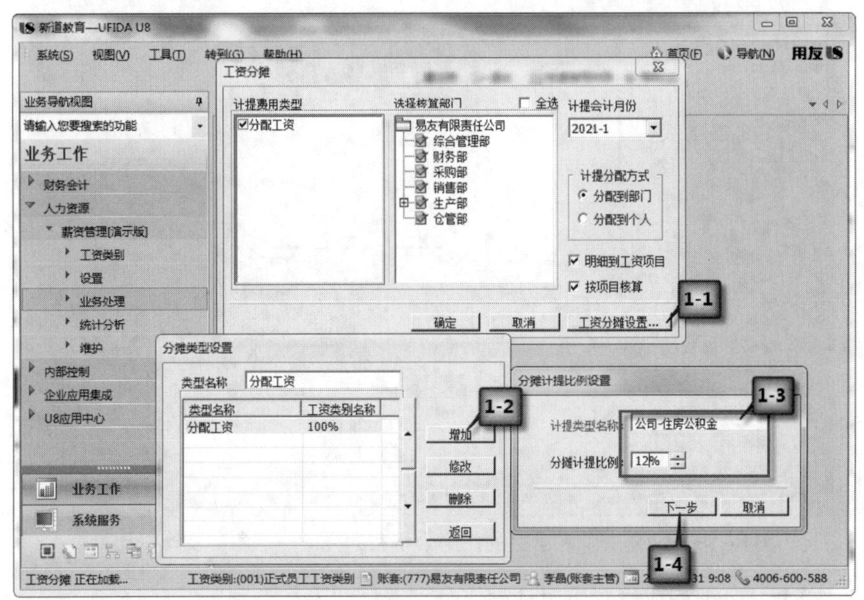

图 8-17　定义由公司承担的住房公积金的凭证——名称及计提比例

第二步：打开“分摊构成设置”对话框，分别选择“人员类别”“部门名称”，输入或选择不同人员类别的工资项目、借方科目代码、贷方科目代码及借方项目大类等。设置完毕，单击【完成】按钮，如图 8-18 所示。返回“分摊类型设置”对话框，单击【返回】按钮，返回“工资分摊”对话框。

分摊构成设置

部门名称	人员类别	工资项目	借方科目	借方项目大类	借方项目	贷方科目
综合管理部,财务部,仓管部	企业管理人员	五险一金计提基数	660202			221108
销售部	营销人员	五险一金计提基数	660102			221108
采购部	采购人员	五险一金计提基数	660202			221108
生产一部	生产人员	五险一金计提基数	500102	圆珠笔成本核算	单色圆珠笔	221108
生产二部	生产人员	五险一金计提基数	500102	圆珠笔成本核算	双色圆珠笔	221108
生产一部,生产二部	车间管理人员	五险一金计提基数	510109			221108

2-1　2-2

上一步　完成　取消

图 8-18　定义由公司承担的住房公积金的凭证——分摊构成设置

5. 定义由个人承担的住房公积金凭证

第一步：选择类别编码为 001 的“正式员工工资类别”，在“工资分摊”对话框中单击【工资分摊设置...】按钮，打开“分摊类型设置”对话框，单击【增加】按钮，打开“分摊计提比例设置”对话框，输入计提类型名称“个人-住房公积金”，输入分摊计提比例“12%”，单击【下一步】按钮，如图 8-19 所示。

微课 090：定义由个人承担的住房公积金凭证

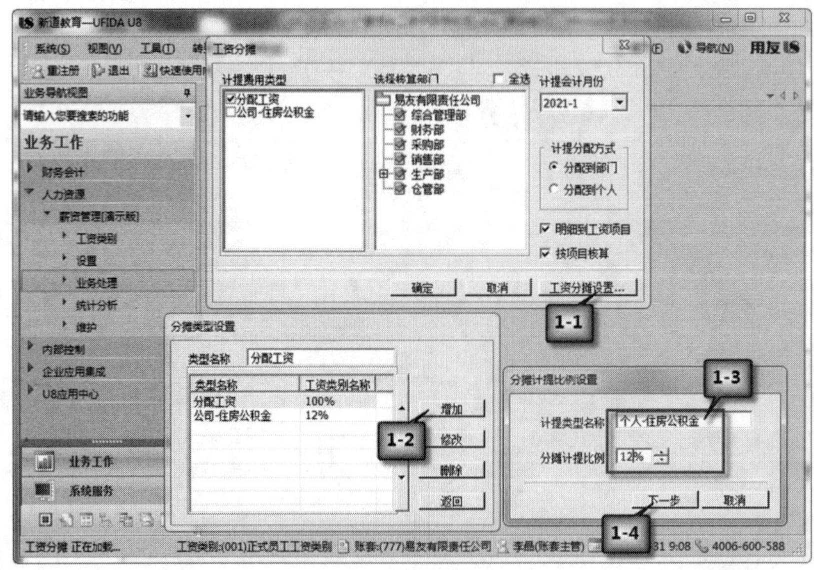

图 8-19　定义由个人承担的住房公积金的凭证——名称及计提比例

第二步：打开“分摊构成设置”对话框，分别选择“人员类别”“部门名称”，输入或选择不同人员类别的工资项目、借方科目代码、贷方科目代码等。设置完毕，单击【完成】按钮，如图

8-20 所示。返回“分摊类型设置”对话框，单击【返回】按钮，返回“工资分摊”对话框。

分摊构成设置

部门名称	人员类别	工资项目	借方科目	借方项目大类	借方项目	贷方科目	贷方
综合管理部,财务部,仓管部	企业管理人员	五险一金计提基数	221101			224101	
销售部	营销人员	五险一金计提基数	221101			224101	
采购部	采购人员	五险一金计提基数	221101			224101	
生产一部,生产二部	生产人员	五险一金计提基数	221101			224101	
生产一部,生产二部	车间管理人员	五险一金计提基数	221101			224101	

2-1　2-2　上一步　完成　取消

图 8–20　定义由个人承担的住房公积金的凭证——分摊构成设置

6. 定义计提工会经费凭证

第一步：选择类别编码为 001 的“正式员工工资类别”，在“工资分摊”对话框中单击【工资分摊设置...】按钮，打开“分摊类型设置”对话框，单击【增加】按钮，打开“分摊计提比例设置”对话框，输入计提类型名称“公司-工会经费”，输入分摊计提比例“2%”，单击【下一步】按钮，如图 8-21 所示。

微课 091：定义计提工会经费凭证

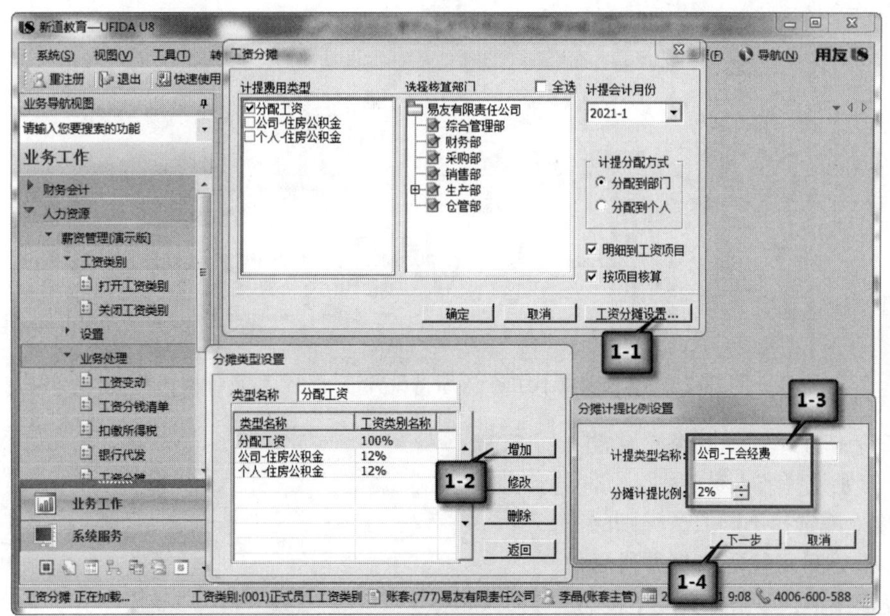

图 8–21　定义由公司承担的工会经费凭证——名称及计提比例

第二步：打开“分摊构成设置”对话框，分别选择“人员类别”“部门名称”，输入或选择不同人员类别的工资项目、借方科目代码、贷方科目代码及借方项目大类等。设置完毕，单击【完成】按钮，如图 8-22 所示。返回“分摊类型设置”对话框，单击【返回】按钮，返回“工资分摊”对话框。

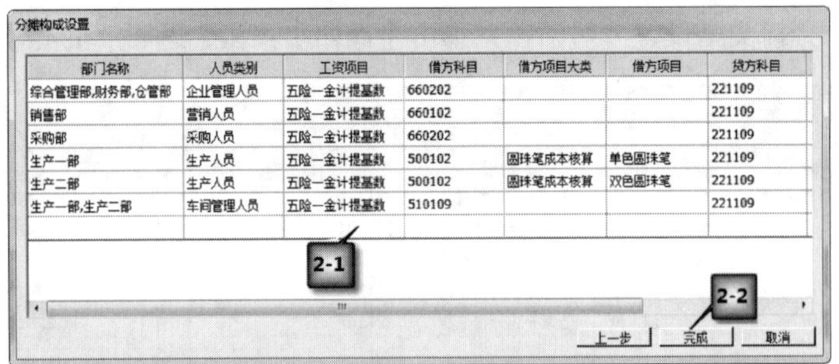
分摊构成设置

部门名称	人员类别	工资项目	借方科目	借方项目大类	借方项目	贷方科目
综合管理部,财务部,仓管部	企业管理人员	五险一金计提基数	660202			221109
销售部	营销人员	五险一金计提基数	660102			221109
采购部	采购人员	五险一金计提基数	660202			221109
生产一部	生产人员	五险一金计提基数	500102	圆珠笔成本核算	单色圆珠笔	221109
生产二部	生产人员	五险一金计提基数	500102	圆珠笔成本核算	双色圆珠笔	221109
生产一部,生产二部	车间管理人员	五险一金计提基数	510109			221109

图 8-22　定义由公司承担的工会经费凭证——分摊构成设置

7. 定义计提代扣个人所得税凭证

第一步：选择类别编码为 001 的“正式员工工资类别”，在“工资分摊”对话框中单击【工资分摊设置...】按钮，打开“分摊类型设置”对话框，单击【增加】按钮，打开“分摊计提比例设置”对话框，输入计提类型名称“计提代扣个人所得税”，输入分摊计提比例“100%”，单击【下一步】按钮，如图 8-23 所示。

微课 092：定义计提代扣个人所得税凭证

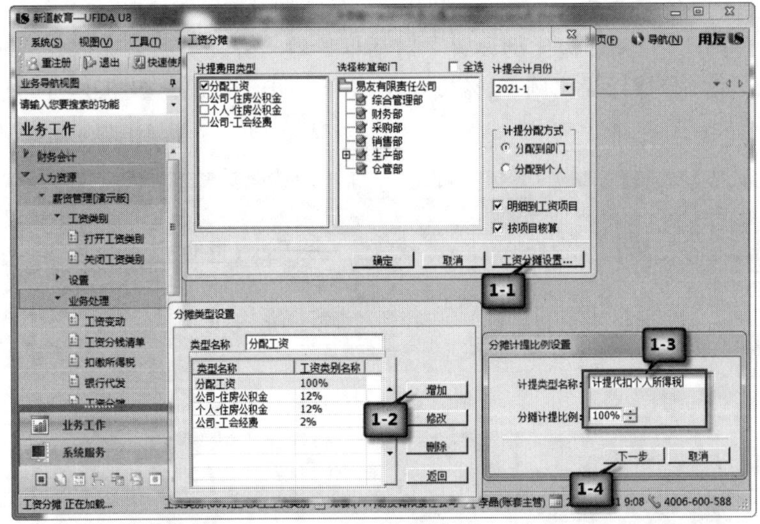
图 8-23　定义计提代扣个人所得税凭证——名称及计提比例

第二步：打开“分摊构成设置”对话框，分别选择“人员类别”“部门名称”，输入或选择不同人员类别的工资项目、借方科目代码、贷方科目代码等。设置完毕，单击【完成】按钮，如图 8-24 所示。返回“分摊类型设置”对话框，单击【返回】按钮，返回“工资分摊”对话框。

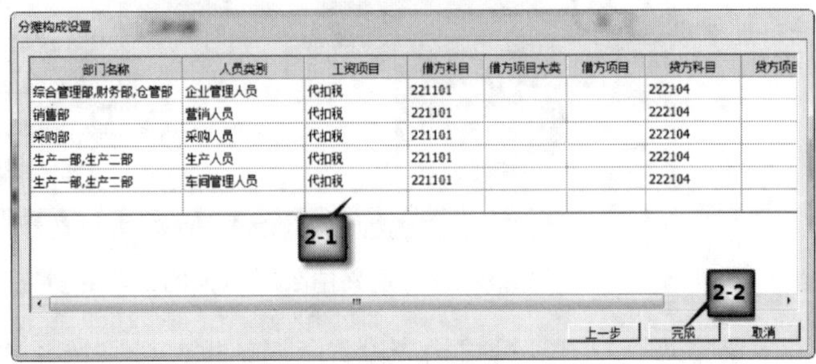
分摊构成设置

部门名称	人员类别	工资项目	借方科目	借方项目大类	借方项目	贷方科目
综合管理部,财务部,仓管部	企业管理人员	代扣税	221101			222104
销售部	营销人员	代扣税	221101			222104
采购部	采购人员	代扣税	221101			222104
生产一部,生产二部	生产人员	代扣税	221101			222104
生产一部,生产二部	车间管理人员	代扣税	221101			222104

图 8-24　定义计提代扣个人所得税凭证——分摊构成设置

8. 批量生成凭证

第一步：选择类别编码为 001 的“正式员工工资类别”，执行【业务处理】|【工资分摊】命

令，打开“工资分摊”对话框，选中“计提费用类型”列表框中的“公司-住房公积金”“个人-住房公积金”“公司-工会经费”“计提代扣个人所得税”复选框，选择所有核算部门，选中“明细到工资项目”复选框和“按项目核算”复选框，单击【确定】按钮。

微课 093：批量生成凭证

第二步：打开“工资分摊明细”窗口，选择要生成凭证的类型“公司-住房公积金”，选中“合并科目相同、辅助项相同的分录”复选框；选择要生成凭证的类型“个人-住房公积金”，选中“合并科目相同、辅助项相同的分录”复选框；选择要生成凭证的类型“公司-工会经费”，选中“合并科目相同、辅助项相同的分录”复选框；选择要生成凭证的类型“计提代扣个人所得税”，选中“合并科目相同、辅助项相同的分录”复选框；单击【批制】按钮，依次生成“公司-住房公积金”“个人-住房公积金”“公司-工会经费”“计提代扣个人所得税”的凭证，依次选择凭证类别【转】字，单击【成批保存凭证】按钮，系统弹出“凭证”提示框，单击【确定】按钮，凭证上出现“已生成”标志，如图 8-25 所示，单击 × 按钮，系统自动将当前凭证传递到总账系统等待审核记账。

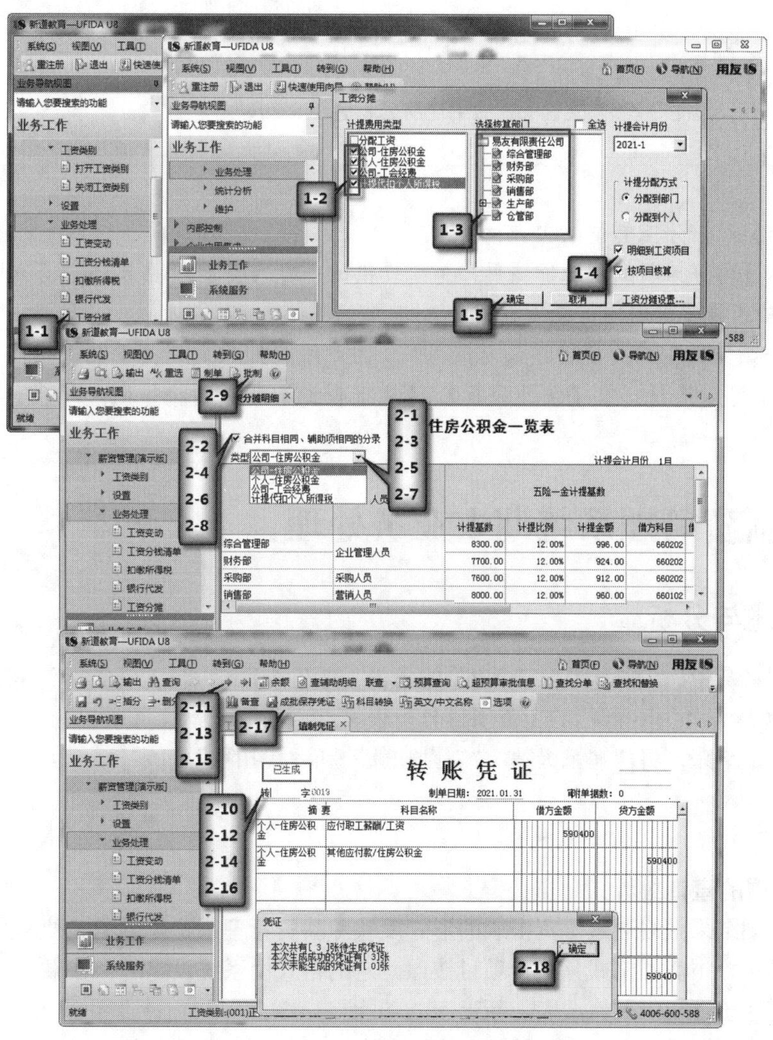

图 8-25　批量生成凭证

9．开出转账支票（票号：zz202105），缴纳本月由公司及个人承担的住房公积金

执行【财务会计】|【总账】|【凭证】|【填制凭证】命令，打开“填制凭证”窗口，单击【增加】按钮，输入缴纳本月由公司及个人承担的住房公积金共计 11 808 元的会计凭证，如图 8-26 所示。

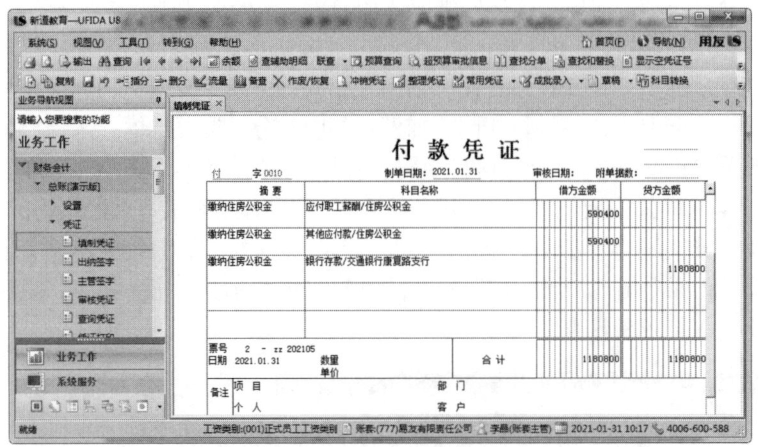

图 8-26 凭证——缴纳住房公积金

微课 094：缴纳住房公积金

操作提示

- 工资分摊应按分摊类型依次进行。
- 若选择费用分摊明细到工资项目，系统提供的一览表会显示图 8-15 所示的“分摊构成设置”对话框中已设置好的借、贷方科目。
- 工资分摊凭证生成后被传递到总账系统，因此用户如果发现由于数据错误等原因需要重新分摊工资，可以通过执行【统计分析】|【凭证查询】命令删除凭证，然后重新进行工资分摊。

任务四 薪资管理系统期末业务处理

一、任务描述与分析

在薪资管理系统中，以账套主管“李晶”的身份，打开“正式人员工资类别”，进行如下操作。

（1）查询 2021 年 1 月各部门的工资项目分析表。

（2）办理月末结账，将“缺勤天数”“缺勤扣款”和“代扣税”清零。

二、相关知识

1．工资数据的查询统计

工资数据处理结果最终通过工资报表的形式反映。薪资管理系统提供了多种形式的报表以反映工资核算的结果，报表的格式是工资项目按照一定的格式由系统设定的，如果对报表提供的固定格式不满意，系统还提供了修改表、新建表的功能。

（1）工资表。工资表包括工资发放签名表、工资发放条、工资卡、部门工资汇总表、人员类别工资汇总表、条件汇总表、条件统计表、条件明细表、工资变动明细表、工资变动汇总表等。工资表主要用于本月工资的发放和统计，可以修改和重建。

（2）工资分析表。工资分析表是以工资数据为基础的，用来对部门、人员类别的工资数据进行分析和比较的各种分析表，供决策人员使用。如果系统提供的分析表不能满足需要，用户可以通过执行【统计分析】|【账表】|【我的账表】命令所提供的自定义账表功能进行分析表的修改或重建。

2. 薪资管理系统的月末结账

月末结转是将当月数据经过处理后结转至下月。每月工资数据处理完毕均可进行月末结转。由于在工资项目中，有的项目是变动的，即每月的数据均不相同，在结账过程中应进行清零处理。清零处理后，可方便输入下月数据。

在薪资管理系统的月末结账中，需要注意以下事项。

（1）月末结转只有在会计年度的 1 月至 11 月进行。

（2）若要处理多个工资类别，则应打开工资类别，分别进行月末结算。

（3）若本月工资数据未汇总，系统将不允许进行月末结转。

（4）进行期末处理后，当月数据将不允许再发生变动。

（5）月末结账后，系统将保存所需清零的工资项，不用每月重新选择。

（6）月末处理功能只有主管人员才能执行。

（7）在多次发放的工资类别下，各个发放次数的结账要按照打开工资类别界面中设置的顺序依次进行。

（8）同一个工资类别中必须将当月所有未停用的发放次数全部月结后，才能进行下月业务处理。

（9）若已启用工资变动审核控制，则只有该工资类别的工资数据全部被审核后才允许进行月末处理。

三、任务实施

微课 095：查询工资项目分析表

1. 查询 2021 年 1 月各部门的工资项目分析表

第一步：在薪资管理系统中“正式员工工资类别”下，执行【统计分析】|【账表】|【工资分析表】命令，打开“工资分析表”对话框。

第二步：系统默认所选分析表为“工资项目分析表（按部门）”，单击【确定】按钮。打开“请选择分析部门”对话框，选择所有部门，并选中“选定下级部门”复选框，单击【确定】按钮。

第三步：打开“分析表选项”对话框，选择全部工资项目，单击【确定】按钮，查看“工资项目分析（按部门）”。查询完毕，单击【退出】按钮，如图 8-27 所示。

微课 096：薪资管理系统月末结账

2. 办理月末结账

对“正式员工工资类别”办理月末结账，将“缺勤天数”“缺勤扣款”“代扣税”清零。

第一步：在薪资管理系统中“正式员工工资类别”下，执行【业务处理】|【月末处理】命令，打开“月末处理”对话框。

第二步：单击【确定】按钮，系统弹出“月末处理之后，本月工资将不许变动！继续月末处理吗？”提示框，单击【是】按钮，系统继续弹出“是否选择清零项？”提示框，单击【是】按钮，打开“选择清零项目”对话框。

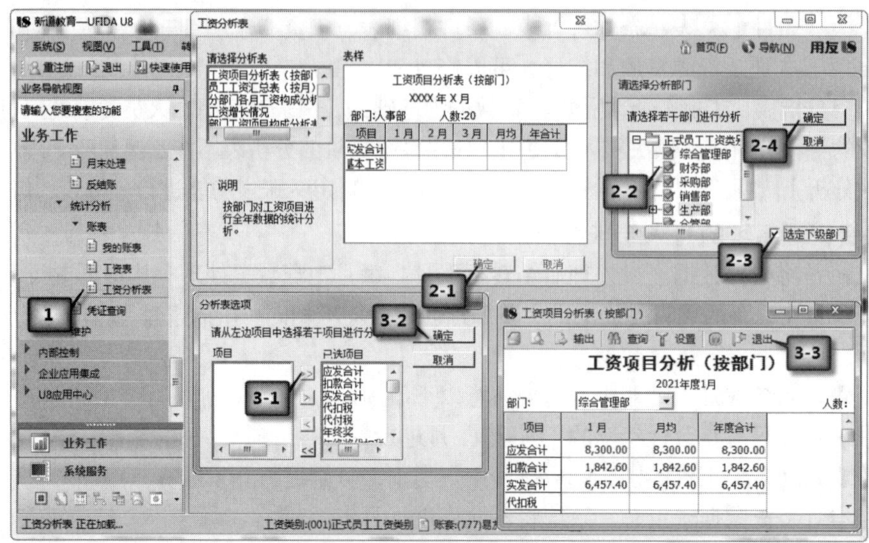
图 8-27　查询工资项目分析表

第三步：选择需要清零的项目“缺勤天数”“缺勤扣款”“代扣税”后，单击【确定】按钮，系统弹出“月末处理完毕!”提示框，并且按用户设置将清零项目数据清空，其他项目继承当前月数据。单击【确定】按钮，如图 8-28 所示。如果在“选择清零项目”对话框中选中“保存本次选择结果”复选框，则系统将对本次需清零的工资项目进行保存，每月不必重新选择。

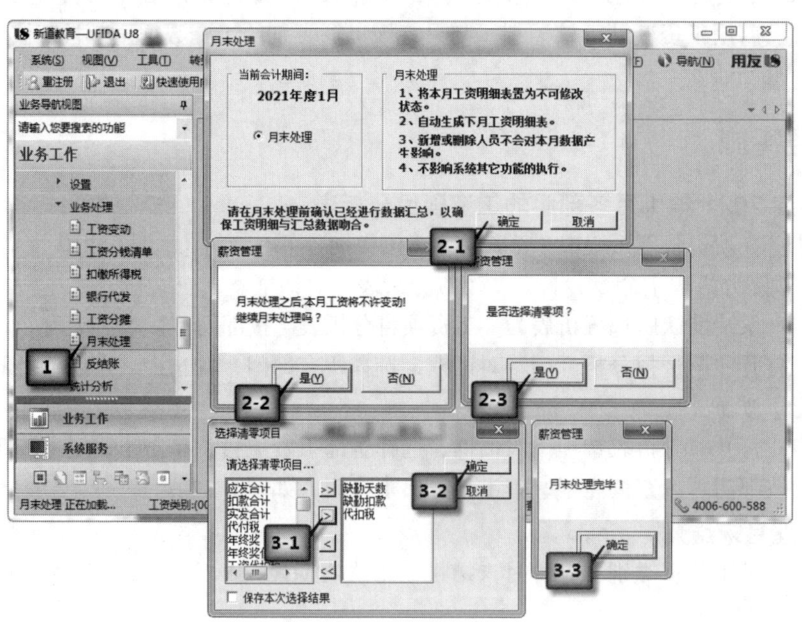
图 8-28　月末处理

操作提示

- 使用薪资管理系统办理月末结账时，若要处理多个工资类别，则应打开工资类别，分别进行月末结算。本书只对“正式员工工资类别”办理月末结账，可结合所学的薪资管理系统的相关知识，根据系统的提示，对“临时员工工资类别”办理月末结账。

- 在进行月末处理后，如果还发现有一些业务或其他事项要在已进行月末处理的月份进行账务处理，可以由账套主管以下月日期登录，使用反结账功能，取消已结账标记。
- 本月工资分摊、计提凭证传递到总账系统，如果总账系统已审核并记账，用户需做红字凭证冲销后，才能反结账；如果总账系统未做任何操作，用户只需删除此凭证即可。如果凭证已经由出纳或主管签字，用户应在取消出纳签字或主管签字，并删除该张凭证后才能反结账。
- 有下列情况之一不允许反结账：总账系统已经结账；汇总工资类别的会计月份与反结账的会计月份相同，并且包括反结账的工资类别。

小结

本模块主要介绍了薪资管理系统的基本功能、业务处理流程、建立工资核算账套的基本方法与步骤、初始设置的主要内容及方法，以及日常业务及期末业务处理的主要内容和方法。通过上机操作，能够熟练进行薪资管理系统初始设置，正确进行工资的核算，加强对企业人力资源的管理。

【视野拓展案例 8】 会计岗位工作要规范

【案例资料】

B 公司是一家国有公司，2020 年 3 月，公司人事部门在当地招聘了一名具有初级会计职称的会计人员李某。2020 年 5 月，B 公司任命李某为会计主管人员。调入 B 公司前，李某从事了两年的会计工作。2020 年 6 月，该厂销售部门职工张某持餐饮票到会计部门报销，该餐票没有领导和经办人的签章。会计人员赵某因与张某个人关系较好，处理了该项业务。2020 年 8 月，会计人员王某离职，由其同事孙某接替他的工作。两人未办理会计工作交接手续。

【案例解读】

本案例中，B 公司任命李某为会计主管人员的行为不符合规定。根据《会计法》规定，担任单位会计机构负责人（会计主管人员）的，应当具备会计师以上专业技术职务资格或者从事会计工作三年以上的经历，李某既不具备会计师以上专业技术职务资格，其从事会计工件的经历也不足三年。会计人员赵某处理业务的行为也不符合规定。因为在会计实际工件中，记账必须以合法的凭证为依据，该发票没有相关人员的签名，不能作为填制记账凭证和记账的依据。另外，会计人员王某离职未办理会计工件交接手续的行为不符合规定。会计人员工作调动或者因故离职，必须办理会计工作交接手续。

本案例中的 B 公司会计监督机制混乱、不完善，会计人员也没有严格审核会计凭证。在办理具体业务时，容易违规违法，公司需要制定相应的会计制度和内控制度。

【思考】

B 公司会计岗位工作不规范的根本原因是什么？

模块九

总账系统期末处理

知识目标

1. 熟悉总账系统期末处理的主要功能
2. 掌握定义转账凭证的基本方法
3. 掌握生成转账凭证的基本方法
4. 掌握总账系统期末结账的步骤

能力目标

1. 能够熟练进行期末业务的转账定义设置
2. 能够生成正确的期末业务转账凭证
3. 能顺利进行总账系统期末结账

素养目标

1. 树立责任意识，严格按照业务流程作业，确保会计信息质量
2. 养成精益求精的工匠精神
3. 具有团队精神，养成会计岗位协作意识

任务一　认知总账系统期末处理

一、总账系统期末处理的主要功能

期末处理是指在将本月所发生的经济业务全部登账之后所做的工作，主要包括期末转账业务、对账、结账等内容。总账系统的期末处理要在其他业务管理系统完成期末处理之后才能进行。

第一次使用总账系统进行期末业务处理，应先执行转账定义设置自动转账分录，然后在各月只要调用转账生成功能，即可快速生成转账凭证。

总账系统的期末转账定义主要包括自定义转账、对应结转、销售成本结转、售价（计划价）销售成本结转、汇兑损益结转、期间损益结转等。

（1）自定义转账功能可以完成费用分配、分摊、税金计算、提取各项费用、部门核算、项目核算、个人核算、客户核算、供应商核算的结转等。

（2）对应结转功能只能结转期末余额。若要结转发生额，则应在自定义中设置。既可进行两

个科目一对一结转，也可进行科目的一对多结转。对应结转的科目可以为上级科目，但其下级科目的科目结构必须保持一致。如有辅助核算，则两个科目的辅助账类也必须一一对应。

（3）销售成本结转设置功能主要是月末辅助没有启用购销存业务模块的企业完成销售成本的计算和结转。

（4）售价（计划价）销售成本结转功能主要按售价（计划价）结转销售成本或调整销售成本。

（5）汇兑损益结转功能主要用于期末自动计算外币账户的汇兑损益，并在转账生成中自动生成汇兑损益转账凭证。汇兑损益只处理外汇存款户、外币现金、外币结算的各项债权和债务。

（6）期间损益结转功能主要用于在一个会计期间终了后将损益类科目的余额结转到本年利润科目中，从而及时反映企业利润的盈亏情况。

二、对账

一般来说，只要记账凭证录入正确，计算机自动记账后各种账簿都应是正确、平衡的，但由于非法操作、计算机病毒或其他原因有时可能会造成某些数据被破坏，因此引起账账不符。为了保证账证相符、账账相符，用户应经常使用对账功能，至少一个月一次，一般可在月末结账前进行。进入系统时，其隐藏了【恢复记账前状态】功能，如果要使用必须进入【对账】功能区按“Ctrl+H”组合键激活【恢复记账前状态】功能。

三、结账

结账是一项将账簿记录定期结算清楚的账务工作。在一定时期结束（如月末、季末、年末）时，为了编制会计报表，需要进行结账。结账的内容通常包括两个方面：一是结清各种损益类账户，并据以计算确定本年利润；二是结清各资产、负债和所有者权益账户，分别结出本期发生额合计和余额。

对不需要按月结计本期发生额的账户，月末结账时，只需要在最后一笔经济业务之下画通栏单红线，不需要再结计一次余额。

库存现金、银行存款日记账和需要按月结计本期发生额的收入、费用等明细账，每月结账时，要在最后一笔经济业务之下画通栏单红线，结出本期发生额和余额，在摘要栏内注明“本月合计”字样，在下方画通栏单红线。

需要结计本年累计发生额的某些明细账户，每月结账时，应在“本月合计”行下结出自年初起至本月月末止的累计发生额，登记在月份发生额的下面，在摘要栏内注明“本年累计”字样，并在下方画通栏单红线。12月月末的“本年累计”就是全年累计发生额，在全年累计发生额下画通栏双红线。

年度终了结账时，有余额的账户，要将其余额结转下年，并在摘要栏内注明“结转下年”字样。

在会计信息化环境下，结账后禁止在当期继续使用处理业务的各项功能，如不能输入、修改凭证、不能记账等。

结账的步骤如下。

（1）选择结账月份。如果第一次启用总账系统是在年中，就必须先对以前会计期间进行结账处理，才能进行本月结账。

（2）自动进行结账前检验。检验结果全部符合结账条件，才能进行结账，否则系统不予结账。

（3）自动备份数据。保存结账前的工作状态，即将结账前所有数据备份到硬盘目录，防止由于结账过程被中断而造成数据丢失，同时输出月度工作报告。

（4）自动进行结账处理，做结账标志。

任务二　定义转账凭证

一、任务描述与分析

2021 年 1 月，在企业应用平台总账系统中，以账套主管“李晶”的身份，进行如下操作。

1. 自定义转账凭证——结转本月制造费用，其中单色圆珠笔和双色圆珠笔各分摊 50%。

借：生产成本——制造费用　（取对方科目计算结果/2；项目：单色圆珠笔）
　　生产成本——制造费用　（取对方科目计算结果/2；项目：双色圆珠笔）
　　贷：制造费用——折旧费　　（取 510101 科目的借方期末余额）
　　　　　　　——其他　　　（取 510109 科目的借方期末余额）

2. 自定义转账凭证——结转本月单色圆珠笔完工成本（假定本月生产的产品全部完工，验收入库且生产成本账户没有期初余额）。

借：库存商品——单色圆珠笔　（取对方科目计算结果）
　　贷：生产成本——直接材料　（取 500101 科目的借方期末余额；项目：单色圆珠笔）
　　　　　　　——直接人工　（取 500102 科目的借方期末余额，项目：单色圆珠笔）
　　　　　　　——制造费用　（取 500103 科目的借方期末余额；项目：单色圆珠笔）

3. 定义结转销售成本的凭证。

4. 定义结转期间损益的凭证。

二、相关知识

1. 自定义转账设置

总账系统的期末转账设置主要包括自定义转账、对应结转、销售成本结转、售价（计划价）销售成本结转、汇兑损益、期间损益、自定义比例转账以及费用摊销和预提等。

在系统投入运行不久，第一次使用总账系统或者第一个会计核算期末结账前，可用“转账定义”功能对需要自动转账的凭证进行定义。

由于各企业情况不同，各种计算方法也不尽相同，特别是对各类成本费用分摊结转方式的差异，必然会造成各企业这类结账方式的不同。因此，企业可以根据实际需要使用“自定义结账”功能。

自定义转账的运用可以极大提高总账系统的使用效率，但是由于其规则复杂，函数多样，不便于理解和操作，因此建议在总账系统运行初期，不使用或少使用自定义转账功能；随着系统应用的深入，逐步增加自动转账分录，直至大部分转账凭证都能用自动转账实现。

2. 销售成本结转设置

销售成本结转，是将月末商品（或产成品）销售数量乘以库存商品（或产成品）的平均单价计算各类商品销售成本并进行结转。

3. 期间损益结转设置

期间损益结转，用于在一个会计期间终了将损益类科目的余额结转到本年利润科目中，从而及时反映企业利润的盈亏情况。它主要完成主营业务收入、其他业务收入、投资收益、营业外收入、主营业务成本、其他业务成本、管理费用、销售费用、财务费用、营业外收支、所得税费用、资产减值损失等科目向本年利润的结转。

三、任务实施

1. 自定义转账凭证——结转本月制造费用

第一步：在企业应用平台“业务工作”选项卡中，执行【财务会计】|【总账】|【期末】|【转账定义】|【自定义转账】命令，打开“自定义转账设置”窗口。

微课 097：自定义结转本月制造费用的转账凭证

第二步：单击【增加】按钮，打开“转账目录”对话框，输入转账序号“1”，输入转账说明“结转制造费用”，选择凭证类别“转 转账凭证”，单击【确定】按钮，返回“自定义转账设置”窗口。

第三步：单击【增行】按钮，输入第一条分录。科目编码选择“500103”，单击“项目”栏的参照按钮，选择“单色圆珠笔”，双击“方向”栏，选择“借”，双击“金额公式”栏，输入“JG()/2”。

第四步：单击【增行】按钮，输入第二条分录。科目编码选择“500103”，单击“项目”栏的参照按钮，选择“双色圆珠笔”，双击“方向”栏，选择“借”，双击“金额公式”栏，输入“JG()/2”。

第五步：单击【增行】按钮，输入第三条分录。科目编码选择“510101”，双击“方向”栏，选择“贷”，双击“金额公式”栏，单击随后出现的参照按钮，在打开的对计话框中选择“期末余额”，单击【下一步】按钮，打开“公式向导”对话框，系统默认取数会计科目为“510101”；期间为“月”，单击【完成】按钮，“金额公式”栏显示定义好的公式“QM(510101,月)”。

第六步：重复第五步的操作，完成第四条分录的定义，全部设置完毕，单击【保存】按钮，如图 9-1 所示。

2. 自定义转账凭证——结转本月单色圆珠笔完工成本

第一步：执行【财务会计】|【总账】|【期末】|【转账定义】|【自定义转账】命令，打开“自定义转账设置”窗口，单击【增加】按钮，打开“转账目录”对话框，输入转账序号“2”，输入转账说明“结转单色圆珠笔完工成本”，选择凭证类别“转 转账凭证”，单击【确定】按钮，返回“自定义转账设置”窗口。

微课 098：自定义结转本月单色圆珠笔完工成本的转账凭证

第二步：单击【增行】按钮，输入第一条分录的科目编码“140501”，双击“方向”栏，选择“借”，双击“金额公式”栏，输入“JG()”。

第三步：单击【增行】按钮，输入第二条分录。科目编码选择“500101”，单击“项目”栏的参照按钮，选择“单色圆珠笔”项目；双击“方向”栏，选择“贷”，双击“金额公式”栏，单击随后出现的参照按钮，在打开的对话框中选择“期末余额”，单击【下一步】按钮，打开“公式向导”对话框，系统默认取数会计科目为“500101”；期间为“月”，项目为“单色圆珠笔”，单击【完成】按钮。

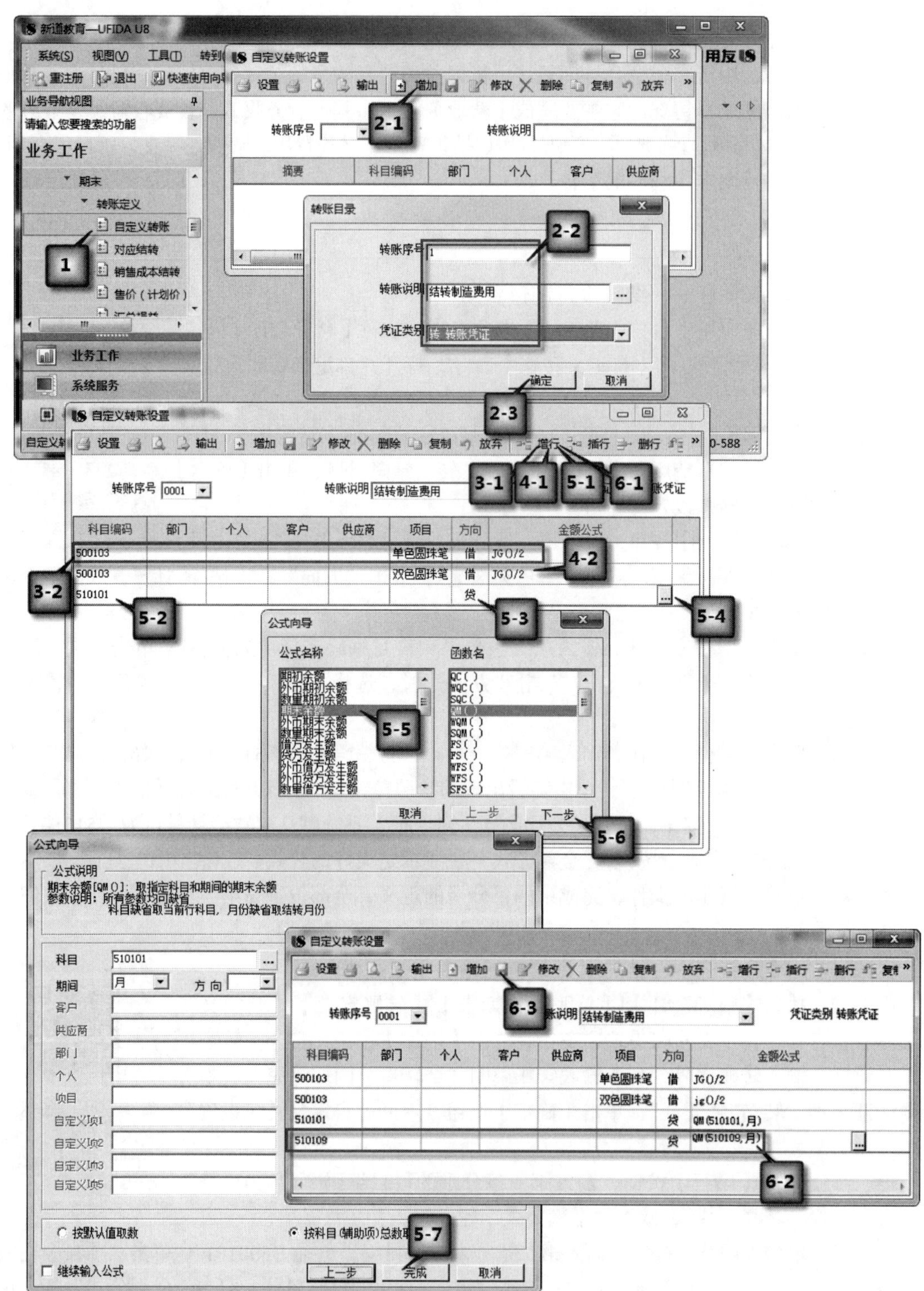

图 9-1　自定义转账凭证——结转本月制造费用

第四步：重复第三步的操作，完成第三条分录和第四条分录的定义，全部设置完毕，单击【保存】按钮，如图 9-2 所示。

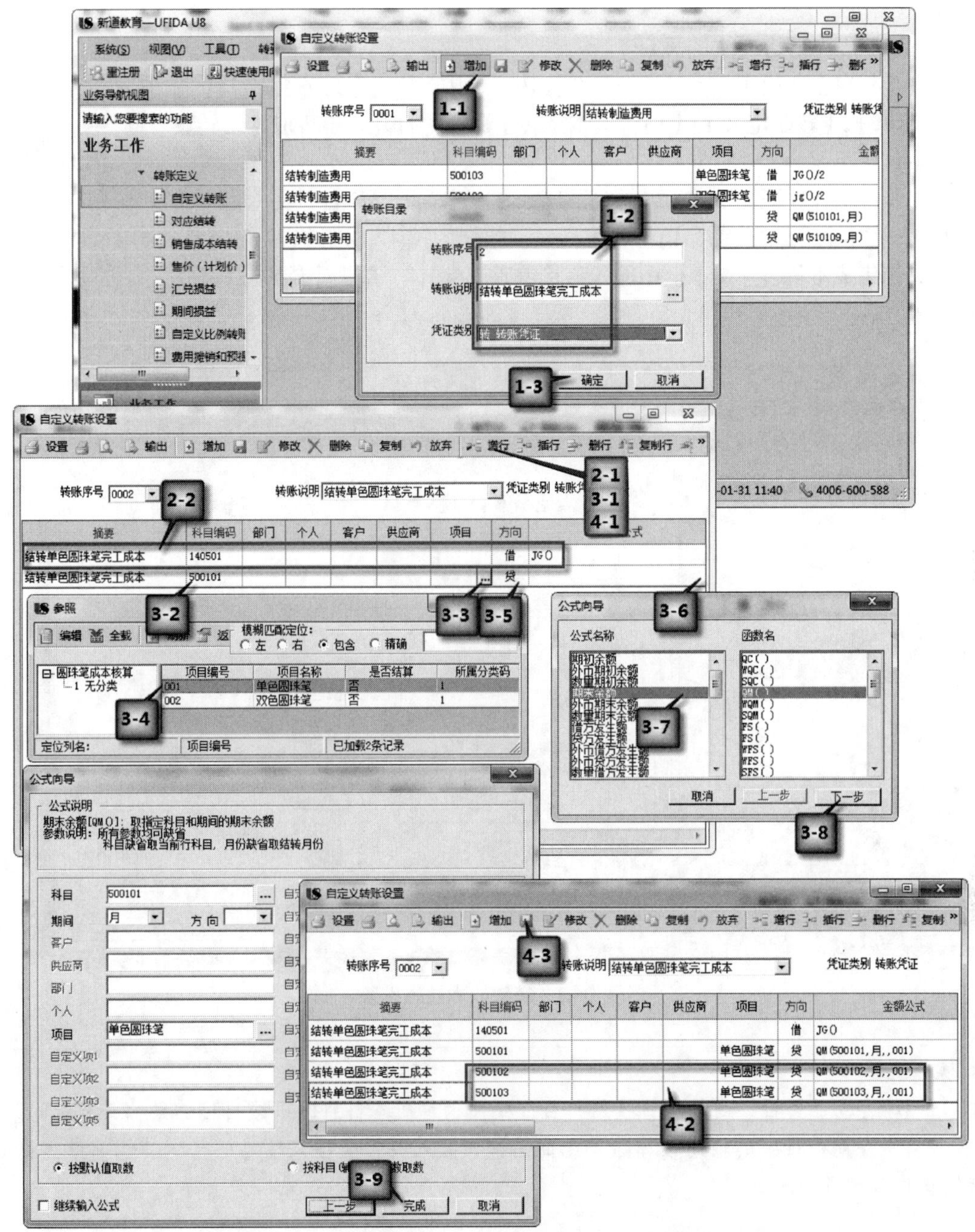

图 9-2　自定义转账设置——结转本月单色圆珠笔完工成本

操作提示

- 转账科目可以为非末级科目，部门可为空，表示所有部门。
- 自定义转账设置可以完成对各种费用的分配、分摊、计提及税金的计算等，也可以自定义期间损益转账凭证，系统还单独提供了期间损益的功能，用户可根据实际情况决定采用哪一种功能。如果用户使用了应收、应付管理系统，则在总账系统中，不能按客户、供应商辅助项进行结转，只能按科目总数进行结转。

3. 定义结转销售成本的凭证

第一步：在企业应用平台“业务工作”选项卡中，执行【财务会计】|【总账】|【期末】|【转账定义】|【销售成本结转】命令，打开“销售成本结转设置”对话框。

微课 099：定义结转销售成本的凭证

第二步：选择凭证类别“转 转账凭证”，在“库存商品科目”文本框中输入科目编码“1405”，在“商品销售收入科目”文本框中输入科目编码“6001”，在“商品销售成本科目”文本框中输入科目编码“6401”，单击【确定】按钮，如图 9-3 所示。

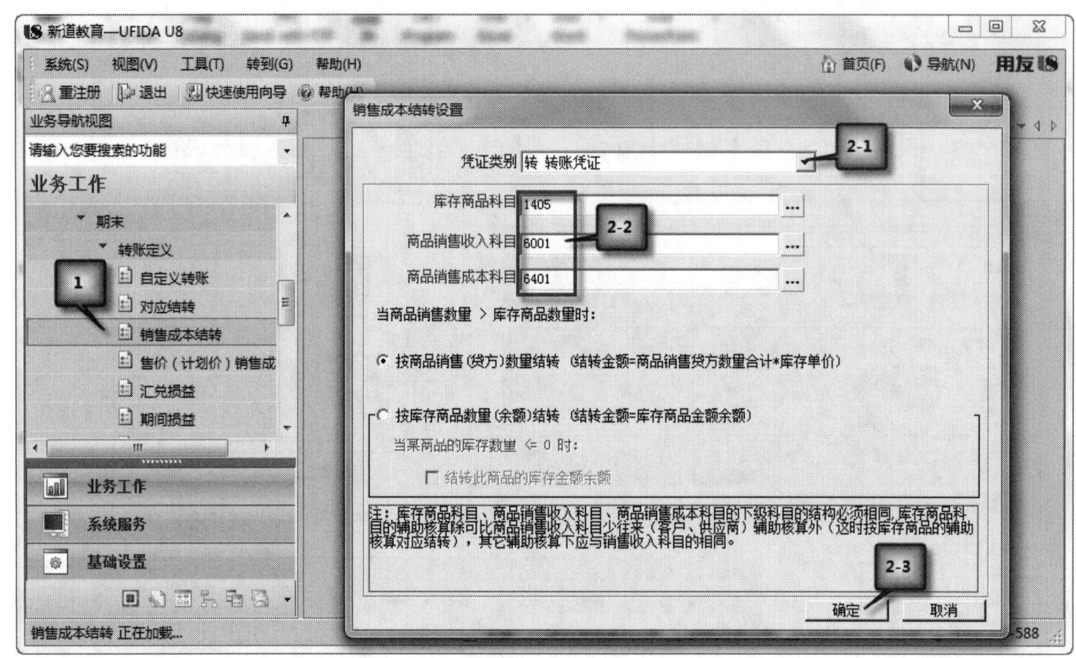

图 9-3 销售成本结转设置

操作提示

- 库存商品科目、商品销售收入科目、商品销售成本科目的下级科目的结构必须相同。
- 库存商品科目的辅助核算除了比商品销售收入科目少往来辅助核算，其他辅助核算应与销售收入科目相同。

4. 定义结转期间损益的凭证

第一步：在企业应用平台“业务工作”选项卡中，执行【财务会计】|【总账】|【期末】|【转账定义】|【期间损益】命令，打开“期间损益结转设置”对话框。

微课 100：定义结转期间损益的凭证

第二步：选择凭证类别“转 转账凭证”，在“本年利润科目”文本框中输入科目编码“4103”，单击【确定】按钮，如图 9-4 所示。

图 9-4　期间损益结转设置

任务三　生成转账凭证

一、任务描述与分析

2021 年 1 月 31 日，在企业应用平台总账系统中，以账套主管“李晶”的身份，进行如下操作。

（1）生成结转本月制造费用的凭证。

（2）生成结转本月单色圆珠笔完工成本的凭证。假定本月生产的单色圆珠笔为 1 000 支，全部完工，验收入库且生产成本账户没有期初余额。

（3）生成结转销售成本的凭证。

（4）生成结转期间损益的凭证。

二、相关知识

定义转账凭证后，每月月末只需调用自定义凭证，使用转账生成功能即可快速生成转账凭证并自动追加到未记账凭证中，通过审核、记账后才能真正完成结转工作。

由于期末处理涉及的业务主要包括制造费用的结转、生产成本的结算、短期利息的计提、费用的摊销、销售成本的结转、应交增值税的结转、期末调汇、损益的结转、所得税费用的计提与结转、本年利润的结转等。一般情况下，独立转账分录可以在任何时候生成转账凭证。而对于一组相关转账分录，它们之间以及同本月的其他经济业务有一定的联系，必须在相关的经济业务全部入账之后使用，并且要按照合理的次序逐一生成凭证，即在某些转账凭证已经记账的前提下，另外一些转账凭证才能生成，否则计算金额就会发生差错。

一般情况下，应首先生成和处理由其他子系统转入总账系统的凭证；然后再生成自定义结账凭证或对应结账凭证、销售成本结账凭证、汇兑损益结账凭证；最后生成和处理期间损益结账凭证。

三、任务实施

微课 101：生成结转本月制造费用的凭证

1. 生成结转本月制造费用的凭证

第一步：在企业应用平台“业务工作”选项卡中，执行【财务会计】|【总账】|【期末】|【转账生成】命令，打开“转账生成”对话框。

第二步：系统默认选中“自定义转账”单选项，在右边列表框中显示已设置的自定义转账凭证的内容，双击“是否结转”栏，选择要生成凭证的转账项目“0001 结转制造费用”，出现“Y”标志，单击【确定】按钮。系统自动生成转账凭证，单击【保存】按钮，凭证上出现“已生成”标志，如图 9-5 所示。单击【退出】按钮，系统自动将当前凭证追加到未记账凭证中。

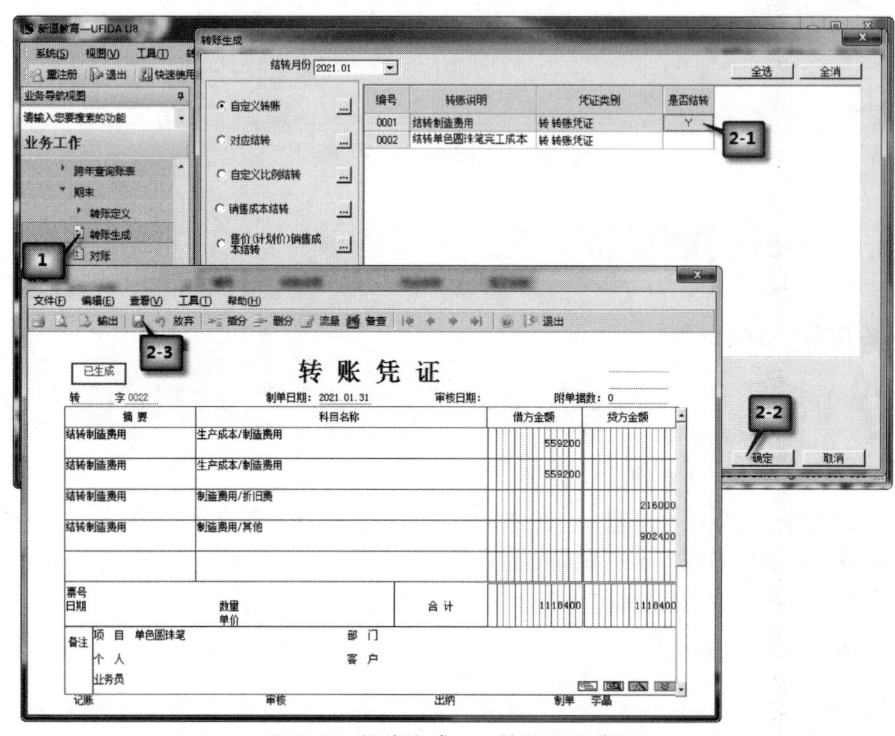

图 9-5 转账生成——结转制造费用

第三步：对该张凭证进行审核与记账（具体操作步骤参见模块四中的图 4-13 和图 4-14）。

微课 102：生成结转本月单色圆珠笔完工成本的凭证

2. 生成结转本月单色圆珠笔完工成本的凭证

第一步：执行【总账】|【期末】|【转账生成】命令，打开“转账生成”对话框，系统默认选中“自定义转账”单选项，双击“是否结转”栏，选择要生成凭证的转账项目“0002 结转单色圆珠笔完工成本”，出现“Y”标志，单击【确定】按钮。系统自动生成转账凭证，选择“库存商品/单色圆珠笔”科目所在的行，单击辅助项按钮，输入数量“1 000.00 支”，单击【保存】按钮，凭证上出现“已生成”标志，如图 9-6 所示。单击【退出】按钮，系统自动将当前凭证追加到未记账凭证中。

第二步：对该张凭证进行审核与记账。

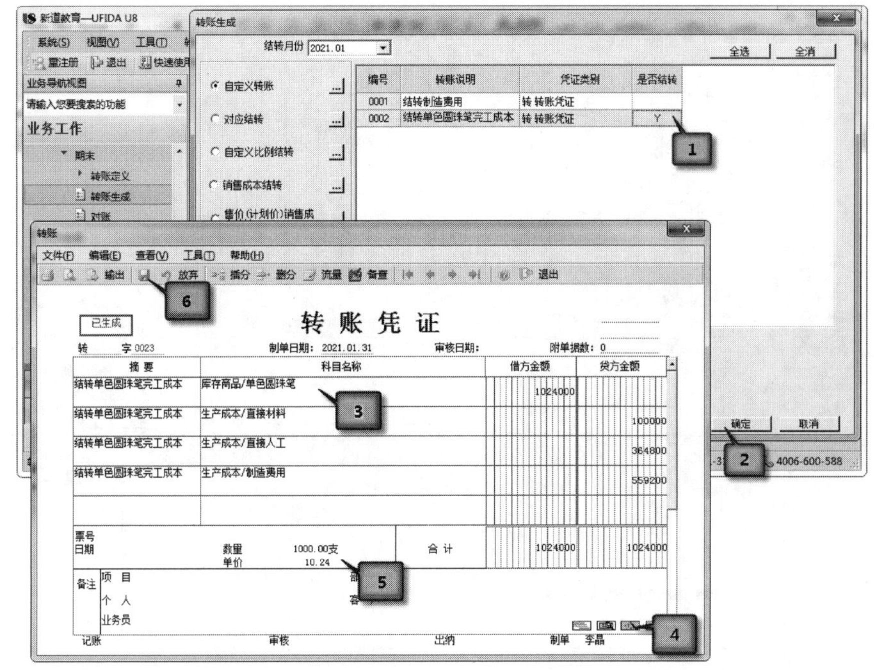

图 9–6　转账生成——结转单色圆珠笔完工成本

3. 生成结转销售成本的凭证

微课 103：生成结转销售成本的凭证

第一步：在企业应用平台“业务工作”选项卡中，执行【财务会计】|【总账】|【期末】|【转账生成】命令，打开“转账生成”对话框。

第二步：选中“销售成本结转”单选项，在右边列表框中显示已设置好的成本科目编码、成本科目名称及单位等，单击【确定】按钮。打开“销售成本结转一览表”对话框，单击【确定】按钮，系统生成转账凭证，单击【保存】按钮，凭证上出现“已生成”标志，单击【退出】按钮，如图 9-7 所示，系统自动将当前凭证追加到未记账凭证中。

第三步：对该张凭证进行审核与记账。

操作提示

由于销售成本的计算取决于销售数量和单位生产成本两个因素，因此，在生成销售成本结转凭证之前，必须将所有销售业务的凭证及产品完工入库凭证全部审核记账后，才能生成正确的销售成本结转凭证。

4. 生成结转期间损益的凭证

微课 104：生成结转期间损益的凭证

第一步：在企业应用平台“业务工作”选项卡中，执行【财务会计】|【总账】|【期末】|【转账生成】命令，打开“转账生成”对话框。

第二步：选中“期间损益结转”单选项，在右边列表框中显示所有的损益类会计科目，单击“类型”下拉按钮▾，选择“收入”，单击【全选】按钮，再单击【确定】按钮，系统自动生成收入类账户结转的转账凭证，选择凭证类别【转】字，单击【保存】按钮，在凭证左上方显示“已生成”字样，单击【退出】按钮，系统自动将当前凭证追加到未记账凭证中，如图 9-8 所示。

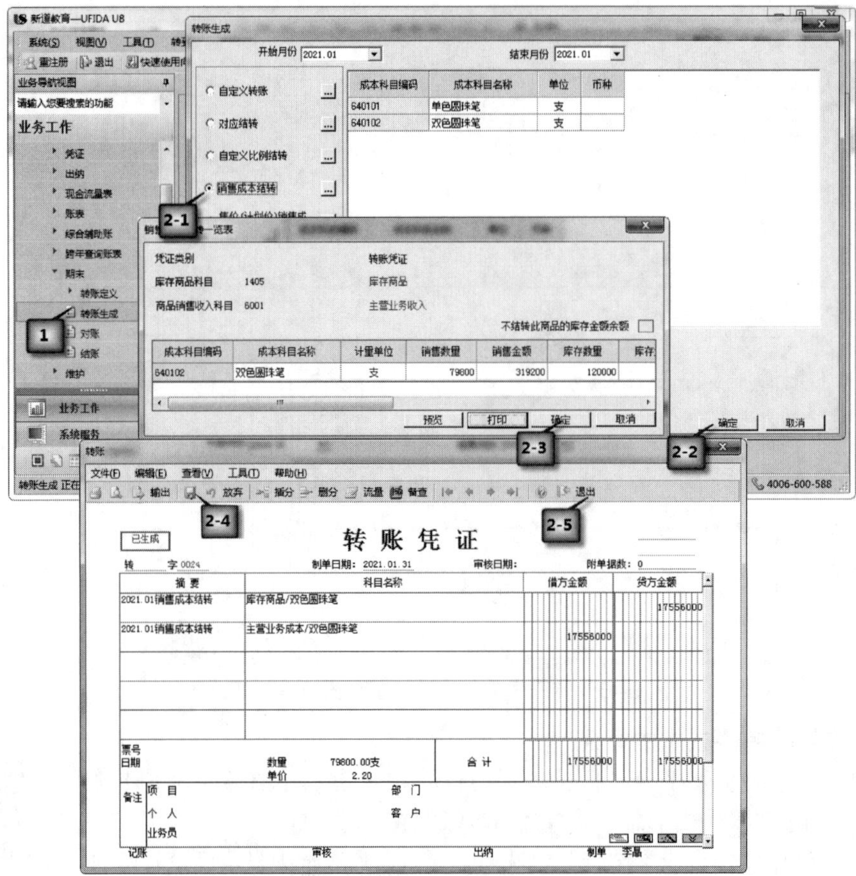

图 9-7 生成结转销售成本凭证

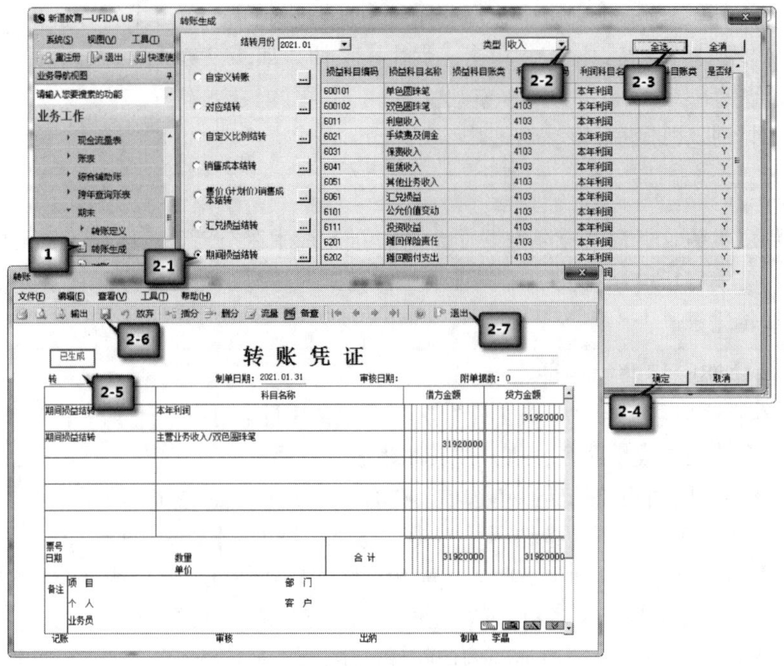

图 9-8 生成期间损益结转凭证（1）

第三步：单击“类型”下拉按钮，选择“支出”，单击【全选】按钮，再单击【确定】按钮，系统弹出“2021.01月或之前月有未记账凭证，是否继续结转？”提示框，单击【是】按钮，系统自动生成支出类账户结转的转账凭证，选择凭证类别【转】字，单击【保存】按钮，在凭证左上方显示“已生成”字样，单击【退出】按钮，系统自动将当前凭证追加到未记账凭证中，如图 9-9 所示。

第四步：对生成的结转期间损益的凭证进行审核、记账。

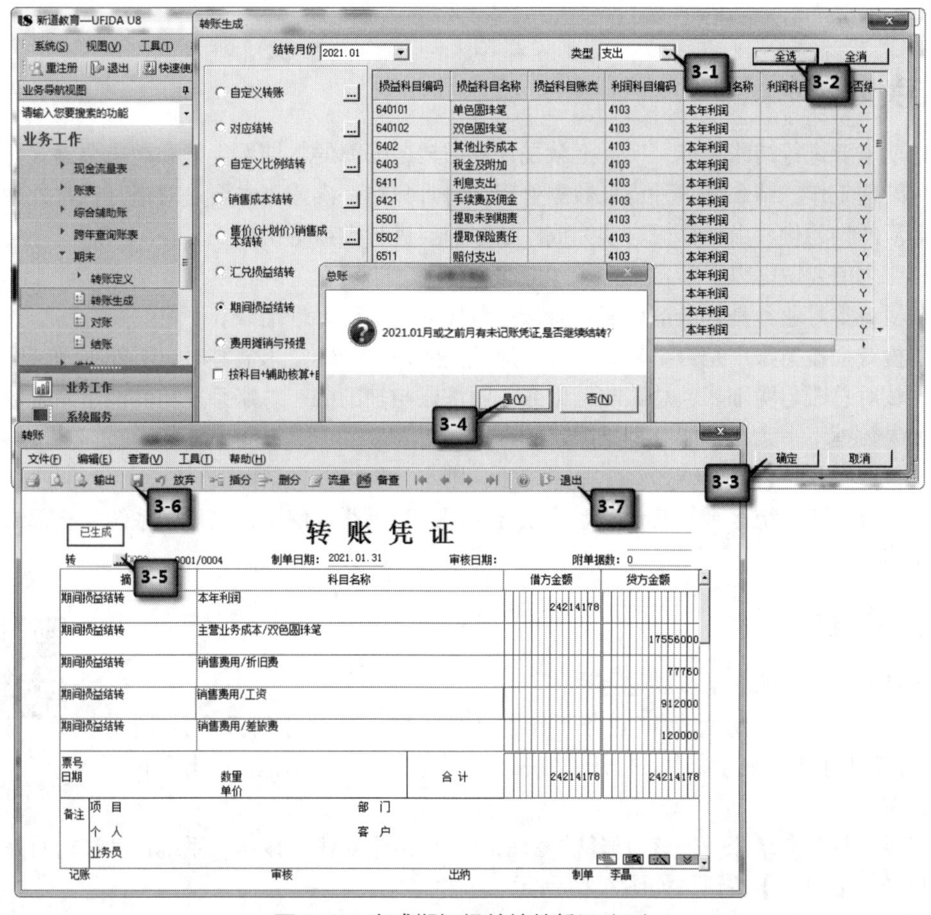

图 9–9　生成期间损益结转凭证（2）

📖操作提示

- 由于转账是按照已记账凭证的数据进行的，所以在月末进行转账之前，应先将所有未记账凭证记账，否则生成的转账凭证数据可能有误。
- 生成转账凭证后，退出即返回“转账生成”对话框，若不进行其他类型的转账生成，应单击【取消】按钮退出，如果单击【确定】按钮，系统会重复生成凭证。
- 转账凭证每月只生成一次，不要重复生成。如果已生成的转账凭证有误，必须删除后重新生成。
- 通过转账生成功能生成的转账凭证必须进行保存，否则将被系统视同放弃。
- 自动转账生成的凭证仍需审核、记账。

任务四　总账系统月末结账

一、任务描述与分析

2021 年 1 月 31 日，在企业应用平台总账系统中，以账套主管“李晶”的身份，对总账系统进行月末结账。

二、相关知识

会计期末要进行结账处理，实际上就是计算结转各账簿的本期发生额和期末余额，并终止本期的账务处理工作。结账是一种成批数据处理，每月只结一次账，主要是对当月日常处理限制和对下月账簿的初始化，由计算机自动完成，结账前要进行数据备份。

在结账之前要做好以下准备工作。

（1）检查本月业务是否全部记账，有未记账凭证时不能办理结账。

（2）检查损益类账户是否结转完毕，当损益类账户未结转、未清零时，不能办理结账。

（3）核对总账与明细账、总账与辅助账、明细账与辅助账、总账系统与其他子系统数据是否一致，如果数据不一致，不能办理结账。

（4）检查上月是否已经结账。上月未结账，则本月不能办理结账。

（5）检查总账系统是否与其他子系统联合使用，如果联合使用，其他子系统未全部结账，总账系统不能办理结账。

三、任务实施

微课 105：总账系统月末结账

月末结账应当按照如下步骤进行操作。

第一步：在企业应用平台“业务工作”选项卡中，执行【财务会计】|【总账】|【期末】|【结账】命令，打开“结账——开始结账”对话框，单击【下一步】按钮。

第二步：打开“结账——核对账簿”对话框，单击【对账】按钮，系统自动进行对账，对账完毕，单击【下一步】按钮，如图 9-10 所示。

第三步：打开“结账——月度工作报告”对话框，拖动右边的滑块查看 2021 年 01 月工作报告，单击【下一步】按钮。

第四步：打开“结账——完成结账”对话框，系统弹出“2021 年 01 月　工作检查完成，可以结账。”提示框，单击【结账】按钮，如图 9-11 所示。

操作提示

- 结账只能由有结账权限的员工操作。
- 若结账后发现结账错误，可以取消结账。其操作方法为：进入“结账”对话框，选择要取消结账的月份，按“Ctrl + Shift + F6”组合键即可。
- 结账前，要进行数据备份。

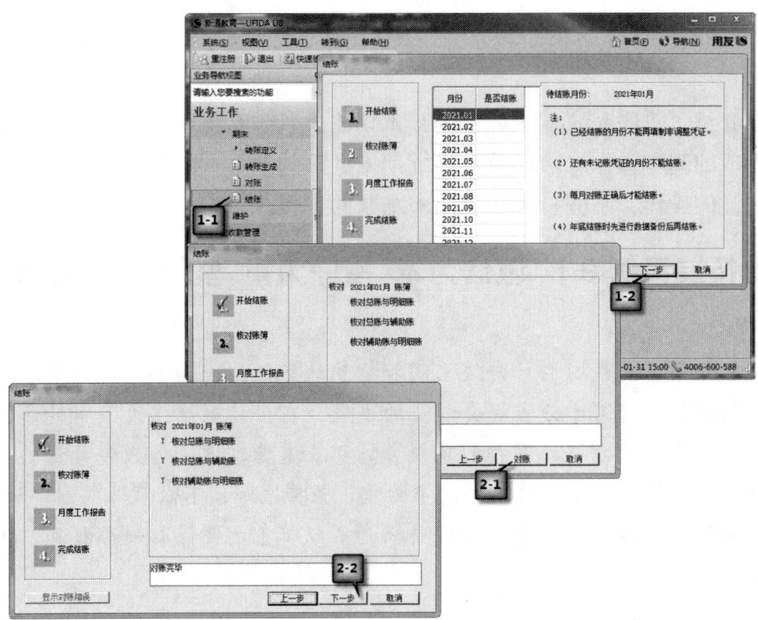

图 9–10　核对账簿

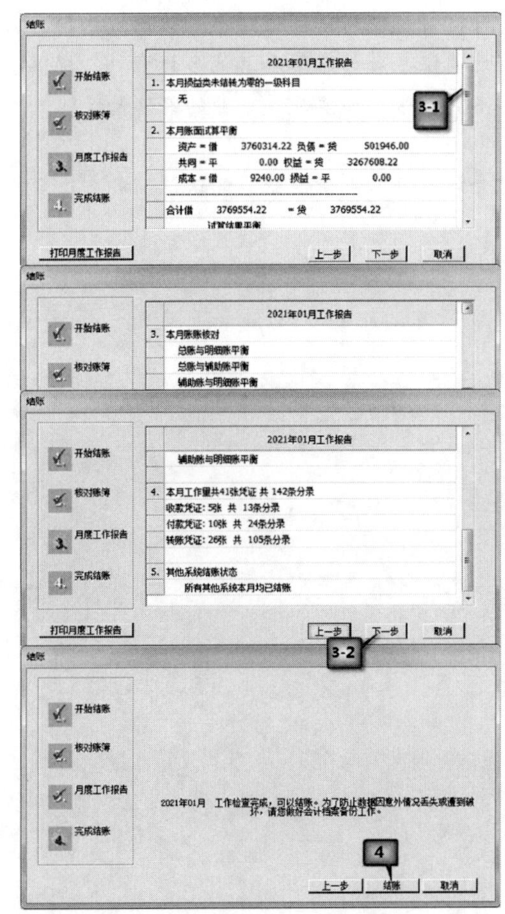

图 9–11　结账——月度工作报告

小结

本模块主要介绍了总账系统期末处理的基本功能、总账系统期末转账凭证的设置方法，以及期末转账凭证生成的基本操作。通过总账系统期末处理的学习，掌握总账系统期末转账凭证的定义和生成转账凭证的操作，掌握总账系统期末结账的步骤。

【视野拓展案例 9】 诚信为本 操守为重 坚持准则 不做假账

【案例资料】

算盘的发明和使用，是我国会计传统文明和智慧的见证。现如今，会计审计规则和技术正在日益同国际惯例相衔接。我国十分重视会计业的发展，在会计制度建设、审计规则制定和职业人员培训等方面做了不懈的努力。我国特别重视会计职业道德建设，加强会计业的监督管理，要求所有会计审计人员必须做到"诚信为本，操守为重，坚持准则，不做假账"，恪守独立、客观、公正的原则，不屈从任何压力，不迎合不合理要求，不以职务之便谋取一己私利，不提供虚假会计信息。

【案例解读】

不做假账是会计职业道德的底线要求。《会计法》第五条规定：会计机构、会计人员依据本法规定进行会计核算，实行会计监督。任何单位或者个人不得以任何方式授意、指使、强令会计机构、会计人员伪造、变造会计凭证、会计账簿和其他会计资料，提供虚假财务会计报告。会计人员一定要牢记自己的职责，不做假账，如实反映企业的经济情况。

【思考】

请结合案例，谈一谈对会计人员"不做假账"的认识？

模块十

供应链管理系统核算与管理

知识目标

1．了解用友 ERP-U8 V10.1 供应链管理系统的基本功能
2．熟悉供应链管理系统的业务流程
3．掌握供应链管理系统初始设置的内容和方法
4．掌握供应链管理系统采购、销售业务处理的内容和基本方法
5．掌握供应链管理系统月末处理的流程及方法

能力目标

1．能够熟练进行供应链管理系统的初始化设置
2．能够正确进行采购业务的核算
3．能够正确进行销售业务的核算
4．能够正确进行存货成本的核算
5．能够正确进行供应链管理系统月末处理

素养目标

1．具有较强的语言表达、会计职业沟通和协调能力
2．养成科学、严谨的工作作风，严格按照业务流程规范操作
3．具有团队精神，养成会计岗位协作意识

任务一　认知供应链管理系统

一、任务描述与分析

易友有限责任公司已经成功建立了账套号为“777”的公司账套，决定从 2021 年 2 月 1 日起，启用采购管理、销售管理、库存管理、存货核算 4 个子系统，实现从财务管理到企业业务一体化的全面管理。本任务主要介绍供应链管理系统的基本功能和供应链管理系统的业务处理流程。

二、相关知识

1．供应链管理系统的基本功能

用友 ERP-U8 V10.1 应用系统中的供应链管理系统，是指以企业购、销、存业务环节中的各

项活动为对象，记录各项业务的发生，并有效跟踪其发展过程，为财务核算、业务分析和管理决策提供依据的系统。

用友 ERP-U8 V10.1 供应链管理系统主要是通过采购管理、销售管理、库存管理、存货核算 4 个子系统来实现管理的。各子系统主要功能如下。

（1）采购管理系统。采购是企业物资部门按已确定的物资供应计划，通过市场采购、加工定制等各种渠道，取得企业生产经营活动所需要的各种物资的经济活动。采购管理追求的目标是保持与供应商的关系、保障供给、降低采购成本。

采购管理系统是用友 ERP-U8 V10.1 供应链中的一个子系统。它的主要功能如下。

① 通过处理采购订单，动态掌握订单执行情况，向延期交货的供应商发出催货函。

② 通过处理采购入库单、采购发票，掌握采购业务的完成情况，确认采购入库成本和采购业务的付款情况。

采购管理系统与库存管理系统集成使用，可以随时掌握库存的现存量信息，从而避免盲目采购和库存积压；与存货核算系统集成使用，可以准确核算采购入库成本，便于财务部门及时掌握存货采购成本。

（2）销售管理系统。销售是企业生产经营成果的实现过程，是企业经营活动的中心。企业通过各种营销方式实现销售，从而实现企业的资金转化并获取利润，为企业提供生存与发展的动力源泉，并由此实现企业的社会价值。

销售管理系统是用友 ERP-U8 V10.1 供应链中的一个子系统。它的主要功能包括：通过销售订单、发货和开票，处理销售发货和销售退货业务；在进行发货处理时，对销售价格、信用、库存现存量和最低售价等进行实时监控。

销售管理系统与库存管理系统集成使用，可以随时掌握存货的销售信息、现存量信息，以便生产管理部门合理组织生产；与存货核算系统集成使用，可以准确核算存货销售出库成本，便于财务部门及时掌握存货销售成本，正确核算销售成果；与应收款管理系统集成使用，可以按时完成与客户的结算和及时催收欠款，并根据历史数据进行账龄分析以提供客户的信用资料。

（3）库存管理系统。库存是企业在生产经营过程中为销售或耗用而储备的各种资产，包括商品、产成品、半成品、在产品，以及各种材料、燃料、包装物和低值易耗品等。

库存管理系统是用友 ERP-U8 V10.1 供应链的一个子系统，它主要从数量的角度管理存货的出入库业务，能满足采购入库、销售出库、产成品入库、材料出库、其他出入库、盘点管理和形态转换等业务需要，提供仓库货位管理、批次管理、保质期管理、出库跟踪、入库管理和可用量管理等全面的业务应用。

（4）存货核算系统。存货核算系统是用友 ERP-U8 V10.1 供应链的一个子系统，它主要从资金流的角度反映和监督存货的收发、领退和保管情况；反映和监督存货资金的占用情况；动态反映存货资金的增减变动情况，提供存货资金周转和占用的分析；在保证生产经营的前提下，降低库存量，减少资金积压，加速资金周转。

存货核算系统可处理各种类型的出入库业务，主要的业务输入单据有采购入库单、产成品入库单、其他入库单、销售出库单、材料出库单、其他出库单、入库调整单、出库调整单、计划价/售价调整单等；主要的财务输出账簿有存货明细账（总账）、受托代销商品明细账（总账）、差异明细账、差价明细账等。在计算存货的出库成本时，存货核算系统可以使用 6 种工业和商业计价方式，包括加权平均、移动加权平均、先进先出、后进先出、个别计价、计划价核算/售价核算。

2. 供应链管理系统的业务处理流程

用友 ERP-U8 V10.1 供应链管理系统的采购管理、销售管理、库存管理、存货核算 4 个子系统可以单独使用，也可以与相关系统联合使用。

在日常工作中，采购供应部门、仓库、销售部门和财务部门等都涉及购、销、存业务及其核算的处理，各个部门的管理内容是不同的，工作的延续性是通过单据在不同部门之间的传递来完成的。一般情况下，供应链管理系统业务处理流程如图 10-1 所示。

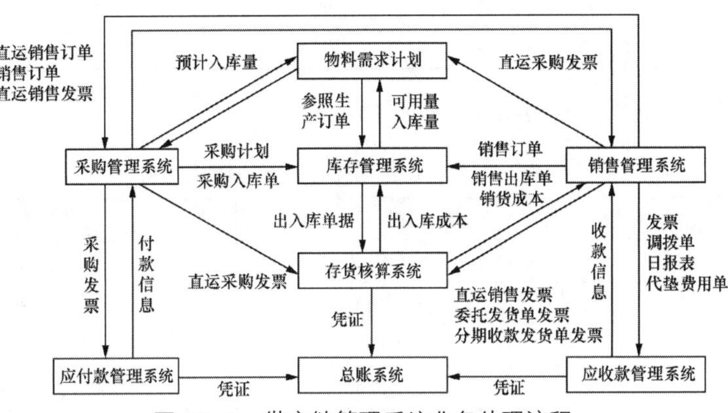

图 10-1　供应链管理系统业务处理流程

任务二　供应链管理系统初始化设置

一、任务描述与分析

易友有限责任公司已经成功建立了账套号为“777”的公司账套，从 2021 年 2 月 1 日起，以账套主管“李晶”的身份登录企业应用平台，在供应链管理系统中进行如下操作。

（1）启用采购管理、销售管理、库存管理、存货核算 4 个子系统，启用时间为 2021 年 2 月 1 日。

（2）设置仓库档案，如表 10-1 所示。

表 10-1　　易友有限责任公司仓库档案

仓库编码	仓库名称	计价方式	仓库属性	参与 MRP 运算、参与 ROP 运算	计入成本	纳入可用量计算	资产仓
01	原材料仓	移动平均法	普通仓	否、否	是	是	否
02	半成品仓	移动平均法	普通仓	否、否	是	是	否
03	产成品仓	移动平均法	普通仓	否、否	是	是	否

（3）设置收发类别，如表 10-2 所示。

表 10-2　　易友有限责任公司收发类别

一级编码及名称	二级编码及名称	一级编码及名称	二级编码及名称
1 入库（收发标志：收）	101 采购入库	2 出库（收发标志：发）	201 销售出库
	102 采购退货		202 销售退货
	103 盘盈入库		203 盘亏出库
	104 产成品入库		204 领料出库
	105 其他入库		205 其他出库

（4）设置采购类型和销售类型，如表 10-3 所示。

表 10-3　　易友有限责任公司采购类型和销售类型

对比项	类型编码	类型名称	入库类别	是否默认值	是否委外默认值	是否列入 MPS/MRP 计划
采购类型	1	普通采购	采购入库	否	否	否
	2	采购退回	采购退货	否	否	否
销售类型	1	普通销售	销售出库	否	/	否
	2	销售退回	销售退货	否	/	否

（5）设置费用项目分类及费用项目，如表 10-4 所示。

表 10-4　　易友有限责任公司费用项目分类及费用项目

费用项目编码	费用项目名称	费用项目分类
01	运输费	无分类（编码：1）
02	装卸费	无分类（编码：1）
03	水电费	无分类（编码：1）
04	业务招待费	无分类（编码：1）

（6）在存货核算系统中设置存货科目，如表 10-5 所示。

表 10-5　　易友有限责任公司存货科目

仓库编码	仓库名称	存货编码及名称	存货科目编码及名称
01	原材料仓	01 笔芯	140301 笔芯
01	原材料仓	02 笔壳	140302 笔壳
01	原材料仓	03 笔帽	140303 笔帽
03	产成品仓	05 单色圆珠笔	140501 单色圆珠笔
03	产成品仓	06 双色圆珠笔	140502 双色圆珠笔

（7）根据收发类别，在存货核算系统中设置存货对方科目，如表 10-6 所示。

表 10-6　　易友有限责任公司存货核算系统存货对方科目

收发类别编码	收发类别名称	存货编码及名称	对方科目编码及名称
201	销售出库	05 单色圆珠笔	640101 单色圆珠笔
201	销售出库	06 双色圆珠笔	640102 双色圆珠笔

（8）设置库存管理系统参数，如表 10-7 所示。

表 10-7　　易友有限责任公司库存管理系统参数设置

选　项　卡	设置内容
通用设置	业务设置选择“有无组装拆卸业务”“有无委托代销业务”； 修改现存量时点选择“采购入库审核时改现存量”“销售出库审核时改现存量”“其他出入库审核时改现存量”； 业务校验设置为取消选择“审核时检查货位”； 其他采用系统默认值

续表

选 项 卡	设置内容
专用设置	自动带出单价的单据选择“采购入库单”“采购入库取价按采购管理选项”“销售出库单”“其他入库单”“其他出库单”和“调拨单”； 其他采用系统默认值
预计可用量控制	采用系统默认值
预计可用量设置	预计可用量检查公式选择“出入库检查预计可用量”； 其他采用系统默认值
其他设置	采用系统默认值

（9）设置存货核算系统参数，如表10-8所示。

表 10-8　　易友有限责任公司存货核算系统参数设置

选 项 卡	设置内容
核算方式	零成本出库选择设置为“手工输入”； 其他采用系统默认值
控制方式	选择“结算单价与暂估单价不一致是否调整出库成本”； 其他采用系统默认值
最高最低控制	采用系统默认值

（10）设置销售管理系统参数，如表10-9所示。

表 10-9　　易友有限责任公司销售管理系统参数设置

选 项 卡	设置内容
业务控制	选择“有零售日报业务”； 取消选择“报价含税”； 其他采用系统默认值
其他控制	新增退货单默认方式选择“参照发货”； 新增发票默认方式选择“参照发货”； 其他采用系统默认值
信用控制	采用系统默认值
可用量控制	采用系统默认值
价格管理	采用系统默认值

（11）对采购管理系统进行期初记账。

（12）要求先录入存货核算系统期初数，再录入库存管理系统期初数，库存管理系统期初数采用“取数”方式获得，具体数据资料如表10-10所示。

表 10-10　　易友有限责任公司库存管理系统、存货核算系统期初数

仓库名称	存货编码	存货名称	数　量	计量单位	单价/元	金额/元
原材料仓	01	笔芯	40 000	支	0.5	20 000（由系统结转获得）
原材料仓	02	笔壳	41 000	个	0.2	8 200
原材料仓	03	笔帽	56 000	个	0.3	16 800
产成品仓	05	单色圆珠笔	151 000	支	1.56	235 240（由系统结转获得）
产成品仓	06	双色圆珠笔	40 200	支	2.2	88 440

二、相关知识

供应链管理系统初始设置的主要内容包括供应链管理系统建账、基础信息设置及期初余额录入等工作。

1. 供应链管理系统建账

易友有限责任公司会计信息化实施的过程是先实现总账、应收款管理、应付款管理、固定资产管理、薪资管理等子系统的核算，然后实施供应链管理系统，建账在模块二中已经介绍，这里的建账只需要启用供应链相关子系统并设置系统选项即可。本模块中，易友有限责任公司启用了供应链管理系统中的采购管理、销售管理、库存管理、存货核算 4 个子系统。

2. 基础信息设置

在模块三中，易友有限责任公司已经根据会计信息化实施方案进行了基础信息的设置，但基本基于与财务相关的信息。随着会计信息化过程的不断深入，用户需要启用供应链相关子系统，实现财务业务一体化。因此，在基础信息设置中还需要增设与业务处理、查询统计、财务连接相关的基础信息。这些信息包括仓库档案、货位档案、收发类别、采购类型、销售类型、产品结构、费用项目，以及设置存货核算系统业务科目。通过增设这些信息，能快速、准确地在存货核算系统中生成各种存货的购进、销售及其他出入库业务凭证。

3. 期初余额录入

在供应链中，期初余额录入是一个非常关键的环节，期初数据的录入一般包括录入期初数据、执行期初记账或审核等步骤。其中，录入期初数据的内容及顺序如表 10-11 所示。

表 10-11　　供应链管理系统录入期初数据的内容及顺序

<table>
<tr><th>系统名称</th><th>操　作</th><th>内　容</th><th>说　明</th></tr>
<tr><td rowspan="3">采购管理</td><td rowspan="2">录入</td><td>期初暂估入库数据</td><td>暂估入库是指货到票未到，通过“期初采购入库单”录入</td></tr>
<tr><td>期初在途存货数据</td><td>在途存货是指票到货未到，通过“期初采购普通（或专用）发票”录入</td></tr>
<tr><td>期初记账</td><td>采购期初数据</td><td>没有期初数据也要执行期初记账，否则不能开始日常业务处理</td></tr>
<tr><td rowspan="3">销售管理</td><td rowspan="3">录入
并审核</td><td>期初发货单</td><td>已发货、出库，但未开票；通过“期初发货单”录入</td></tr>
<tr><td>期初委托代销发货单</td><td>已发货未结算的数量，通过“期初委托代销发货单”录入</td></tr>
<tr><td>期初分期收款发货单</td><td>已发货未结算的数量，通过“期初分期收款发货单”录入</td></tr>
<tr><td rowspan="2">库存管理</td><td rowspan="2">录入（或从存货核算系统取数）并审核</td><td>库存期初余额</td><td>启用库存管理系统前各存货的期初结存数据，通过“期初结存”窗口录入</td></tr>
<tr><td>不合格品期初数据</td><td>未处理的不合格品结存量，通过“期初不合格品单”录入</td></tr>
<tr><td rowspan="2">存货核算</td><td rowspan="2">录入（或从库存管理系统取数）并记账</td><td>存货期初余额</td><td>启用存货核算系统前各存货的期初结存数据，通过“期初余额”窗口录入。按计划价或售价核算的出库成本的存货，还需要输入此存货的期初差异余额或期初差价余额</td></tr>
<tr><td>期初分期收款发出商品余额</td><td>已发货未结算的数量，通过“期初分期收款发出商品”录入</td></tr>
</table>

期初记账，是指将有关期初数据记入相应的账表中，它标志着供应链管理系统各个子系统的初始化工作全部结束，相关的参数和期初数据不能修改、删除。如果供应链管理系统各个子系统集成使用，则期初记账应该遵循一定的顺序，即采购管理系统必须先记账，库存管理系统和存货核算系统的期初记账顺序则无特别的要求。需要注意的是，库存管理系统所有仓库的存货必须“审核”

微课 106：启用供应链子系统

确认，这个操作步骤相当于期初记账。

三、任务实施

1. 启用采购管理、销售管理、库存管理、存货核算 4 个子系统

启用时间为 2021 年 2 月 1 日。

第一步：在企业应用平台“基础设置”选项卡中，执行【基本信息】|【系统启用】命令，打开“系统启用”对话框。

第二步：选中“销售管理”复选框，弹出“日历”对话框，默认时间为“2021-02-01”，单击【确定】按钮，系统弹出“确实要启用当前系统吗？”提示框，单击【是】按钮，继续完成其他系统的启用设置。设置完毕，单击【退出】按钮退出，如图 10-2 所示。

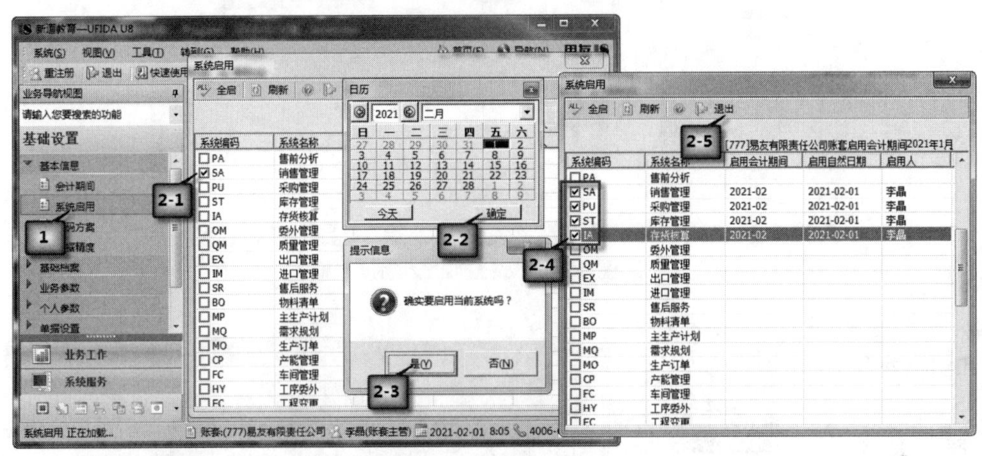

图 10–2　启用采购管理、销售管理、库存管理、存货核算系统

2. 设置仓库档案

第一步：在企业应用平台“基础设置”选项卡中，执行【基础档案】|【业务】|【仓库档案】命令，打开“仓库档案”窗口。

第二步：单击【增加】按钮，如图 10-3 所示，打开“增加仓库档案”对话框，按表 10-1 所示依次设置仓库档案，设置完毕，单击【保存】按钮。全部设置完毕，单击 × 按钮退出。

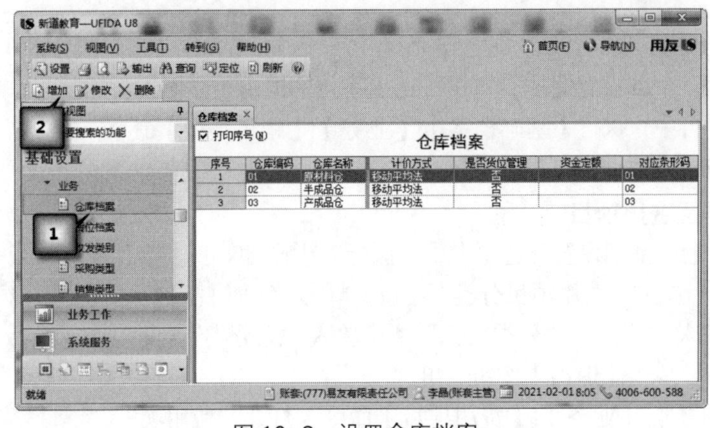

图 10–3　设置仓库档案

微课 107：设置仓库档案

3. 设置收发类别

微课 108：设置收发类别

第一步：在企业应用平台“基础设置”选项卡中，执行【基础档案】|【业务】|【收发类别】命令，打开“收发类别”窗口。

第二步：单击【增加】按钮，依次输入“收发类别编码”和“收发类别名称”，选中“收发标志”栏中的“收”或“发”单选项，设置完毕，单击【保存】按钮。全部设置完毕，单击【退出】按钮退出，如图 10-4 所示。

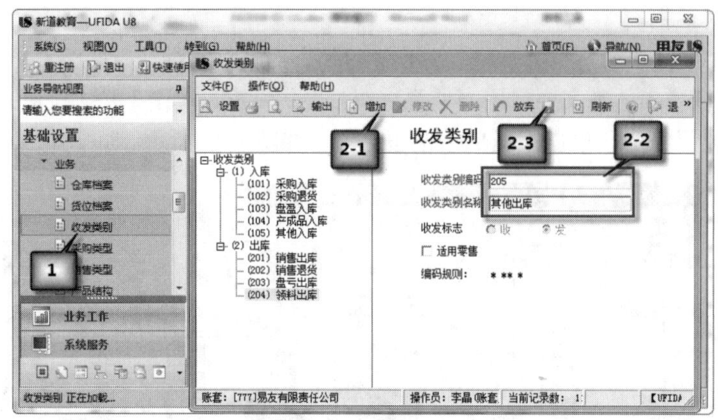

图 10-4　设置收发类别

4. 设置采购类型和销售类型

微课 109：设置采购类型和销售类型

第一步：在企业应用平台“基础设置”选项卡中，执行【基础档案】|【业务】|【采购类型】命令，打开“采购类型”窗口。

第二步：单击【增加】按钮，依次输入“采购类型编码”“采购类型名称”，选择“入库类别”“是否默认值”“是否列入 MPS/MRP 计划”，设置完毕，单击【保存】按钮。全部设置完毕，单击【退出】按钮退出，如图 10-5 所示。

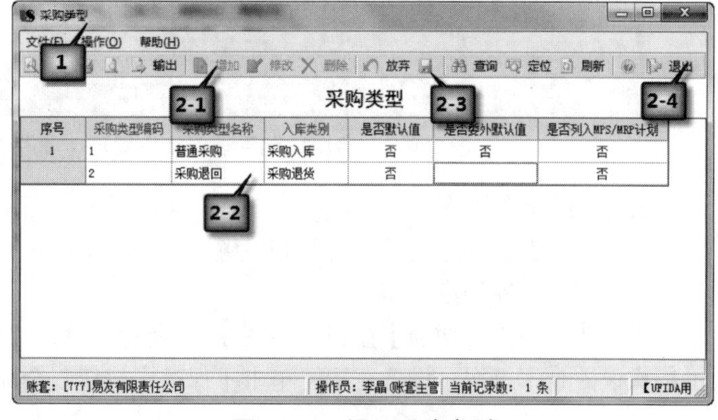

图 10-5　设置采购类型

第三步：在企业业务平台中，执行【基础档案】|【业务】|【销售类型】命令，打开“销售类型”窗口，重复第二步操作，完成销售类型的设置。

5. 设置费用项目分类及费用项目

微课 110：设置费用项目分类及费用项目

第一步：在企业应用平台“基础设置”选项卡中，执行【基础档案】|【业务】|【费用项目分类】命令，打开“费用项目分类”窗口。单击【增加】按钮，依次在“分类编码”栏中输入“1”，在“分类名称”栏中输入“无分类”。设置完毕，单击【保存】按钮，单击【退出】按钮退出。

第二步：执行【基础档案】|【业务】|【费用项目】命令，打开“费用项

目档案-(1)无分类”窗口。单击【增加】按钮，依次在“费用项目编码”中输入“01”，在“费用项目名称”中输入“运输费”，在“费用项目分类名称”中选择“无分类”。设置完毕，单击【保存】按钮；继续完成对其他费用项目的设置。全部设置完毕，单击 × 按钮退出，如图 10-6 所示。

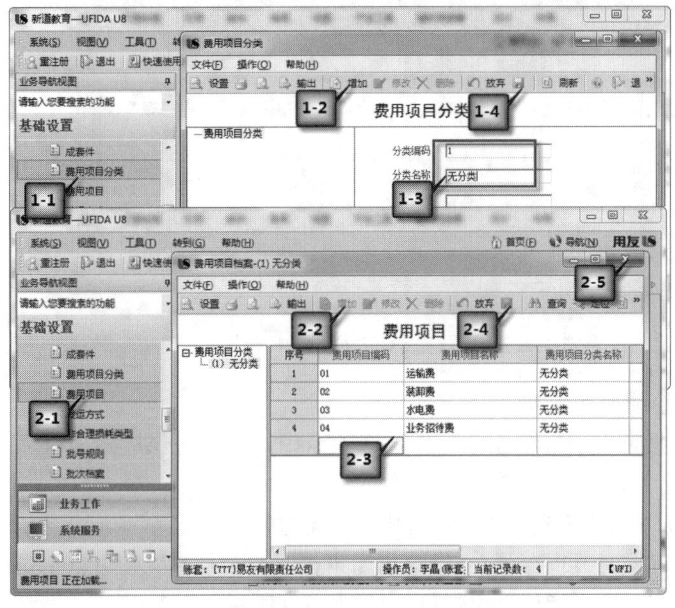

图 10–6　设置费用项目分类及费用项目

6. 在存货核算系统中设置存货科目

第一步：在企业应用平台“业务工作”选项卡中，执行【供应链】|【存货核算】|【初始设置】|【科目设置】|【存货科目】命令，打开“存货科目”窗口。

第二步：单击【增加】按钮，选择“仓库编码”“存货编码”“存货科目编码”，设置完毕，单击【保存】按钮。全部设置完毕，单击【退出】按钮退出，如图 10-7 所示。

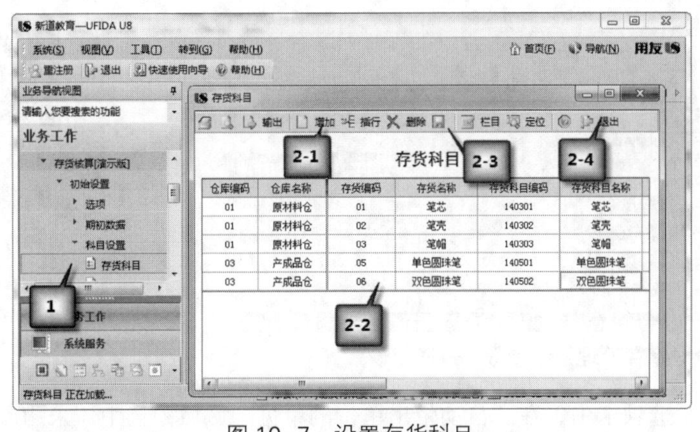

图 10–7　设置存货科目

微课 111：设置存货科目

7. 根据收发类别，在存货核算系统中设置存货对方科目

第一步：在企业应用平台“业务工作”选项卡中，执行【供应链】|【存货核算】|【初始设置】|【科目设置】|【对方科目】命令，打开“对方科目”窗口，如图 10-8 所示。

第二步：单击【增加】按钮，选择“收发类别编码”“存货编码”“对方科目编码”。全部设置完毕，单击【保存】按钮保存，单击【退出】按钮退出，如图 10-8 所示。

图 10-8 设置存货对方科目

微课 112：设置存货对方科目

8. 设置库存管理系统参数

第一步：在企业应用平台“业务工作”选项卡中，执行【供应链】|【库存管理】|【初始设置】|【选项】命令，打开“库存选项设置”对话框。

第二步：在“通用设置”选项卡中，选中“有无组装拆卸业务”“有无委托代销业务”复选框，再选中“采购入库审核时改现存量”“销售出库审核时改现存量”“其他出入库审核时改现存量”复选框，选中“审核时检查货位”复选框，如图 10-9 所示。

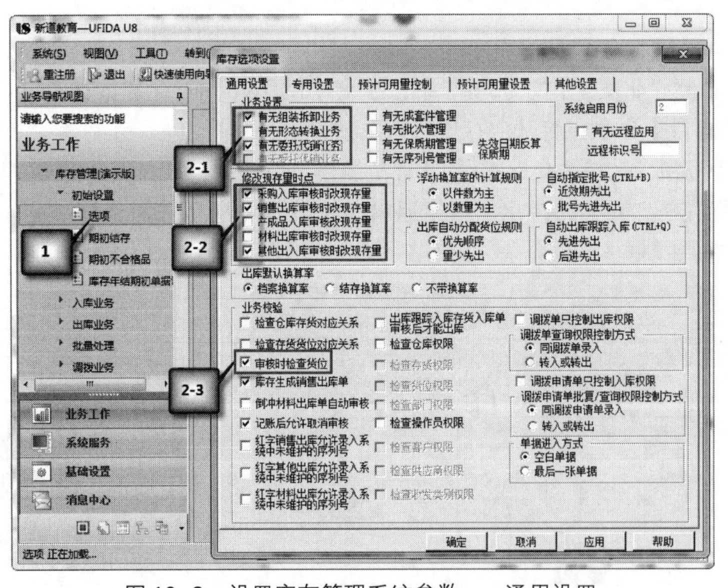

图 10-9 设置库存管理系统参数——通用设置

微课 113：设置库存管理系统参数

第三步：在“专用设置”选项卡中，在“自动带出单价的单据”区域中选中“采购入库单”“采购入库取价按采购管理选项”“销售出库单”“其他入库单”“其他出库单”和“调拨单”复选框，如图 10-10 所示。

第四步：切换到“预计可用量设置”选项卡，在“预计可用量检查公式”区域中选中“出入库检查预计可用量”复选框；其他选项采用系统默认值。设置完毕，单击【确定】按钮保存设置后自动退出，如图 10-11 所示。

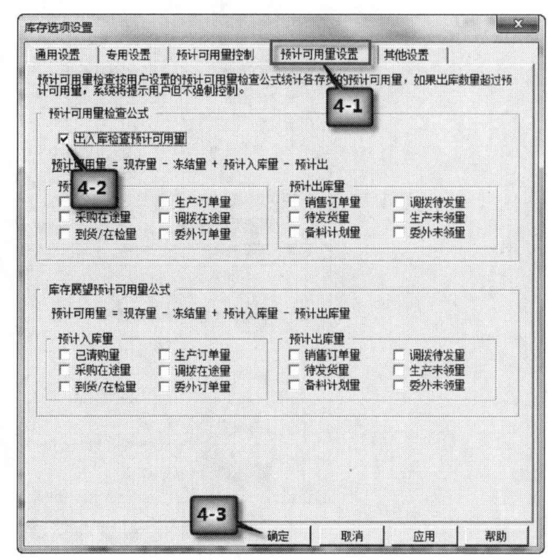

图 10-10　设置库存管理系统参数——专用设置　图 10-11　设置库存管理系统参数——预计可用量设置

9. 设置存货核算系统参数

第一步：在企业应用平台“业务工作”选项卡中，执行【供应链】|【存货核算】|【初始设置】|【选项】|【选项录入】命令，打开“选项录入”对话框。

第二步：在“核算方式”选项卡中的“零成本出库选择”区域中选中“手工输入”单选项；其他选项采用系统默认值，如图 10-12 所示。

微课 114：设置存货核算系统参数

图 10-12　设置存货核算系统参数——核算方式

第三步：切换到“控制方式”选项卡，选中“结算单价与暂估单价不一致是否调整出库成本”复选框；其他选项采用系统默认值。设置完毕，单击【确定】按钮，系统弹出“是否保存当前设置？”提示框，单击【是】按钮，保存设置后自动退出，如图 10-13 所示。

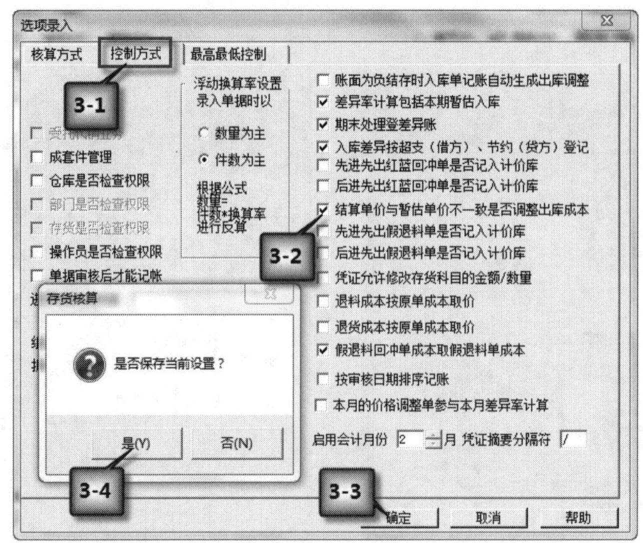

图 10-13 设置存货核算系统参数——控制方式

10. 设置销售管理系统参数

微课 115：设置销售管理系统参数

第一步：在企业应用平台“业务工作”选项卡中，执行【供应链】|【销售管理】|【设置】|【销售选项】命令，打开“销售选项”对话框。

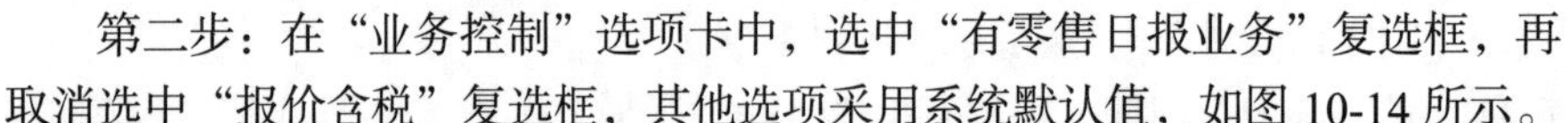
第二步：在“业务控制”选项卡中，选中“有零售日报业务”复选框，再取消选中“报价含税”复选框，其他选项采用系统默认值，如图 10-14 所示。

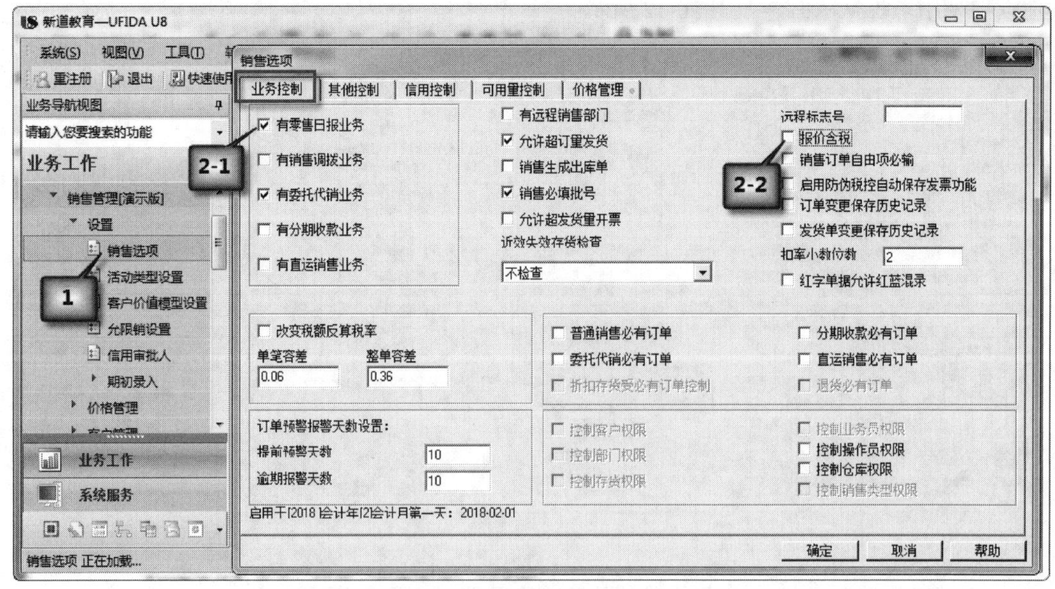

图 10-14 设置销售管理系统参数——业务控制

第三步：切换到“其他控制”选项卡，在“新增退货单默认”区域中选中“参照发货”单选项，在“新增发票默认”区域中选中“参照发货”单选项，其他选项采用系统默认值。设置完毕，单击【确定】按钮保存设置后自动退出，如图 10-15 所示。

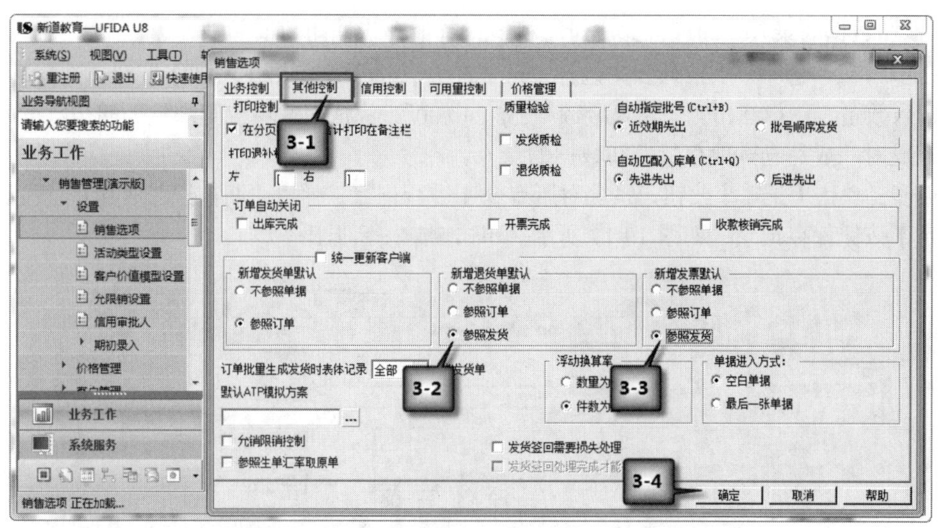

图 10–15　设置销售管理系统参数——其他控制

11. 对采购管理系统进行期初记账

微课 116：采购管理系统期初记账

第一步：在企业应用平台“业务工作”选项卡中，执行【供应链】|【采购管理】|【设置】|【采购期初记账】命令，打开“期初记账”对话框。

第二步：单击【记账】按钮，系统弹出“期初记账完毕！”提示框，单击【确定】按钮，如图 10-16 所示，返回企业应用平台窗口。

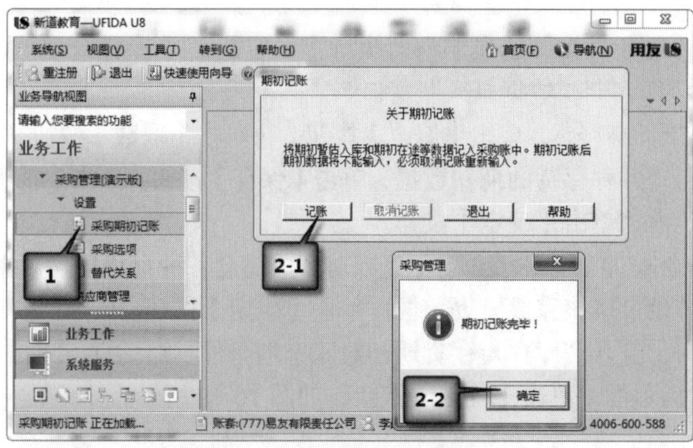

图 10–16　采购期初记账

12. 录入存货核算系统期初数和库存管理系统期初数

微课 117：录入库存管理系统、存货核算系统期初数

要求先录入存货核算系统期初数，库存管理系统期初数采用“取数”方式获得，具体数据资料如表 10-10 所示。

第一步：在企业应用平台“业务工作”选项卡中，执行【供应链】|【存货核算】|【初始设置】|【期初数据】|【期初余额】命令，打开【期初余额】窗口。

第二步：选择仓库“原材料仓”，单击【增加】按钮，选择存货编码“01”，输入数量“40 000.00”，输入金额“20 000.00”，单价由系统自动算出，完成对

“笔芯”期初数据的录入。同理，完成对原材料仓其他存货期初数据的录入。

第三步：在“仓库”下拉列表中选择“产成品仓”选项，单击【增加】按钮，选择存货编码“05”，输入数量“151 000.00”，输入金额“235 240.00”，完成对“单色圆珠笔”期初数据的录入。同理，完成对产成品仓其他存货期初数据的录入。

第四步：单击【记账】按钮，系统对所有仓库进行记账，弹出“期初记账成功!”提示框，单击【确定】按钮保存记录，如图 10-17 所示。单击×按钮退出。

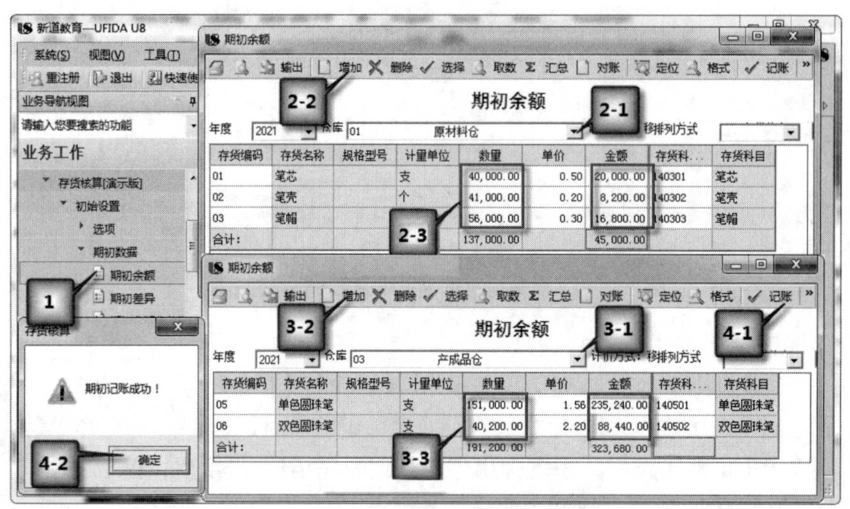

图 10-17　存货核算系统期初数录入

第五步：在企业应用平台“业务工作”选项卡中，执行【供应链】|【库存管理】|【初始设置】|【期初结存】命令，打开“库存期初数据录入”窗口。

第六步：系统默认仓库为“原材料仓”，单击【修改】按钮，再单击【取数】按钮，系统自动从存货核算系统采集属于原材料仓各种存货的期初数据，单击【保存】按钮。单击【批审】按钮，系统弹出“批量审核完成”提示框，单击【确定】按钮。

第七步：选择仓库“产成品仓”，重复第六步操作，完成对产成品仓各种存货期初数据的录入。单击【批审】按钮，系统弹出“批量审核完成”提示框，单击【确定】按钮。

第八步：单击【对账】按钮，打开“库存与存货期初对账查询条件”对话框，单击【确定】按钮，系统弹出“对账成功!”提示框，单击【确定】按钮，如图 10-18 所示。

操作提示

- 供应链管理系统各个子系统集成使用时，如果采购管理系统不执行期初记账，那么库存管理系统和存货核算系统就不能记账。
- 库存管理系统所有仓库的所有存货必须“审核”确认，该操作步骤相当于期初记账。
- 如果没有期初数据，可以不输入，但必须执行记账操作。
- 如果期初数据是运行“结转上年”功能得到的，为未记账状态，则需要在执行记账功能后进行日常业务的处理。
- 如果已经进行业务核算，则不能恢复记账。
- 存货核算系统在期初记账前，可以修改存货计价方式；在期初记账后，不能修改计价方式。

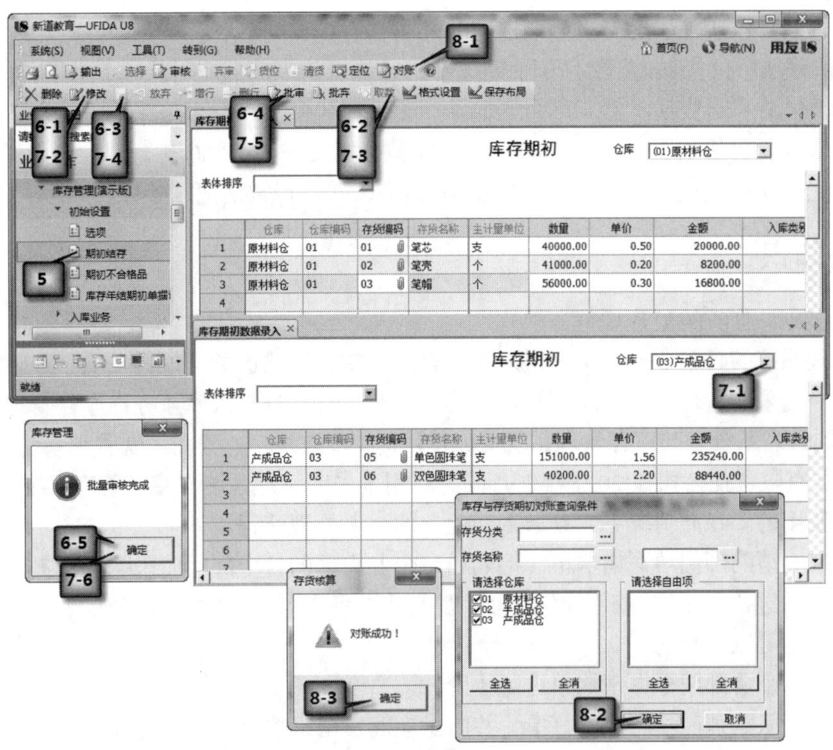

图 10-18　库存管理系统期初数录入

任务三　采购管理系统核算与管理

一、任务描述与分析

易友有限责任公司已经成功启用了账套号为“777”的供应链管理系统，2021 年 2 月 28 日，以账套主管“李晶”的身份登录企业应用平台，在采购管理系统中进行如下操作。要求单据日期与业务发生日期一致，凭证日期为 2 月 28 日。

（1）填写订单。2 月 11 日，向佳和公司订购 20 000 支笔芯，不含税单价 0.5 元，要求到货日期为 2021-02-15。

（2）填写到货单。2 月 15 日，收到佳和公司交付的 20 000 支笔芯，经检验质量全部合格，填制到货单并办理入库（原材料库）手续。

（3）填写入库单。2 月 15 日，为检验质量全部合格的 20 000 支笔芯办理入库（原材料库）手续。

（4）填写发票。2 月 15 日，收到佳和公司开具的所购货物的增值税专用发票以及代垫运输费发票。其中，货物发票号码为 ZY0003，开票日期为 2021-02-15。发票载明笔芯 20 000 支，0.5 元/支。代垫运输费增值税专用发票由安顺运输公司开具，票号为 YF0001，开票日期为 2021-02-15，发票载明运输费 200 元，税率 9%，税额 18 元。采购部门录入采购发票、运费发票。

（5）办理采购结算。2 月 15 日，采购部门将采购发票、运费发票与采购入库单进行采购结算。

（6）确认存货入库成本。2 月 15 日，采购部门将采购发票、运费发票交给财务部门，财务部门确认该笔存货成本（注：运费按金额进行分摊）。

（7）确认采购应付货款。2 月 15 日，财务部门确认所购笔芯的应付款项，并开出转账支票（票号：zz0295）付清采购货款。

（8）期末存货暂估入库。2 月 28 日，收到新益公司发来的 2 000 支笔帽，由于到月底发票仍未收到，则先确认该批存货的暂估成本为 0.30 元/支，并进行暂估记账处理。

二、相关知识

1. 普通采购业务的处理流程

采购管理系统的日常业务包括普通采购、直运采购、采购退货、现付采购、账表查询等。需要说明的是，当采购管理系统与库存管理系统集成使用时，日常入库业务在库存管理系统中进行处理；当采购管理系统未与库存管理系统集成使用时，日常入库业务在采购管理系统中进行处理。本书中，易友有限责任公司在 2021 年 2 月同时启用了采购管理系统与库存管理系统，因此，两系统间是集成使用的。在此情况下，普通采购业务的一般处理流程如下。

（1）请购。请购部门填写请购单。请购单是企业内部的各个部门向采购部门提出的需要采购物料的申请，通过执行【供应链】|【采购管理】|【业务】|【请购】|【请购单】命令进行录入。请购单的使用是可以选择的。

（2）比价。采购部门根据请购单进行比价。

（3）订货。采购部门填写采购订单，并向供应商发出采购订单，供应商进行送货。

（4）到货。供应商将采购部门所订货物送达企业后，企业及时对收到的货物进行清点，填制到货单，或参照采购订单生成到货单。

（5）入库。经过仓库的质检和验收，在库存管理系统中填写采购入库单或参照采购订单（或到货单）生成采购入库单。

（6）采购发票的取得。取得供应商开来的发票后，采购部门填写采购发票。

（7）采购部门进行采购结算。采购结算就是采购报账，是指采购人员根据采购入库单、采购发票核算采购入库成本。采购结算分为自动结算和手工结算。采购结算生成采购结算单，它是记载采购入库单记录与采购发票记录对应关系的结算对照表。

（8）核算采购成本，结算货款。将采购入库单报财务部门的成本会计进行存货核算，将采购发票等票据报应付账会计进行应付账款核算。总账会计在月末对生成的凭证进行审核记账处理。

普通采购业务的处理流程如图 10-19 所示。

2. 采购入库业务类型及处理方式

根据货物及采购发票到达的先后顺序，将采购入库业务类型划分为单货同到、货到单未到（暂估入库）、单到货未到（在途货物）3 种类型。不同业务类型的处理方式有所不同。

（1）单货同到。如果货物及采购发票同时到达企业，首先检验发票与货物是否一致。如果单货一致，可以先填写采购发票，再填写采购入库单，并及时进行采购结算；也可以先填写采购入库单，再参照采购入库单生成采购发票，用户可选择自动进行采购结算。如果单货不一致，可区分损耗原因，报有关领导批准后做有损耗的采购结算。

（2）货到单未到（暂估入库）。当货物先到，而采购发票到月底仍未到达企业时，为了准确核算库存成本，企业可以根据实际入库数量填写采购入库单，填写暂估单价，暂估入库，记入存货明细账，生成暂估凭证。对本月发生的暂估业务在下个月如何处理，系统提供了 3 种不同的方法。

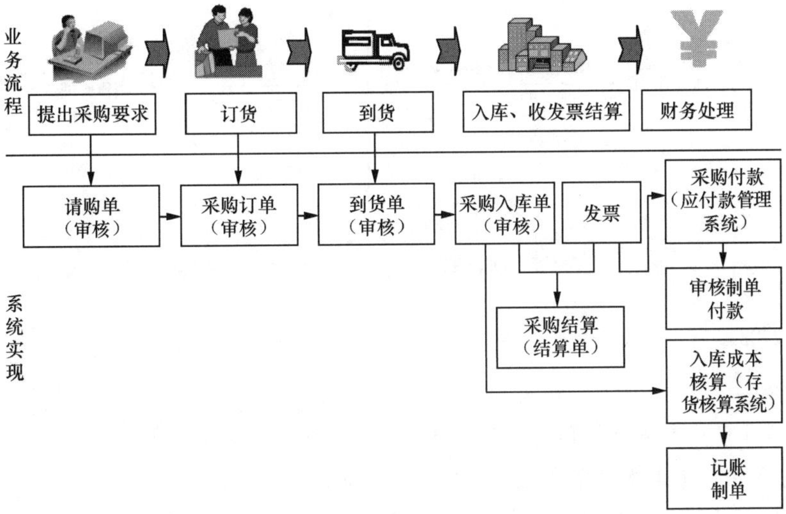

图 10–19 普通采购业务的处理流程

① 月初回冲：进入下月后，存货核算系统自动生成与暂估入库单完全相同的“红字回冲单”并自动记入存货明细账，冲回存货明细账中上月的暂估入库。操作员对“红字回冲单”制单，冲回上月的暂估入库凭证。

收到采购发票后，录入采购发票，对采购入库单和采购发票办理采购结算。结算完毕，进入存货核算系统，执行【结算成本处理】命令，进行暂估处理后，系统根据发票自动生成一张“蓝字回冲单”，其金额为发票上的报销金额，并自动登记存货明细账，使库存增加。操作员对“蓝字回冲单”制单，生成采购核算凭证。

② 单到回冲：下月月初不做处理，收到采购发票后，录入采购发票，并对采购入库单和采购发票做采购结算。结算完毕，进入存货核算系统，执行“结算成本处理”命令，进行暂估处理，系统会自动根据上月估价入库记录生成“红字回冲单”，登记相应的存货明细账，冲回存货明细账中上月的暂估入库记录。同时，根据采购发票自动生成一张“蓝字回冲单”，其金额为发票上的报销金额，同时登记存货明细账，使库存增加。最后在存货核算系统中对“红字回冲单”和“蓝字回冲单”进行制单，生成冲销上月估价入库凭证和本月的采购核算凭证。

③ 单到补差：下月月初不做处理，收到采购发票后，在采购管理系统中录入采购发票并做采购结算；再到存货核算系统中执行【结算成本处理】命令，进行暂估处理。如果报销金额与暂估金额的差额不为零，则自动产生入库调整单并记入存货明细账；如果差额为零，则不生成调整单。最后对“入库调整单”制单，生成凭证，传递到总账系统中。

（3）单到货未到（在途货物）。当采购发票先到，而货物未到时，企业可以不录入采购发票做压单处理，等货物到达时再填写采购入库单、采购发票并办理采购结算；也可以录入采购发票做在途货物处理。如果想要及时掌握在途货物情况，就应及时录入采购发票。

3. 采购管理系统与其他系统的主要关系

采购管理系统既可以单独使用，也可以与用友 ERP-U8 V10.1 管理系统的库存管理、存货核算、销售管理、应付款管理等系统集成使用。采购管理系统与其他管理系统的主要关系如图 10-20 所示。

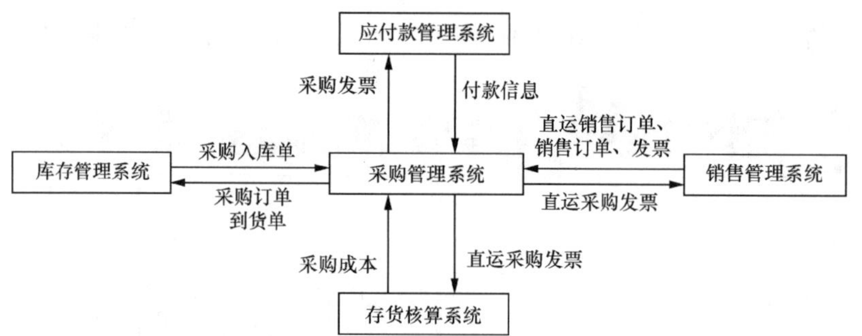

图 10-20　采购管理系统与其他管理系统的主要关系

三、任务实施

微课 118：填写订单

1. 填写订单

第一步：在企业应用平台“业务工作”选项卡中，执行【供应链】|【采购管理】|【采购订货】|【采购订单】命令，打开“采购订单”窗口。

第二步：单击【增加】按钮，修改采购订单日期为“2021-02-11”，选择采购类型为“普通采购”，选择供应商为“佳和公司”，选择存货编码为“01”，输入数量“20 000.00”，输入原币单价“0.50”，修改计划到货日期为“2021-02-15”，单击【保存】按钮。

第三步：单击【审核】按钮进行审核，审核结束后，单击×按钮，如图 10-21 所示，退出“采购订单”窗口。

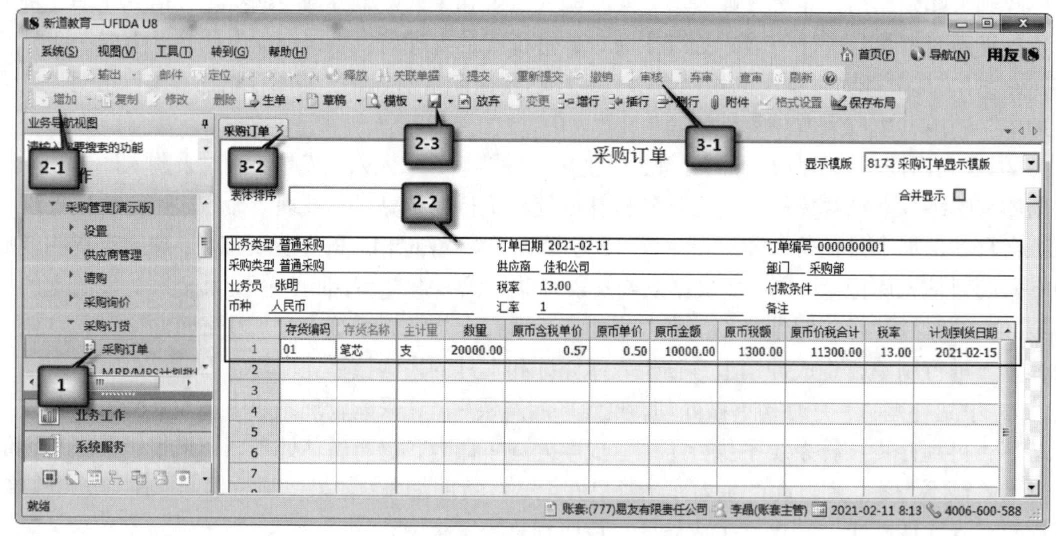

图 10-21　录入采购订单并审核

操作提示

- 采购订单可参照采购计划、请购单、销售订单生成，也可手工填制。
- 复制请购单生成的采购订单信息可以修改，但是如果根据请购单复制生成的采购订单已经审核，则不能直接修改，需要先执行【弃审】命令再执行【修改】命令。
- 采购订单被审核后，用户可在“采购订单执行统计表”中查询。

2. 填写到货单

微课 119：填写到货单

第一步，在企业应用平台“业务工作”选项卡中，执行【供应链】|【采购管理】|【采购到货】|【到货单】命令，打开“到货单”窗口。

第二步：单击【增加】按钮，单击【生单】按钮右侧的 ▾ 按钮，在下拉列表中选择“采购订单”选项，打开“查询条件选择—采购订单列表过滤”对话框，单击【确定】按钮，打开“拷贝并执行”窗口。双击需要参照的采购订单的“选择”栏，单击【确定】按钮，将采购订单相关信息带入到货单。

第三步：修改到货单日期为“2021-02-15”，单击【保存】按钮。

第四步：单击【审核】按钮进行审核，结束后单击 × 按钮，如图 10-22 所示，退出“到货单”窗口。

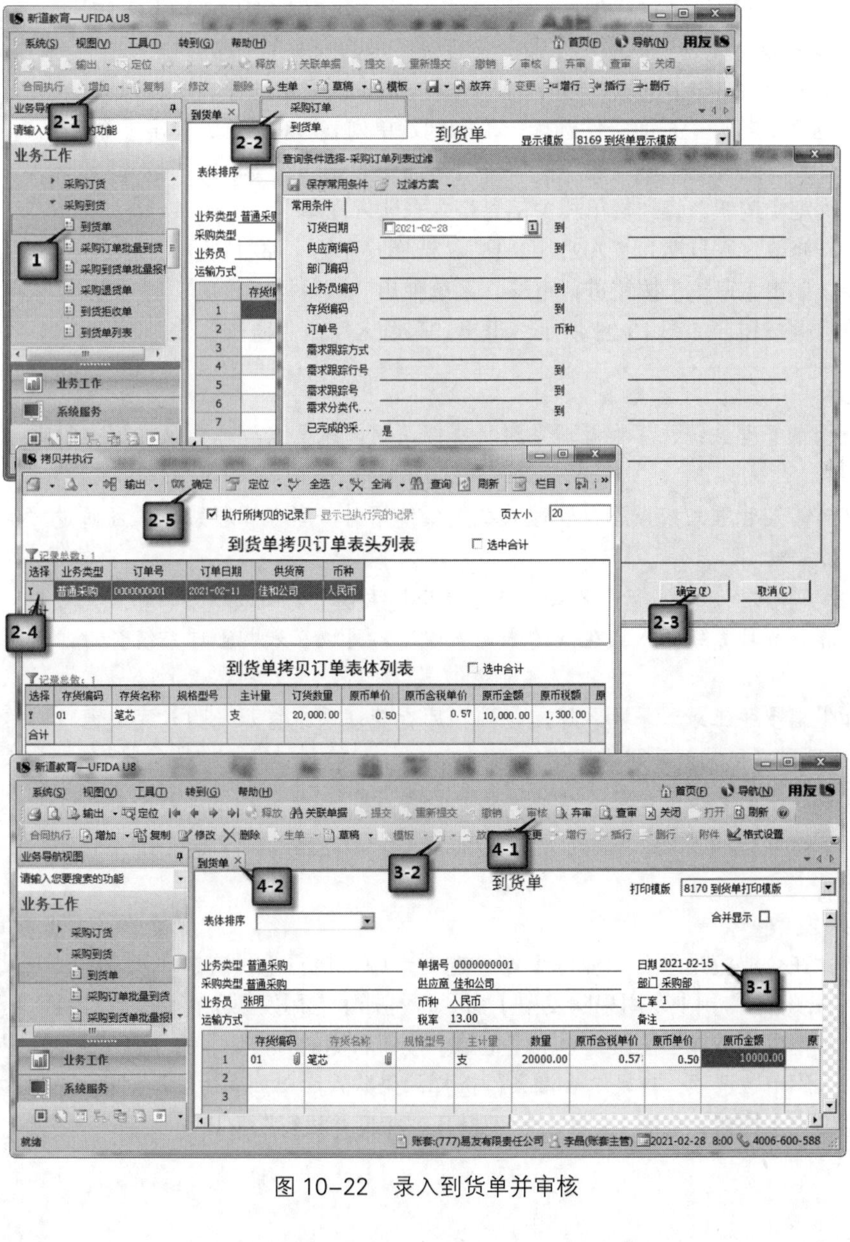

图 10-22 录入到货单并审核

📖操作提示

● 到货单可以手工录入，也可以复制采购订单生成到货单。到货单参照采购订单，只能参照没有入库的订单行，此订单行如果已经被到货单参照，则不能再被入库单参照。

● 如果到货单与采购订单信息有差别，用户可以直接据实录入到货单信息，或者直接修改生成的到货单信息，再单击【保存】按钮确认修改的到货单。

● 没有生成下游单据的到货单可以在未审核前直接删除；已经生成下游单据的到货单不能直接删除，需要先删除下游单据，执行【弃审】命令后才能删除。

3. 填写入库单

第一步：在企业应用平台“业务工作”选项卡中，执行【供应链】|【库存管理】|【入库业务】|【采购入库单】命令，打开“采购入库单”窗口。

第二步：单击【生单】按钮右侧的▾按钮，在下拉列表中选择“采购到货单（蓝字）”选项，打开“查询条件选择—采购到货单列表”对话框，单击【确定】按钮，打开“到货单生单列表”窗口。双击需要参照的到货单的“选择”栏，单击【确定】按钮，将到货单相关信息带入采购入库单。

微课 120：填写入库单

第三步：修改入库日期为“2021-02-15”，选择仓库为“原材料仓”，单击【保存】按钮。

第四步：单击【审核】按钮进行审核，系统弹出“该单据审核成功！”提示框，单击【确定】按钮，再单击×按钮，如图 10-23 所示，退出“采购入库单”窗口。

📖操作提示

● 当采购管理系统、库存管理系统集成使用时，采购入库单必须在库存管理系统中被录入或生成。

● 只有采购管理系统、库存管理系统集成使用时，库存管理系统才可通过“生单”功能生成采购入库单。

● “生单”时参照的单据是采购管理系统中已审核未关闭的采购订单和到货单。

● 在库存管理系统录入或生成的采购入库单，可以在采购管理系统查看，但不能修改或删除。

● 如果需要手工录入采购入库单，则在库存管理系统打开采购入库单窗口时，单击【增加】按钮，可以直接录入采购入库单信息。

● 如果在采购选项中设置了“普通业务必有订单”，则采购入库单不能手工录入，只能参照生成。

4. 填写发票

第一步：在企业应用平台“业务工作”选项卡中，执行【供应链】|【采购管理】|【采购发票】|【专用采购发票】命令，打开【专用发票】窗口。

第二步：单击【增加】按钮，单击【生单】按钮右侧的▾按钮，在下拉列表中选择“入库单”选项，打开“查询条件选择—采购入库单列表过滤”对话框，单击【确定】按钮，如图 10-24 所示，打开“拷贝并执行”窗口。

微课 121：填写发票

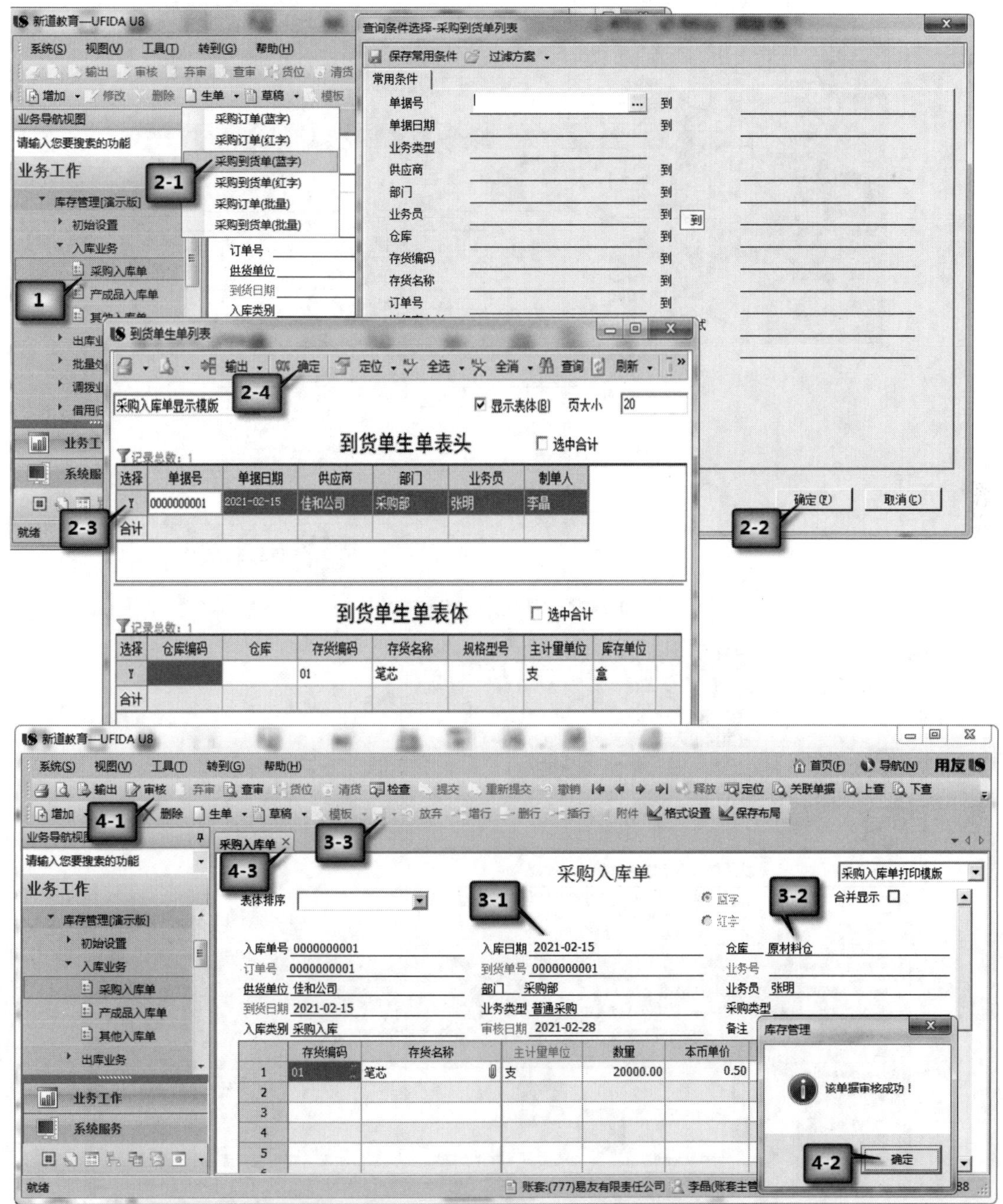

图 10–23　录入采购入库单并审核

第三步：双击需要参照的入库单的“选择”栏，单击【确定】按钮，将采购入库单相关信息带入采购专用发票。修改发票号为“ZY0003”，修改开票日期为“2021-02-15”，修改税率为“13.00”，单击【保存】按钮，如图 10-25 所示。

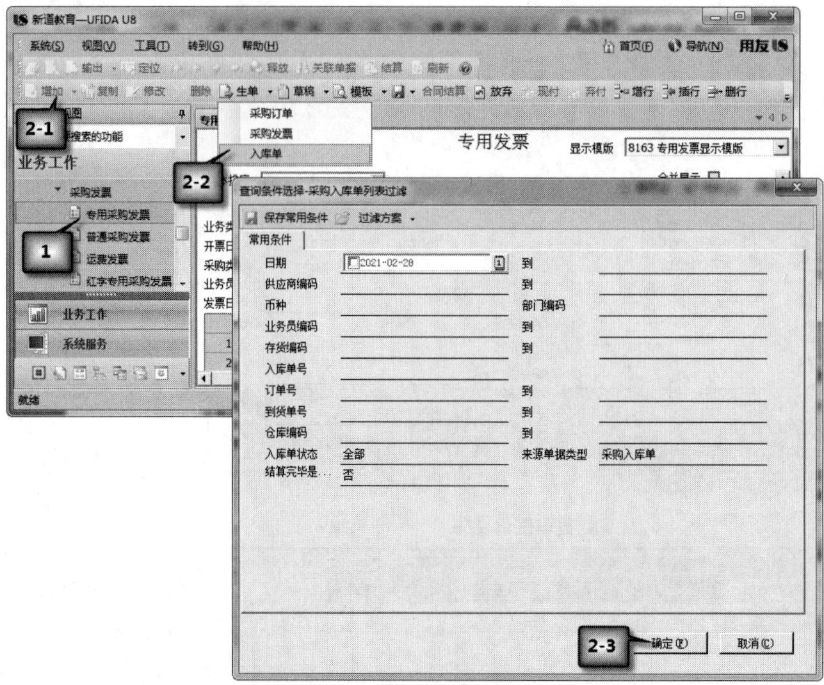

图 10-24　录入采购发票（1）

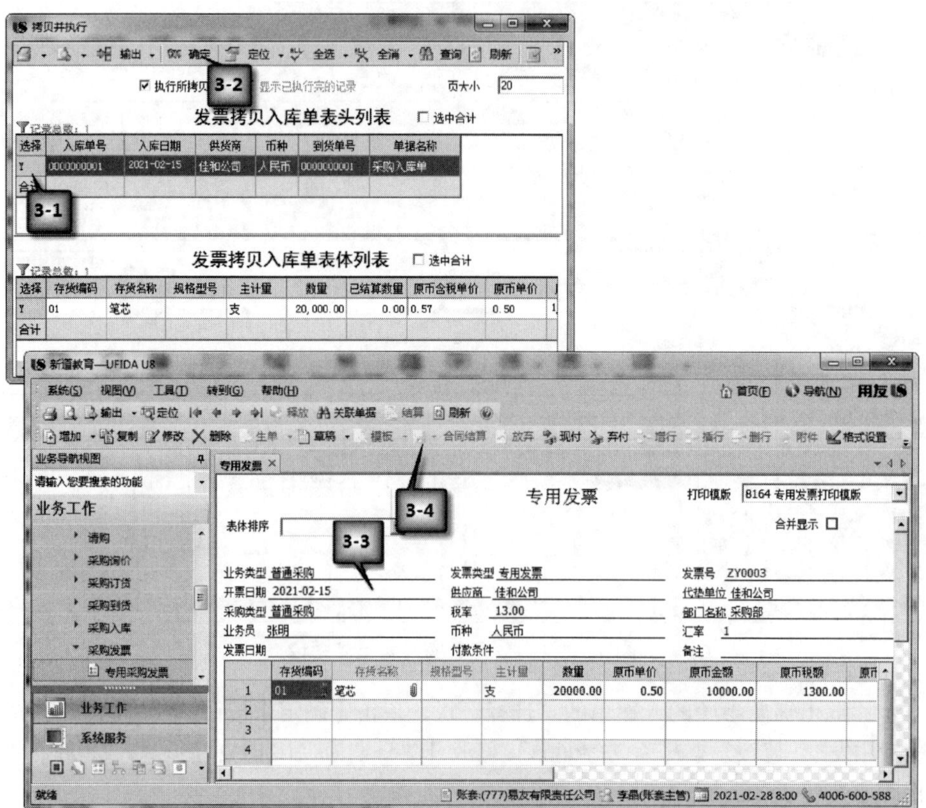

图 10-25　录入采购发票（2）

第四步：在打开的“专用发票”窗口中单击【增加】按钮，修改发票号为“YF0001”，修改开票日期为“2021-02-15”，选择供应商为“安顺运输公司”（提示：对于新出现的供应商，需要先增加供应商档案“安顺运输公司”），选择代垫单位“佳和公司”，修改税率为“9.00”，选择业务员为“张明”，选择存货编码“07”，输入原币金额“200.00”，单击【保存】按钮，如图 10-26 所示。

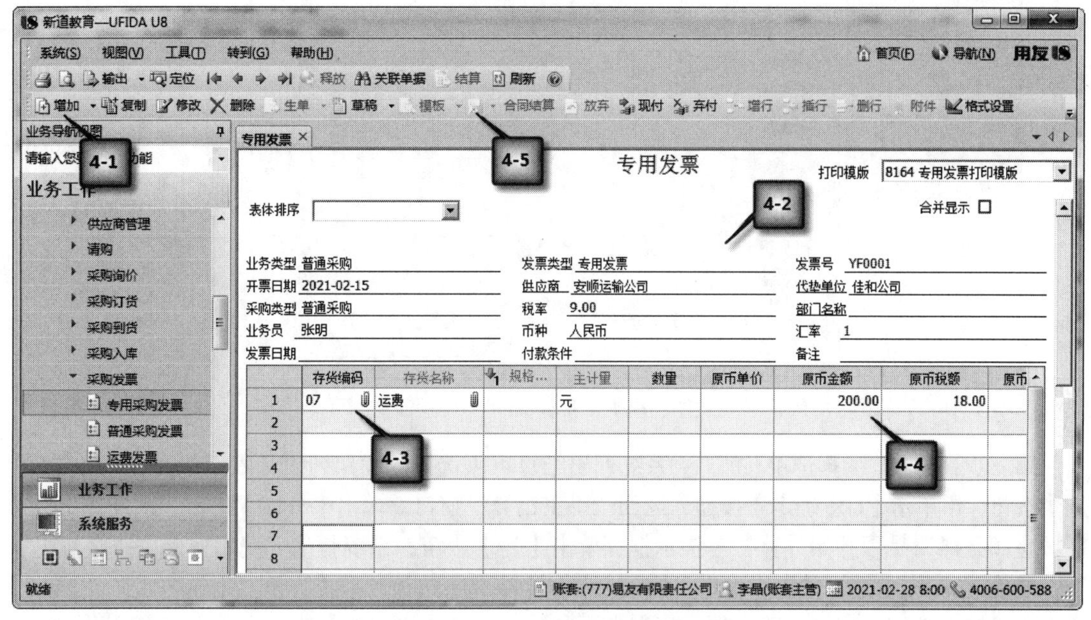

图 10-26　录入采购运费发票

操作提示

- 采购发票包括采购专用发票、采购普通发票、采购运费发票和采购红字发票。
- 采购发票可以手工输入，也可以根据采购订单、采购入库单、采购发票参照生成。
- 如果在采购选项中设置了“普通采购必有订单”，则不能手工录入采购发票，只能参照生成采购发票。如果需要手工录入，则需要取消选择“普通业务必有订单”选项。
- 如果需要录入采购专用发票，需先在基础档案中设置有关开户银行信息，否则只能录入普通发票。
- 采购发票中的表头税率是根据专用发票默认税率带入的，可以修改。采购专用发票的单价为无税单价，金额为无税金额，税额等于无税金额与税率的乘积。
- 普通采购发票的表头税率默认为 0，可以进行修改；普通发票、运费发票的单价为含税单价，金额为价税合计。
- 在采购管理系统中可以通过“采购发票列表”查询采购发票。

5. 办理采购结算

第一步：在企业应用平台“业务工作”选项卡中，执行【供应链】|【采购管理】|【采购结算】|【手工结算】命令，打开“手工结算”窗口。

第二步：单击【选单】按钮，打开“结算选单”窗口，单击【查询】按钮，打开“查询条件选择—采购手工结算”对话框，单击【确定】按钮，如图 10-27 所示。

微课 122：办理采购结算

图 10-27 采购发票、运费发票、采购入库单之间办理手工结算（1）

第三步：返回"结算选单"窗口，系统列出结算可供选择的发票列表和入库单列表，单击【全选】按钮，再单击【OK 确定】按钮，返回"手工结算"窗口。单击【分摊】按钮，系统弹出"选择按金额分摊，是否开始计算？"提示框，单击【是】按钮，系统弹出"费用分摊（按金额）完毕，请检查。"提示框，单击【确定】按钮。单击【结算】按钮，系统弹出"完成结算！"提示框，单击【确定】按钮，完成采购发票、运费发票与采购入库单之间的结算，如图 10-28 所示。

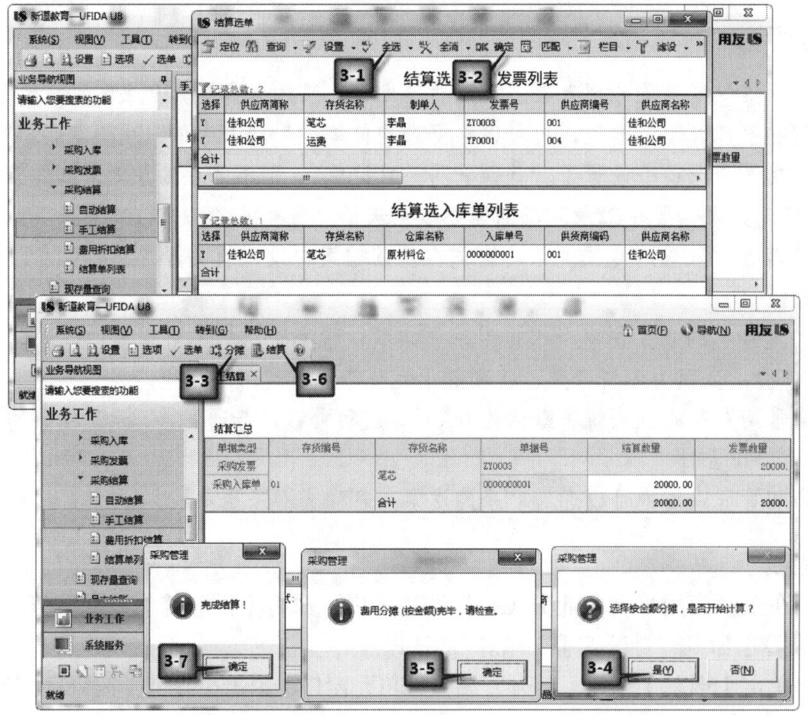

图 10-28 采购发票、运费发票、采购入库单之间办理手工结算（2）

操作提示

- 采购结算生成采购结算单，它是记载采购入库单记录与采购发票记录对应关系的结算对照表。
- 系统按照 3 种结算模式进行自动结算，即入库单和发票结算、红蓝入库单结算、红蓝发票结算。
- 若一笔采购业务对应有采购发票和运费发票，则采购发票、运费发票与采购入库单之间只能通过“手工结算”方式完成采购结算。
- 采购运费可以按金额分摊，也可以按数量分摊。
- 采购结算后，采购管理系统自动计算入库存货的采购成本，可以通过“统计表”查询。

6. 确认存货入库成本

第一步：在企业应用平台“业务工作”选项卡中，执行【供应链】|【存货核算】|【业务核算】|【正常单据记账】命令，打开“查询条件选择”对话框。单击【确定】按钮，打开“未记账单据一览表”窗口。选择要记账的单据，单击【记账】按钮，系统弹出“记账成功。”提示框，单击【确定】按钮，如图 10-29 所示。

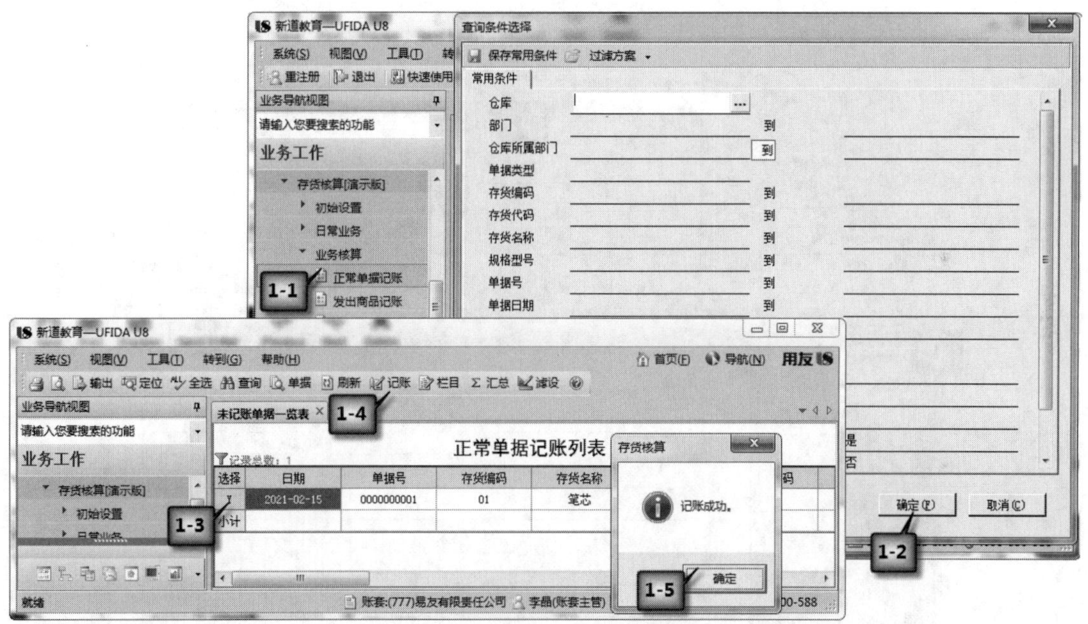

图 10–29　财务部门确认存货采购成本（1）

第二步：执行【供应链】|【存货核算】|【财务核算】|【生成凭证】命令，打开“生成凭证”窗口。单击【选择】按钮，打开“查询条件”对话框，单击【全消】按钮，选中“采购入库单（报销记账）”复选框，单击【确定】按钮，打开“选择单据”窗口，选择要生成凭证的单据，单击【确定】按钮。返回“生成凭证”窗口，输入对方科目编码“1402”，选择凭证类别“转　转账凭证”，单击【生成】按钮，系统生成转账凭证，单击【保存】按钮，凭证上出现“已生成”标志，单击 × 按钮，系统自动将当前凭证传递到总账系统等待审核记账，

微课 123：确认存货入库成本

如图 10-30 所示。

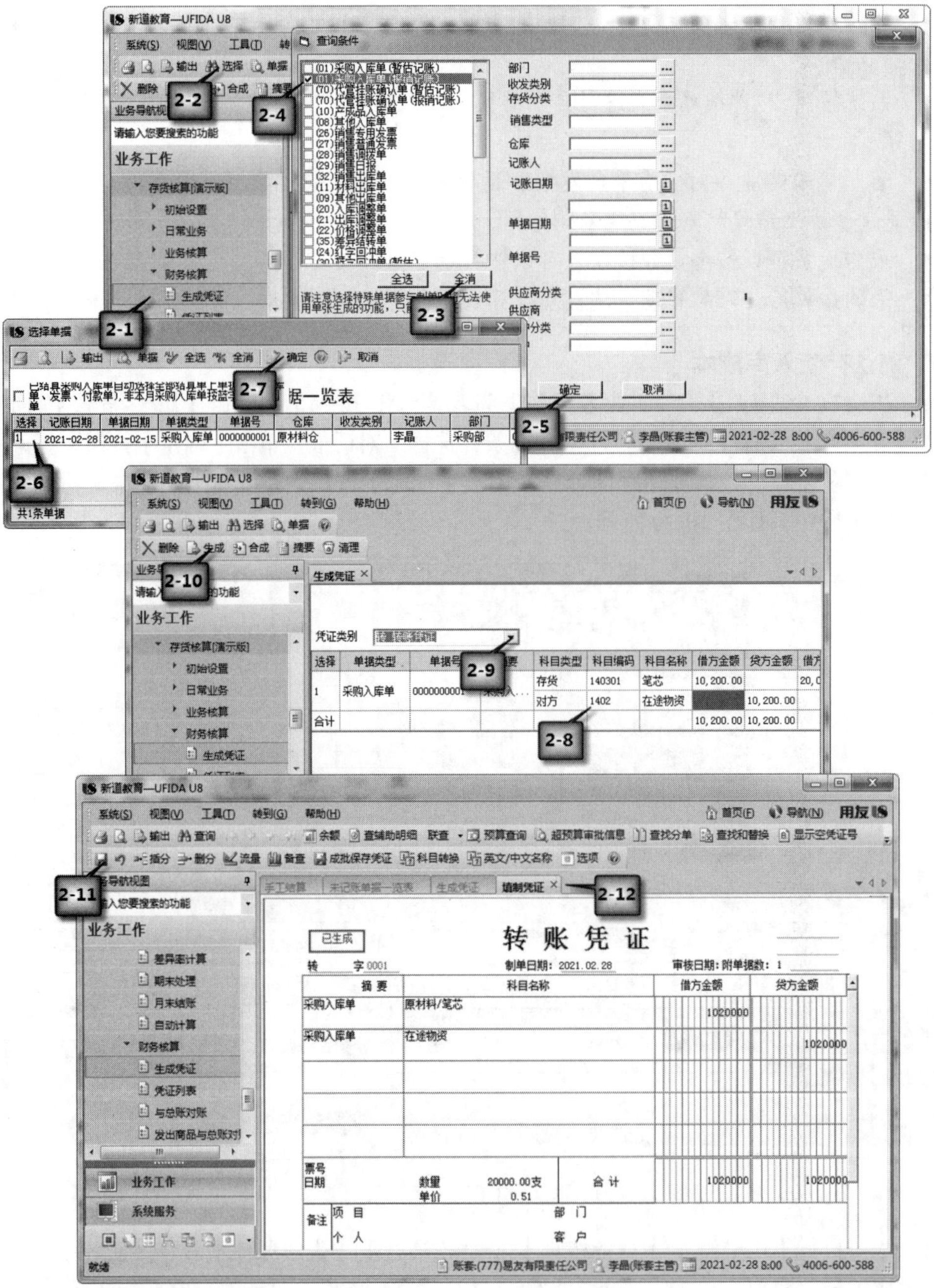

图 10-30　财务部门确认存货采购成本（2）

7. 确认采购应付货款

微课 124：确定采购应付货款

第一步：在企业应用平台“业务工作”选项卡中，执行【财务会计】|【应付款管理】|【应付单据处理】|【应付单据审核】命令，打开“应付单查询条件”对话框，单击【确定】按钮，打开“单据处理”窗口。选择要审核的单据（本

例单击【全选】按钮），再单击【审核】按钮，系统给出审核提示，单击【确定】按钮，如图 10-31 所示。

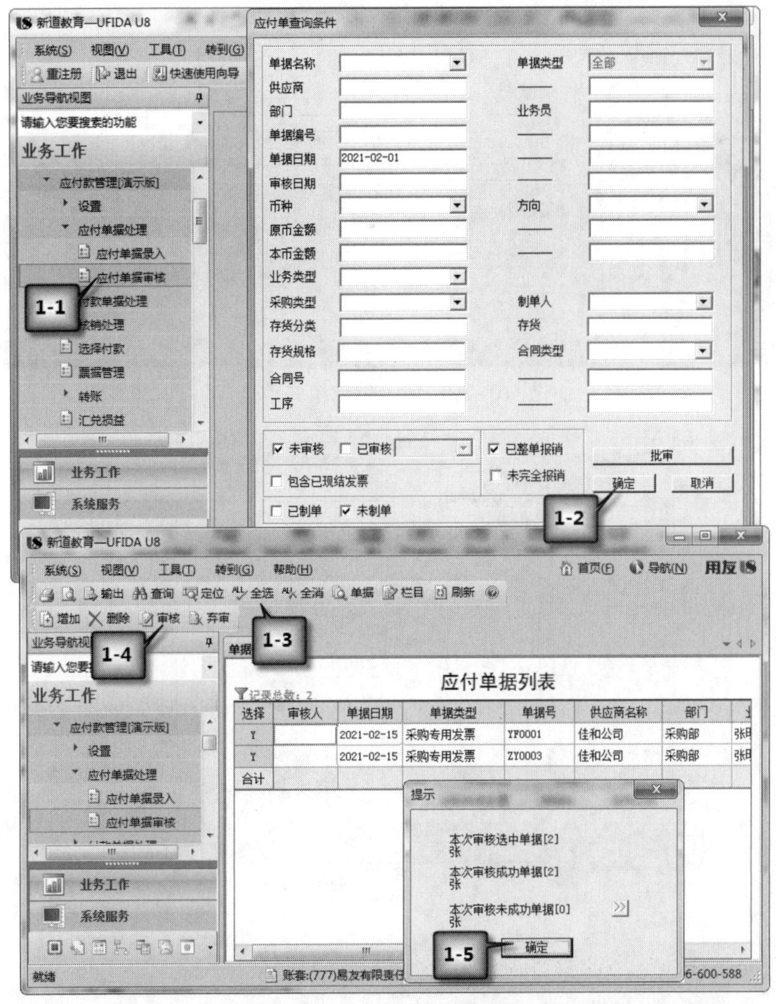

图 10–31　应付单据审核

第二步：在应付款管理系统中，执行【付款单据处理】|【付款单据录入】命令，打开“收付款单录入”窗口。单击【增加】按钮，输入日期“2021–02–15”，选择供应商“佳和公司”，选择结算方式为“转账支票”，输入金额“11518.00”，输入票据号“zz0295”，输入摘要“付款”，单击【保存】按钮。单击【审核】按钮，系统弹出“是否立即制单？”提示框，单击【否】按钮，如图 10-32 所示。

第三步：在应付款管理系统中，执行【制单处理】命令，打开“制单查询”对话框，选中【发票制单】和【收付款单制单】复选框，单击【确定】按钮，打开“制单”窗口。选择凭证类别“付款凭证”，单击【全选】按钮，单击【合并】按钮，再单击【制单】按钮，生成支付采购笔芯货款的凭证，单击【保存】按钮，凭证上出现“已生成”标志，单击×按钮，系统自动将当前凭证传递到总账系统等待审核记账，如图 10-33 所示。

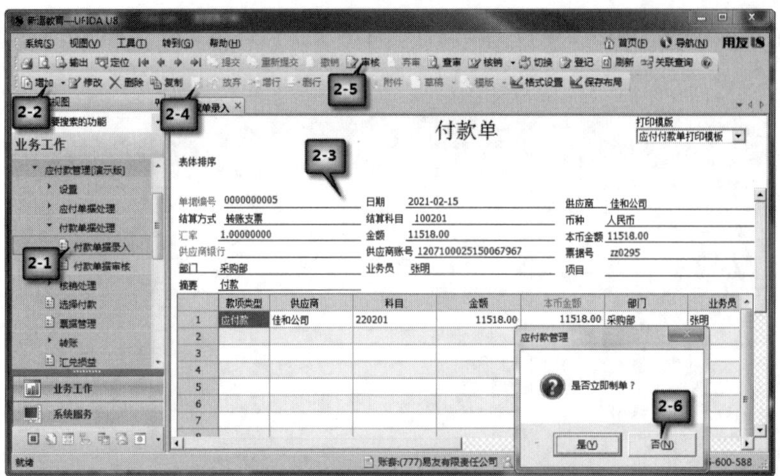

图 10-32 录入付款单并审核

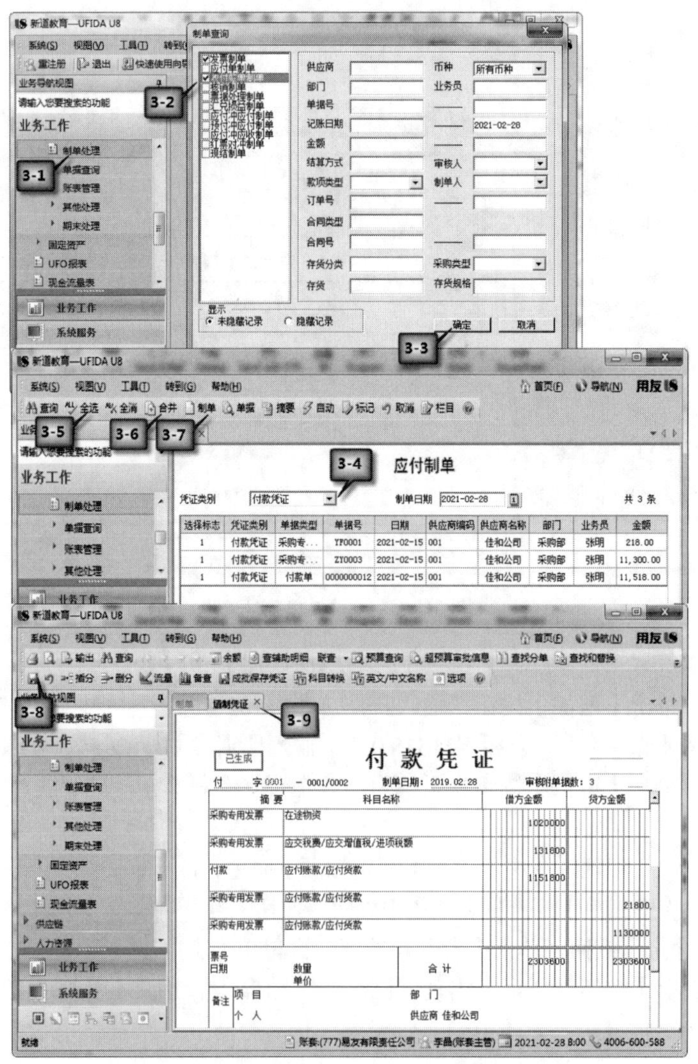

图 10-33 根据专用发票及运费发票合并制单

📖**操作提示**

- 只有采购结算后的采购发票才能自动传递到应付款管理系统，并且需要在应付款管理系统中审核确认，才能生成应付账款。
- 在应付款管理系统中可以根据一条记录制单，也可以根据多条记录合并制单，用户可以根据选择制单序号进行处理。

8. 期末存货暂估入库

第一步：在企业应用平台“业务工作”选项卡中，执行【供应链】|【采购管理】|【采购到货】|【到货单】命令，打开“到货单”窗口。单击【增加】按钮，选择采购类型“普通采购”，选择供应商“新益公司”，选择存货编码“03”，输入数量“2 000.00”，单击【保存】按钮。单击【审核】按钮进行审核，单击 × 按钮，退出“到货单”窗口，如图 10-34 所示。

微课 125：期末存货暂估入库

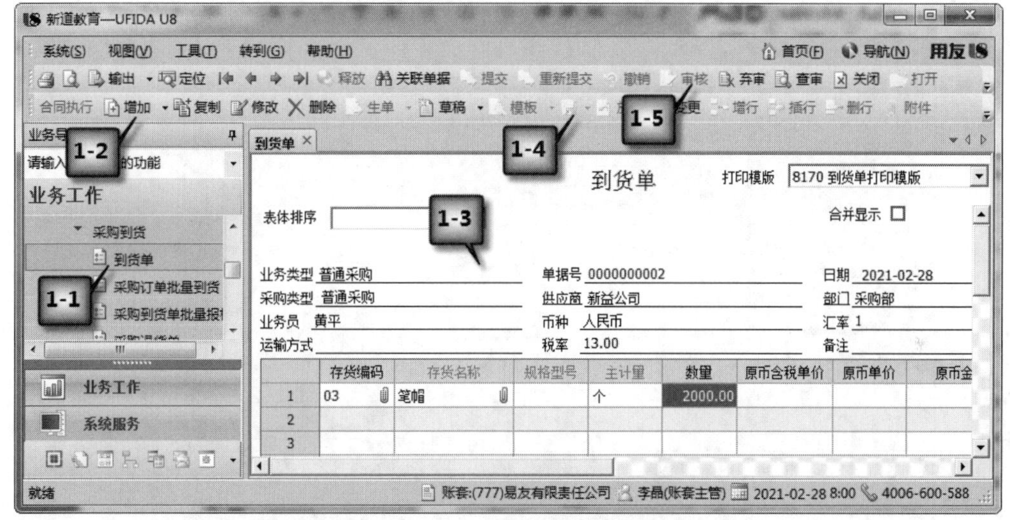

图 10–34 录入采购到货单并审核

第二步：在企业应用平台“业务工作”选项卡中，执行【供应链】|【库存管理】|【入库业务】|【采购入库单】命令，打开“采购入库单”窗口。单击【生单】按钮右侧的▾按钮，在下拉列表中选择“采购到货单（蓝字）”选项，打开“查询条件选择—采购到货单列表”对话框，单击【确定】按钮，打开“到货单生单列表”窗口。双击需要参照的到货单的“选择”栏，单击【确定】按钮，将到货单相关信息带入采购入库单。选择仓库为“原材料仓”，单击【保存】按钮。单击【审核】按钮进行审核，系统弹出“该单据审核成功!”提示框，单击【确定】按钮，再单击 × 按钮，退出“采购入库单”窗口，如图 10-35 所示。

第三步：在企业业务平台中，执行【供应链】|【存货核算】|【业务核算】|【暂估成本录入】命令，打开“查询条件选择”对话框，单击【确定】按钮，打开“暂估成本录入”窗口，输入单价“0.30”，单击【保存】按钮，系统弹出“保存成功!”提示框，单击【确定】按钮，再单击 × 按钮返回，如图 10-36 所示。

图 10-35 采购入库单

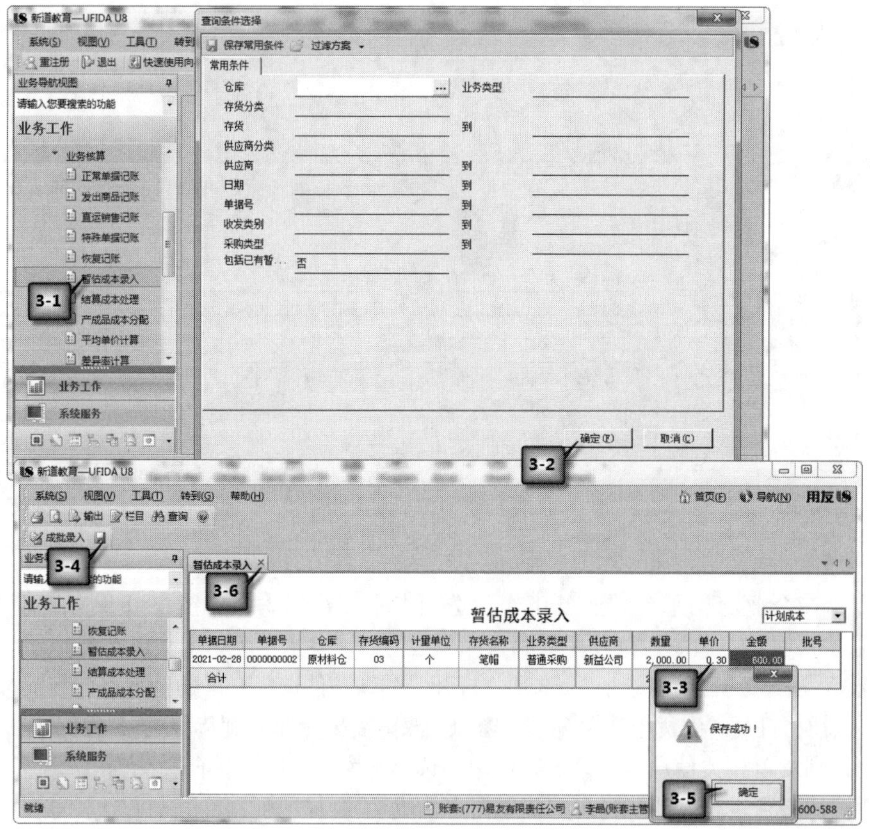

图 10-36 录入暂估成本

第四步：在存货核算系统中，执行【业务核算】|【正常单据记账】命令，打开“查询条件选择”对话框。单击【确定】按钮，打开“未记账单据一览表”窗口。选择要记账的单据，单击【记账】按钮，系统弹出“记账成功。”提示框，单击【确定】按钮，如图 10-37 所示。

第五步：在存货核算系统中，执行【财务核算】|【生成凭证】命令，打开“生成凭证”窗口。单击【选择】按钮，打开“查询条件”对话框，单击【全消】按钮，选中“采购入库单（暂估记

账）”复选框，单击【确定】按钮，打开“选择单据”窗口，选择要生成凭证的单据，单击【确定】按钮。返回“生成凭证”窗口，选择凭证类别为“转　转账凭证”，输入应付暂估科目编码“220202”，单击【生成】按钮，系统生成原材料入库的凭证，单击【保存】按钮，凭证上出现“已生成”标志，单击×按钮，系统自动将当前凭证传递到总账系统等待审核记账，如图 10-38 所示。

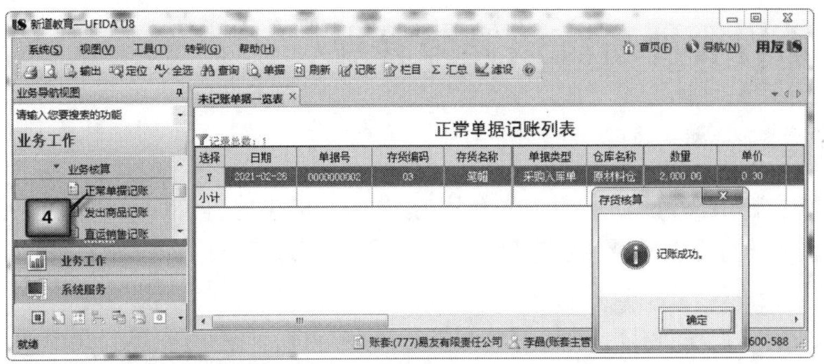

图 10–37　存货核算系统正常单据记账

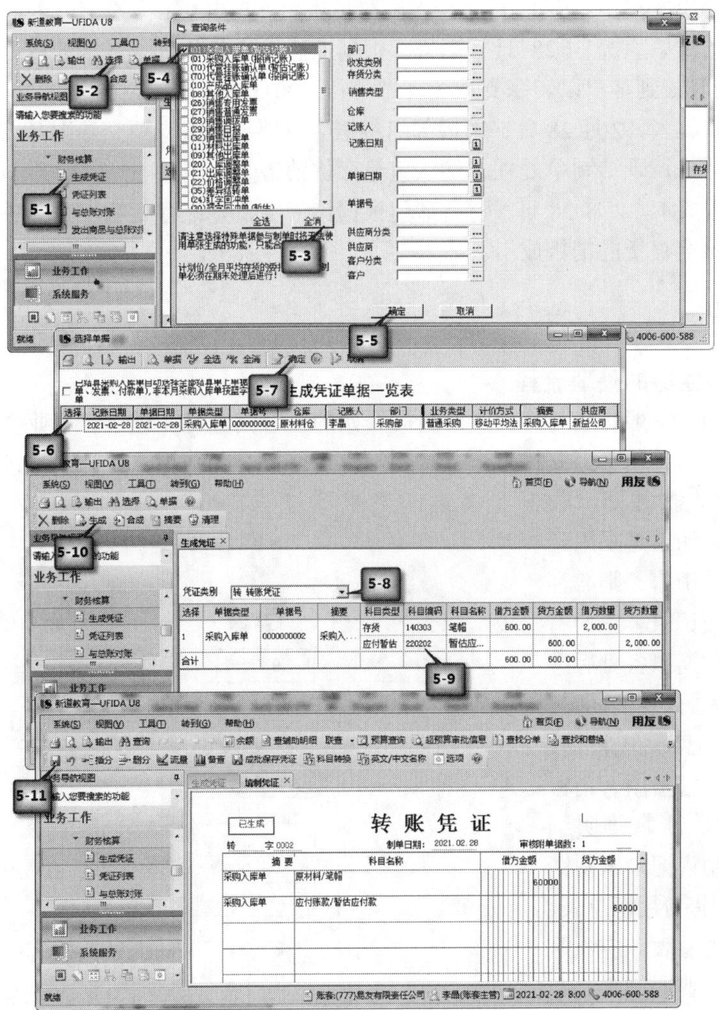

图 10–38　生成存货暂估入库凭证

📖操作提示

本例中对暂估业务的处理方式采用的是月初回冲方式，下月月初，系统自动生成“红字回冲单”，自动计入存货明细账，回冲上月的暂估业务。

任务四　销售管理系统核算与管理

一、任务描述与分析

易友有限责任公司已经成功启用了账套号为“777”的供应链管理系统，2021 年 2 月 28 日，以账套主管“李晶”的身份登录企业应用平台，在销售管理系统中进行如下操作（要求：单据日期与业务发生日期一致，凭证日期为 2 月 28 日）。

（1）填写发货单。2 月 28 日，销售部填写发货单并审核，向上海安迅公司出售单色圆珠笔（位于产成品库）5 600 支，无税单价 4 元/支。

（2）填写销售出库单。2 月 28 日，仓库填写销售出库单并审核，发出 5 600 支单色圆珠笔。

（3）填写销售发票。2 月 28 日，销售部根据上述发货单开出一张增值税专用发票（票号：7856201391），同时收到客户以转账支票（支票号：zz001188）所支付的全部货款。

（4）确认销售收入。2 月 28 日，销售部门将销售发票、转账支票交给财务部门，财务部门进行应收单据审核并进行现结制单处理，确认该笔存货销售收入。

（5）确认销售成本。2 月 28 日，财务部门根据销售发票登记存货明细账并进行结转销售成本制单处理，确认该笔存货的销售成本。

二、相关知识

1．普通销售业务的处理流程

企业的销售活动一般是从与客户签订合同开始的。合同签订完成后，企业会根据合同收取定金（或预收款）并由计划部门安排生产，待规定交货期按合同结算，并开出提货单供客户提货；或者按合同金额收款并开出收款凭证和提货单。如果是采用延期付款方式进行的销售，则需客户开具商业票据或记录客户的有关信息及合同付款期以备日后进行结算。在进行业务处理的同时，根据有关单据登记产品销售收入、销售成本、销售费用、销售税金及附加和应收账款等明细账，必要时根据销售记录编制销售收入汇总表、销售费用汇总表、销售税金及附加汇总表和应收账款账龄分析表等。普通销售业务处理流程如图 10-39 所示。

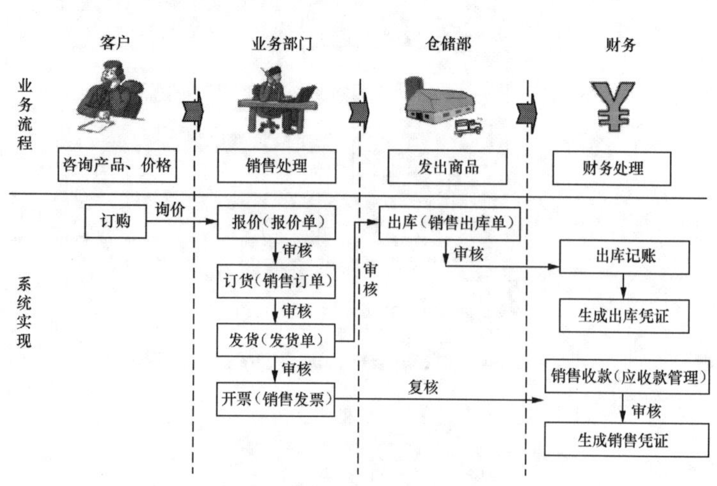

图 10-39　普通销售业务的处理流程

2. 销售管理系统与其他系统的主要关系

销售管理系统与其他系统的主要关系如图 10-40 所示。

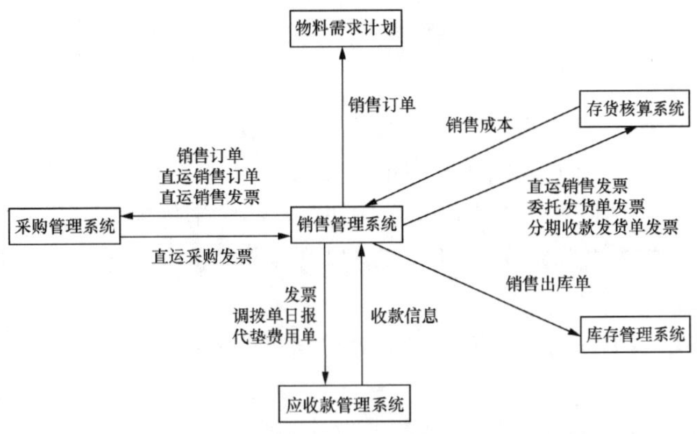

图 10-40　销售管理系统与其他系统的主要关系

三、任务实施

1. 填写发货单

第一步：在企业应用平台“业务工作”选项卡中，执行【供应链】|【销售管理】|【销售发货】|【发货单】命令，打开“发货单”窗口。单击【增加】按钮，打开“查询条件选择—参照订单”对话框，由于本业务没有可参照的订单，单击【取消】按钮。

第二步：选择销售类型为“普通销售”，选择客户简称为“上海安迅公司”，选择销售部门为“销售部”，输入备注“现结销售”，选择仓库名称为“产成品仓”，选择存货编码“05”，输入数量“5 600.00”，输入无税单价“4.00”，单击【保存】按钮。单击【审核】按钮，再单击×按钮，退出“发货单”窗口，如图 10-41 所示。

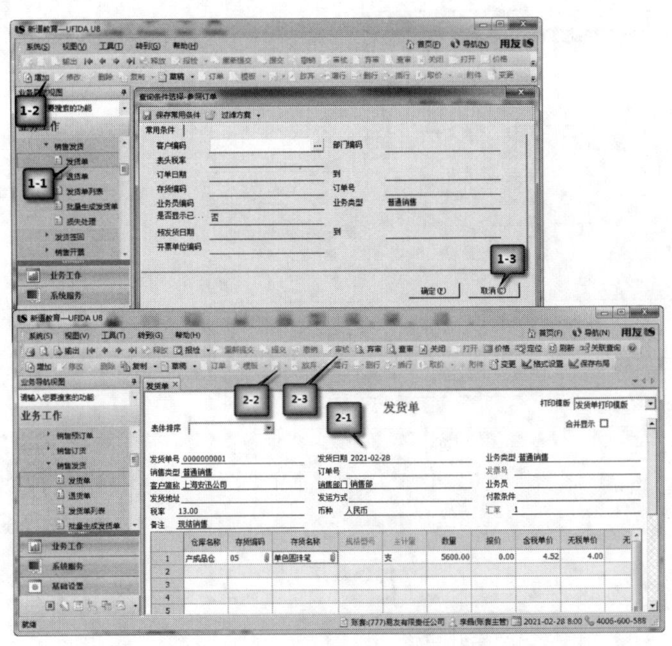

图 10-41　录入发货单并审核

📖操作提示

由于在销售管理系统的选项中设置了“新增发货单默认参照订单”，所以新增发货单时，系统弹出“查询条件选择—参照订单”对话框。

2. 填写销售出库单

第一步：在企业应用平台“业务工作”选项卡中，执行【供应链】|【库存管理】|【出库业务】|【销售出库单】命令，打开“销售出库单”窗口。单击【生单】按钮，打开“查询条件选择—销售发货单列表”对话框，单击【确定】按钮，打开“销售生单”窗口。双击需要参照的发货单前的“选择”栏，单击【确定】按钮，系统弹出“生单成功!”提示框，单击【确定】按钮，将发货单相关信息带入销售出库单。

第二步：单击【审核】按钮，系统弹出“该单据审核成功!”提示框，单击【确定】按钮，如图10-42所示。

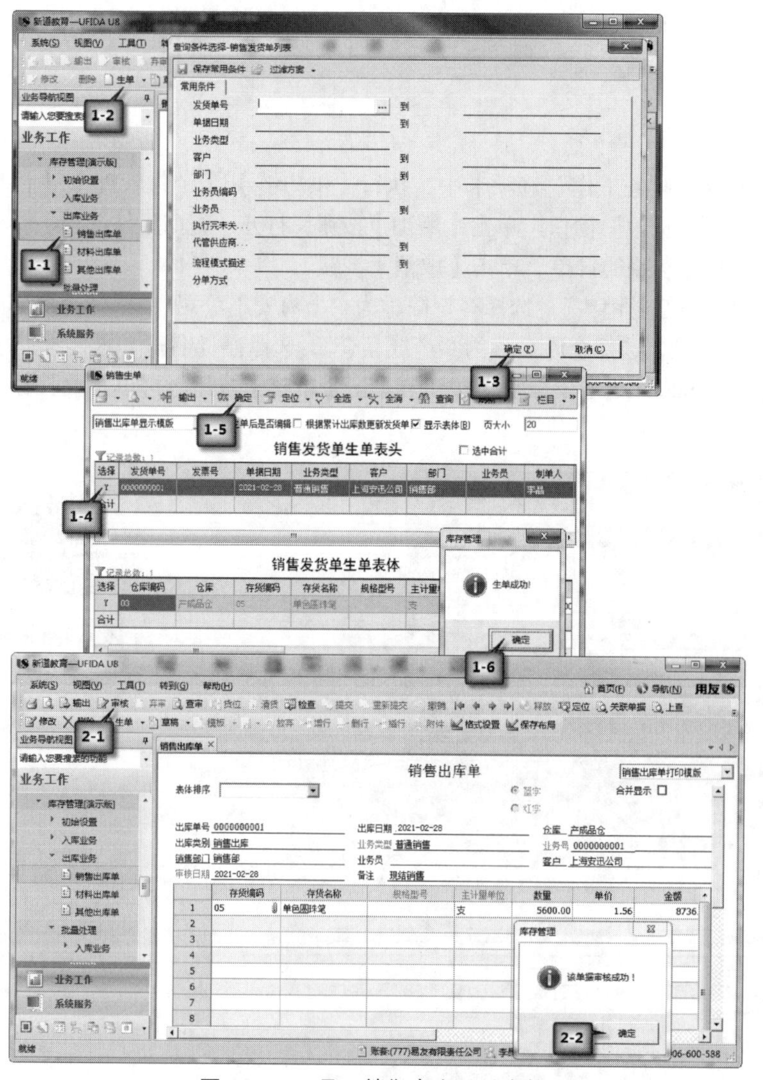

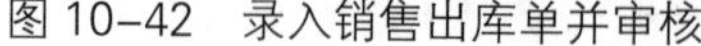
图 10-42 录入销售出库单并审核

微课 127：填写销售出库单

操作提示

- 由于在销售管理系统的选项中没有设置“销售生成出库单”，因此，用户需要在库存管理系统的“销售出库单”窗口，单击【生单】按钮，系统显示出库单查询窗口，用户自行选择过滤单据生成销售出库单。
- 如果在销售管理系统的选项中设置了“销售生成出库单”，则销售出库单在库存管理系统中自动生成，无须填写。
- 系统自动生成的销售出库单不能修改，可以直接审核。
- 对于在库存管理系统中生成的销售出库单，用户可以在销售管理系统的账表查询中通过单据查询到该销售出库单。

3. 填写销售发票

第一步：在企业应用平台“业务工作”选项卡中，执行【供应链】|【销售管理】|【销售开票】|【销售专用发票】命令，打开“销售专用发票”窗口。单击【增加】按钮，打开“查询条件选择—发票参照发货单”对话框，单击【确定】按钮，打开“参照生单”窗口，双击需要参照的发货单前的“选择”栏，单击【确定】按钮，将发货单相关信息带入销售专用发票，如图 10-43 所示。

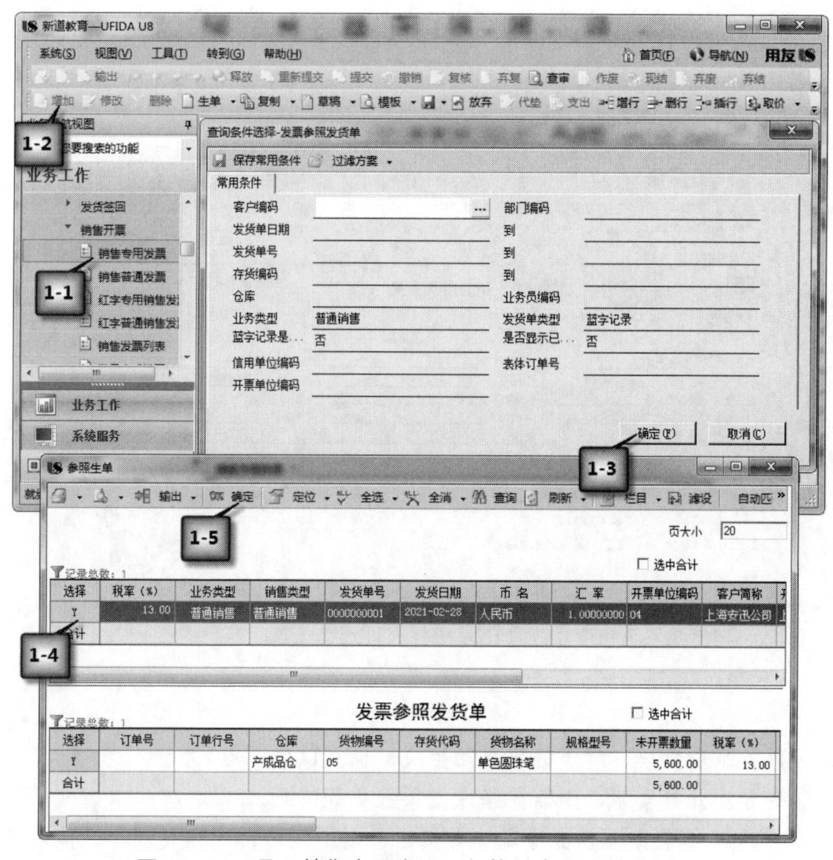

微课 128：填写销售发票

图 10–43　录入销售专用发票、复核并办理现结（1）

第二步：修改发票号为“7856201391”，单击【保存】按钮。单击【现结】按钮，打开“现结”

对话框，选择结算方式为“转账支票”，输入原币金额“25 312.00”，输入票据号“zz001188”，单击【确定】按钮，销售专用发票左上角显示“现结”标志。单击【复核】按钮，对现结发票进行复核。单击×按钮，退出“销售专用发票”窗口，如图 10-44 所示。

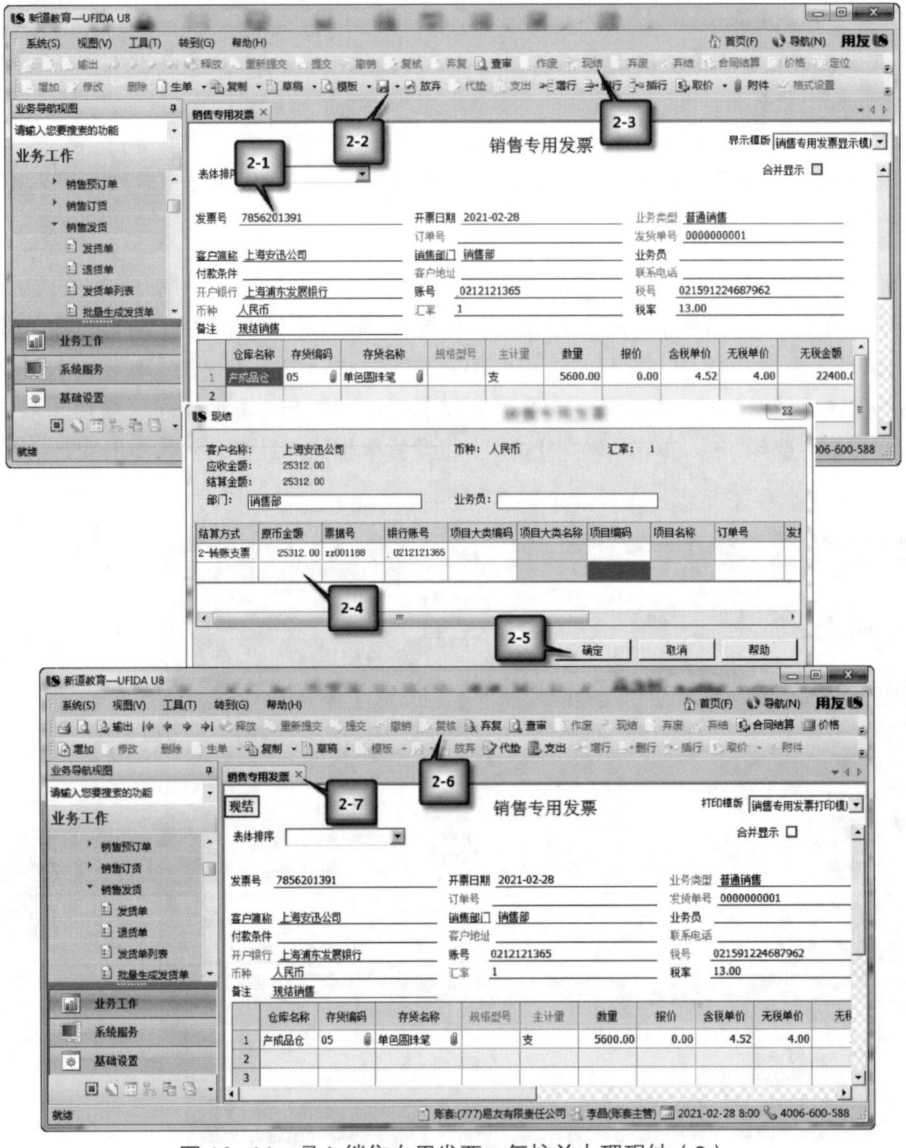

图 10-44　录入销售专用发票、复核并办理现结（2）

📖**操作提示**

- 销售专用发票可以参照发货单、参照订单自动生成，也可以手工输入。
- 如果一张货单需要分次开具发票，则需要修改发票数量等信息。
- 系统自动生成发票后，如果直接单击【复核】按钮，则不能进行现结处理，只能确认为应收账款。如果需要进行现结处理，应当在自动生成销售发票时，先单击【现结】按钮，进行现结处理，再单击【复核】按钮，进行复核处理。

- 已经现结或复核的发票不能直接修改。如果需要修改，可以先单击【弃结】【弃复】按钮，然后单击【修改】按钮，修改确认后单击【保存】按钮。
- 已经现结或复核的发票不能直接删除。如果需要删除，需要先弃结、弃复后，才能删除。
- 在销售管理系统的专用发票窗口中，生成销售专用发票并保存后，单击【代垫】按钮，调出代垫费用单窗口，输入代垫费用单。代垫费用单也可通过执行【代垫费用】|【代垫费用单】命令，在打开的窗口中输入。代垫费用单保存后自动生成其他应收单并传递至应收款管理系统。
- 销售管理系统只能记录代垫，不能对代垫费用制单。其凭证需要在应收款管理系统审核代垫费用单后，才能制单。

4. 确认销售收入

第一步：在企业应用平台"业务工作"选项卡中，执行【财务会计】|【应收款管理】|【应收单据处理】|【应收单据审核】命令，打开"应收单查询条件"对话框，选中"包含已现结发票"复选框，单击【确定】按钮，打开"单据处理"窗口。选择要审核的单据，单击【审核】按钮，系统弹出审核提示对话框，单击【确定】按钮，如图 10-45 所示。

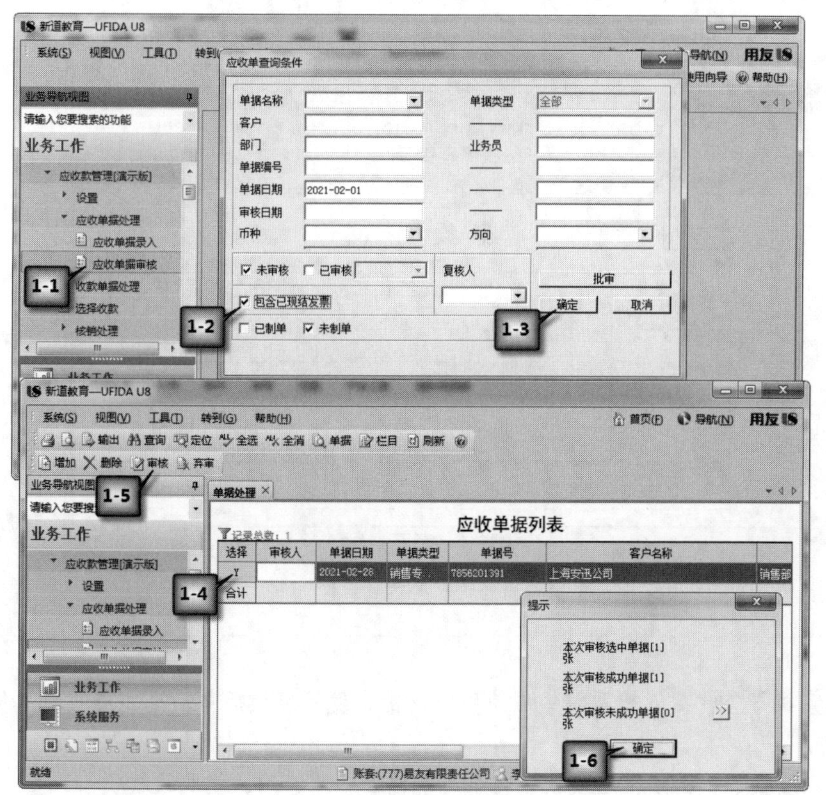

微课 129：确认销售收入

图 10-45　审核销售发票并制单（1）

第二步：执行【财务会计】|【应收款管理】|【制单处理】命令，打开"制单查询"对话框，选中"现结制单"复选框，单击【确定】按钮。打开"制单"窗口，选择要制单的单据，单击【制单】按钮，生成销售单色圆珠笔并收到货款的凭证，单击【保存】按钮，凭证上出现"已生成"标志，单击 × 按钮，系统自动将当前凭证传递到总账系统等待审核记账，如图 10-46 所示。

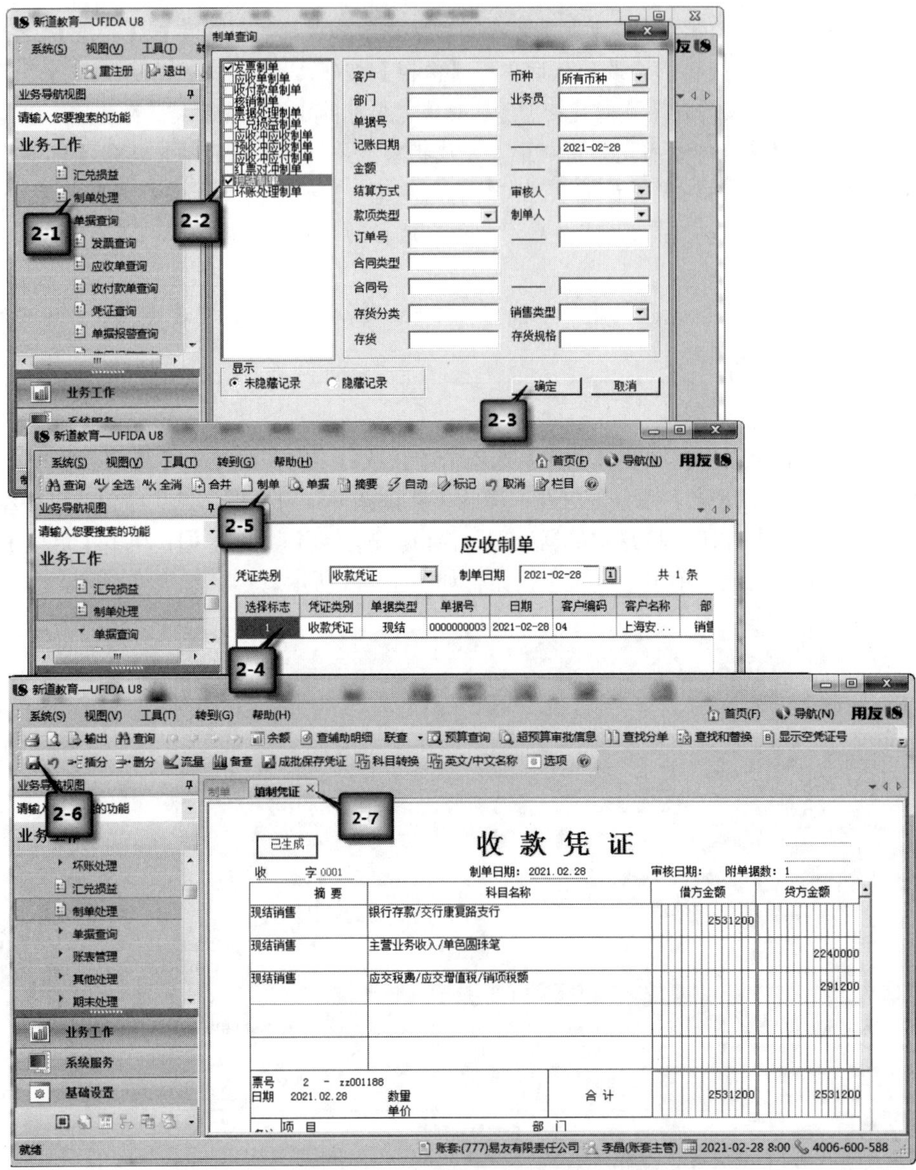

图 10-46 审核销售发票并制单（2）

📖操作提示

- 当销售管理系统与应收款管理系统集成使用时，销售发票复核后自动生成应收单并传递至应收款管理系统。
- 如果是现结，应收单也必须在应收款管理系统审核后，才能确认收取的款项。
- 由销售发票自动生成的应收单不能直接修改，如果需要修改，则必须在销售管理系统中先取消发票的复核，修改后再次复核，根据修改后的发票生成的应收单就是已经修改后的单据。
- 只有审核后的应收单或收款单才能制单。
- 可以根据每笔业务制单，也可以月末一次制单。如果采用月末处理，可以按业务分别制单，也可以合并制单。

● 已经制单的应收单或收款单不能直接删除，如果需要删除已经生成凭证的单据或发票，必须先删除凭证，然后在“应收单审核”窗口中单击【弃审】按钮，再在【应收单审核】|【应收单列表】中删除。

5. 确认销售成本

微课 130：确认销售成本

第一步：在企业应用平台“业务工作”选项卡中，执行【供应链】|【存货核算】|【业务核算】|【正常单据记账】命令，打开“查询条件选择”对话框。单击【确定】按钮，打开“未记账单据一览表”窗口。选择要记账的单据，单击【记账】按钮，系统弹出“记账成功。”提示框，单击【确定】按钮，如图10-47所示。

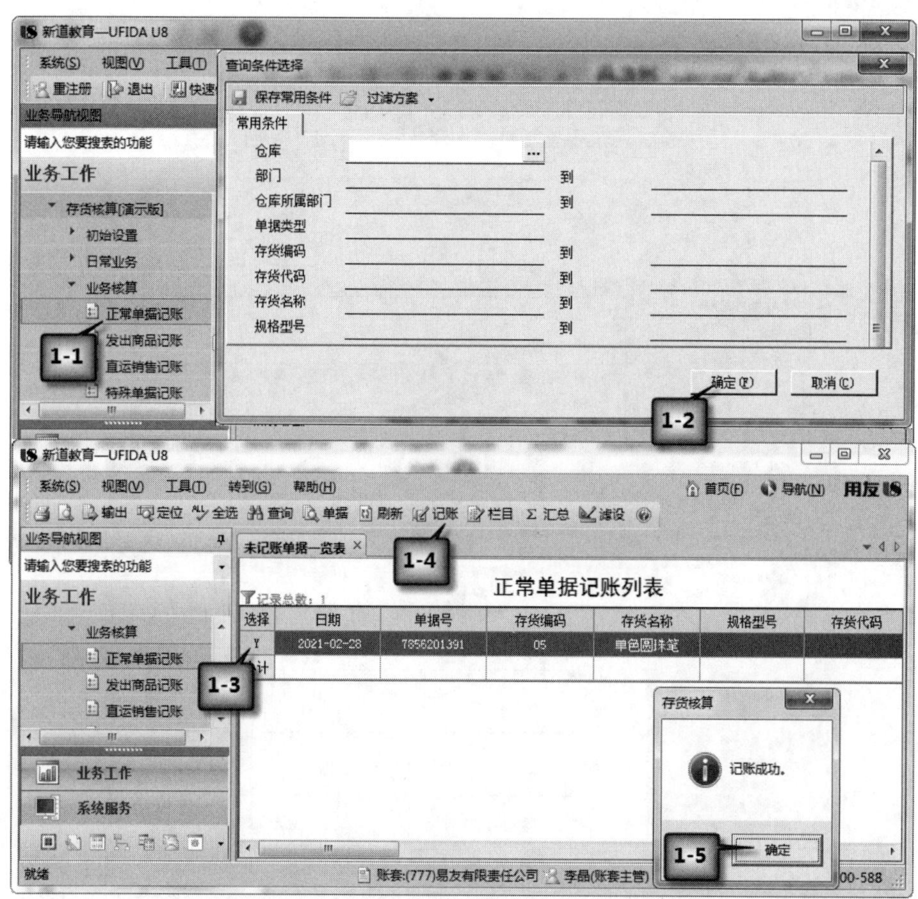

图 10–47　财务部门确认存货销售成本（1）

第二步：执行【供应链】|【存货核算】|【财务核算】|【生成凭证】命令，打开“生成凭证”窗口。单击【选择】按钮，打开“查询条件”对话框，单击【全消】按钮，选中“销售专用发票”复选框，单击【确定】按钮，打开“选择单据”窗口，选择要生成凭证的单据，单击【确定】按钮。打开“生成凭证”窗口，选择凭证类别为“转 转账凭证”，单击【生成】按钮，系统生成结转销售成本的记账凭证，单击【保存】按钮，凭证上出现“已生成”标志，单击×按钮，系统自动将当前凭证传递到总账系统等待审核记账，如图10-48所示。

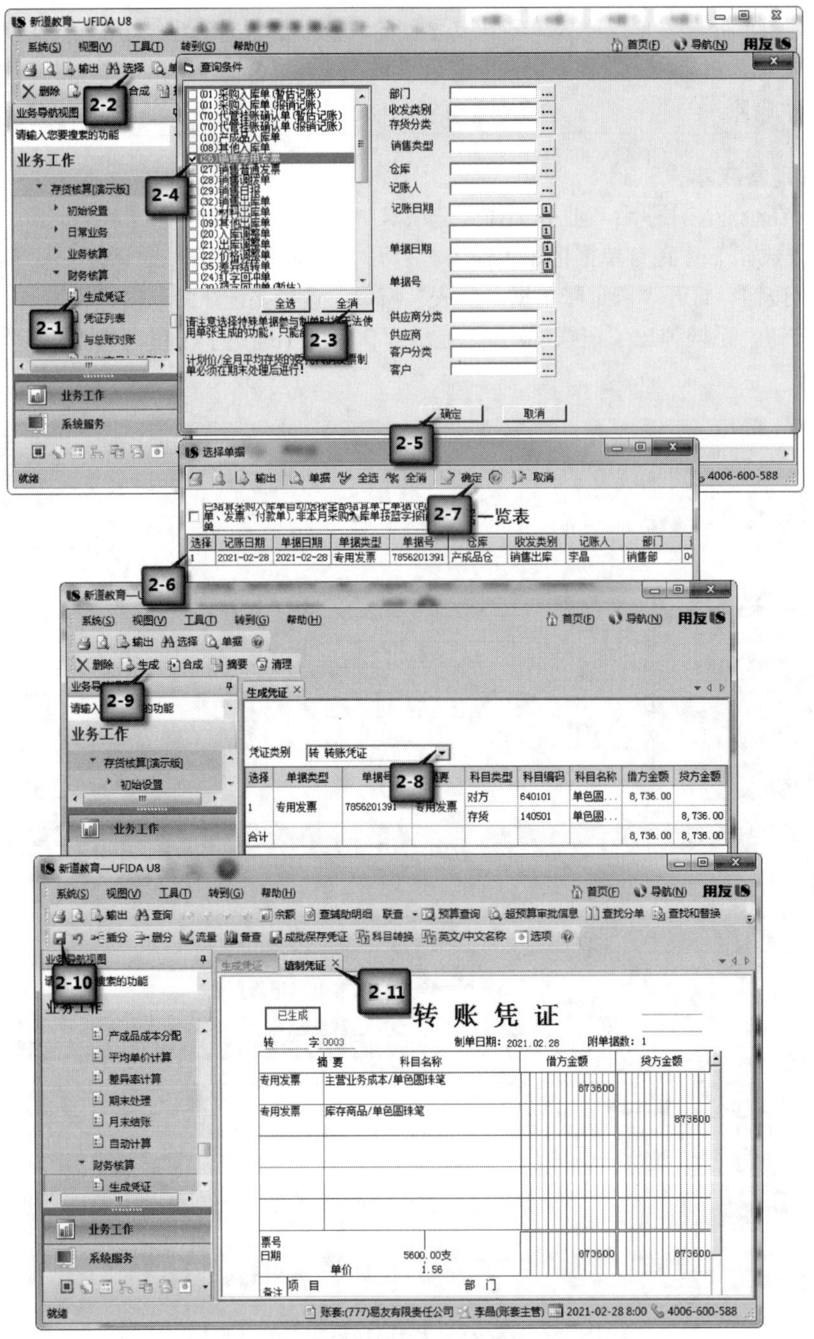

图 10-48 财务部门确认存货销售成本（2）

操作提示

- 存货核算系统必须在执行正常单据记账后，才能确认销售出库的成本，并生成结转销售成本凭证。
- 本例在存货核算系统的选项中设置了销售成本核算方式为销售发票，所以根据销售发票生成结转销售成本的凭证。

- 本例在仓库档案设置中设置了产成品库采用移动平均法结算存货成本，所以可以随时结转成本。如果存货采用全月加权平均法，则只能在月末计算存货单位成本，结转销售成本。
- 可以根据每笔业务及时结转销售成本，生成结转凭证；也可以月末集中结转，合并生成结转凭证。

任务五　库存管理系统核算与管理

一、任务描述与分析

易友有限责任公司已经成功启用了账套号为“777”的供应链管理系统，2021 年 2 月 28 日起，以账套主管“李晶”的身份登录企业应用平台，在库存管理系统中进行如下操作。

（1）填写材料出库单。2 月 28 日，填写材料出库单，从原材料库发出 10 000 支笔芯，用于单色圆珠笔的生产。

（2）存货盘点。2 月 28 日，对原材料库的“笔壳”存货进行盘点。盘点后，发现少了一支笔壳，经批准，做合理损耗处理。

二、相关知识

1. 库存管理系统与其他系统的主要关系

库存管理系统既可以与采购管理系统、销售管理系统及存货核算系统集成使用，也可以单独使用。在与其他系统集成应用模式下，库存管理系统与其他系统的主要关系如图 10-49 所示。

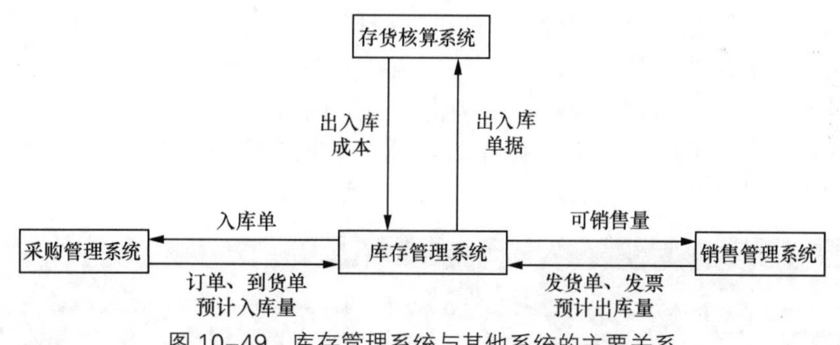

图 10-49　库存管理系统与其他系统的主要关系

2. 存货盘点及业务处理流程

企业存货品种多，由于种种原因会造成存货账实不相符。为了保护企业流动资产的安全和完整，做到账实相符，企业必须对存货进行清查，确定企业各种存货的实际库存量，并与账面记录核对，查明存货盘盈、盘亏和毁损的数量及造成上述情况的原因，并据以编制存货盘点报告表，按规定程序上报给有关部门审批。

系统提供多种盘点方式，如按仓库盘点、按批次盘点、按类别盘点、对保质期临近多少天的存货进行盘点等，还可以对各仓库或批次中的全部或部分存货进行盘点，盘盈、盘亏的结果自动生成其他入库单或其他出库单。

盘点业务的一般处理流程如图 10-50 所示。

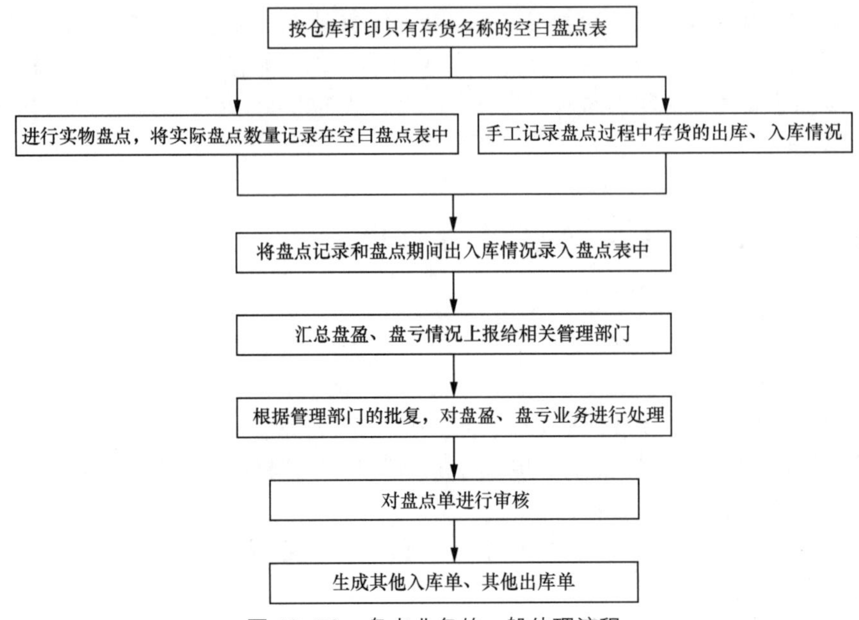

图 10-50　盘点业务的一般处理流程

三、任务实施

微课 131：填写材料出库单

1. 填写材料出库单

第一步：在企业应用平台“业务工作”选项卡中，执行【供应链】|【库存管理】|【出库业务】|【材料出库单】命令，打开“材料出库单”窗口。单击【增加】按钮，选择仓库为“原材料仓”，输入备注“生产单色圆珠笔耗用”，选择材料编码为“01”，输入数量“10 000.00”，单击【保存】按钮。

第二步：单击【审核】按钮，系统弹出“该单据审核成功!”提示框，单击【确定】按钮，单击 × 按钮，退出“材料出库单”窗口，如图 10-51 所示。

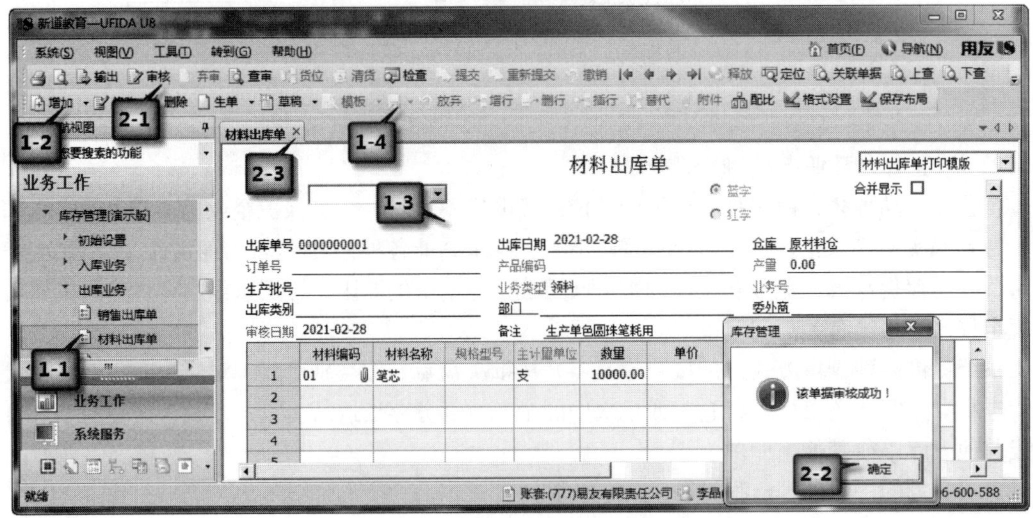

图 10-51　录入材料出库单并审核

📖**操作提示**

- 用户可以根据生产车间的需要手工填制材料出库单，也可以根据定义的产品结构使用配比出库方式自动计算原材料出库的相关信息。
- 材料出库业务还应在存货核算系统执行记账并生成“生产领料”的记账凭证，这步操作将在“任务六”中完成。

2. 存货盘点

微课 132：存货盘点

第一步：在企业应用平台“业务工作”选项卡中，执行【供应链】|【库存管理】|【盘点业务】命令，打开“盘点单”窗口。单击【增加】按钮，选择盘点仓库为“原材料仓”，选择出库类别为“盘亏出库”，选择入库类别为“盘盈入库”。选择存货编码“02”，单击【保存】按钮。单击【审核】按钮，系统弹出“该单据审核成功!”提示框，单击【确定】按钮，单击×按钮，退出“盘点单”窗口。

第二步：在企业业务平台中，执行【供应链】|【库存管理】|【出库业务】|【其他出库单】命令，单击➔|按钮，打开“其他出库单”窗口，单击【审核】按钮，系统弹出“该单据审核成功!”提示框，单击【确定】按钮，单击×按钮，如图 10-52 所示，退出“其他出库单”窗口。

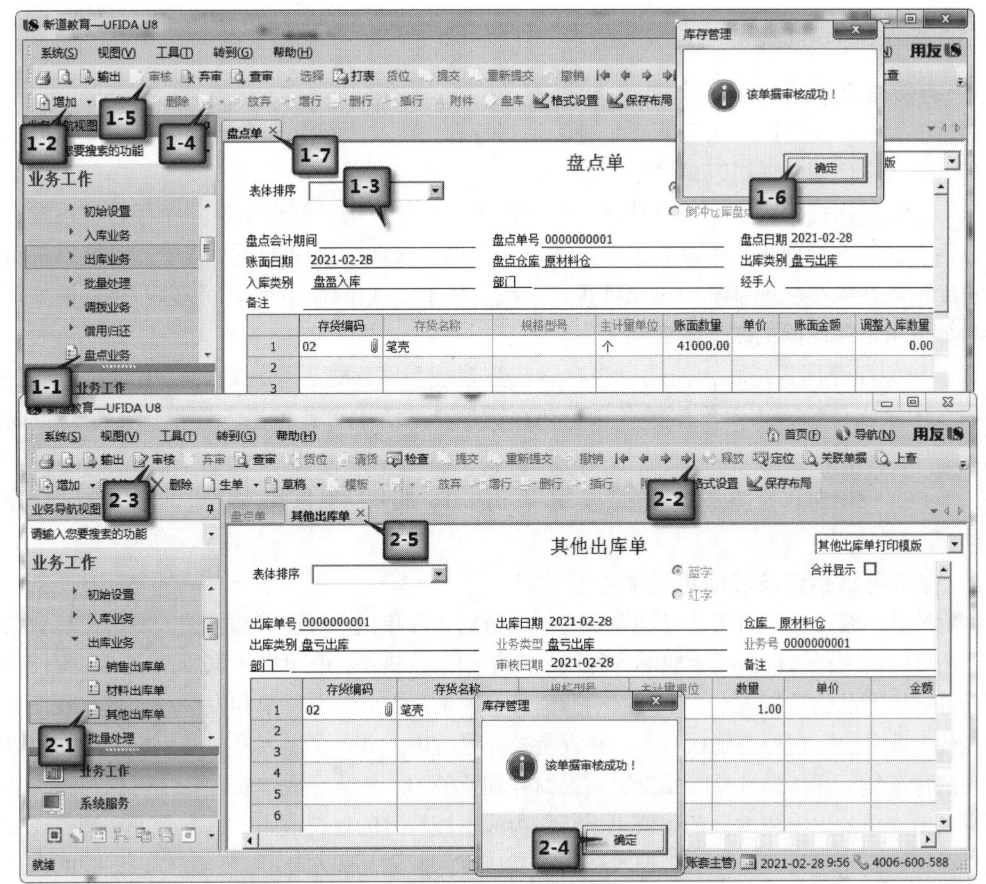

图 10-52　录入盘点单、审核并生成其他出库单

📖操作提示

- 系统自动生成的其他入库单或其他出库单需要被审核后，才能在存货核算系统作为编制记账凭证的依据。
- 盘点时，单击【盘库】按钮，表示对选择盘点仓库的所有存货进行盘点；单击【选择】按钮，表示按存货分类批量选择存货进行盘点。
- 盘点单中输入的盘点数量是实际库存盘点的结果。

任务六　存货核算系统核算与管理

一、任务描述与分析

易友有限责任公司已经成功启用了账套号为“777”的供应链管理系统，2021 年 2 月 28 日，以账套主管“李晶”的身份登录企业应用平台，在存货核算系统中进行记账及生成凭证的操作。

对 2 月 28 日生产单色圆珠笔领用 10 000 支笔芯业务进行记账，编制生产领料记账凭证；对 2 月 28 日原材料库“笔壳”存货盘亏业务进行记账，并编制存货盘亏的记账凭证。

二、相关知识

1. 存货核算系统的应用模式

存货核算系统既可以与采购管理系统、销售管理系统、库存管理系统集成使用，也可以与库存管理系统联合使用，还可以单独使用。

（1）集成应用模式。当存货核算系统与采购管理系统、销售管理系统、库存管理系统集成使用时，用户在库存管理系统中录入采购入库单，在销售管理系统中录入发货单，审核后自动生成销售出库单或在库存管理系统中参照销售订单或发货单生成销售出库单，传递到存货核算系统，然后对各种出入库单据记账并生成出入库凭证。

（2）与库存管理系统联合使用。当存货核算系统与库存管理系统联合使用时，用户在库存管理系统中录入各种出入库单据并审核，在存货核算系统中对各种出入库单据记账并生成出入库凭证。

（3）独立应用模式。如果存货核算系统单独使用，那么所有的出入库单据均由存货核算系统填制。

2. 存货核算系统与其他系统的主要关系

存货核算系统既可以对采购管理系统生成的采购入库单记账，对采购暂估入库单进行暂估报销处理，还可以对库存管理系统生成的各种出入库单据记账核算；既可以根据所选定的存货计价方法自动计算已销产品的销售成本，还可以根据销售管理系统生成的发货单和发票对分期收款销售业务及委托代销业务进行记账并确认成本。在存货核算系统中，进行了出入库成本记账的单据可以生成一系列的物流凭证并传递到总账系统，实现财务和业务的一体化。成本管理系统可以将存货核算系统中材料出库单的出库成本自动读取出来，作为成本核算时的材料成本。成本管理系统完成成本计算后，存货核算系统可以从成本管理系统读取其计算的产成品成本，并且分配到未记账的产成品入库单中，作为产成品入库单的入库成本。存货核算系统与其他系统的主要关系如图 10-53 所示。

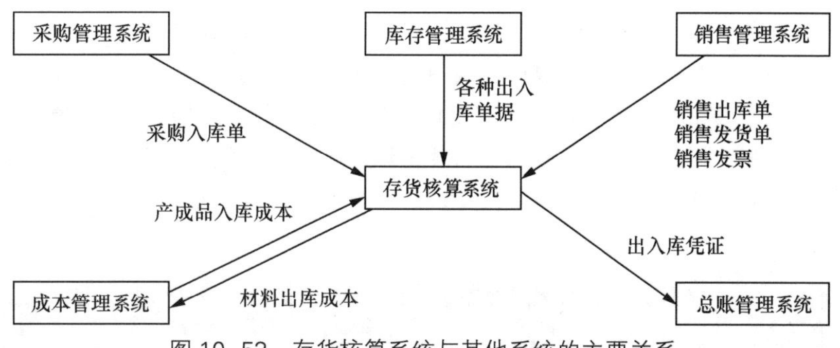

图 10-53 存货核算系统与其他系统的主要关系

三、任务实施

微课 133：存货核算系统记账生成凭证

第一步：在企业应用平台“业务工作”选项卡中，执行【供应链】|【存货核算】|【业务核算】|【正常单据记账】命令，打开“查询条件选择”对话框。单击【确定】按钮，打开“未记账单据一览表”窗口。选择要记账的单据，单击【记账】按钮，系统弹出“记账成功。”提示框，单击【确定】按钮，再单击 × 按钮，退出“未记账单据一览表”窗口，如图 10-54 所示。

图 10-54 存货核算系统正常单据记账

第二步：执行【供应链】|【存货核算】|【财务核算】|【生成凭证】命令，打开“生成凭证”窗口。单击【选择】按钮，打开“查询条件”对话框，单击【全消】按钮，选中“材料出库单”

“其他出库单”复选框，单击【确定】按钮。打开“选择单据”窗口，选择要生成凭证的单据，单击【确定】按钮。打开“生成凭证”窗口，选择凭证类别为“转 转账凭证”，分别输入两张原始凭证对应的科目编码“500101”“1901”和“直接材料”科目对应的项目大类及项目大类名称，单击【生成】按钮，系统生成原材料盘亏的记账凭证以及生产领料凭证，单击【成批保存凭证】按钮，系统给出凭证保存的提示对话框，单击【确定】按钮，系统自动将当前凭证传递到总账系统等待审核记账，如图 10-55 所示。

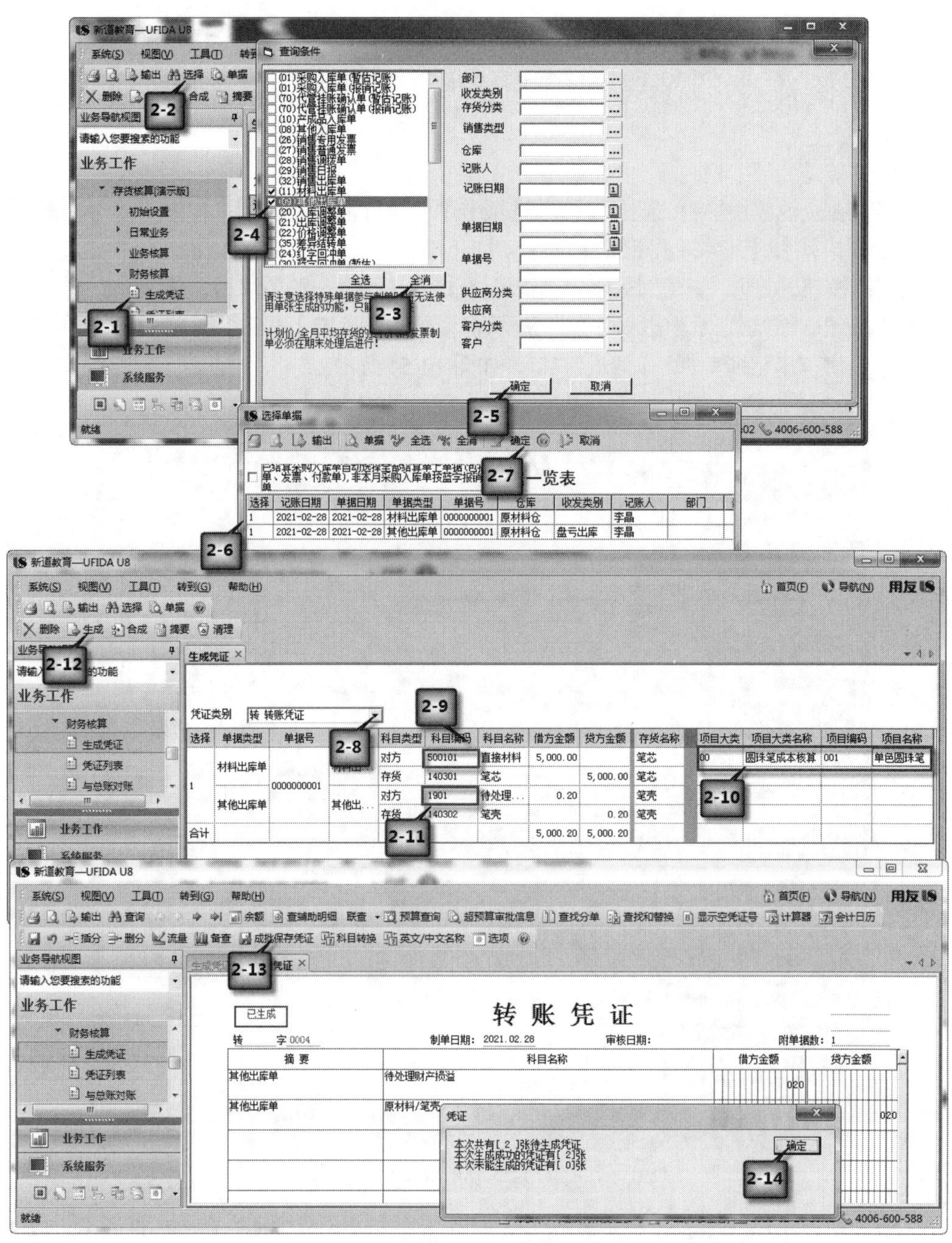

图 10-55　生成生产领料凭证和存货盘亏凭证

任务七　供应链各系统月末处理

一、任务描述与分析

易友有限责任公司已将 2021 年 2 月的日常业务处理完毕，2 月 28 日，以账套主管“李晶”的身份登录企业应用平台，进行如下操作。

（1）办理销售管理系统月末结账。

（2）办理采购管理系统月末结账。

（3）办理库存管理系统月末结账。

（4）在存货核算系统进行期末处理，办理存货核算系统月末结账。

二、相关知识

1. 月末结账的基本顺序及注意事项

当企业实施 ERP 系统，采购管理、销售管理、库存管理、存货核算、应收款管理、应付款管理、总账等系统集成使用时，月末结账有一定的顺序要求，如图 10-56 所示。

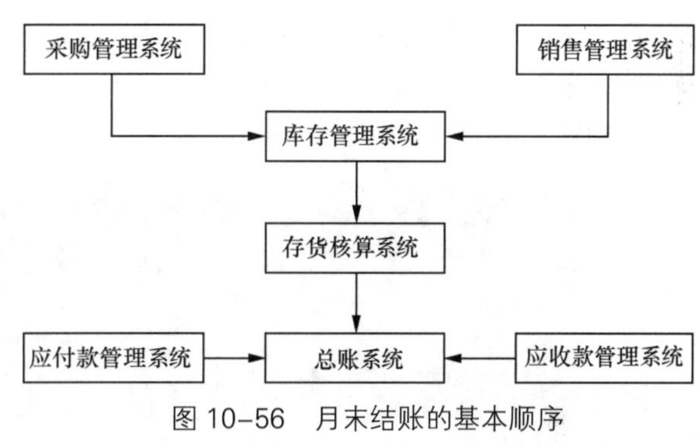

图 10-56　月末结账的基本顺序

（1）采购部门和销售部门分别完成当月的采购业务与销售业务后，可以分别办理采购管理系统和销售管理系统的月末结账。

（2）采购管理系统和销售管理系统办理月末结账后，仓储部门确认当月不再发生任何形式的出入库业务后（如库房调拨、盘点等），库存管理系统可以办理月末结账。

（3）采购管理系统、销售管理系统、库存管理系统完成月末结账后，存货核算系统若确定当月有关存货成本核算业务全部完成，可以办理月末结账。

（4）采购管理系统、销售管理系统、库存管理系统、存货核算系统完成月末结账后，财务部门可对应付账款管理、应收账款管理进行月末结账处理，最后完成总账系统的月末结账工作。

此外，在办理月末结账事项时，还应注意以下几个问题。

（1）结账前用户应检查本会计月工作是否已全部完成，只有在当前会计月份所有工作全部完成的前提下，才能办理月末结账，否则会遗漏某些业务。

（2）月末结账之前一定要进行数据备份，否则数据一旦发生错误，将造成无法挽回的后果。

（3）没有期初记账，将不允许办理月末结账。

（4）不允许跳月结账，只能从结账的第一个月起逐月结账；不允许跳月取消月末结账，只能从最后一个月逐月取消。

（5）上月未结账，本月单据可以正常操作，不影响日常业务处理，但本月不能结账。

（6）月末结账为独享功能，与系统中所有功能的操作互斥，即在操作本功能前，应确定其他功能均已退出；在网络环境下，要确定本系统所有的网络用户退出所有功能。

2. 存货核算系统月末处理的主要工作

存货核算系统的月末处理工作包括期末处理和结账两部分。

（1）执行期末处理。当存货核算系统日常业务全部完成后，即可进行期末处理，系统可自动计算按全月平均法核算的存货的全月平均单价及会计月出库成本；自动计算按计划价/售价方式核算的存货的差异率/差价率及会计月的分摊差异/差价；对已完成日常业务的仓库/部门/存货做处理。

（2）办理月末结账。存货核算系统期末处理完成后，就可以进行月末结账。存货核算系统如果与库存管理系统、采购管理系统、销售管理系统集成使用，必须在库存管理系统、采购管理系统、销售管理系统结账后，才能进行结账。如果存货核算系统与采购管理系统集成使用，并且暂估处理方式选择“月初回冲”时，将同时生成下月回冲单。

三、任务实施

1. 办理销售管理系统月末结账

微课 134：销售管理系统月末结账

第一步：在企业应用平台“业务工作”选项卡中，执行【供应链】|【销售管理】|【月末结账】命令，打开“结账”对话框。

第二步：系统默认要结账的月份为 2 月，单击【结账】按钮，系统提示“是否关闭订单？”，单击【否】按钮，显示 2 月份已经结账，单击【退出】按钮，退出“结账”对话框，如图 10-57 所示。

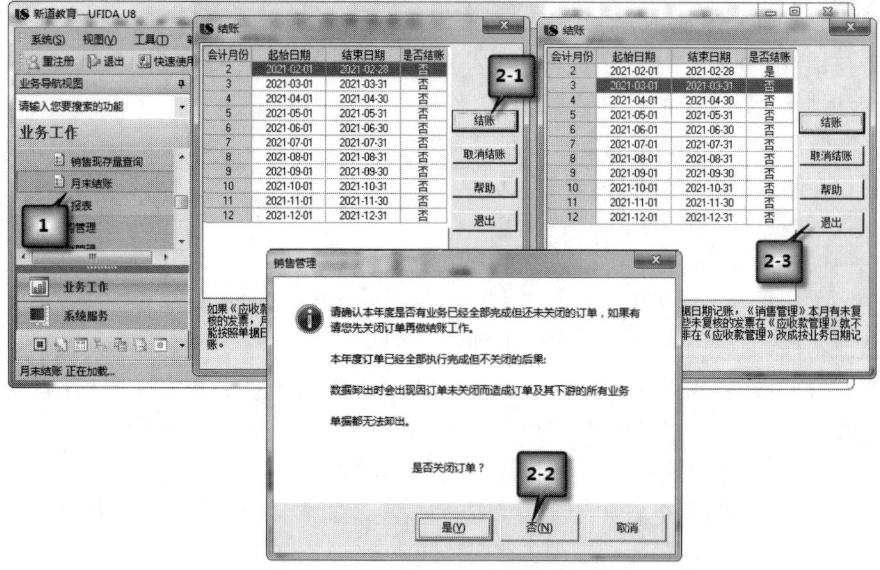

图 10-57　销售管理系统月末结账

操作提示

- 如果本月还有未审/复核单据，结账时系统弹出“存在未审核的单据，是否继续进行月末结账？”提示框，用户可以选择继续结账或取消结账，即有未审核的单据仍可办理月末结账；但年底结账时，所有单据必须审核后才能结账。
- 如果应收款管理系统按照单据日期记账，而销售管理系统本月有未复核的发票，月末结账后，这些未复核的发票在应收款管理系统中将不能按照单据日期记账，除非把应收款管理系统改成按业务日期记账。

微课 135：采购管理系统月末结账

2. 办理采购管理系统月末结账

第一步：在企业应用平台“业务工作”选项卡中，执行【供应链】|【采购管理】|【月末结账】命令，打开“结账”对话框。

第二步：系统默认要结账的月份为 2 月，单击【结账】按钮，系统提示“是否关闭订单？”，单击【否】按钮，显示 2 月份已经结账，单击【退出】按钮，退出“结账”对话框，如图 10-58 所示。

图 10-58　采购管理系统月末结账

操作提示

- 为了保证采购管理系统的暂估余额表和存货核算系统的暂估余额表数据一致，建议在月末结账前将未填单价、金额的采购入库单填入单价和金额。
- 月末结账后，已结账月份的入库单、采购发票不可修改或删除。
- 采购管理系统月末结账后，才能进行库存管理系统、存货核算系统、应付款管理系统的月末结账。

3. 办理库存管理系统月末结账

第一步：在企业应用平台“业务工作”选项卡中，执行【供应链】|【库存管理】|【月末结账】命令，打开“结账”对话框。

第二步：系统默认要结账的月份为 2 月，单击【结账】按钮，系统弹出“库存启用月份结账后将不能修改期初数据，是否继续结账？”提示框，单击【是】按钮，显示 2 月份已经结账，单击【退出】按钮，退出“结账”对话框，如图 10-59 所示。

4. 在存货核算系统进行期末处理，办理存货核算系统月末结账

第一步：在企业应用平台“业务工作”选项卡中，执行【供应链】|【存货核算】|【业务核算】|【期末处理】命令，打开“期末处理-2 月”对话框，系统默认未期末处理仓库为原材料仓和产成品仓。单击【处理】按钮，系统弹出“期末处理完毕！”提示框，单击【确定】按钮，如图 10-60 所示。单击 ✕ 按钮，退出“期末处理-2 月”对话框。

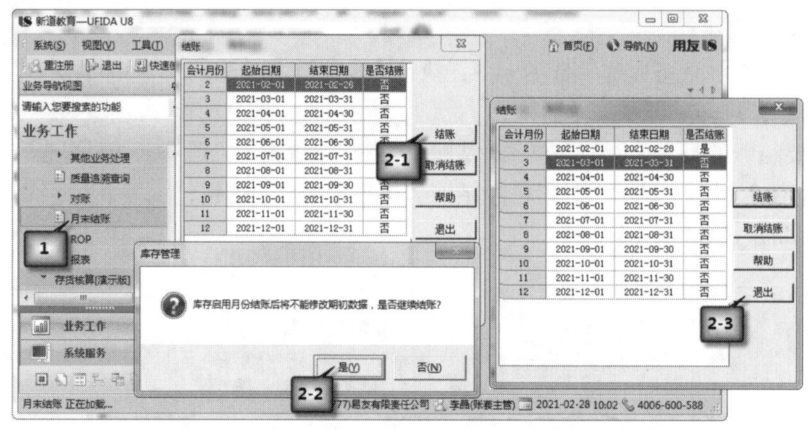

图 10-59　库存管理系统月末结账

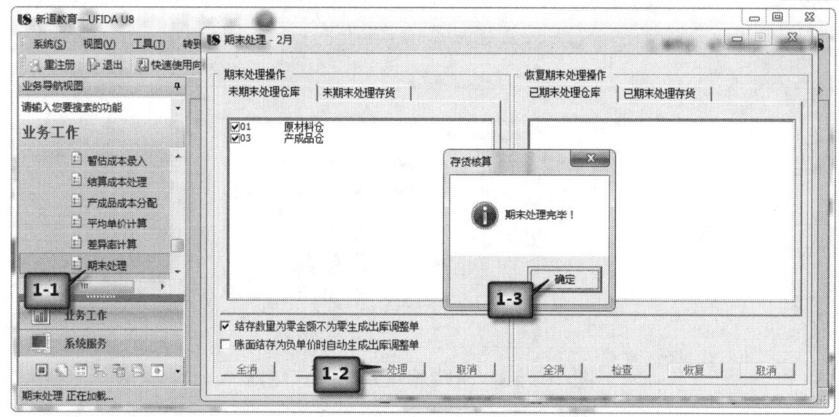

图 10-60　存货核算系统期末处理

第二步：执行【供应链】|【存货核算】|【业务核算】|【月末结账】命令，打开“结账”对话框，单击【月结检查】按钮，系统弹出“检测成功!”提示框，单击【确定】按钮。单击【结账】按钮，系统提示“月末结账完成!”，单击【确定】按钮，单击“退出”按钮退出“结账”对话框，如图 10-61 所示。

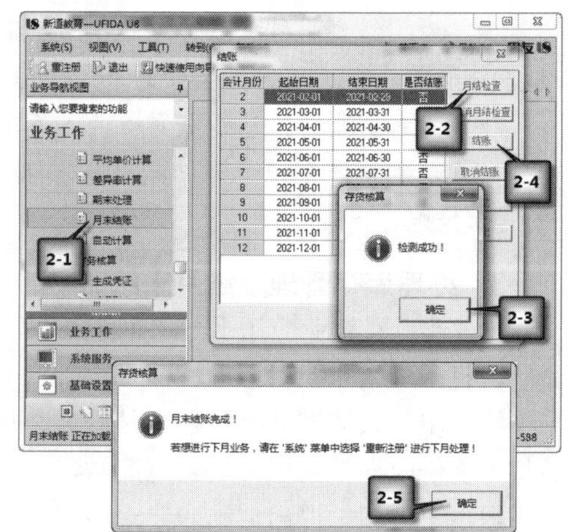

图 10-61　存货核算系统月末结账

操作提示

- 如果存货成本按全月平均法或计划价/售价方式核算，当月业务全部完工后，需要进行期末处理。
- 存货核算系统期末处理需要在采购管理、销售管理、库存管理等系统结账后进行。
- 期末处理之前应将单据全部记账，否则会影响存货成本计算的正确性。

小结

本模块主要介绍了供应链管理系统的主要功能，分析了采购管理系统、销售管理系统、库存管理系统、存货核算系统、应收款管理系统、应付款管理系统、总账系统集成使用时数据的传递关系，重点讲解了供应链管理系统中初始设置的主要内容和方法以及采购业务、销售业务、库存业务、存货核算业务处理的基本流程与期末业务处理的基本方法。通过本模块的学习，读者能够熟练掌握企业销售、采购、库存、存货核算等供应链的各个环节在软件中的实现方法。

【视野拓展案例 10】 积极投身我国西部建设的杰出会计工作者

【案例资料】

2005 年被评为新疆维吾尔自治区优秀会计及全国杰出会计工作者的徐春林是积极投身我国西部建设的一位杰出会计工作者。1973 年，徐春林开始从事财会工作，2002 年任新疆建工（集团）有限责任公司总会计师。该建工集团拥有 29 家子公司和 6 家事业单位，现有干部职工数万名，仅财务人员就有 1153 名。身为集团的“大总管”，徐春林深感责任重大。求真务实、开拓创新，不断提高财务管理水平是徐春林对自己工作的基本要求。

他以严谨细致的工作作风，积极参与建工集团各项经营活动的决策，制订财务计划，监督财务活动，预测公司生产经营和财务状况；严格审核财务收支计划、资金信贷计划，拟定资金筹措和使用方案，有效使用资金；结合公司实际，组织制定资金管理、存货管理、成本管理、应收账款及清理拖欠款、垫资、担保等办法，建立完整、规范、科学的会计核算体系和财务管理体系，促进公司经济效益不断提高。

建工集团公司挂牌成立后，他积极推进各全资子公司改制脱壳等工作，改变产权不清晰、权责不明确的局面，组织人员对子公司进行清产核资、评估、审计，做到“家底清，资产实”。为建立现代公司制度和确保国有资产不再流失奠定良好基础，他为建工集团下属子公司提出会计人员配备、会计专业职务聘任方案，并组织实施；支持委派子公司总会计师依法行使职权，通过一系列行之有效的财务管理手段，逐步健全了集团公司的财务管理制度，建立了完整的财务管理体系，使集团公司的财务状况有了明显的好转，财务管理更加科学有效。在他的指导下，建工集团编制的会计报表连续三年被自治区财政厅评为第一名。他利用国家税收法律法规及相关政策，维护公司利益，让建工集团所属的子公司利用西部开发和使用环保材料等有关税收优惠政策，使公司在税负方面有所减免，使建工集团连续三年被税务局评为“纳税功勋公司”。

【案例解读】

作为一名会计人员，爱岗敬业是基础，徐春林不仅对自己的本职工作保持热爱，专注本职岗位，稳定、持久地在会计天地中耕耘，恪尽职守地做好本职工作，还兢兢业业，主动刻苦钻研业务，更新专业知识，提高业务技能。他为会计领域的人员树立了学习的榜样。

【思考】

你有清晰的职业规划吗？为实现目标，你需要从哪些方面展开？

模块十一

UFO 报表系统

知识目标

1. 了解用友 ERP-U8 V10.1 软件 UFO 报表系统的基本功能
2. 熟悉 UFO 报表系统的操作流程
3. 熟悉 UFO 报表系统基础设置的内容和方法
4. 掌握 UFO 报表系统格式设计的基本内容和方法
5. 掌握 UFO 报表系统数据处理的基本内容和方法
6. 掌握 UFO 报表系统处理管理会计信息的基本方法

能力目标

1. 能够熟练进行 UFO 报表格式设计
2. 能够熟练进行 UFO 报表数据处理
3. 能够进行财务预测及决策分析

素养目标

1. 树立社会责任意识，确保会计报表信息客观公正
2. 树立法律责任意识，坚守会计职业道德，维护会计职业声誉
3. 培养精益求精的工匠精神
4. 具有团队精神，培养会计岗位协作意识

任务一　认知 UFO 报表系统

一、任务描述与分析

易友有限责任公司已经成功建立了账套号为“777”的公司账套，启用日期为 2021 年 1 月 1 日，公司已完成 1 月份的日常账务处理和期末业务处理，根据相关财务制度规定，月末需要编制该月份的资产负债表和利润表。在开始编制报表前，我们需要了解 UFO 报表系统。

二、相关知识

1. UFO 报表系统的功能

UFO 报表系统是一个灵活的报表生成工具，可以自由定义各种财务报表、管理汇总表、统计

分析表，与总账等系统之间有完善的接口，是真正的三维立体表，提供了丰富的实用功能，完全具备三维立体表的四维处理能力。UFO 报表内置工业、商业、行政事业单位等 21 个行业的常用会计报表。其主要功能包括文件管理功能、格式设计功能、数据处理功能、图形功能、打印功能和二次开发功能。它可以通过取数公式从数据库中挖掘数据，也可以定义表页与表页以及不同表格之间的数据勾稽运算、制作图文混排的报表；此外，强大的二次开发功能使其成为一个精练的 MIS 开发应用平台。

（1）文件管理功能。UFO 报表系统提供了各类文件管理功能，并且能够进行不同文件格式的转换，包括文本文件、MDB 文件、DBF 文件、Excel 文件等。另外，UFO 报表系统提供的“导入”和“导出”功能，还可以实现和其他财务软件之间的数据交换。

（2）格式设计功能。UFO 报表系统提供了完善的格式设计功能，包括定义表尺寸、设置行高列宽、画表格线、定义组合单元、设置单元属性等。

（3）数据处理功能。UFO 报表系统的数据处理功能可以通过固定的格式管理大量数据不同的表页，并在每张表页之间建立有机的联系。另外，还提供了表页排序、查询、审核、舍位平衡和汇总等数据处理功能。

（4）图形功能。UFO 报表系统可以很方便地对数据进行图形组织和分析，制作直方图、立体图、圆饼图、折线图等分析图表，并可对图表的位置、大小、标题、字体、颜色等进行编辑，还能打印输出图表。

（5）打印功能。UFO 报表系统提供“所见即所得”和“打印预览”功能，可以随时打印图表或查看打印效果。打印报表时，可以进行打印格式或数据的选择，设置表头和表尾，缩放打印、横向或纵向打印等。

（6）二次开发功能。UFO 报表系统提供了批处理命令和自定义菜单，用户利用该功能可以开发出适合本企业的专用系统。

2. UFO 报表系统与其他系统的关系

UFO 报表系统主要从其他财务系统提取编制报表所需的数据。总账、薪资、固定资产、应收、应付、财务分析、采购、销售、库存、存货等系统均可向 UFO 报表系统传递数据，以生成财务部门所需的各种会计报表。也就是说，其他系统是 UFO 报表系统发挥强大的表格和数据处理功能的基础，而 UFO 报表系统是对其他系统数据进行综合反映的载体。

3. UFO 报表系统基本操作流程

UFO 报表系统的操作流程分为报表初始化和报表日常处理两个部分。

（1）报表初始化部分的操作流程视情况而定。若为自定义报表，则其操作流程为定义报表格式、定义报表单元公式、定义报表审核公式和舍位平衡公式；若利用报表模板，则其操作流程为调用报表模板、调整报表模板。

（2）报表日常处理部分的操作流程为生成报表、审核报表、生成图表、输出报表。

总体而言，UFO 报表系统的基本操作流程主要包括 3 个：① 创建报表格式；② 设计报表公式；③ 生成报表。

4. UFO 报表系统的基本概念

（1）格式状态和数据状态。UFO 报表系统有两种工作状态，一种是格式状态，另一种是数据状态。用户在操作时可通过单击页面左下角的【格式/数据】按钮切换状态。

① 格式状态。在格式状态下对报表格式进行设计，如表尺寸、行高列宽、组合单元、单元属

性、关键字、可变区等；定义单元公式、审核公式、舍位平衡公式。在格式状态下所做的操作对本报表所有的表页起作用。在格式状态下不能进行数据的录入、计算等操作，页面显示报表格式，不显示报表数据。

② 数据状态。在数据状态下对报表数据进行管理，如输入数据、增加或删除表页、数据审核、舍位平衡、制作图形、汇总、合并报表等。在数据状态下不能修改报表的格式，页面显示报表全部内容，包括格式和数据。

（2）单元。单元是组成报表的最小单位，单元名称由所在行、列标识。行号用数字 1～9 999 表示，列号用字母 A～IU 表示。例如，C4 表示第 3 列第 4 行所在单元。单元主要有以下 3 种类型。

① 数值单元：是报表的数据，在数据状态下输入。数字可以直接输入或由单元中存放的单元公式运算生成。建立一个新表时，所有单元的类型默认为数值。

② 字符单元：是报表的数据，在数据状态下输入。字符单元的内容可以是汉字、字母、数字及各种键盘可输入的符号组成的一串字符，一个单元中最多可输入 63 个字符或 31 个汉字。字符单元的内容可由单元公式生成。

③ 表样单元：是报表的格式，在格式状态下输入和修改，在数据状态下不允许修改。

（3）组合单元。组合单元由相邻的两个或多个同一类型的单元组成，UFO 报表系统在处理报表时将组合单元视为一个单元。可以组合同一行相邻的几个单元，也可以组合同一列相邻的几个单元，还可以把一个多行多列的平面区域设为一个组合单元。组合单元的名称可以用区域的名称或区域中的单元名称表示。例如，把 A1 到 H2 定义为一个组合单元，这个组合单元可以用“A1”“H2”或“A1:H2”表示。

（4）区域。区域由一张表页上的一组单元组成，自起始单元至终点单元是一个完整的长方形矩阵。在 UFO 报表系统中，区域是二维的，最大的区域是一个二维表的所有单元，即整个表页，最小的区域是一个单元。

（5）表页。一个 UFO 报表最多可容纳 99 999 张表页，每一张表页是由许多单元组成的。一个报表中的所有表页具有相同的格式，但其中的数据不同。表页在报表中的序号在表页下方以标签的形式出现，称为“页标”。页标用“第 1 页”～“第 99 999 页”表示。

（6）维、二维表、三维表、四维运算具体介绍如下。

① 维：确定某一数据位置的要素为“维”。在一张有方格的纸上填写一个数，这个数的位置可通过行和列进行二维描述。

② 二维表：如果将一张有方格的纸称为表，那么这个表就是二维表，通过行和列可以找到这个二维表中任何位置的数据。

③ 三维表：如果将多个相同的二维表叠在一起，要从多个二维表中找到某一个数据，需增加一个要素，即表页号。这一叠表被称为三维表。

④ 四维运算：如果将多个不同的三维表叠在一起，要从多个三维表中找到一个数据，则需增加一个要素，即表名。三维表中的表间操作即为“四维运算”。

（7）关键字。关键字是在单元之外的特殊数据单元，可以唯一标识一张表页，方便用户从大量表页中快速选择或查找表页。

UFO 报表系统主要提供了以下 6 种关键字，关键字的位置在格式状态下设置，关键字的数值在数据状态下录入，报表可以定义多个关键字。

① 单位名称：字符型（最大 28 个字符），是指该报表表页编制单位的名称。

② 单位编号：字符型（最大 10 个字符），是指该报表表页编制单位的编号。

③ 年：数字型（1980～2099），是指该报表表页反映的年度。

④ 季：数字型（1～4），是指该报表表页反映的季度。

⑤ 月：数字型（1～12），是指该报表表页反映的月份。

⑥ 日：数字型（1～31），是指该报表表页反映的日期。

UFO 报表系统还提供自定义关键字功能，可以应用于业务函数中。

任务二 创建报表

一、任务描述与分析

易友有限责任公司已经成功建立了账套号为“777”的公司账套，启用日期为 2021 年 1 月 1 日，公司已完成 1 月份的日常账务处理和期末业务处理。李晶被赋予了 UFO 报表系统的操作权限。2021 年 1 月 31 日，账套主管“李晶”登录企业应用平台，在 UFO 报表系统中创建货币资金表，并将货币资金表保存到计算机桌面上，保存名称为“货币资金表”，如表 11-1 所示。

表 11-1 货币资金表

编制单位： 年 月 日 单位：元

项 目	行 次	期 初 数	期 末 数
现金	1		
银行存款	2		
合计	3		

制表人：

要求如下。

（1）行高 8 毫米，列宽 30 毫米。

（2）将第一行设为组合单元。

（3）设置单元类型为“数值型”，数字表达式以“逗号”为分界号。

（4）在 A2 单元格中设置“单位名称”为关键字，在 B2 单元格中设置“年”为关键字，在 C2 单元格中设置“月”为关键字，在 D2 单元格中设置“日”为关键字。设置“月”偏移量为“−50”，设置“日”偏移量为“−80”。

二、相关知识

创建报表格式的基本步骤如下。

（1）启动 UFO 报表系统，创建报表。

（2）根据相关规定和要求设置表尺寸。

（3）设置报表的行高和列宽。

（4）画表格线。

（5）根据相关规定和要求定义组合单元。

（6）根据相关规定和要求设置单元属性。

（7）设置关键字。

（8）录入报表文字。

（9）保存报表。

微课 138：定义货币资金表

三、任务实施

1. 创建报表

第一步：在企业应用平台“业务工作”选项卡中，执行【财务会计】|【UFO 报表】命令，打开“UFO 报表”窗口，系统弹出“日积月累”对话框，单击【关闭】按钮。

第二步：执行【文件】|【新建】命令，或单击工具栏上的□按钮增加一张空白表页。新表自动进入格式状态，文件名显示在标题栏中，为“report1”，如图 11-1 所示。用户在保存报表时可更改文件名。

图 11–1　创建报表

> **📖操作提示**
>
> 创建报表完成后，就可以进行表样设计。表样设计实际上就是设置一张报表的大小和外观，包括设置表尺寸、行高列宽、画表格线、定义组合单元、设置单元属性、录入对应项目名称、设置关键字等。除设置关键字外，表样设计的功能键基本集中在【格式】菜单中，也可单击鼠标右键，在弹出的快捷菜单中选择相关功能。

2. 设置表尺寸

第一步：执行【格式】|【表尺寸】命令，打开“表尺寸”对话框。

第二步：输入报表的行数“7”、列数“4”，单击【确认】按钮，系统自动将报表显示区域的空白表按照设置的行列数进行显示，如图 11-2 所示。

> **操作提示**
>
> - 表尺寸，是指报表的行数和列数。
> - 在设置表的行数时，要特别注意加上表头和表尾部分所占的行数。

3. 设置行高和列宽

第一步：选择整张表，执行【格式】|【行高】命令，打开“行高”对话框，输入报表行高“8”，单击【确认】按钮。

第二步：执行【格式】|【列宽】命令，打开“列宽”对话框，输入报表列宽“30”。单击【确认】按钮，如图 11-3 所示。

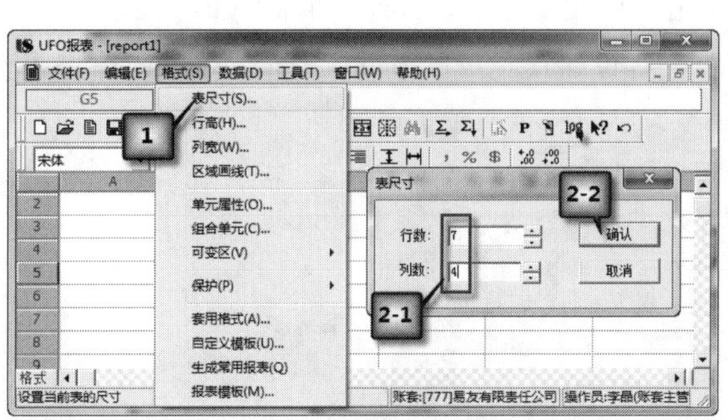

图 11-2　设置表尺寸

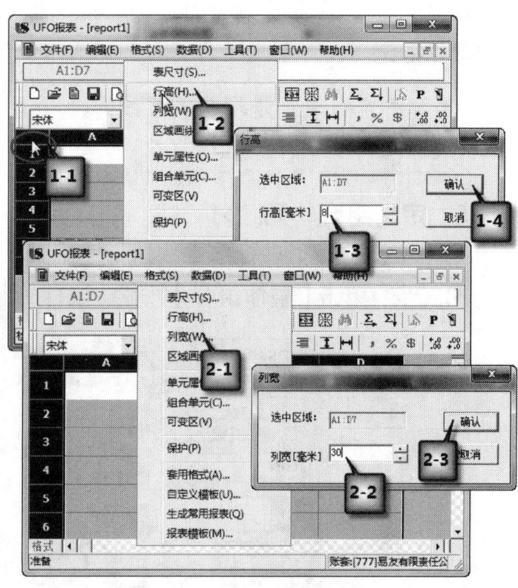

图 11-3　设置行高列宽

> **操作提示**
>
> 在定义报表行高和列宽时，必须选择需要定义的行或列，否则系统只对鼠标光标停留处的行或列进行定义。操作时，可单击行号或列号快速选择行或列，若要选择整张表格，可单击图 11-4 所示的位置快速选择。

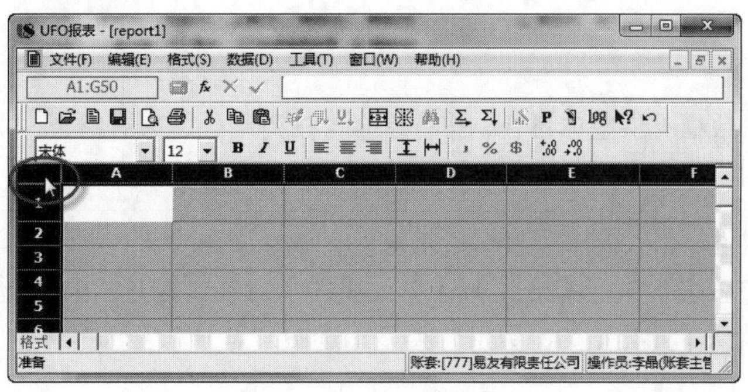

图 11-4　选中整张表

4. 画表格线

第一步：选中 A3:D6 区域，执行【格式】|【区域画线】命令，打开“区域画线”对话框。

第二步：系统默认画线类型为“网线”，单击【确认】按钮，如图 11-5 所示。

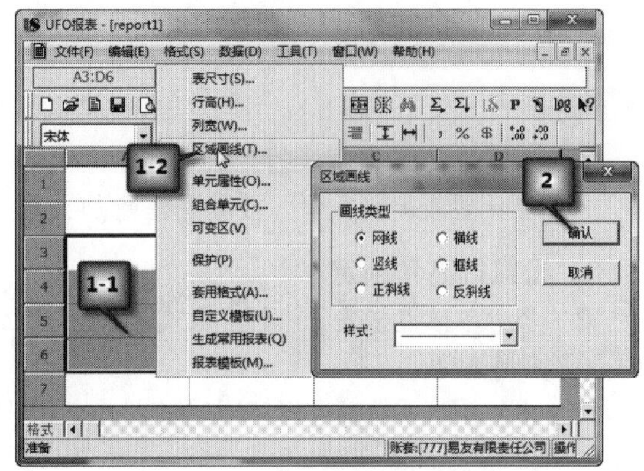

图 11-5　给选定的区域画线

> **操作提示**
>
> 增加的空白表页是没有表格线的，“区域画线”对话框中提供了网线、横线、竖线、框线、正斜线、反斜线 6 种线型。

5. 定义组合单元

第一步：选择第一行单元，执行【格式】|【组合单元】命令，打开“组合单元”对话框。

第二步：单击【整体组合】按钮，该行的所有单元将被合并为一个组合单元，如图 11-6 所示。

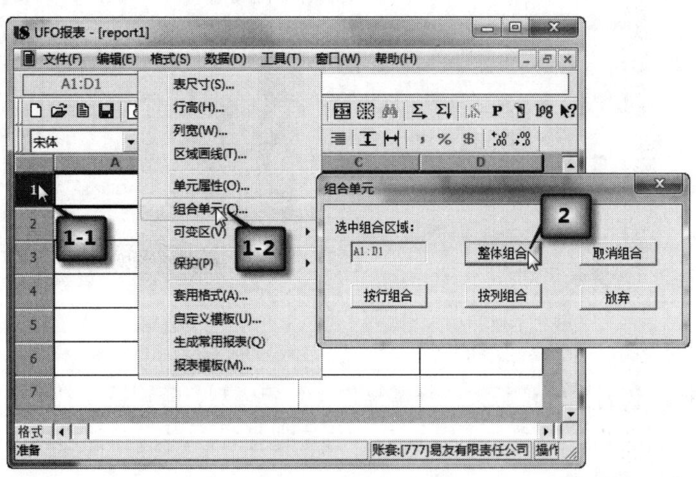

图 11-6　定义组合单元

> **操作提示**
>
> “组合单元”对话框提供整体组合、按行组合、按列组合、取消组合、放弃等选项，用户根据实际情况进行选择。

6. 设置单元属性

第一步：选择整张表，执行【格式】|【单元属性】命令，打开“单元格属性”对话框。

第二步：系统默认单元类型为“数值”类型，选中“逗号”复选框，单击【确定】按钮，如图 11-7 所示。

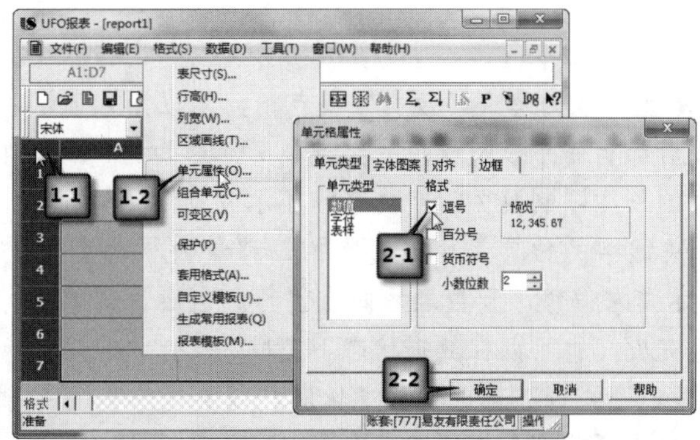

图 11–7　设置单元属性

操作提示

- UFO 报表系统提供了较为全面的单元属性定义功能，主要对单元类型、字体图案、对齐方式、边框等内容进行调整。字体图案、对齐方式、边框等的设置与 Excel 表格相关设置类似。
- 新建的报表，所有单元的单元类型均默认为“数值”类型。
- 格式状态下输入的内容仅默认为表样单元。
- 字符单元和数值单元只对表页有效，表样单元输入后对所有的表页有效。

7. 设置关键字

第一步：选择 A2 单元，执行【数据】|【关键字】|【设置】命令，打开“设置关键字”对话框，系统默认设置关键字为“单位名称”，单击【确定】按钮。

第二步：重复第一步操作，分别选择 B2、C2、D2 单元，设置关键字为“年”“月”“日”。

第三步：执行【数据】|【关键字】|【偏移】命令，打开“定义关键字偏移”对话框，输入“月”偏移量“−50”，输入“日”偏移量“−80”，单击【确定】按钮，如图 11-8 所示。

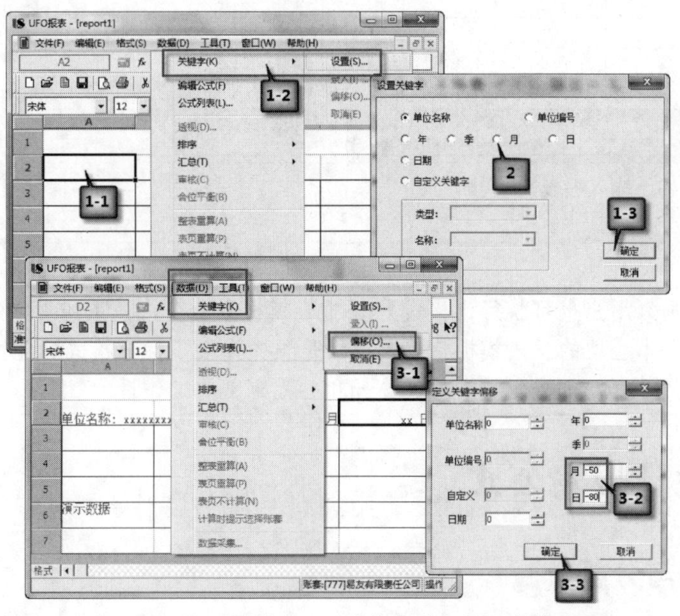

图 11–8　设置关键字——单位名称、关键字偏移量

操作提示

● 一般情况下，单元其他内容未修改文字颜色前，均以黑色显示，只有关键字以红色显示，在关键字名称前或后都有一串或长或短的红色小叉，这些红色小叉在数据状态下不显示，它们代表该关键字内容的长度限制及关键字内容的显示位置。

● 一般情况下，关键字的位置是由关键字的偏移量大小决定的。单元偏移量的范围是[-300，300]，负数表示向左偏移，正数表示向右偏移。需要说明的是，关键字的偏移量设置不仅可以在格式状态下完成，也可以在数据状态下完成。

● 关键字设置错误或不合理，可以执行【数据】|【关键字】|【取消】命令，选择需要取消关键字前的单选项，单击【确定】按钮即可取消对应的关键字。

8. 录入报表文字

双击选定单元，将鼠标光标定位在单元中，直接输入内容；也可选定单元后，在窗口上方的编辑栏中输入内容，如图 11-9 所示。

9. 保存报表

第一步：执行【文件】|【保存】命令或单击工具栏中的按钮，打开“另存为”对话框。

第二步：选择保存路径为“桌面”，输入文件名“货币资金表”，单击【另存为】按钮，如图 11-10 所示。

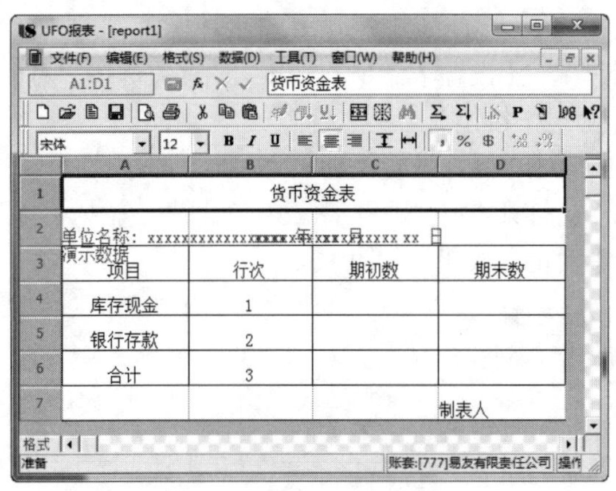

图 11-9 输入报表文字

图 11-10 保存报表

操作提示

在实际工作中，用户也可执行【格式】|【报表模板】命令，从系统提供的 21 个行业的会计报表中选择适合本企业的报表模板。报表模板是预先设立了标准格式的会计报表，模板中各单元的计算公式已设立，可减少报表格式设计和公式定义的工作量。

任务三 设计报表公式

一、任务描述与分析

易友有限责任公司已经成功建立了账套号为“777”的公司账套，启用日期为 2021 年 1 月 1 日，公司已完成 1 月份的日常账务处理和期末业务处理。月末，具备 UFO 报表系统操作权限的账套主管“李晶”已经完成货币资金表的创建和格式设计，为方便报表数据计算，将对货币资金表公式进行设计。

（1）定义单元公式。定义货币资金表期初数、期末数各单元的单元公式。

（2）定义货币资金表的审核公式。

（3）定义货币资金表的舍位平衡公式。

二、相关知识

1. 报表公式的种类

报表公式主要有计算公式和非计算公式。计算公式也称单元公式，一般可分为两类：取数公式和单纯的统计、计算公式。非计算公式主要包括审核公式和舍位平衡公式等。

报表的计算公式（单元公式）必须设置，审核公式和舍位平衡公式则根据需要设置。

2. 定义单元公式的方法

单元公式是为报表单元赋值的公式。企业常用的会计报表数据一般源于总账系统或报表系统本身，其中，取自于报表系统的数据可分为从本表取数和从其他报表的表页取数。

（1）账务函数。大多数单元公式可以利用账务函数进行设计，实现从总账系统提取数据。UFO 报表系统提供了几十种账务函数，如表 11-2 所示。

表 11-2　　账务函数

名　称	金额式	数量式	外币式
期初数函数	QC	SQC	WQC
期末数函数	QM	SQM	WQM
发生额函数	FS	SFS	WFS
累计发生额函数	LFS	SLFS	WLFS
条件发生额函数	TFS	STFS	WTFS
对方科目发生额函数	DFS	SDFS	WDFS
净额函数	JE	SJE	WJE
汇率函数	HL		

账务函数的基本格式为：函数名(〈科目编码〉,〈会计期间〉, [〈方向〉], [〈账套号〉], [〈会计年度〉], [〈编码 1〉], [〈编码 2〉], [〈截止日期〉], [〈是否包括未记账〉], [〈自定义项 1〉], [〈编码 1 汇总〉], [〈编码 2 汇总〉])。在编辑单元公式时，可以直接使用函数，也可以单击【函数向导】按钮，在“函数向导”对话框的指导下完成函数的设置，并随时可以按[F1]键调出相关帮助。

（2）表页内的计算公式。采用逐个输入单元名称的方式对若干单元的数据进行加减乘除等运算，或利用会计报表系统提供的运算函数进行运算。例如，资产负债表的“资产总计”等项目，一般采用设计表页内计算公式进行取数。

（3）本表他页取数计算公式。本表他页取数计算公式是指同一报表文件中不同表页之间通过数据连接获取数据。在表页间取数可以分为：取确定页号表页的数据，按一定关键字取数，用 SELECT 函数从本表他页取数，用关联条件从本表他页取数。

① 当已知所取数据所在的表页页号时，使用以下格式可以方便取得本表他页的数据。

<目标区域> = <数据源区域> @ <页号>

例如 B2=C5@1，表示令各页 B2 单元均取当前表第一页 C5 单元的值。

② SELECT 函数常用在“损益表”中，求累计值。例如，D=C+SELECT(D，年@=年 and 月@=月+1)，表示累计数=本月数+同年上月累计数。

（4）他表取数计算公式。对于取自其他报表的数据，可以用“报表［.REP］->单元”格式指定要取数的某张报表的单元。例如，D5="Y"->D5@4，表示令当前表页 D5 的值等于表"Y"第 4 页 D5 的值；D5="Y"->D5 FOR ALL，表示令本表各页 D5 的值等于表"Y"各页 D5 的值；C5="Y"->C10@1+"Y"->C2@2，表示令当前表所有表页 C5 的值等于表"Y"第 1 页中 C10 的值与表"Y"第 2 页中 C2 的值；C5="Y"->C10@1+C2@2，表示令当前表所有表页 C5 的值等于表"Y"第 1 页中 C10 的值与当前表第 2 页中 C2 的值；D5="Y"->H20@1/"X"->E4@2 FOR C1>0，表示当前表 C1>0 的表页 D5 的值等于表"Y"第 1 页中 H20 的值与表"X"第 2 页中 E4 的值。

3. 定义审核公式的方法

审核公式是 UFO 报表系统提供的用于检查报表数据之间勾稽关系的公式，它是报表数据之间的检查公式。它主要用于报表数据来源定义完成后，审核报表的合法性；报表数据生成后，审核报表数据的正确性。

审核公式的格式：［<算术表达式> <关系表达式> <算术表达式>,］*<算术表达式 > <关系表达式> <算术表达式>［FOR <页面筛选条件>［；<可变区筛选条件>］］［RELATION <页面关联条件>［，<页面关联条件>］*］MESSAGE“<提示信息>”。

4. 定义舍位平衡公式的方法

舍位平衡公式用于在报表数据进行进位或小数取整时调整数据。例如，以“元”为单位的报表在报送时可能会转换为以“千元”或“万元”为单位的报表，原来的数据平衡关系可能被破坏，因此需要进行调整，使其符合指定的平衡公式。报表经舍位之后，重新调整平衡关系的公式为舍位平衡公式。其中，进行进位操作的称为舍位，舍位后调整平衡关系操作的称为平衡调整公式。

舍位平衡公式格式：REPORT“<舍位表文件名>”RANGE <区域>［，<区域>］*WEI<位数>（FORMULA <平衡公式> ［，<平衡公式> ］ * ［ FOR <页面筛选条件>］）。

需要注意：平衡公式中涉及的数据应完全包含在参数<区域>所确定的范围内，否则平衡公式不能发挥作用。

三、任务实施

1. 定义单元公式

第一步：打开“货币资金表”，在格式状态下，选择 C4 单元，执行【数据】|【编辑公式】|【单元公式】命令，打开“定义公式”对话框。单击【函数向导】按钮，打开“函数向导”对话框，选择“函数分类”为“用友账务函数”，选择“函数名”为“期初（QC）”函数，单击【下一步】按钮，如图 11-11 所示。

微课 139：定义单元公式

第二步：打开“用友账务函数”对话框，单击【参照】按钮，打开“账务函数”对话框，系统显示“账套号”为默认，“会计年度”为默认，“期间”默认为“月”，“方向”为默认，“科目”默认为“1001”，单击【确定】按钮关闭对话框，然后在“用友财务函数”对话框中单击【确定】按钮，在“定义公式”对话框中单击【确认】按钮，系统会自动在“库存现金”项目的“期初数”栏中显示“公式单元”字样，当鼠标光标停在该单元时，工具栏会显示该单元的计算公式，如图 11-12 所示。

第三步：选择 C5 单元，重复第一步至第二步操作，完成对“银行存款”期初数单元公式的设置。

第四步：选择 D4 单元，重复第一步至第二步操作，完成对“库存现金”期末数单元公式的设置。

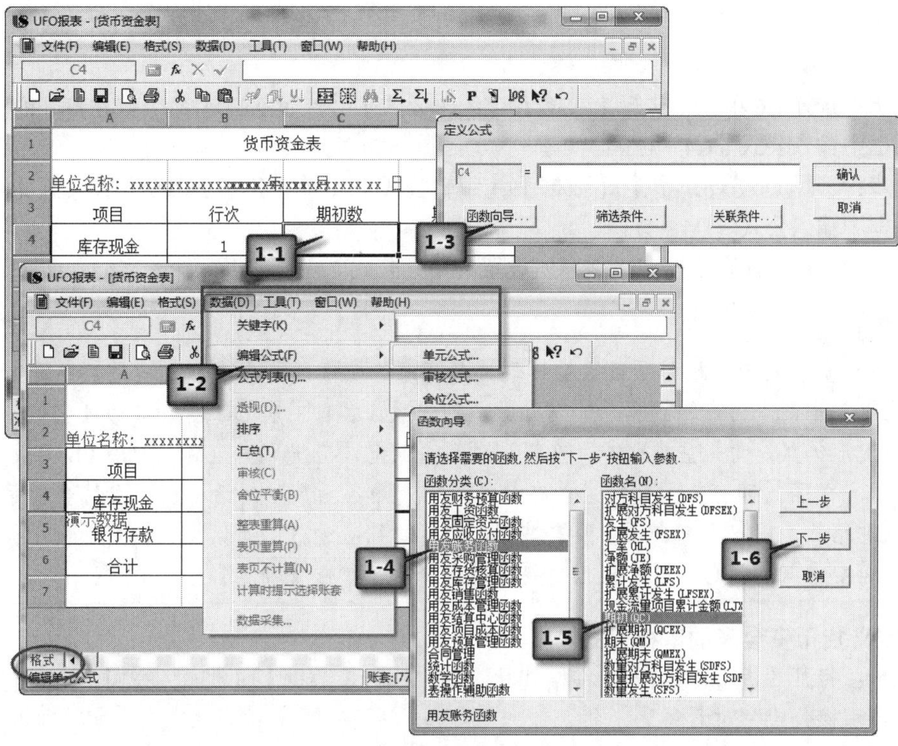

图 11–11　定义单元公式（1）

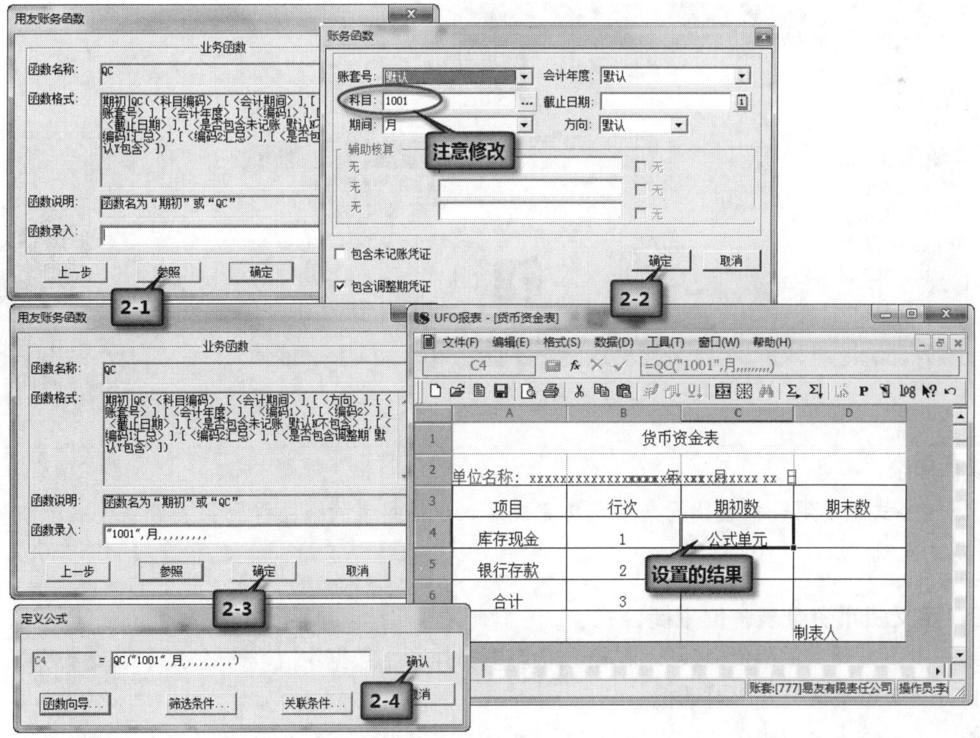

图 11–12　定义单元公式（2）

第五步：选择 D5 单元，重复第一步至第二步操作，完成对“银行存款”期末数单元公式的设置。

第六步：选择 C6 单元，执行【数据】|【编辑公式】|【单元公式】命令，在打开的“定义公式”对话框中输入公式“C4 + C5”。

第七步：选择 D6 单元，执行【数据】|【编辑公式】|【单元公式】命令，在打开的“定义公式”对话框中输入公式“D4 + D5”。

第八步：单击【保存】按钮，保存所设置的单元公式。

操作提示

- 资产负债表中的相关项目数据提取的是资产、负债、所有者权益各项目不同时点的数据，它主要提取两个时点的数据，即期初数与期末数，各自对应 QC 函数与 QM 函数。而利润表各项目对应的账户为损益类账户，在提取项目金额时，应提取发生额，对应 FS 函数。
- 每一个函数都有其函数格式，在打开“用友账务函数”对话框后，系统会显示用户所选函数名的格式，用户可单击【参照】按钮，打开“账务函数”对话框，该对话框中提供了函数格式中需要录入的信息，用户根据需要进行选择后，单击【确定】按钮即可。

2. 定义货币资金表的审核公式

第一步：打开“货币资金表”，在格式状态下，执行【数据】|【编辑公式】|【审核公式】命令，打开“审核公式”对话框。

第二步：输入审核公式，单击【确定】按钮，如图 11-13 所示。

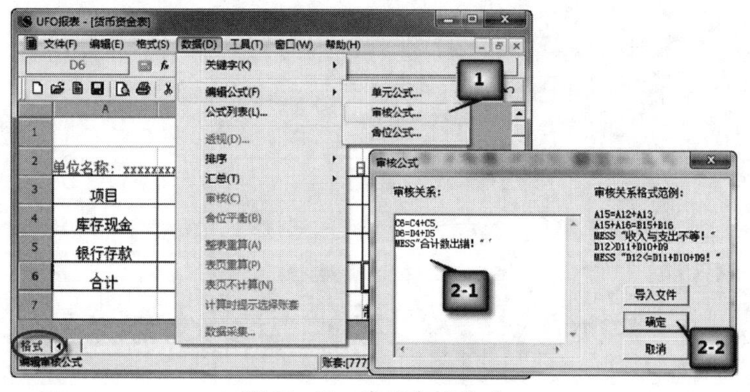

图 11-13　定义审核公式

微课 140：定义货币资金表的审核公式

操作提示

审核公式主要用于报表数据来源定义完成后，审核报表的合法性和报表数据生成后审核报表数据的正确性。

3. 定义货币资金表舍位平衡公式

第一步：打开“货币资金表”，在格式状态下，执行【数据】|【编辑公式】|【舍位公式】命令，打开“舍位平衡公式”对话框。

第二步：输入舍位表名“HBZJBSWB”，输入舍位范围“C4:D6”，输入舍位位数“3”，输入平衡公式“C6 = C4 + C5，D6 = D4 + D5”，单击【完成】按钮，如图 11-14 所示。

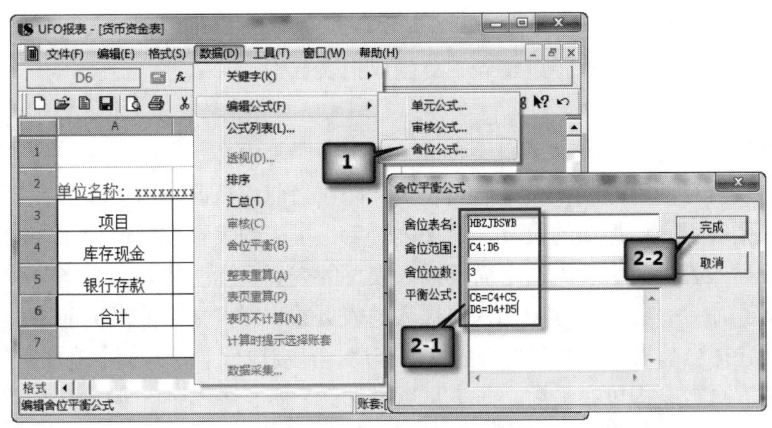

图 11–14　定义舍位平衡公式

微课 141：定义货币资金表舍位平衡公式

操作提示

- 舍位平衡公式主要是在将报表数据进行位数转换时，为了保持报表平衡关系而设置的公式。
- 舍位平衡公式书写顺序应为统计过程的逆方向。舍位平衡公式中只可以使用加号“+”、减号“–”，不可以使用其他运算符和函数。舍位平衡公式等号左边只能为一个不带页号和表名的单元，不能是超过一个单元的区域；等号右边所有出现的区域不能带页号和表名，任何一个单元只允许在等号右边出现一次。

任务四　生成报表

一、任务描述与分析

易友有限责任公司已经成功建立了账套号为“777”的公司账套，启用日期为 2021 年 1 月 1 日，公司已完成 1 月份的日常账务处理和期末业务处理。月末，具备 UFO 报表系统操作权限的“李晶”已经完成货币资金表的报表创建、报表格式设计和公式定义，现在要完成以下任务。

（1）生成 1 月份货币资金表。

（2）对 1 月份货币资金表执行审核。

（3）生成 1 月份货币资金的舍位报表。

（4）利用报表模板生成 1 月份利润表。

二、相关知识

1. 生成报表数据的基本步骤

生成报表数据主要包括录入关键字、报表数据生成两个步骤。

（1）录入关键字。在格式状态下，用户设置关键字，并对关键字的显示位置通过偏移量进行调整。关键字的内容是快速查找表页的依据，其录入必须在数据状态下进行。为方便查找表页，每张表页关键字的值最好不要完全相同，否则在查找时只能找到这些表页中的第一张。

（2）报表数据生成。当完成报表的格式设计、公式定义、录入关键字后，用户就可以计算指定账套、指定报表时间的报表数据，这个过程称为“整表重算”。整表重算可以在录入报表关键字后的系统提示中进行，也可以由单元公式经过整表重算生成报表数据。

2. 表页管理

表页管理主要包括增加表页、交换表页、删除表页、表页排序等内容。

（1）增加表页。增加表页有两种方式：一是插入表页，即在当前表页前面增加新的表页；二是追加表页，指在最后一张表页后增加新的表页。增加表页后，报表的表页数据增加。增加表页必须在数据状态下进行，插入表页时必须先选定需要插入表页的表页页标，使其成为当前表页，然后执行【编辑】|【插入】命令，在对话框中输入要插入的表页数，即可在当前表页前增加新表页。追加表页操作时无须选择当前表页，可在进入数据状态后，直接执行【编辑】|【追加】命令，在对话框中输入要追加的表页数，即可在最后一张表页后增加新表页。

（2）交换表页。交换表页是指将指定的任何表页中的全部数据进行交换。交换表页可实现表页数据的快速交换，交换表页后报表的表页数量无变化。交换表页必须在数据状态下进行，假定要同时交换第 1 页和第 10 页，第 2 页和第 20 页，第 3 页和第 30 页的数据。在数据状态下，执行【编辑】|【交换】命令，在下拉菜单中选择“表页”选项，弹出“交换”对话框，在“源页号”中输入“1，2，3”；在“目标页号”中输入“10，20，30”，确认后即可一次交换这些表页的数据。

（3）删除表页。删除表页是将指定的整个表页删除。删除表页后报表的表页数量相应减少。删除表页必须在数据状态下进行，执行【编辑】|【删除】命令，在下拉菜单中选择“表页”选项，弹出“删除表页”对话框，若在对话框中不指定表页号，确认后系统自动删除当前表页；若在对话框中指定删除表页号，如在对话框中输入“3，5，9”，确认后系统则删除第 3 页、第 5 页和第 9 页。

（4）表页排序。UFO 报表系统提供表页排序功能，以实现不同的统计要求，可以按照关键字的值或按照报表中任何一个单元的值重新排列表页。按照表页关键字的值排序时，关键字值为空值的表页在按“递增”方式排序时排在最前面。表页排序必须在数据状态下进行，执行【数据】|【排序】|【表页】命令，弹出“表页排序”对话框，假定要求按关键字的年和月的递增顺序排序，在对话框中输入第一关键值“年”和排序方向“递增”，输入第二关键值“月”和排序方式“递增”，确认后系统即可自动完成表页的排序。

三、任务实施

1. 生成 1 月份货币资金表

第一步：打开“货币资金表”，单击【格式/数据】切换按钮，进入数据状态，执行【数据】|【关键字】|【录入】命令，打开“录入关键字”对话框。

第二步：录入“单位名称”“年”“月”“日” 4 个关键字的值，单击【确认】按钮，系统弹出“是否重算第 1 页？”提示框，单击【是】按钮，如图 11-15 所示，生成 1 月份的货币资金表，然后单击【保存】按钮。

微课 142：生成 1 月份货币资金表

操作提示

- 在数据状态下，执行【数据】|【整表重算】命令，即可弹出“整表重算”提示框，单击【是】按钮，系统自动利用设计的报表公式从相关系统或表页中取数，完成整表重算，获得报表数据。
- 用户也可执行【数据】|【表页重算】命令，生成当前表页的报表项目数据。

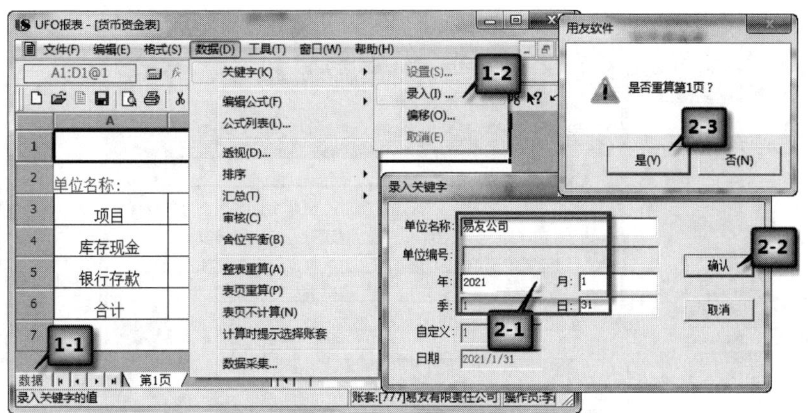

图 11–15　生成报表

2. 对 1 月份货币资金表执行审核

打开“货币资金表”，在数据状态下，执行【数据】|【审核】命令，报表显示“完全正确!”，如图 11-16 所示。

微课 143：审核货币资金表

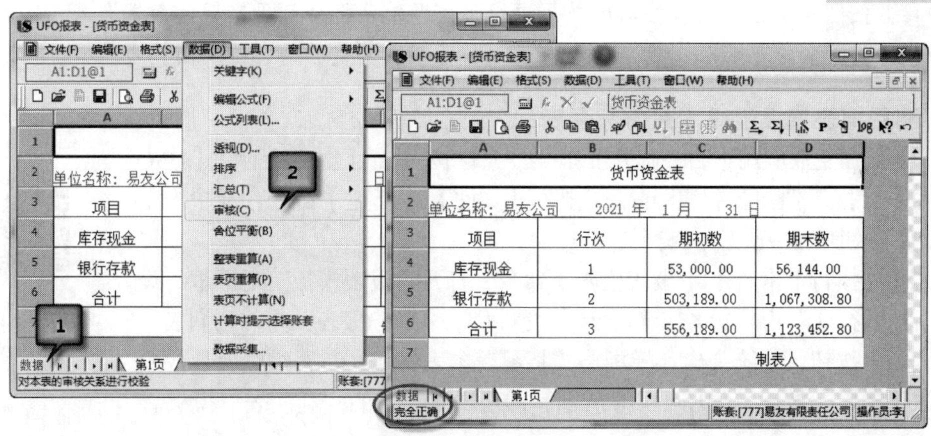

图 11–16　审核报表

操作提示

在数据状态下，当生成所有报表数据后，应利用审核公式对报表进行审核，以检查报表各项数据勾稽关系的准确性。执行【数据】|【审核】命令，系统自动按照审核公式逐条审核表内的关系，当报表数据不符合勾稽关系时，系统会弹出提示信息；如果未出现任何提示信息，表示该报表各项勾稽关系正确。

3. 生成 1 月份货币资金的舍位报表

打开“货币资金表”，在数据状态下，执行【数据】|【舍位平衡】命令，生成货币资金的舍位报表，单击【保存】按钮，如图 11-17 所示。

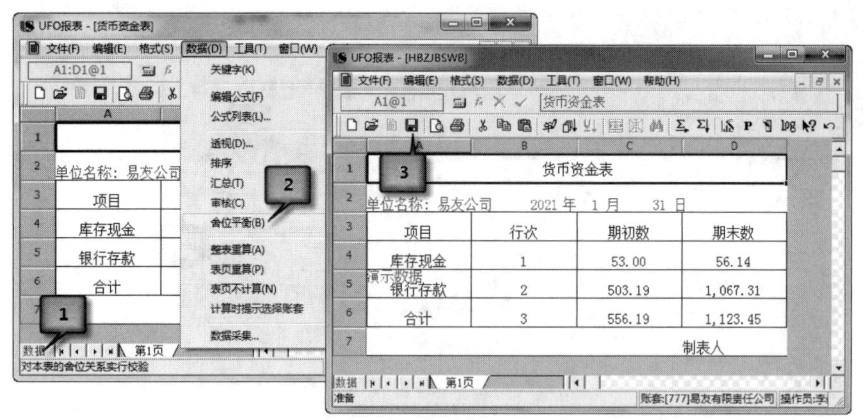

图 11-17 生成舍位报表

微课 144：生成舍位报表

> **📖操作提示**
>
> ● 在数据状态下，生成数据并审核无误后的报表在对外报送时，需按照要求对报表进行单位转换，如将单位“元”转换成“万元”等，这时就必须进行舍位和平衡调整操作，并生成舍位平衡报表。
>
> ● 执行【数据】|【舍位平衡】命令，系统自动按照定义的舍位关系对指定区域的数据进行舍位，并按照平衡公式对舍位后的数据进行平衡调整，将舍位平衡后的数据存入指定的新表或他表中。打开舍位平衡公式指定的舍位表，即可查看调整后的舍位平衡报表。

4. 利用报表模板生成 1 月份利润表

微课 145：生成利润表

第一步：在企业应用平台“业务工作”选项卡中，执行【财务会计】|【UFO 报表】命令，打开“UFO 报表”窗口。执行【文件】|【新建】命令，或单击工具栏上的□按钮增加一张空白表页。

第二步：执行【格式】|【报表模板】命令，打开“报表模板”对话框，设置“您所在的行业”为“2007 年新会计制度科目”、“财务报表”为“利润表”，单击【确认】按钮，系统弹出“模板格式将覆盖本表格式！是否继续？”提示框，单击【确定】按钮，如图 11-18 所示，即可看到打开的“利润表”模板。

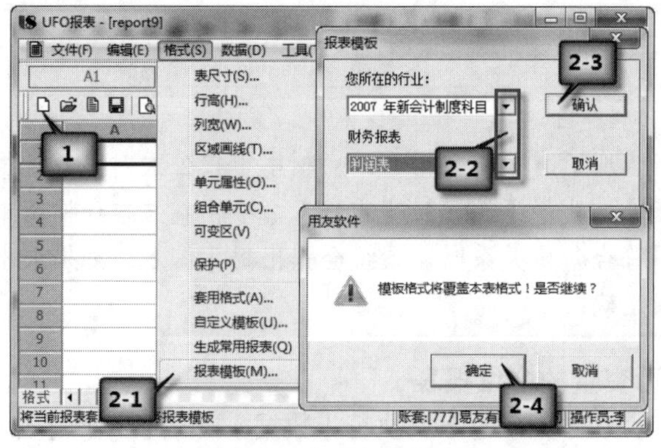

图 11-18 利用报表模板生成利润表（1）

第三步：调整相关利润表项目，如将“营业税金及附加”修改为“税金及附加”。选中 A3 单

元格，输入编制单位名称“易友有限责任公司”，单击【格式】按钮，系统弹出“是否确定全表重算？”提示框，单击【是】按钮，当前报表进入数据状态。执行【数据】|【关键字】|【录入】命令，打开“录入关键字”对话框，系统默认时间为“2021 年 1 月 31 日”，单击【确认】按钮。系统弹出“是否重算第 1 页？”提示框，单击【是】按钮，如图 11-19 所示。

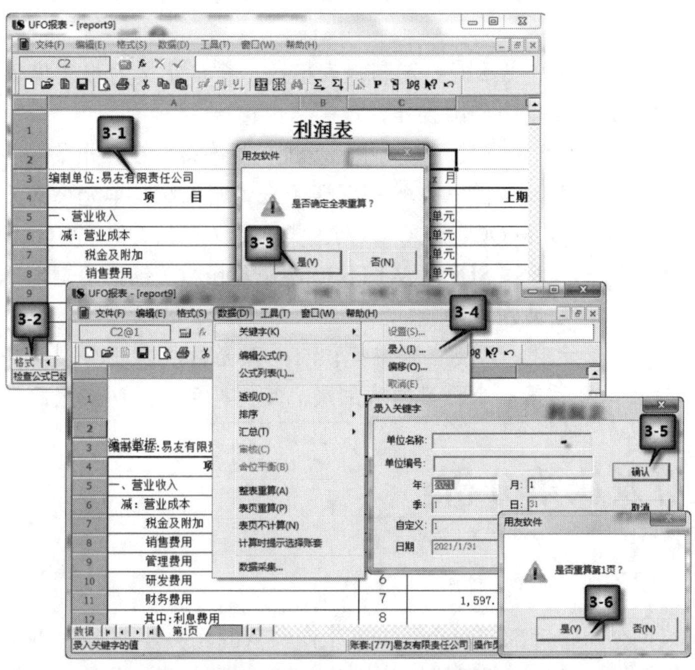

图 11–19　利用报表模板生成利润表（2）

第四步：单击【保存】按钮，选择保存路径为“桌面”、文件名为“1 月份利润表”，单击【另存为】按钮，如图 11-20 所示。

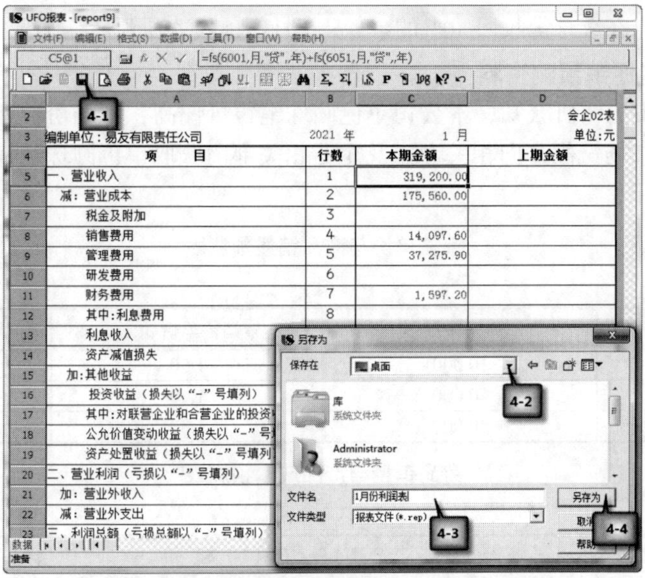

图 11–20　利用报表模板生成利润表（3）

📖操作提示

- 在调用报表模板时一定要注意选择正确的与所在行业相适应的会计报表，否则不同行业的会计报表内容不同。
- 如果调用的报表模板与实际需要的报表格式或公式不完全相同，可以在此基础上进行修改。
- 用户可以根据本单位的实际需要定制报表模板，将自定义的报表模板加入系统提供的模板库中，也可以对其进行修改、删除操作。
- 在数据状态下，在有单元公式的单元中，单击鼠标右键，在弹出的快捷菜单中选择【联查明细账】命令或者单击常用工具栏中的🔍按钮即可查询明细账。单元公式必须是有会计科目参数的期初类函数（包括 QC、WQC、SQC）、期末类函数（包括 QM、WQM、SQM）、发生类函数（包括 FS、SFS、WFS、LFS、SLFS、WLFS）、净额类函数（包括 JE、SJE、WJE、WTFS）。在无单元公式的单元中，无法使用此功能。
- 当用户选择某个单元时，只要当前单元内有总账函数，即联查当前科目的明细账，如果当前单元有多个科目，显示第一个科目的明细账，其他科目通过明细账的查询界面查询。

任务五　预算及决策分析

一、背景资料

2021 年 1 月，根据公司管理部门对企业未来生产经营的相关要求，公司销售部门、投资管理部门根据市场调研及企业内部有关部门提供的相关资料，获取以下与预算及决策分析相关的资料。

1. 双色圆珠笔销售预测资料

销售经理根据历史资料计算分析，预计 2 月份销售量将比 1 月份增加 20%，销售单价维持不变；1 月份客户所欠货款将于 2 月份全部收回；2 月份货款扣除已经预收的货款外，预计可在当月收回 60%的余款，在 3 月份收回 40%的余款；2 月份预收款项预计与 1 月份相同。

2. 单色圆珠笔促销预测资料

销售经理根据市场调研获知，本公司单色圆珠笔售价偏高，市场份额逐月减少，为保持和提高本公司商品的市场份额，向相关专家及企业相关部门获取单色圆珠笔销量及成本资料，如表 11-3、表 11-4 所示。

表 11-3　　销售单价与商品销量预测表

商品名称：单色圆珠笔

销售单价/元	预计销售量/支	销售单价/元	预计销售量/支
1.80	10 000	1.50	70 000
1.70	20 000	1.40	110 000
1.60	40 000	1.30	130 000

表 11-4　　商品销量与产品成本预测表

商品名称：单色圆珠笔

项　目	产量小于 100 000 支	产量大于等于 100 000 支
直接材料（单位：元/支）	1.00	1.00

续表

项　　目	产量小于 100 000 支	产量大于等于 100 000 支
直接人工（单位：元/支）	0.15	0.15
变动制造费用（单位：元/支）	0.05	0.05
固定制造费用（单位：元）	2 000.00	3 000.00
变动销售及管理费用（单位：元/支）	0.05	0.05
固定销售及管理费用（单位：元）	1 000.00	2 000.00

二、任务描述与分析

易友有限责任公司已经成功建立了账套号为“777”的公司账套，启用日期为 2021 年 1 月 1 日，公司已完成 1 月份的日常账务处理和期末业务处理。月末，根据相关财务制度规定，需要使用企业 1 月份相关资料编制 2 月份双色圆珠笔销售预算表、2 月份单色圆珠笔产品成本损益表。

1. 设计并生成销售单价与商品销量预测表、商品销量与产品成本预测表

根据表 11-3 和表 11-4，设计并生成销售单价与商品销量预测表、商品销量与产品成本预测表（要求：表格基本样式按提供的表格设计，行高、列宽根据需要调整，相关数据均在数据状态下直接输入）。

2. 设计并生成 2 月份双色圆珠笔销售预算表

根据双色圆珠笔销售预测资料，设计并生成 2 月份双色圆珠笔销售预算表，表格样式如表 11-5 所示（要求：表格基本样式按提供的表格设计，行高、列宽根据需要调整；1 月份表体数据“单价”项目、“现金收入合计”项目根据数据关系使用表页内计算公式，其他项目均使用账务函数自总账系统提取数据；2 月份表体数据根据背景资料及 1 月份数据使用表页内计算公式）。

表 11-5　　　　销售预算表

商品名称：双色圆珠笔

项目	1 月份	2 月份
销售量（单位：支）		
单价（含税，单位：元/支）		
销售收入（含税，单位：元）		
期初应收款项		
期初预收款项		
期末应收款项		
期末预收款项		
现金收入合计		

3. 设计并生成 2 月份单色圆珠笔产品成本损益表

根据单色圆珠笔促销预测资料，设计并生成 2 月份单色圆珠笔产品成本损益表，表格样式如表 11-6 所示（要求：表格基本样式按提供的表格设计，行高、列宽根据需要调整；表头“预计销售量”项目根据背景资料在数据状态下直接输入，表体数据“预计销售收入”项目、“变动成本总额”项目、“贡献边际总额”项目、“预计利润总额”项目使用表页内计算公式，其他项目使用他

表取数计算公式自“销售单价与商品销量预测表”和“商品销量与产品成本预测表”中提取数据）。

表 11-6　　产品成本损益表

商品名称：单色圆珠笔

项目	预计销售量/支					
	10 000	20 000	40 000	70 000	110 000	130 000
单价（不含税，单位：元/支）						
预计销售收入（单位：元）						
单位变动成本（单位：元）						
变动成本总额（单位：元）						
贡献边际总额（单位：元）						
固定成本（单位：元）						
预计利润总额（单位：元）						

三、任务实施

微课 146：设计销售单价与商品销量预测表

1. 设计并生成销售单价与商品销量预测表、商品销量与产品成本预测表

第一步：设计“销售单价与商品销量预测表”报表格式，如图 11-21 所示。

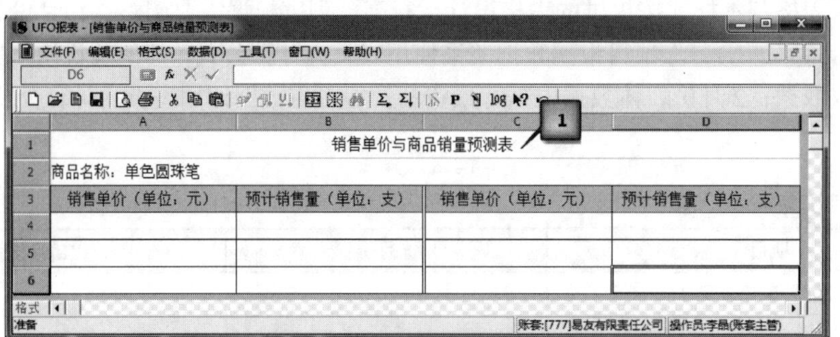

图 11-21　“销售单价与商品销量预测表”报表格式

第二步：单击【格式/数据】切换按钮，进入数据状态，依次选择 A4 至 D6 单元，根据表 11-3 提供的数据输入销售单价及预计销售量，如图 11-22 所示。

图 11-22　输入“销售单价与商品销量预测表”报表数据

第三步：执行【文件】|【保存】命令或单击工具栏上的按钮，打开“另存为”对话框，选择保存路径“C:\预算及决策分析”，输入文件名“销售单价与商品销量预测表”，单击【另存为】按钮，保存生成的销售单价与商品销量预测表，如图 11-23 所示。

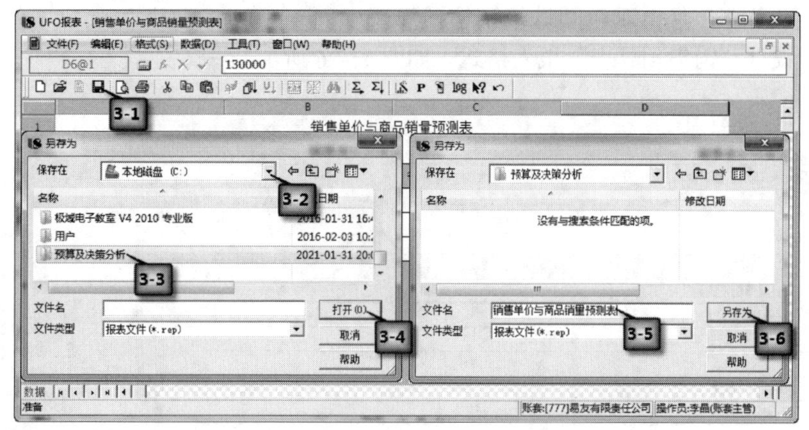

图 11–23　保存“销售单价与商品销量预测表”

第四步：设计“商品销量与产品成本预测表”报表格式，如图 11-24 所示。

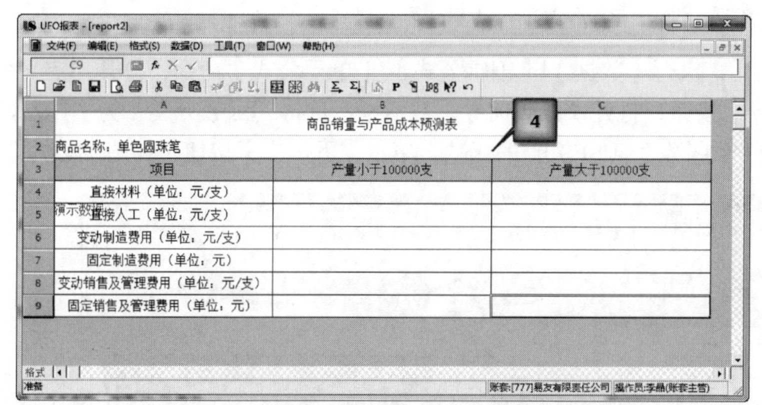

图 11–24　“商品销量与产品成本预测表”报表格式

微课 147：设计商品销量与产品成本预测表

第五步：单击【格式/数据】切换按钮，进入数据状态，选择 B4:C9 单元格区域，根据表 11-4 提供的数据输入成本资料，如图 11-25 所示。

UFO报表 - [report2]　C9@1　2000.00

商品销量与产品成本预测表

商品名称：单色圆珠笔

项目	产量小于100000支	产量大于100000支
直接材料（单位：元/支）	1.00	1.00
直接人工（单位：元/支）	0.15	0.15
变动制造费用（单位：元/支）	0.05	0.05
固定制造费用（单位：元）	2000.00	3000.00
变动销售及管理费用（单位：元/支）	0.05	0.05
固定销售及管理费用（单位：元）	1000.00	2000.00

检查公式已经完成　账套:[777]易友有限责任公司　操作员:李晶(账套主管)

图 11–25　“商品销量与产品成本预测表”报表数据

第六步：执行【文件】|【保存】命令或单击工具栏上的■按钮，打开“另存为”对话框，选择保存路径“C:\预算及决策分析”，输入文件名“商品销量与产品成本预测表”，单击【另存为】按钮，保存生成的商品销量与产品成本预测表。

2. 设计并生成 2 月份双色圆珠笔销售预算表

第一步：设计“销售预算表”报表格式，如图 11-26 所示。

UFO报表 - [report4]

销售预算表		
商品名称：双色圆珠笔		
项目	1月份	2月份
销售量（单位：支）		
单价（含税，单位：元/支）		
销售收入（含税，单位：元）		
期初应收款项		
期初预收款项		
期末应收款项		
期末预收款项		
现金收入合计		

检查公式已经完成　账套:[777]易友有限责任公司　操作员:李晶(账套主管)

微课 148：设计双色圆珠笔销售预算表

图 11-26 “销售预算表”报表格式

第二步：选择 B4 单元，执行【数据】|【编辑公式】|【单元公式】命令，打开“定义公式”对话框。单击【函数向导】按钮，打开“函数向导”对话框，选择“函数分类”为“用友账务函数”，选择“函数名”为“数量发生（SFS）”的函数，单击【下一步】按钮，如图 11-27 所示。

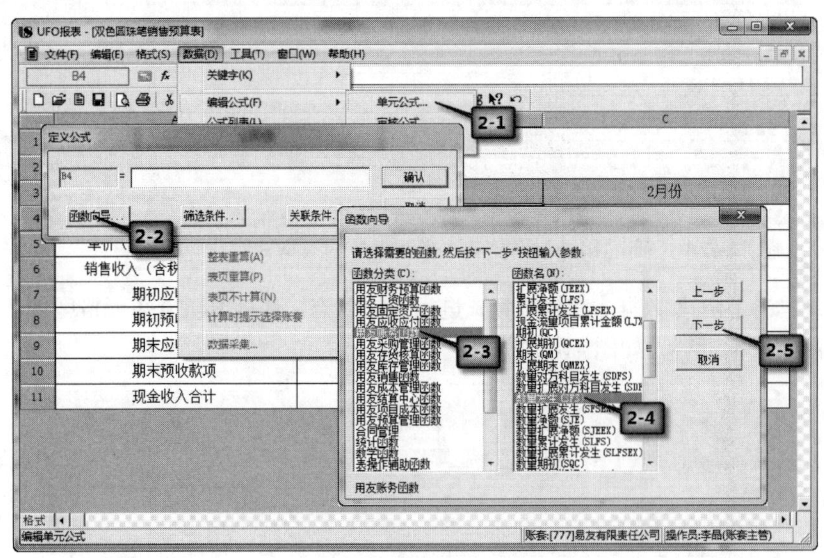

图 11-27 “销售量”公式设置（1）

第三步：打开“用友账务函数”对话框，单击【参照】按钮，打开“账务函数”对话框，“账套号”为默认，“会计年度”为默认，“期间”修改为“1”，“方向”为默认，“科目”修改为“600102”，单击【确定】按钮，返回“用友账务函数”对话框，单击【确定】按钮，返回“定义公式”对话框，单击【确认】按钮，完成对“销售量”1 月份单元公式的设置，如图 11-28 所示。

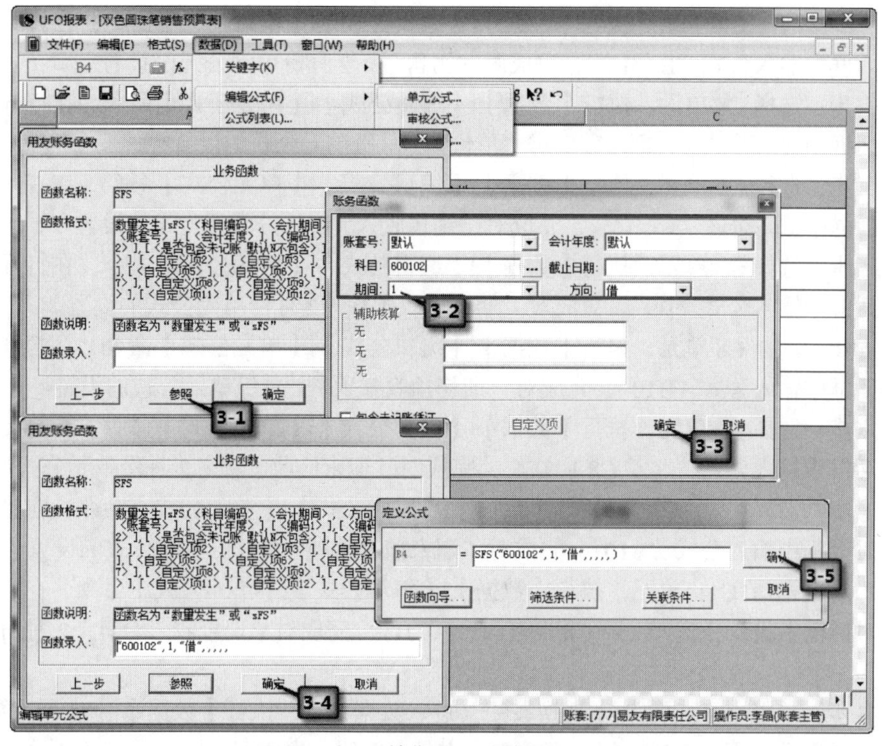

图 11–28　“销售量”公式设置（2）

操作提示

在“财务函数”对话框中，“期间”的默认值是“月”，即“期间”由当前表页关键字“月”赋值。如果当前表页没有设置关键字，则以当前计算机系统日期赋值。“期间”参数也可直接输入数值予以赋值。

第四步：选择 B5 单元，执行【数据】|【编辑公式】|【单元公式】命令，在打开的“定义公式”对话框中输入公式“B6 /B4”，完成对“单价”1 月份单元公式的设置。

第五步：选择 B6 单元，重复第二步至第三步操作，设置 B6 单元公式为“FS("600102",1, "借",,,,,)*1.13”，完成对“销售收入”1 月份单元公式的设置。

第六步：选择 B7 单元，重复第二步至第三步操作，设置 B7 单元公式为“QC("1122",1,,,,"",,,,,)+ QC("1121",1,,,,"",,,,,)”，完成对“期初应收款项”1 月份单元公式的设置。

第七步：选择 B8 单元，重复第二步至第三步操作，设置 B8 单元公式为“QC("2203",1,,,,"",,,,,)”，完成对“期初预收款项”1 月份单元公式的设置。

第八步：选择 B9 单元，重复第二步至第三步操作，设置 B9 单元公式为“QM("1122",1,,,,"",,,,,)+ QM("1121",1,,,,"",,,,,)”，完成对“期末应收款项”1 月份单元公式的设置。

第九步：选择 B10 单元，重复第二步至第三步操作，设置 B10 单元公式为“QM("2203",1,,,,"",,,,,)”，完成对“期末预收款项”1 月份单元公式的设置。

第十步：选择 B11 单元，执行【数据】|【编辑公式】|【单元公式】命令，在打开的“定义公式”对话框中输入公式“B6+B7−B8−B9+B10”，完成对“现金收入合计”1 月份单元公式的设置。

第十一步：选择 C4 单元，执行【数据】|【编辑公式】|【单元公式】命令，在打开的“定义公式”对话框中输入公式“B4*1.2”，完成对“销售量”2 月份单元公式的设置。

第十二步：选择 C5 单元，执行【数据】|【编辑公式】|【单元公式】命令，在打开的“定义公式”对话框中输入公式“B5”，完成对“单价”2 月份单元公式的设置。

第十三步：选择 C6 单元，执行【数据】|【编辑公式】|【单元公式】命令，在打开的“定义公式”对话框中输入公式“C4*C5”，完成对“销售收入”2 月份单元公式的设置。

第十四步：选择 C7 单元，执行【数据】|【编辑公式】|【单元公式】命令，在打开的“定义公式”对话框中输入公式“B9”，完成对“期初应收款项”2 月份单元公式的设置。

第十五步：选择 C8 单元，执行【数据】|【编辑公式】|【单元公式】命令，在打开的“定义公式”对话框中输入公式“B10”，完成对“期初预收款项”2 月份单元公式的设置。

第十六步：选择 C9 单元，执行【数据】|【编辑公式】|【单元公式】命令，在打开的“定义公式”对话框中输入公式“（C6−C8）*0.4”，完成对“期末应收款项”2 月份单元公式的设置。

第十七步：选择 C10 单元，执行【数据】|【编辑公式】|【单元公式】命令，在打开的“定义公式”对话框中输入公式“B10”，完成对“期末预收款项”2 月份单元公式的设置。

第十八步：选择 C11 单元，执行【数据】|【编辑公式】|【单元公式】命令，在打开的“定义公式”对话框中输入公式“（C6−C8）*0.6+C7+C10”，完成对“现金收入合计”2 月份单元公式的设置。

第十九步：单击【格式/数据】切换按钮，进入数据状态，执行【数据】|【表页重算】命令，系统弹出“是否重算第 1 页？”提示框，单击【是】按钮，生成双色圆珠笔销售预算表。

第二十步：执行【文件】|【保存】命令或单击工具栏上的按钮，打开“另存为”对话框，选择保存路径“C:\预算及决策分析”，输入文件名“双色圆珠笔销售预算表”，单击【另存为】按钮，保存生成的双色圆珠笔销售预算表。

3. 设计并生成 2 月份单色圆珠笔产品成本损益表

第一步：设计“产品成本损益表”报表格式，如图 11-29 所示。

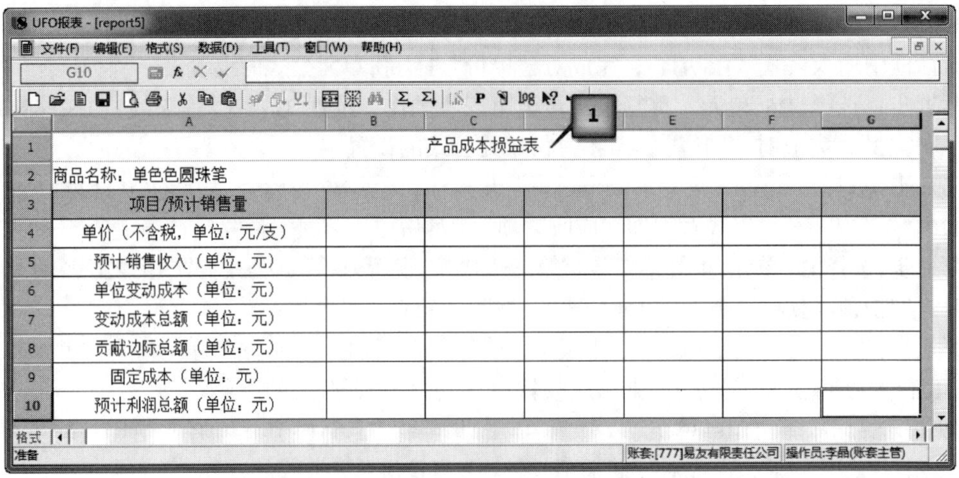

UFO报表 - [report5]

	A	B	C	D	E	F	G
1	产品成本损益表						
2	商品名称：单色色圆珠笔						
3	项目/预计销售量						
4	单价（不含税，单位：元/支）						
5	预计销售收入（单位：元）						
6	单位变动成本（单位：元）						
7	变动成本总额（单位：元）						
8	贡献边际总额（单位：元）						
9	固定成本（单位：元）						
10	预计利润总额（单位：元）						

账套:[777]易友有限责任公司 操作员:李晶(账套主管)

图 11-29 “产品成本损益表”报表格式

第二步：单击【格式/数据】切换按钮，进入数据状态，依次选择 B3 至 G3 单元，根据表 11-6 提供的数据输入预计销售量，如图 11-30 所示。

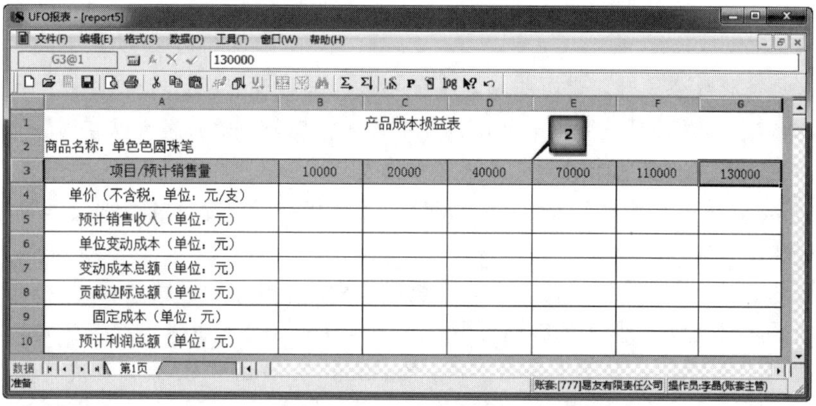

UFO报表 - [report5]

G3@1　130000

	A	B	C	D	E	F	G
1				产品成本损益表			
2	商品名称：单色色圆珠笔						
3	项目/预计销售量	10000	20000	40000	70000	110000	130000
4	单价（不含税，单位：元/支）						
5	预计销售收入（单位：元）						
6	单位变动成本（单位：元）						
7	变动成本总额（单位：元）						
8	贡献边际总额（单位：元）						
9	固定成本（单位：元）						
10	预计利润总额（单位：元）						

图 11–30　“产品成本损益表”报表数据

第三步：选择 B4 单元，执行【数据】|【编辑公式】|【单元公式】命令，打开“定义公式”对话框。单击【关联条件…】按钮，打开“关联条件”对话框，将“当前关键值”修改为“年”、“关联关键值”修改为“年”，单击“关联表名”右侧的 … 按钮，打开“打开”对话框，选择“C:\预算及决策分析\销售单价与商品销量预测表.rep”，单击【打开】按钮，返回“关联条件”对话框，单击【确认】按钮，返回“定义公式”对话框，系统生成公式“Relation 年 with " C:\预算及决策分析\销售单价与商品销量预测表.rep"->年”，通过查询“销售单价与商品销量预测表”可知，当“预计销售量”为“10 000 支”时，单色圆珠笔单价所在单元的地址是“A4”，修改系统生成的公式为“" C:\预算及决策分析\销售单价与商品销量预测表.rep"->A4@1”，单击【确定】按钮，完成对“单价”预计销售量为 10 000 支单元公式的设置，如图 11-31 所示。

图 11–31　“单价”公式设置

📖操作提示

● 使用他表取数公式时，需要先指定其他报表存储在计算机的存储位置，如“C:\预算及决策分析\销售单价与商品销量预测表.rep”。如果其他报表与当前报表存储在同一个文件夹，也可不指定存储位置，如“销售单价与商品销量预测表.rep”。本例中的取数公式“" C:\预算及决策分析\销售单价与商品销量预测表.rep"->A4@1”也可直接被修改为“"销售单价与商品销量预测表.rep"->A4@1”。

● 本例通过“关联条件”功能，目的是获取“销售单价与商品销量预测表.rep”报表的存储位置。如果已经明确其他报表的存储位置，可直接在单元公式中输入取数公式。

● “关联条件”功能，自动生成的公式“Relation 年 with " C:\预算及决策分析\销售单价与商品销量预测表.rep"->年”主要用于匹配关键字报表的取值，如当前报表共有 2021 年 1 月至 3 月三张表页，需取其他报表中月关键字分别为 1、2、3 表页的值，则取数公式为“A1="报表名称.rep"->A1 Relation 月 with "报表名称.rep"->月”。

第四步：选择 C4 单元，重复第三步操作，设置 C4 单元公式为“" C:\预算及决策分析\销售单价与商品销量预测表.rep"->A5@1”，完成对“单价”预计销售量为 20 000 支单元公式的设置。

第五步：选择 D4 单元，重复第三步操作，设置 D4 单元公式为“" C:\预算及决策分析\销售单价与商品销量预测表.rep"->A6@1”，完成对“单价”预计销售量为 40 000 支单元公式的设置。

第六步：选择 E4 单元，重复第三步操作，设置 E4 单元公式为“" C:\预算及决策分析\销售单价与商品销量预测表.rep"->C4@1”，完成对“单价”预计销售量为 70 000 支单元公式的设置。

第七步：选择 F4 单元，重复第三步操作，设置 F4 单元公式为“" C:\预算及决策分析\销售单价与商品销量预测表.rep"->C5@1”，完成对“单价”预计销售量为 110 000 支单元公式的设置。

第八步：选择 G4 单元，重复第三步操作，设置 G4 单元公式为“" C:\预算及决策分析\销售单价与商品销量预测表.rep"->C6@1”，完成对“单价”预计销售量为 130 000 支单元公式的设置。

第九步：选择 B5 单元，执行【数据】|【编辑公式】|【单元公式】命令，在打开的“定义公式”对话框中输入公式“B3*B4”，完成对“预计销售收入”预计销售量为 10 000 支单元公式的设置。

第十步：选择 B5 单元，鼠标指针指向 B5 单元右下角，拖动鼠标指针至 G5 单元，完成“预计销售收入”其他单元的单元公式的设置。

第十一步：选择 B6 单元，重复第三步操作，设置 B6 单元公式为“" C:\预算及决策分析\商品销量与产品成本预测表.rep"->B4@1+" C:\预算及决策分析\商品销量与产品成本预测表.rep"->B5@1+"C:\预算及决策分析\商品销量与产品成本预测表.rep"->B6@1+" C:\预算及决策分析\商品销量与产品成本预测表.rep"->B8@1”，完成对“单位变动成本”预计销售量为 10 000 支单元公式的设置。

第十二步：选择 C6 单元，执行【数据】|【编辑公式】|【单元公式】命令，在打开的“定义公式”对话框中输入公式“B6”，完成对“单位变动成本”预计销售量为 20 000 支单元公式的设置。

第十三步：选择 C6 单元，鼠标指针指向 C6 单元右下角，拖动鼠标指针至 G6 单元，完成“单位变动成本”其他单元的单元公式的设置。

第十四步：选择 B7 单元，执行【数据】|【编辑公式】|【单元公式】命令，在打开的“定义公式”对话框中输入公式“B3*B6”，完成对“变动成本总额”预计销售量为 10 000 支单元公式

的设置。

第十五步：选择 B7 单元，鼠标指针指向 B7 单元右下角，拖动鼠标指针至 G7 单元，完成“变动成本总额”其他单元的单元公式的设置。

第十六步：选择 B8 单元，执行【数据】|【编辑公式】|【单元公式】命令，在打开的“定义公式”对话框中输入公式“B5-B7”，完成对“贡献边际总额”预计销售量为 10 000 支单元公式的设置。

第十七步：选择 B8 单元，鼠标指针指向 B8 单元右下角，拖动鼠标指针至 G8 单元，完成“贡献边际总额”其他单元的单元公式的设置。

第十八步：选择 B9 单元，重复第三步操作，设置 B9 单元公式为“" C:\预算及决策分析\商品销量与产品成本预测表.rep"->B7@1+" C:\预算及决策分析\商品销量与产品成本预测表.rep"->B9@1”，完成对“固定成本”预计销售量为 10 000 支单元公式的设置。

第十九步：选择 B9 单元，鼠标指针指向 B9 单元右下角，拖动鼠标指针至 E9 单元，完成“固定成本”预计销售量分别为 20 000 支、40 000 支、70 000 支单元公式的设置。

第二十步：选择 F9 单元，重复第三步操作，设置 F9 单元公式为“" C:\预算及决策分析\商品销量与产品成本预测表.rep"->C7@1+" C:\预算及决策分析\商品销量与产品成本预测表.rep"->C9@1”，完成对“固定成本”预计销售量为 110 000 支单元公式的设置。

第二十一步：选择 G9 单元，执行【数据】|【编辑公式】|【单元公式】命令，在打开的“定义公式”对话框中输入公式“F9”，完成对“固定成本”预计销售量为 130 000 支单元公式的设置。

第二十二步：选择 B10 单元，执行【数据】|【编辑公式】|【单元公式】命令，在打开的“定义公式”对话框中输入公式“B8-B9”，完成对“预计利润总额”预计销售量为 10 000 支单元公式的设置。

第二十三步：选择 B10 单元，鼠标指针指向 B10 单元右下角，拖动鼠标指针至 G10 单元，完成对“预计利润总额”其他单元的单元公式的设置。

第二十四步：单击【格式/数据】切换按钮，进入数据状态，执行【数据】|【表页重算】命令，系统弹出“是否重算第 1 页？”提示框，单击【是】按钮，生成产品成本损益表。

第二十五步：执行【文件】|【保存】命令或单击工具栏中的按钮，打开“另存为”对话框，选择保存路径“C:\预算及决策分析”，输入文件名“产品成本损益表”，单击【另存为】按钮，保存生成的产品成本损益表。

小结

本模块主要介绍了 UFO 报表系统的功能、其与其他系统的关系和系统的基本操作流程，阐述了 UFO 报表系统中涉及的单元、组合单元、区域、维等基本概念，重点讲解了 UFO 报表系统创建报表格式、定义报表公式、生成报表等的实务操作。

创建报表格式主要是对表格尺寸、行高列宽、表格线、单元组合、单元属性、关键字等进行设计，它是定义报表公式和生成报表的基础，创建的报表格式要符合现行财务制度和企业管理的要求。通过本模块的训练，读者能够熟练创建不同类型报表格式。

定义报表公式主要是对单元公式、审核公式、舍位平衡公式进行设计，它是生成报表数据的基础。通过本模块的训练，读者能够应用已有会计知识，熟练设计报表项目的取数计算公式；能够根据需要设计审核公式和舍位平衡公式。

生成报表主要包括关键字数值录入、整表重算、表页重算、报表审核和生成舍位平衡报表等项目，是运用 UFO 报表系统进行会计处理的最终目的。通过本模块的训练，读者能够熟练录入关键字数值，生成报表数据，利用用友函数获取并处理管理会计信息，利用审核公式对报表数据勾稽关系进行审核，并按照相关要求对报表进行舍位平衡操作，生成最终对内报送的管理会计报表及对外报送的财务会计报表。

【视野拓展案例 11】 W 公司以需增收入、低估费用等方法调整财务数据

【案例资料】

2020 年，W 公司由于经营管理和市场方面的原因，经营业绩下滑。为了获得配股资格，W 公司的主要负责人江××便要求公司财务总监侯××对该年度的财务数据进行调整，以保证公司的净资产收益率符合配股条件。侯××组织公司会计人员汪××以虚做营业额、隐瞒费用和成本开支等方法调整公司财务数据。W 公司根据调整后的财务资料，于 2021 年 10 月申请配股并获批准发行。

【案例解读】

本案例中，W 公司江××、侯××、汪××均存在编制虚假财务会计报告的行为，江××是公司主要负责人，存在授意、指使他人编制虚假财务会计报告的行为。根据《会计法》相关规定，伪造、变造会计凭证、会计账簿，编制虚假财务会计报告，构成犯罪的，依法追究刑事责任。有前款行为，尚不构成犯罪的，由县级以上人民政府财政部门予以通报，可以对单位并处五千元以上十万元以下的罚款；对其直接负责的主管人员和其他直接责任人员，可以处三千元以上五万元以下的罚款；属于国家工作人员的，还应当由其所在单位或者有关单位依法给予撤职直至开除的行政处分；其中的会计人员，五年内不得从事会计工作。

侯××、汪××作为会计人员，没有拒绝总经理的要求，其行为违背了会计职业道德中的会计人员应当诚实守信、客观公正、坚持准则的要求。

【思考】

会计人员如何加强自身的职业道德建设？

附录 A
单项实训

企业基本信息

一、公司概况

（1）公司名称：北京市大洋科技有限公司。

（2）性质：有限责任公司，增值税一般纳税人。

（3）生产组织与工艺流程：公司下设两个生产车间，单步骤、大批量生产甲产品和乙产品。

二、公司财务会计制度的有关规定及说明

1. 流动资产核算部分

（1）公司会计核算以人民币为记账本位币。

（2）公司库存现金限额为 5 000 元。

（3）交易性金融资产按照取得时的公允价值作为初始确认金额，相关交易费用在发生时计入当期损益。在资产负债表日，交易性金融资产按照公允价值进行后续计量且不扣除将来处置该金融资产时可能发生的交易费用，交易性金融资产的公允价值变动计入当期损益。

（4）原材料收发按实际成本计价，发出材料的实际单位成本按移动加权平均法计算。

（5）周转材料采用实际成本计价核算，摊销采用一次转销法。

（6）产成品的收发按实际成本计价核算，发出产成品的实际单位成本按全月一次加权平均法计算。销售成本结转采用自动结转。

（7）期末，存货按成本与可变现净值较低者计价。如果由于存货毁损、全部或部分陈旧过时或销售价格低于成本等原因，使存货成本高于可变现净值的，按单个存货项目计提存货跌价损失准备。

2. 非流动资产核算部分

（1）公司采用年限平均法计提固定资产折旧。

（2）公司对使用寿命有限的无形资产，以其成本扣除预计残值后的金额，在预计的使用年限内采用直线法进行摊销。专利权使用寿命 10 年。

3. 产品成本核算部分

（1）公司成本核算采用公司一级成本核算形式。产品成本计算采用品种法。

（2）公司设置 3 个成本项目：直接材料、直接人工、制造费用。

（3）生产不同产品共同耗用同一种材料，按定额耗用量比例分配。

（4）车间生产工人工资按产品生产工时比例在产品间进行分配。

（5）生产车间单独设账核算制造费用，按照产品生产工时比例分配。

（6）月末在产品成本采用约当产量法计算，产品所耗原材料均为开工时一次投入。

4. 税金及附加核算部分

（1）增值税。本公司为增值税一般纳税人，增值税税率为 13%。

（2）企业所得税。本公司的企业所得税税率为 25%，采用“资产负债表债务法”。

（3）个人所得税。公司职工应负担的个人所得税由公司代扣代缴。

（4）其他税金及附加。城市维护建设税按流转税额的 7%计算，教育费附加按流转税额的 3%计算。

5. 其他

（1）计算过程中要求精确到小数点后 2 位，尾差按业务需要进行调整。

（2）公司执行财政部制定的《企业会计准则（2006）》。

（3）根据借款合同，公司短期借款、长期借款利息均按月支付。

任务一　系统管理

【实训目的】

（1）熟悉用友软件的系统管理模块，掌握用户管理的内容和操作方法。

（2）熟练掌握账套管理的相关内容和操作方法。

（3）理解系统管理在用友软件系统中的作用及重要性，理解权限分配的意义。

【实训准备】

修改系统时间为 2021 年 1 月 1 日。

【实训要求】

在 D 盘建立以“实训账套”命名的文件夹。

【实训内容与实训资料】

（1）增加操作员（见附表 A-1）。

（2）建立附表 A-2 所示的核算单位账套。

附表 A-1　操作员信息

编　号	姓　名	口　令	所属部门
001	学生学号	略	财务部
002	学生姓名	略	财务部
003	李朋	略	财务部

附表 A-2　大洋科技有限公司账套基本信息

项　目	说　明
账套号	777
账套名称	北京市大洋科技有限公司
启用会计期	2021 年 1 月 1 日
账套存储路径	系统默认路径
单位名称	北京市大洋科技有限公司
单位简称	大洋科技
单位地址	北京市海淀区上地东路 77 号
法人代表	李金泽
邮政编码	100081
联系电话及传真	010-87741816
税号	340207730020277818

续表

项　目	说　明
本位代码	RMB
企业类型	工业
行业性质	2007 新会计制度科目
账套主管	学生学号
按行业性质预设会计科目	按行业性质预设会计科目
基础信息	该企业无外币核算，进行经济业务处理时，不需要对存货、客户、供应商进行分类
分类编码方案	科目编码级次：4-2-2-2，其他科目
数据精度	该企业对存货数量、单价的小数位数定为 2
需要立即启用的模块	总账、启用时间为 2021 年 1 月 1 日

（3）根据附表 A-3 进行权限分配。

附表 A–3　　大洋科技有限公司账套权限规定

编　号	姓　名	权限规定	编　号	姓　名	权限规定
002	学生姓名	1. 拥有总账系统下的下列权限			7. 具有【采购管理】的全部权限
		（1）具有【审核凭证】的权限			8. 具有【销售管理】的全部权限
		（2）具有【记账】的权限			9. 具有【库存管理】的全部权限
		2. 具有【薪资管理】的全部权限			10. 具有【存货核算】的全部权限
		3. 具有【固定资产】的全部权限	003	李朋	拥有总账系统下的下列权限
		4. 具有【公用目录设置】全部权限			（1）凭证下的【出纳签字】权限
		5. 具有【应收系统】的全部权限			（2）具有【出纳】的全部权限
		6. 具有【应付系统】的全部权限			

（4）备份账套数据。在 D 盘的“实训账套”文件夹下建立“1-1”文件夹，将账套备份至此文件夹。

任务二　基础设置

【实训目的】

（1）掌握用友 ERP-U8V10.1 软件中有关基础档案设置的相关内容。

（2）理解基础设置在整个系统中的作用。

（3）理解基础设置的数据对日常业务处理的影响。

【实训准备】

（1）修改系统日期为 2021 年 1 月 1 日。

（2）引入“D：\实训账套\1-1”文件夹中账套备份数据。

【实训要求】

以学生学号的身份注册登录企业应用平台，进行基础设置。

【实训内容与实训资料】

（1）设置附表 A-4 所示的部门档案。

（2）设置附表 A-5 所示的人员类别。

附表 A-4　大洋科技有限公司部门档案

部门编码	部门名称	部门编码	部门名称
1	总经理室	5	仓库
2	财务部	6	生产车间
3	采购部	601	一车间
4	销售部	602	二车间

附表 A-5　大洋科技有限公司人员类别

档案编码	档案名称	档案编码	档案名称
10101	企业管理人员	10103	车间管理人员
10102	销售人员	10104	生产人员

（3）设置附表 A-6 所示的人员档案。

附表 A-6　大洋科技有限公司人员档案

人员编码	姓　名	行政部门编码	人员类别	性　别	业务或费用编码
101	李金泽	1	企业管理人员	男	1
102	李明	1	企业管理人员	女	1
201	学生学号	2	企业管理人员	女	2
202	学生姓名	2	企业管理人员	女	2
203	李朋	2	企业管理人员	女	2
301	赵新民	3	企业管理人员	男	3
302	李卉	3	企业管理人员	女	3
401	李涛	4	销售人员	男	4
402	魏春红	4	销售人员	女	4
501	王静	5	企业管理人员	女	5
502	谢东	5	企业管理人员	男	5
611	邢雷	601	车间管理人员	男	601
612	杨杰	601	车间管理人员	男	601
613	马玉洁	601	生产人员	女	601
614	王琳	601	生产人员	女	601
615	郑洁	601	生产人员	男	601
616	孙浩	601	生产人员	男	601
617	李红	601	生产人员	女	601
618	李伟	601	生产人员	男	601
619	刘涛	601	生产人员	男	601
621	黄蓓蓓	602	车间管理人员	女	602
622	赵子龙	602	车间管理人员	男	602
623	叶子	602	生产人员	男	602
624	周红梅	602	生产人员	女	602
625	周炜	602	生产人员	男	602
626	刘伟	602	生产人员	男	602
627	王玲	602	生产人员	女	602
628	邓建飞	602	生产人员	男	602
629	宋春兰	602	生产人员	女	602

（4）设置附表 A-7 所示的客户档案。

附表 A-7　　大洋科技有限公司客户档案

客户编码	客户简称	税　号	开户银行	银行账号	地　址
001	鑫科公司	19770418	中国建设银行	41181234	芜湖市滨江路 66 号
002	福耀公司	77910616	中国工商银行	31014321	合肥市长江路 77 号
003	华盛公司	19770301	中国农业银行	27770418	上海市南京路 33 号

（5）设置附表 A-8 所示的供应商档案。

附表 A-8　　大洋科技有限公司供应商档案

供应编码	供应商简称	税　号	开户银行	银行账号	地　址
001	华城公司	77100166	中国工商银行	66280233	常州市朝阳路 99 号
002	恒鑫公司	77034577	中国工商银行	66266344	南京市珠江路 11 号
003	埃泰克公司	77256177	交通银行	42670655	沈阳市四平路 16 号
004	供电公司	12345678	交通银行	42670866	北京市柳芳街 18 号
005	供水公司	87654321	交通银行	42670977	北京市静安街 16 号

（6）设置附表 A-9 所示的结算方式。

附表 A-9　　大洋科技有限公司结算方式

结算方式	结算方式名称	票据管理
1	现金结算	否
2	支票结算	是
201	现金支票	是
202	转账支票	是
3	汇票结算	是
301	银行承兑汇票	是
302	商业承兑汇票	是
9	其他	否

（7）设置本单位开户银行档案。编码：001；账号：779104180616；开户银行：中国工商银行左家庄支行。

（8）设置附表 A-10 所示的计量单位组及计量单位、附表 A-11 所示的存货档案。

附表 A-10　　大洋科技有限公司计量单位组及计量单位

① 设置计量单位组	计量单位组编码：01	计量单位组名称：基本计量单位	计量单位组类别：无换算
② 设置计量单位	计量单位编码：01	计量单位名称：千克	
	计量单位编码：02	计量单位名称：件	
	计量单位编码：03	计量单位名称：元	

附表 A-11　　大洋科技有限公司存货档案

存货编码	存货名称	计量单位	存货属性
001	A 材料	千克	外购、生产耗用
002	B 材料	千克	外购、生产耗用
003	甲产品	件	自制、内销、外销
004	乙产品	件	自制、内销、外销

（9）设置凭证类别。大洋科技有限公司采用通用记账凭证。

（10）增加附表 A-12 所示的大洋科技有限公司会计科目。

附表 A-12　　大洋科技有限公司需要增加的会计科目

科目编码	科目名称	方　向	辅助账类型	计量单位
100201	工行存款	借	日记账、银行账	
100202	建行存款	借	日记账、银行账	
101201	存出投资款	借		
140101	A 材料	借		
140102	B 材料	借		
140301	A 材料	借	数量核算	千克
140302	B 材料	借	数量核算	千克
140501	甲产品	借	数量核算	件
140502	乙产品	借	数量核算	件
170101	专利权	借		
221101	工资	贷		
221102	职工福利	贷		
221103	社会保险费	贷		
221104	工会经费	贷		
221105	职工教育经费	贷		
222101	应交增值税	贷		
22210101	进项税额	借		
22210102	已交税金	贷		
22210105	销项税额	贷		
22210107	进项税额转出	贷		
22210109	转出多交增值税	贷		
222102	未交增值税	贷		
222103	应交消费税	贷		
222104	应交企业所得税	贷		
222105	应交城市维护建设税	贷		
222106	应交个人所得税	贷		
222107	应交教育费附加	贷		
410101	法定盈余公积	贷		

续表

科目编码	科目名称	方 向	辅助账类型	计量单位
410102	法定公益金	贷		
410103	任意盈余公积	贷		
410401	其他转入	贷		
410402	提取法定盈余公积	贷		
410403	提取法定公益金	贷		
410409	提取任意盈余公积	贷		
410410	应付普通股股利	贷		
410415	未分配利润	贷		
500101	直接材料	借	项目核算	
500102	直接人工	借	项目核算	
500103	制造费用	借	项目核算	
510101	一车间	借		
510102	二车间	借		
660101	职工薪酬	支出		
660102	广告费	支出		
660103	水电费	支出		
660104	折旧费	支出		
660109	其他	支出		
660201	职工薪酬	支出	部门核算	
660202	办公费	支出	部门核算	
660203	折旧费	支出	部门核算	
660204	业务招待费	支出	部门核算	
660209	其他	支出	部门核算	
6702	信用减值损失	支出		

（11）修改附表 A-13 所示的大洋科技有限公司会计科目。

附表 A-13　　大洋科技有限公司需要修改的会计科目

原科目代码	原科目名称	修改内容		
		新科目名称	辅助账类型	受控系统
1121	应收票据		客户往来	应收系统
1122	应收账款		客户往来	应收系统
1123	预付账款		供应商往来	应付系统
1221	其他应收款		个人往来	
2201	应付票据		供应商往来	应付系统
2202	应付账款		供应商往来	应付系统
2203	预收账款		客户往来	应收系统
6403	营业税金及附加	税金及附加		

（12）将【1405 库存商品】的下级科目成批复制到【6001 主营业务收入】科目和【6401 主营业务成本】科目中（包括数量核算）。

（13）指定会计科目【1001 库存现金】为现金总账科目，【1002 银行存款】为银行总账科目。

（14）定义附表 A-14 所示的大洋科技有限公司项目目录。

附表 A-14　　大洋科技有限公司项目目录

项目设置步骤	设置内容
项目大类	生产成本
核算科目	直接材料（500101）
	直接人工（500102）
	制造费用（500103）
项目分类	分类编码：1；分类名称：自行生产
	分类编码：2；分类名称：委托加工
项目名称	项目编号：1； 项目名称：甲产品； 所属分类码：1
	项目编号：2； 项目名称：乙产品； 所属分类码：1

（15）备份账套数据。在 D 盘的“实训账套”文件夹下建立“1-2”文件夹，将账套备份至此文件夹。

任务三　总账系统核算与管理

一、总账系统初始设置

【实训目的】

（1）掌握用友 ERP—U8V10.1 软件中总账系统初始设置的相关内容。

（2）理解总账系统初始设置的意义。

（3）掌握总账系统初始设置的操作方法。

【实训准备】

（1）修改系统时间为 2021 年 1 月 1 日。

（2）引入“D：\实训账套\1-2”文件夹中账套备份数据。

【实训要求】

以学生学号的身份注册登录企业应用平台，进行总账的初始设置操作。

【实训内容与实训资料】

（1）设置附表 A-15 所示的大洋科技有限公司的总账控制参数。

附表 A-15　　大洋科技有限公司总账控制参数

选　项　卡	参数设置
凭证	制单序时控制； 支票控制；

续表

选 项 卡	参数设置
凭证	可以使用应收受控科目和应付受控科目； 取消选中“现金流量科目必录现金流量项目”复选框； 自动填补凭证断号； 其他采用系统默认值
账簿	账簿打印位数宽度，凭证、正式账每页打印行数按软件默认的标准设定，其他采用系统默认值
凭证打印	明细账打印按月排页
预算控制	采用系统默认值
权限	取消选中“凭证审核控制到操作员”复选框； 出纳凭证必须经由出纳签字； 取消选中“允许修改、作废他人填制的凭证”复选框； 其他采用系统默认值
会计日历	采用系统默认值
其他	部门、个人、项目排序方式均按编码排序

（2）录入附表A-16～附表A-20所示的大洋科技有限公司2021年1月份有关总账及辅助账期初余额。

附表A-16　　大洋科技有限公司2021年1月有关总账期初余额表

科目名称	方　向	币别/计量	期初余额/元
库存现金（1001）	借		9 800
银行存款（1002）	借		827 968
工行存款（1002001）	借		827 968
其他货币资金（1012）	借		980 000
存出投资款（101201）	借		980 000
应收票据（1121）	借		565 000
应收账款（1122）	借		180 800
坏账准备（1231）	贷		904
材料采购（1401）	借		20 000
A材料（140101）	借		20 000
原材料（1403）	借		608 400
A材料（140301）	借		561 600
	借	千克	8 000
B材料（140302）	借		46 800
	借	千克	1 000
库存商品（1405）	借		783 500
甲产品（140501）	借		750 000
	借	件	7 500
乙产品（140502）	借		33 500
	借	件	5 00

续表

科目名称	方　向	币别/计量	期初余额/元
固定资产（1601）	借		1 960 000
累计折旧（1602）	贷		170 258
无形资产（1701）	借		60 000
专利权（170101）	借		60 000
短期借款（2001）	贷		200 000
应付账款（2202）	贷		79 326
应付职工薪酬（2211）	贷		45 000
职工福利（221102）	贷		45 000
应交税费（2221）	贷		54 750
未交增值税（222102）	贷		10 000
应交企业所得税（222106）	贷		40 000
应交城市维护建设税	贷		1 400
应交个人所得税	贷		2 750
应交教育费附加	贷		600
长期借款	贷		2 000 000
实收资本或股本（4001）	贷		2 469 090
盈余公积（4121）	贷		911 140
法定盈余公积（412101）	贷		911 140
利润分配（4105）	贷		75 000
未分配利润（410515）	贷		75 000
生产成本（5001）	借		10 000
直接材料（500101）	借		5 000
直接人工（500102）	借		3 000
制造费用（500103）	借		2 000

附表 A-17　　大洋科技有限公司 2021 年 1 月应收票据期初余额表

会计科目：1121 应收票据　　余额：借 565 000 元

日　期	凭　证　号	客　户	摘　要	方　向	期初余额/元
2020-12-20	记-20	鑫科公司	销售甲产品	借	565 000

附表 A-18　　大洋科技有限公司 2021 年 1 月应收账款期初余额表

会计科目：1122 应收账款　　余额：借 180 800 元

日　期	凭　证　号	客　户	摘　要	方　向	金额/元
2020-12-10	记-34	福耀公司	销售甲产品	借	113 000
2020-12-12	记-56	华盛公司	销售乙产品	借	67 800

附表 A-19 大洋科技有限公司 2021 年 1 月应收付款期初余额表

会计科目：2202 应付账款 余额：贷 79 326 元

日　期	凭证号	供应商	摘　要	方　向	金额/元
2020-12-25	记-57	华城公司	购买 A 材料	贷	79 326

附表 A-20 大洋科技有限公司 2021 年 1 月生产成本辅助账初余额表

科目名称	甲产品/元	乙产品/元	合计/元
直接材料 500101	2 000	3 000	5 000
直接人工 500102	1 500	1 500	3 000
制造费用 500103	800	1 200	2 000
合计	4 300	5 700	10 000

（3）备份账套数据。在 D 盘的“实训账套”文件夹下建立“1-3-1”文件夹，将账套备份至此文件夹。

二、总账系统日常业务处理

【实训目的】

（1）掌握用友 ERP-U8V10.1 软件中总账系统日常业务处理的相关内容。

（2）熟悉总账系统日常业务处理的各种操作。

（3）掌握凭证管理、出纳管理和账簿管理的具体内容和操作方法。

【实训准备】

（1）修改系统时间为 2021 年 1 月 31 日。

（2）引入“D:\实训账套\1-3-1”文件夹中账套备份数据。

【实训要求】

（1）以学生学号的身份进行填制凭证、凭证查询操作。

（2）以李朋的身份进行出纳签字。

（3）以学生姓名的身份进行审核、记账

（4）以学生学号的身份进行账簿查询操作。

【实训内容与实训资料】

1. 凭证管理

（1）根据所建立的账套为下列经济业务填制记账凭证。

① 1 月 1 日，开出转账支票（1001）以工行存款 200 元支付财务部办公费。

② 1 月 2 日，签发现金支票，从中国工商银行提取备用金 2 000 元（票号 2001）。

③ 1 月 3 日，采购部赵新民预借差旅费 1 000 元，以现金付讫。

④ 1 月 4 日，开出转账支票（1002）以工行存款支付上月未交增值税。

⑤ 1 月 5 日，开出转账支票（1003）以工行存款交纳上月城建税、教育费附加。

⑥ 1 月 6 日，开出转账支票（1004）以工行存款交纳上月个人所得税。

⑦ 1 月 7 日，以现金支付总经理室设备维修费 200 元。

⑧ 1 月 8 日，第一车间领用 A 材料 100 千克，实际成本为 7 020 元，经批准全部记入制造费用。

⑨ 1 月 9 日，总经理李金泽报销医药费 60 元，现金付讫。

⑩ 1 月 10 日，委托伟星加工厂加工一批包装材料，发出 B 材料 20 千克，单位成本 46.8 元，以现金支付运费 218 元（收到增值税专用发票，可抵扣 9%进项税）。

⑪ 1 月 11 日，开出转账支票（1005）以工行存款支付伟星加工厂加工费 1 000 元，支付增值税 130 元。

⑫ 1 月 12 日，收回委托加工的包装材料，办妥接收入库手续。

⑬ 1 月 13 日，委托证券公司购入 A 上市公司股票 10 万股，并将其划分为交易性金融资产。该股股票在购买日的公允价值为 500 000 元，另支付相关交易费用 1 250 元。

⑭ 1 月 14 日，向银行借入为期 6 个月的短期借款 100 000 元，存入中国工商银行（结算方式：其他）。

⑮ 1 月 15 日，对一车间现有的一台机器设备进行日常修理，修理过程中发生材料费 46.4 元（耗用 B 材料 1 千克），应支付的维修人员工资为 200 元。

⑯ 1 月 16 日，一车间生产甲产品领用 A 材料 2 000 千克，领用 B 材料 400 千克。

⑰ 1 月 17 日，二车间生产乙产品领用 A 材料 1 500 千克，领用 B 材料 200 千克。

⑱ 1 月 18 日，采购部赵新民报销差旅费 600 元，余款 400 元退回现金。

⑲ 1 月 19 日，一车间领用 100 千克 A 材料，二车间领用 50 千克 A 材料，用于车间一般耗用。

⑳ 1 月 20 日，二车间发生设备修理费 2 300 元，开出转账支票（1006）支付。

㉑ 1 月 21 日，向北京市环保局支付污染费罚款 1 000 元，开出转账支票（1007）支付。

㉒ 1 月 22 日，从中国工商银行左家庄支行购入现金支票和转账支票各一本，工本费 5 元/本，款项直接从单位账户上扣除。

㉓ 1 月 23 日，用银行存款（转账支票 1008）购入一台检测设备，取得增值税专用发票（票号：46298985）上注明单价 100 000 元，税金 13 000 元，价税合计 113 000 元，设备运达公司并开始安装。

㉔ 1 月 24 日，开出转账支票（1009），向金志设备安装公司支付安装费 2 000 元，支付增值税 260 元。

㉕ 1 月 25 日，开出转账支票（1010），向北京市红十字基金会捐款 10 000 元。

㉖ 1 月 26 日，摊销本月无形资产——专利权。

㉗ 1 月 27 日，据账存实存报告单反映，原材料仓库的 A 材料发生非常损失，盘亏 20 千克，A 材料单价 70.2 元，原因待查。

- 1 月 29 日，通过中国工商银行（现金支票 2002）代发工资 113 497.28 元，代扣个人所得税 462 元，代扣养老保险金 10 332 元。
- 1 月 30 日，根据材料盘盈盘亏核销报告表，1 月 27 日发生的 A 材料盘亏损失批准列支营业外支出。

（2）对所建立的账套的记账凭证进行出纳签字。

（3）对所建立的账套的记账凭证进行审核签字。

（4）对所建立的账套 2021 年 1 月已经审核签字的记账凭证进行记账处理。

（5）1 月 31 日，出纳员经过对账后发现第 18 号记账凭证有错误，采购部赵新民报销差旅费实际为 960 元，退回现金 40 元。而凭证误操作为收回现金 400 元。要求以“学生学号”身份予以更正。

2. 账簿管理

（1）查询所建立的账套 2021 年 1 月库存现金总账。

（2）查询所建立的账套 2021 年 1 月所有科目的发生额及余额。

（3）定义并查询所建立的账套 2021 年 1 月应交增值税多栏明细账，要求分析方式及输出内容均为金额式。

（4）定义并查询所建立的账套 2021 年 1 月生产成本多栏明细账，要求分析方式及输出内容均为金额式。

3. 备份账套数据

在 D 盘的“实训账套”文件夹下建立“1-3-2”文件夹，将账套备份至此文件夹。

三、出纳管理

【实训目的】

（1）掌握用友 ERP-U8V10.1 软件中出纳管理的相关内容。

（2）熟悉 ERP-U8V10.1 软件中出纳管理的各种操作。

（3）掌握现金、银行存款日记账和资金日报表的查询与银行对账的基本操作。

【实训准备】

（1）修改系统时间为 2021 年 1 月 31 日。

（2）以李朋的身份登录企业应用平台。

【实训要求】

（1）以李朋的身份进行现金、银行存款日记账和资金日报表的查询。

（2）以李朋的身份进行银行对账操作。

（3）引入“D:\实训账套\1-3-2”文件夹中账套备份数据。

【实训内容与实训资料】

查询所建立的账套 2021 年 1 月的现金日记账，并将月末余额与总账相核对。

查询所建立的账套 2021 年 1 月的银行存款日记账。

查询所建立的账套 2021 年 1 月 6 日的资金日报表。

要求进行银行对账操作。

（1）银行对账期初资料。所建立账套的银行账的启用日期为 2021 年 1 月 1 日，银行对账期初资料如附表 A-21 所示。

附表 A–21　　银行对账期初资料　　单位：元

项　目	金　额	项　目	金　额
单位日记账账面余额	827 968	银行对账单账面余额	820 000
加：银行已收，企业未收		加：企业已收，银行未收	7 968
减：银行已付，企业未付		减：企业已付，银行未付	
调整后余额	827 968	调整后余额	827 968

（2）本期银行对账单如附表 A-22 所示，截止日期为 2021 年 1 月 31 日。

附表 A-22　　银行对账单

科目：交行存款（100201）

日　期	结算方式	票　号	借方金额/元	贷方金额/元
2021.01.03	202	1001		200.00
2021.01.03	201	2001		2 000.00
2021.01.06	202	1002		10 000.00
2021.01.06	202	1003		2 000.00
2021.01.06	202	1004		2 750.00
2021.01.12	202	1005		1 130.00
2021.01.18	9		100 000.00	
2021.01.21	202	1006		2 300.00
2021.01.22	202	1007		1 000.00
2021.01.23	9			10.00
2021.01.25	202	1008		113 000.00
2021.01.25	202	1009		2 260.00
2021.01.28	202	1010		10 000.00
2021.01.30	9			102 703.28
2021.01.30	202（支付水电费）	1011		23 400.00

（3）进行所建账套 2021 年 1 月的银行对账处理。

（4）查询建立账套 2021 年 1 月交行存款的银行存款余额调节表。

（5）查找银行存款余额调节表不平衡的原因并予以更正。

（6）备份账套数据。在 D 盘的“实训账套”文件夹下建立“1-3-3”文件夹，将账套备份至此文件夹。

四、总账系统期末业务处理

建议在完成任务七后再做期末业务。

【实训目的】

（1）掌握用友 ERP-U8V10.1 软件中总账系统月末处理的相关内容。

（2）熟悉总账系统月末处理业务的各种操作。

（3）掌握自动转账设置与生成、对账和月末结账的操作方法。

【实训准备】

（1）修改系统时间为 2021 年 1 月 31 日。

（2）引入“D:\实训账套\1-7”文件夹中账套备份数据。

【实训要求】

（1）以学生学号的身份进行自动转账定义及自动转账生成操作。

（2）以学生姓名的身份进行凭证审核、记账、对账操作。

（3）备份账套至“D：\实训账套\1-3-4”文件夹。

【实训内容与实训资料】

（1）自动转账定义。

① 自定义结转——定义所建立账套预提短期借款利息的凭证，年利息率为 5%。

② 自定义结转——定义所建立账套制造费用结转的凭证（其中，一车间只生产甲产品，二车

间只生产乙产品）。

③ 自定义结转——定义所建立账套甲产品完工入库 600 件的结转凭证（假设甲产品全部完工，月末无在产品）。

④ 定义所建立账套结转当月销售成本的凭证。（提示：库存商品、主营业务收入、主营业务成本科目的结构需一致。）

⑤ 定义所建立账套结转期间损益的凭证。

（2）自动转账生成。

① 根据已定义的转账凭证生成自动转账凭证。（提示：注意生成转账凭证的顺序以及数据之间是否存在关联关系，若存在关联关系，应先记账，然后再生成下一张凭证。）

② 期末对账：对所建立账 2021 年 1 月业务进行期末对账。

（3）备份账套数据。在 D 盘的“实训账套”文件夹下建立“1-3-4”文件夹，将账套备份至此文件夹。

任务四　应收款管理

【实训目的】

（1）通过上机实训，掌握应收款管理系统初始设置。

（2）掌握日常业务处理及月末处理，应收款管理系统数据查询的操作。

【实训准备】

修改系统时间为 2021 年 1 月 1 日。

【实训要求】

（1）引入“D:\实训账套\1-3-3”文件夹中的账套数据，以学生学号的身份启用应收款管理系统，启用时间为 2021 年 1 月 1 日，进行业务参数设置、期初余额录入操作。

（2）以学生姓名的身份注册登录应收款管理系统进行月末处理。

【实训内容与实训资料】

1. 应收款管理系统初始设置

（1）设置应收款管理系统业务参数，如附表 A-23 所示。

附表 A-23　应收款管理系统业务参数设置

常规参数	单据审核日期依据“单据日期”； 坏账处理方式“应收余额百分比”； 代垫运费类型“其他应收单”； 应收账款核算类型“详细核算”； 其他采用系统默认设置
凭证参数	采用系统默认设置
权限与预警参数	采用系统默认设置
核销设置	应收账款核销方式“按单据”，其他采用系统默认设置

（2）设置会计科目，如附表 A-24 所示。

附表 A-24　应收款管理系统科目设置

基本科目设置	应收科目：1122；预收科目：2203；税金科目：22210105；销售收入科目：600101；销售退回科目：600101；银行承兑科目：1121；商业承兑科目：1121；现金折扣科目：6603；票据利息科目：6603；票据费用科目：6603；收支费用科目：6603		
产品科目设置	存货名称	销售收入科目	销售退回科目
	甲产品	600101	600101
	乙产品	600102	600102
结算方式科目设置	现金结算方式：1001；现金支票、转账支票：100201		

（3）设置坏账准备。坏账准备提取比例为 0.5%，坏账准备期初余额为 920 元，坏账准备科目 1231（坏账准备），对方科目 6702（信用减值损失）。

（4）设置单据编号及格式。允许手工修改销售专用发票、销售普通发票的单据编号，重号时自动重取；删除销售专用发票、销售普通发票的销售类型项目。

（5）录入应收款管理系统的期初余额并与总账对账，如附表 A-25 所示。

附表 A-25　　应收款管理系统期初余额表

账　户	期初余额/元	备　注
应收票据	565 000	2020 年 12 月 20 日，向鑫科公司销售 4 000 件甲产品，无税单价 125 元，价税合计 565 000 元，销售专用发票号 878899。商业承兑汇票票号 54312，签发日期 2020 年 12 月 20 日，收到日期 2020 年 12 月 20 日，到期日 2021 年 2 月 20 日
应收账款	180 800	2020 年 12 月 10 日，向福耀公司销售 800 件甲产品，无税单价 125 元，价税合计 113 000 元，销售专用发票号 876677。 2020 年 12 月 12 日，向华盛公司销售 600 件乙产品，无税单价 100 元，价税合计 67 800 元，销售专用发票号 876644

2. 应收款管理系统日常业务处理

（1）1 月 1 日，收到福耀公司交来购买商品款项 113 000 元（结算方式：其他），款项已经存入中国工商银行。

（2）1 月 1 日，核销福耀公司应收账款。

（3）1 月 5 日，向福耀公司销售 300 件甲产品，单位售价 156 元，价税合计 52 884 元（价款 46 800 元，税款 6 084 元），款项尚未收到。

（4）1 月 6 日，将应收鑫科公司的商业汇票贴现，金额为 585 000 元，贴现率 8%。

（5）1 月 11 日，向华盛公司销售 120 件乙产品，单位售价 100 元，每件商品的实际成本 67 元；销售合同上规定现金折扣条件为“2/10，1/20，N/30”，商品已经发出。假定计算现金折扣时不考虑增值税（增加付款条件“2/10，1/20，N/30”）。

（6）1 月 20 日，华盛公司支付 11 日购买乙产品货款，款项已经存入中国工商银行（结算方式：其他）。

（7）1 月 20 日，核销华盛公司应收账款。

（8）1 月 22 日，向华盛公司销售 1 000 件甲产品，单位售价 150 元，价税合计 169 500 元（价款 150 000 元，税款 19 500 元），收到 3 个月到期的一张商业承兑汇票（票号 25665）。

（9）1 月 26 日，向鑫科公司销售 600 件甲产品，单位售价 159 元，价税合计 107 802 元（价款 95 400 元，税款 12 402 元），收到一张银行汇票，已经送存中国工商银行。

3. 应收款管理系统期末业务处理

（1）批量制单。

（2）月末结账。

4. 备份账套数据

在 D 盘的“实训账套”文件夹下建立“1-4”文件夹，将账套备份至此文件夹。

任务五 应付款管理

【实训目的】

（1）通过上机实训，掌握应付款管理系统初始设置。

（2）掌握应付款管理系统初始设置、日常业务处理及月末处理、应付款管理系统数据查询的操作。

【实训准备】

修改系统时间为2021年1月1日。

【实训要求】

（1）引入“D:\实训账套\1-4”文件夹中的账套数据，以学生学号的身份启用应付款管理系统，启用时间为2021年1月1日，进行业务参数设置、期初余额录入、日常业务处理操作。

（2）以学生姓名的身份注册登录应付款管理系统进行月末处理。

【实训内容与实训资料】

1. 应付款管理系统初始设置

（1）设置应付款管理系统业务参数，如附表A-26所示。

（2）设置会计科目，如附表A-27所示。

附表A-26 应付款管理系统业务参数设置

常规参数	采用系统默认设置
凭证参数	采用系统默认设置
权限与预警参数	启用供应商权限，其他采用系统默认设置
核销设置	采用系统默认设置

附表A-27 应付款管理系统会计科目设置

基本科目设置	应付科目：2202；预付科目：1123；税金科目：22210101；采购科目：140101；银行承兑科目：2201；商业承兑科目：2201；现金折扣科目：6603；票据利息科目：6603；票据费用科目：6603；收支费用科目：6603		
产品控制科目设置	存货名称	采购科目	产品采购税金科目
	A材料	140101	22210101
	B材料	140102	22210101
结算方式科目设置	现金结算方式：1001；现金支票、转账支票：100201		

（3）设置单据编号。允许手工修改采购专用发票、采购普通发票、采购运费发票的单据编号，重号时自动重取。

（4）录入应付款管理系统的期初余额并与总账对账，如附表A-28所示。

2. 应付款管理系统日常业务处理

（1）1月1日，向华城公司购入100千克A材料，无税单价80元，运费218元，价款及税款签发3个月到期的商业承兑汇票（票号46463）支付。材料未到。

（2）1月5日，向恒鑫公司采购100千克B材料，无税单价40元，运费436元，原材料已验收入库，开出转账支票（1012）以工行存款支付款项。

附表A-28 应付款管理系统期初余额表

账户	期初余额/元	备注
应付账款	79 326	2020年12月25日，从华城公司购入A材料1 000千克，无税单价70.2元，价税合计79 326元，采购专用发票票号798643

（3）1月9日，开出转账支票（1013）以工行存款支付前欠华城公司货款79 326元。

（4）1 月 9 日，核销前欠华城公司货款 79 326 元和 9 258 元。

（5）1 月 19 日，根据购货合同，开出转账支票（1014）以工行存款 10 000 元预付埃泰克公司购料款。

（6）1 月 22 日，收到发来的材料，专用发票载明 B 材料 300 千克，单价 40 元，增值税 1 560 元，余款开出转账支票（1015）支付。材料已验收入库。

（7）1 月 22 日，埃泰克公司预付款 10 000 元冲应付款 10 000 元。

（8）1 月 22 日，核销埃泰克公司应付款 3 560 元。

3. 应付款管理系统期末业务处理

（1）批量制单。

（2）月末结账。

4. 备份账套数据

在 D 盘的“实训账套”文件夹下建立“1-5”文件夹，将账套备份至此文件夹。

任务六 固定资产管理

【实训目的】

（1）通过上机实训，掌握固定资产管理系统初始设置。

（2）掌握固定资产管理系统日常业务处理、月末处理等操作。

【实训准备】

修改系统时间为 2021 年 1 月 1 日。

【实训要求】

（1）引入“D:\实训账套\1-5”文件夹中的账套数据，以学生学号的身份启用固定资产管理系统，启用时间为 2021 年 1 月 1 日，进行建立固定资产账套、基础信息设置、日常业务处理操作。

（2）以学生姓名的身份注册登录固定资产管理系统进行期末业务处理。

【实训内容与实训资料】

1. 固定资产管理系统初始设置

（1）根据以下资料，建立大洋科技有限公司的固定资产账套，如附表 A-29 所示。

附表 A-29 大洋科技有限公司的固定资产账套

控制参数	参数设置
折旧信息	本账套计提折旧； 折旧方法：平均年限法（一）； 折旧汇总分配周期：1 个月； 当月初已计提月份 = 可使用月份−1 时，将剩余折旧全部提足
编码方式	资产类别编码方式：2112； 固定资产编码方式：按“类别编码 + 序号”自动编码； 卡片序号长度为 3
财务接口	与账务系统进行对账； 固定资产对账科目：固定资产（1601）； 累计折旧对账科目：累计折旧（1602）

（2）设置大洋科技有限公司固定资产账套的补充参数，单击“与财务系统接口”标签，设置“【固定资产】缺省入账科目”为“1601”、“【累计折旧】缺省入账科目”为“1602”、“【减值准备】缺省入账科目”为“1603”，业务发生后立即制单，月末结账前要完成制单登账业务。

（3）设置附表 A-30 所示的大洋科技有限公司有限公司部门对应折旧科目。

附表 A-30　大洋科技有限公司部门对应折旧科目

部门名称	折旧科目
总经理室	660203
财务部	660203
采购部	660203
销售部	660104
仓库	660203
一车间	510101
二车间	510102

（4）增加附表 A-31 所示的大洋科技有限公司资产类别。

附表 A-31　大洋科技有限公司资产类别

类别编码	类别名称	计提属性	折旧方法	净残值率	卡片样式
01	办公楼	正常属性	平均年限法（一）	10%	含税卡片样式
02	厂房	正常属性	平均年限法（一）	10%	含税卡片样式
03	生产设备	正常属性	平均年限法（一）	3%	含税卡片样式
04	办公设备	正常属性	平均年限法（一）	3%	含税卡片样式
05	交通运输设备	正常属性	平均年限法（一）	3%	含税卡片样式
06	其他	正常属性	平均年限法（一）	3%	含税卡片样式

（5）设置附表 A-32 所示的大洋科技有限公司固定资产增减方式对应的入账科目。

附表 A-32　大洋科技有限公司固定资产增减方式对应的入账科目

增加方式	对应入账科目	减少方式	对应入账科目
在建工程转入	在建工程	报废	固定资产清理
投资者投入	实收资本	投资转出	长期股权投资
盘盈	以前年度损益调整	盘亏	待处理财产损益
捐赠	营业外收入	捐赠转出	营业外支出
直接购入	工行存款	出售	固定资产清理

（6）增加附表 A-33 所示的大洋科技有限公司固定资产资料原始卡片。

附表 A-33　大洋科技有限公司固定资产资料原始卡片

卡片编号	00001	00002	00003	00004	00005
固定资产编号	01001	02001	03001	03002	04001
固定资产名称	办公楼	厂房	1 号生产线	2 号生产线	计算机
类别编号	01	02	03	03	04
类别名称	办公楼	厂房	生产设备	生产设备	办公设备

续表

部门名称	总经理室（30%），财务部（20%），采购部（20%），销售部（30%）	一车间（50%），二车间（50%）	一车间	二车间	仓库
增加方式	在建工程转入	在建工程转入	购入	购入	直接购入
使用状况	在用	在用	在用	在用	在用
使用年限/月	420	360	240	240	60
折旧方法	平均年限法	平均年限法	平均年限法	平均年限法	平均年限法
开始使用日期	2017-01-01	2018-06-01	2018-06-30	2019-11-10	2020-03-01
币种	人民币	人民币	人民币	人民币	人民币
原值/元	1 000 000	600 000	200 000	150 000	10 000
净残值率	10%	10%	3%	3%	3%
净残值/元	100 000	600 00	6 000	4 500	300
累计折旧/元	910 00	468 00	23 200	7 800	1 458
月折旧率	0.21%	0.25%	0.4%	0.4%	1.62%
月折旧额/元	2 100	1 500	800	600	162
净值/元	909 000	553 200	176 800	142 200	8 542
对应折旧科目	管理费用——折旧费 销售费用——折旧费	制造费用——一车间 制造费用——二车间	制造费用——一车间	制造费用——二车间	管理费用——折旧费

2. 固定资产系统日常业务处理

（1）2021 年 1 月 21 日，大洋科技有限公司销售部购入一辆货车，价值 30 000 元，增值税 3 900 元，净残值率 3%，可使用年限 5 年，采用平均年限法（一）计提折旧。

（2）2021 年 1 月 26 日，检测设备安装完毕交付二车间使用，价值 102 000 元，净残值率 3%，可使用年限 10 年，采用平均年限法（一）计提折旧。

（3）2021 年 1 月 30 日，对各项资产进行检查，发现 2020 年 3 月 1 日购入的计算机（卡片编号：5 号）的可回收金额低于其账面价值 1 500 元，计提固定资产减值准备。

（4）1 月 30 日，出售一条生产线，原价为 200 000 元，已提折旧 24 000 元，未计提减值准备，实际出售价格为 185 000 元，款项已经收到并存入中国工商银行（结算方式：其他）（先计提本月折旧）。

3. 固定资产系统期末业务处理

（1）2021 年 1 月 31 日，计提本月固定资产折旧，计提折旧后查看折旧清单。

（2）2021 年 1 月 31 日，将本月发生的经济业务进行批量制单。

（3）办理月末结账。

4. 备份账套数据

在 D 盘的“实训账套”文件夹下建立“1-6”文件夹，将账套备份至此文件夹。

任务七 薪资管理

【实训目的】

（1）通过上机实训，掌握薪资管理系统初始设置。

（2）掌握薪资管理系统日常业务处理，工资分摊及月末处理，工资系统数据查询的操作。

【实训准备】

修改系统时间为 2021 年 1 月 1 日。

【实训要求】

（1）引入“D:\实训账套\1-6”文件夹中的账套数据，以学生学号的身份启用薪资管理系统，启用时间为 2021 年 1 月 1 日，进行建立工资账套、基础信息设置、录入工资数据、代扣个人所得税的操作。

（2）以学生姓名的身份注册登录薪资管理系统，进行工资分摊处理。

【实训内容与实训资料】

1. 薪资管理系统初始设置

（1）建立工资账套。工资类别个数：单个；币种：人民币（RMB）；不核算计件工资；要求代扣个人所得税；不进行扣零处理。

（2）基础信息设置。

① 采用批增方式增加人员档案。

② 增加大洋科技有限公司工资项目，如附表 A-34 所示。

附表 A-34 大洋科技有限公司工资项目

工资项目名称	类 型	长 度	小 数	增 减 项
应发合计	数字	10	2	增项
扣款合计	数字	10	2	减项
实发合计	数字	10	2	增项
代扣税	数字	10	2	减项
基本工资	数字	8	2	增项
奖金	数字	8	2	增项
交补	数字	8	2	增项
缺勤天数	数字	8	2	其他
缺勤扣款	数字	8	2	减项
养老保险金	数字	8	2	减项
计税工资	数字	8	2	其他

③ 设置工资计算公式，如附表 A-35 所示。

附表 A-35 大洋科技有限公司工资计算公式

工资项目	定义公式
缺勤扣款	（基本工资/22）×缺勤天数
养老保险金	（基本工资＋奖金）×0.1

续表

工资项目	定义公式
交补	IFF(人员类别 = "销售人员"or 人员类别 = "企业管理人员",600，IFF(人员类别 = "车间管理人员",400,200))
计税工资	基本工资 + 奖金 + 交补–养老保险金

2. 薪资管理日常业务处理

（1）录入大洋科技有限公司 1 月初人员工资情况，如附表 A-36 所示。

附表 A-36　　大洋科技有限公司 1 月初人员工资情况

人员编号	人员姓名	所属部门	人员类别	基本工资/元	奖金/元	缺勤天数
101	李金泽	1	企业管理人员	5 000	800	
102	李明	1	企业管理人员	3 000	600	
201	学生学号	2	企业管理人员	3 000	800	
202	学生姓名	2	企业管理人员	2 800	500	
203	李朋	2	企业管理人员	2 500	500	2
301	赵新民	3	企业管理人员	2 400	440	
302	李卉	3	企业管理人员	2 400	400	
401	李涛	4	销售人员	3 200	2 500	
402	魏春红	4	销售人员	2 700	2 400	3
501	王静	5	企业管理人员	2 600	700	
502	谢东	5	企业管理人员	2 200	500	
611	邢雷	601	车间管理人员	3 200	1 200	
612	杨杰	601	车间管理人员	3 000	2 000	1
613	马玉洁	601	生产人员	2 800	800	
614	王琳	601	生产人员	2 200	560	
615	郑洁	601	生产人员	2 800	720	
616	孙浩	601	生产人员	1 800	600	
617	李红	601	生产人员	1 500	700	
618	李伟	601	生产人员	1 500	750	
619	刘涛	601	生产人员	1 500	650	
621	黄蓓蓓	602	车间管理人员	3 200	1 200	
622	赵子龙	602	车间管理人员	3 200	1 300	
623	叶子	602	生产人员	2 200	1 300	
624	周红梅	602	生产人员	2 200	1 200	
625	周炜	602	生产人员	2 200	1 200	
626	刘伟	602	生产人员	2 000	1 700	1
627	王玲	602	生产人员	2 100	1 300	
628	邓建飞	602	生产人员	2 200	1 200	
629	宋春兰	602	生产人员	2 200	1 200	

（2）录入 1 月份工资变动情况：李朋缺勤 2 天、魏春红缺勤 3 天、杨杰缺勤 1 天、刘伟缺勤 1 天。

（3）进行代扣个人所得税设置，收入额对应工资项目为“计税工资”，计税基数为 5 000 元。

3. 薪资管理系统期末业务处理

（1）定义工资、社会保险费、工会经费、职工教育经费分摊凭证。社会保险费、工会经费、职工教育经费以工资总额为计提基数，计提比例分别为 100%、20%、2%和 1.5%。计提工资、社会保险费、工会经费、职工教育经费的转账分录如附表 A-37～附表 A-40 所示。

附表 A-37 计提工资转账分录

分摊构成设置				
部门名称	人员类别	项　　目	借方科目	贷方科目
总经理室、财务部、采购部、仓库	企业管理人员	应发合计	660201	221101
销售部	销售人员	应发合计	660101	221101
一车间	车间管理人员	应发合计	510101	221101
二车间	车间管理人员	应发合计	510102	221101
一车间	生产人员	应发合计	500102（甲项目）	221101
二车间	生产人员	应发合计	500102（乙项目）	221101

附表 A-38 计提社会保险费转账分录

分摊构成设置				
部门名称	人员类别	项　　目	借方科目	贷方科目
总经理室、财务部、采购部、仓库	企业管理人员	应发合计	660201	221103
销售部	销售人员	应发合计	660101	221103
一车间	车间管理人员	应发合计	510101	221103
二车间	车间管理人员	应发合计	510102	221103
一车间	生产人员	应发合计	500102（甲项目）	221103
二车间	生产人员	应发合计	500102（乙项目）	221103

附表 A-39 计提工会经费转账分录

分摊构成设置				
部门名称	人员类别	项　　目	借方科目	贷方科目
总经理室、财务部、采购部、仓库	企业管理人员	应发合计	660201	221104
销售部	销售人员	应发合计	660101	221104
一车间	车间管理人员	应发合计	510101	221104
二车间	车间管理人员	应发合计	510102	221104
一车间	生产人员	应发合计	500102（甲项目）	221104
二车间	生产人员	应发合计	500102（乙项目）	221104

附表 A-40　　计提职工教育经费转账分录

分摊构成设置				
部门名称	人员类别	项　目	借方科目	贷方科目
总经理室、财务部、采购部、仓库	企业管理人员	应发合计	660201	221105
销售部	销售人员	应发合计	660101	221105
一车间	车间管理人员	应发合计	510101	221105
二车间	车间管理人员	应发合计	510102	221105
一车间	生产人员	应发合计	500102（甲项目）	221105
二车间	生产人员	应发合计	500102（乙项目）	221105

（2）将系统时间改为 2021-01-31，更换操作员为自己的学号，生成工资分摊的凭证。

（3）进行月末处理，并将缺勤天数清零。

4. 备份账套数据

在 D 盘的“实训账套”文件夹下建立“1-7”文件夹，将账套备份至此文件夹。

任务八　购销存管理

【实训目的】

（1）通过上机实训，掌握采购管理系统、销售管理系统、库存管理系统及存货核算系统初始设置。

（2）掌握采购管理系统、销售管理系统、库存管理系统及存货核算系统日常业务处理及月末处理，采购管理系统、销售管理系统、库存管理系统及存货核算系统数据查询的操作。

【实训准备】

修改系统时间为 2021 年 1 月 1 日。

【实训要求】

（1）引入“D:\实训账套\1-3-3”文件夹中的账套数据，以学生学号的身份启用应收款管理系统、应付款管理系统、采购管理系统、销售管理系统、库存管理系统及存货核算系统，启用时间为 2021 年 1 月 1 日，进行应收款管理系统、应付款管理系统、采购管理系统、销售管理系统、库存管理系统及存货核算系统的业务参数设置、期初余额录入、日常业务处理操作。

（2）以学生姓名的身份登录总账系统对采购、销售业务生成的凭证进行审核记账。

（3）以学生学号的身份登录采购管理系统、销售管理系统、库存管理系统进行结账处理，登录存货核算系统进行期末处理及月末结账。

【实训内容与实训资料】

一、购销存管理系统初始设置

1. 设置系统参数

（1）设置采购管理系统参数。① 普通业务必有订单；② 专用发票默认税率 13%；③ 其他设置由系统默认。

（2）设置销售管理系统参数。① 销售生成出库单；② 普通销售必有订单；③ 新增发货单参照订单生成；④ 新增退货单、新增发票参照发货单生成；⑤ 其余默认。

（3）设置库存管理系统参数。① 采购入库审核时改现存量；② 销售出库审核时改现存量；③ 产成品入库审核改现存量；④ 材料出库审核时改现存量；⑤ 其他入库审核时改现存量；⑥ 不允许超可用量出库；⑦ 自动带出单价的单据包括全部出库单；⑧ 出入库检查可用量；⑨ 其他采用系统默认设置。

（4）设置存货核算系统参数。① 核算方式：按仓库核算；② 暂估方式：单到回冲；③ 销售成本核算方式：按销售出库单；④ 零成本出库按参考成本价核算；⑤ 结算单价与暂估单价不一致需要调整出库成本；⑥ 其他采用系统默认设置。

2. 期初数据录入

（1）采购管理系统期初数据录入。期初暂估入库单录入如下。

① 2020年12月8日，A材料100千克，单价80元，购自华城公司。

② 2020年12月19日，B材料950千克，单价45元，购自恒鑫公司。

（2）销售管理系统期初数据录入。期初发货单如下。

① 2020年12月8日，销售给鑫科公司500件甲产品，无税单价180元。

② 2020年12月18日，销售给华盛公司100件乙产品，无税单价120元。

（3）库存管理系统期初数据录入。库存管理系统期初数据的录入方法有两种：一是在库存管理系统直接录入，二是从存货核算系统取数，如附表A-41所示。

附表A-41 库存管理系统和存货核算系统期初数

仓库名称	存货编码和名称	数　量	单价/元	金额/元
原材料仓库	001 A材料	8 000千克	70.2	561 600
原材料仓库	002 B材料	1 000千克	46.8	46 800
产成品仓库	003 甲产品	7 500件	100	750 000
产成品仓库	004 乙产品	500件	67	33 500

（4）存货核算系统期初数据录入。存货核算系统期初数据的录入方法有两种：一是在存货核算系统直接录入，二是从库存管理系统取数。

3. 期初数据审核与记账

（1）库存管理期初数据审核。

（2）采购管理系统期初记账。

（3）存货核算系统记账。

4. 基础档案设置

（1）仓库档案如附表A-42所示。

（2）收发类别如附表A-43所示。

附表A-42 仓库档案

仓库编码	仓库名称	计价方式
01	原材料仓库	移动平均
02	产成品仓库	全月平均

附表A-43 收发类别

一级编码及名称	二级编码及名称	一级编码及名称	二级编码及名称
1 入库	101 采购入库	2 出库	201 销售出库
	102 采购退货		202 销售退回
	103 调拨入库		203 调拨出库
	104 盘盈入库		204 盘亏出库
	105 其他入库		205 其他出库

（3）采购类型和销售类型如附表 A-44 所示。

附表 A-44　　采购类型和销售类型

采购类型		销售类型	
名称	入库类别	名称	出库类别
01 厂商采购	采购入库	01 批发销售	销售出库
02 采购退货	采购退货	02 经销商批发	销售出库
		03 销售退回	销售退回

（4）费用项目分类及档案。

① 费用项目分类：1 无分类。

② 费用项目档案：01 运输费；02 装卸费；03 包装费。

（5）非合理损耗类型：01 运输部门责任。

二、应收款管理系统初始设置

1. 设置应收款管理系统业务参数（见附表 A-45）

附表 A-45　　应收款管理系统业务参数设置

常规参数	单据审核日期依据“单据日期”； 坏账处理方式“应收余额百分比”； 代垫运费类型“其他应收单”； 应收账款核算类型“详细核算”； 其他采用系统默认设置
凭证参数	采用系统默认设置
权限与预警参数	采用系统默认设置
核销设置	应收账款核销方式“按单据”，其他采用系统默认设置

2. 设置会计科目（见附表 A-46）

附表 A-46　　应收款管理系统会计科目设置

基本科目设置	应收科目：1122；预收科目：2203；税金科目：22210105；销售收入科目：600101；销售退回科目：600101；银行承兑科目：1121；商业承兑科目：1121；现金折扣科目：6603；票据利息科目：6603；票据费用科目：6603；收支费用科目：6603		
产品科目设置	存货名称	销售收入科目	销售退回科目
	甲产品	600101	600101
	乙产品	600102	600102
结算方式科目设置	现金结算方式：1001；现金支票、转账支票：100201		

3. 设置坏账准备

坏账准备提取比例为 0.5%，坏账准备期初余额为 904 元，坏账准备科目 1231（坏账准备），对方科目 6702（信用减值损失）。

4. 设置单据编号及格式

允许手工修改销售专用发票、销售普通发票的单据编号，重号时自动重取；删除销售专用发票、销售普通发票的销售类型项目。

5. 录入应收款管理系统的期初余额（见附表 A-47）并与总账对账

附表 A–47　　应收款管理系统期初余额表

账　户	期初余额/元	备　注
应收票据	565 000	2020 年 12 月 20 日，向鑫科公司销售 4 000 件甲产品，无税单价 125 元，价税合计 565 000 元，销售专用发票号 878899。商业承兑汇票票号 54312，签发日期 2020 年 12 月 20 日，收到日期 2020 年 12 月 20 日，到期日 2021 年 2 月 20 日
应收账款	180 800	2020 年 12 月 10 日，向福耀公司销售 800 件甲产品，无税单价 125 元，价税合计 113 000 元，销售专用发票号 876677。 2020 年 12 月 12 日，向华盛公司销售 600 件乙产品，无税单价 100 元，价税合计 67 800 元，销售专用发票号 876644

三、应付款管理系统初始设置

1. 设置应付款管理系统业务参数（见附表 A-48）

附表 A–48　　应付款管理系统业务参数设置

参数	参数设置
常规参数	采用系统默认设置
凭证参数	采用系统默认设置
权限与预警参数	启用供应商权限，其他采用系统默认设置
核销设置	采用系统默认设置

2. 设置会计科目（见附表 A-49）

附表 A–49　　应付款管理系统会计科目设置

基本科目设置	应付科目：2202；预付科目：1123；税金科目：22210101；采购科目：140101；银行承兑科目：2201；商业承兑科目：2201；现金折扣科目：6603；票据利息科目：6603；票据费用科目：6603；收支费用科目：6603		
产品控制科目设置	存货名称	采购科目	产品采购税金科目
	A 材料	140101	22210101
	B 材料	140102	22210101
结算方式科目设置	现金结算方式：1001；现金支票、转账支票：100201		

3. 设置单据编号

允许手工修改采购专用发票、采购普通发票、采购运费发票的单据编号，重号时自动重取。

4. 录入应付款管理系统的期初余额（见附表 A-50）并与总账对账

附表 A–50　　应付款管理系统期初余额表

账　户	期初余额/元	备　注
应付账款	79326	2020 年 12 月 25 日，从华城公司购入 1 000 千克 A 材料，无税单价 70.2 元，价税合计 79 326 元，采购专用发票票号 798643

四、购销存管理系统日常业务处理

修改系统时间为 2021 年 1 月 31 日。

（1）2021 年 1 月 3 日，华盛公司准备向本公司订购 1 000 件甲产品，本公司报价 180 元/件，华盛公司同意本公司的报价，本公司确认相关手续后，于 1 月 4 日发货，并于 1 月 5 日开出销售专用发票，票号 ZY20210001，款项未收到，确认销售成本和应收款项。

提示：在销售管理系统填制报价单并审核——填制销售订单并审核——填制发货单并审核——在库存管理系统填制销售出库单并审核——在销售管理系统填制销售专用发票并复核——在应收款管理系统审核销售专用发票并制单——在存货核算系统进行销售出库单记账并制单。

（2）2021 年 1 月 5 日，向埃泰克公司提出采购请求，请求采购 100 千克 A 材料，报价 68 元/千克，需求日期 2021 年 1 月 10 日。

提示：在采购管理系统填制请购单并审核。

（3）2021 年 1 月 6 日，埃泰克公司同意采购请求，但要求修改采购价格，经协商，本公司同意对方提出的订购价格为 70 元/千克，并签订订货合同，要求 1 月 10 日到货。

提示：在采购管理系统填制采购订单并审核。

（4）2021 年 1 月 10 日，收到埃泰克公司发来的 A 材料和专用发票，发票号 ZY34020001，经检验质量全部合格，办理入库手续，财务部门确认该笔存货成本和应付款项，尚未支付。

提示：在采购管理系统填制到货单并审核——填制采购专用发票——在库存管理系统填制采购入库单并审核——在采购管理系统根据入库单和发票进行自动采购结算——在应付款管理系统审核采购专用发票并制单——在存货核算系统进行采购入库单记账并制单。

（5）2021 年 1 月 10 日，福耀公司有意向本公司订购 100 件乙产品，出价 80 元/件。要求 1 月底发货，本公司报价为 110 元/件，经协商最终的订购价格为 100 元/件，签署合同。

提示：在销售管理系统填制报价单并审核——填制销售订单，修改订单价格并审核。

（6）2021 年 1 月 13 日，收到 2020 年 12 月 19 日暂估业务的专用发票，发票号 ZY34020002，发票上载明 B 材料 1 000 千克，单价 45 元，短缺的 50 千克为非合理损耗，经查明是运输部门责任，运输部门同意赔偿全部损失 2 542.50 元（尚未收到），财务部门按发票开出转账支票（1016）支付全部货款。

提示：在采购管理系统填制采购专用发票，数量为 1 000 千克（先取消选择“普通业务必有订单”选项）——采购现付——在采购管理系统进行手工采购结算，输入非合理损耗类型（添加非合理损耗类型 01 运输部门责任、运输部门档案、运输部门人员档案）、数量及金额——在应付款管理系统审核现结发票并制单【添加科目 220201 应付货款（供应商往来，受应付系统控制）220202 暂估应付款，无辅助核算，不受应付款管理系统控制】——在存货核算系统进行结算成本处理生成红字回冲单，根据红字回冲单生成红字冲销凭证，根据蓝字回冲单生成蓝字凭证。

（7）2021 年 1 月 16 日，本公司向福耀公司发货，并于次日开具增值税发票，票号 ZY20210002，福耀公司于 1 月 18 日开出转账支票，票号 ZZ202101，支付所有款项。确认销售成本。

提示：在销售管理系统填制发货单并审核——在库存管理系统填制销售出库单并审核——在销售管理系统填制销售专用发票、现结并复核——在应收款管理系统审核现结销售专用发票并制单——在存货核算系统进行销售出库单记账并制单。

（8）2021 年 1 月 17 日与恒鑫公司签订合同，采购 B 材料 500 千克，要求 20 日到货。

提示：在采购管理系统填制采购订单并审核。

（9）2021年1月18日，鑫科公司订购2 000件甲产品，本公司报价160元/件，经双方协商，最后的价格为120元/件，并签署订单，开具销售专用发票，票号ZY20210003，同时收到对方的全额付款的转账支票，票号ZZ0128（取消销售生成出库单）。

提示：在销售管理系统填制报价单并审核——填制销售订单并审核——在销售管理系统填制销售专用发票，现结并复核——在应收款管理系统审核现结销售专用发票并制单——在存货核算系统进行销售出库单记账并制单。

（10）2021年1月19日，本公司向鑫科公司发货，并确认相关成本。

提示：在销售管理系统填制发货单并审核——在库存管理系统填制销售出库单并审核——在存货核算系统进行销售出库单记账并制单。

（11）2021年1月19日与华城公司签订合同，采购100千克A材料，要求21日到货。

提示：在采购管理系统填制采购订单并审核。

（12）2021年1月20日，收到恒鑫公司发来的B材料和专用发票，发票号码ZY34020003，合同约定运费由对方承担。专用发票上注明B材料500千克，单价50元，增值税率13%。在办理入库手续时发现短缺10千克，属于合理损耗，当日通过现金支票（XJ0120）支付货款和税款。

提示：在采购管理系统填制到货单并审核——填制采购专用发票并现结——在库存管理系统填制采购入库单并审核——在采购管理系统进行手工采购结算，输入合理损耗数量——在应付款管理系统审核现结采购专用发票并制单——在存货核算系统进行采购入库单记账并制单。

（13）2021年1月21日，向华城公司采购的100千克A材料到货并验收入库。

提示：在采购管理系统中填制到货单并审核——在库存管理系统中填制采购入库单并审核。

（14）2021年1月26日，福耀公司要求退货，退回5件乙产品，此次销售的乙产品已于本月16日开票并收款，本公司同意退货，同时办理相关退款手续（转账支票ZZ0155）。

提示：在销售管理系统填制退货单并审核——在库存管理系统填制红字销售出库单并审核——在销售管理系统填制红字销售专用发票、现结发票并复核——在应收款管理系统审核红字销售专用发票并制单——在存货核算系统进行红字销售出库单记账并制单。

（15）2021年1月31日，本月18日向华城公司订购的100千克A材料，单价75元，已于21日收到并训收入库，但发票至今未收到。

提示：在存货核算系统进行暂估成本录入、采购入库单记账并生成暂估凭证。

（16）2021年1月31日，本月10日入库的10千克A材料存在质量问题，要求退货。经与埃泰克公司协商，对方同意退货。该批A材料已于10日办理采购结算。

提示：在采购管理系统填制退货单并审核——在库存管理系统填制红字采购入库单并审核——在采购管理系统填制红字采购专用发票——在采购管理系统选择红蓝入库单和红蓝发票进行采购结算——在应付款管理系统审核红字采购专用发票并制单——在存货核算系统进行红字采购入库单记账并制单。

五、购销存管理系统期末业务处理

（1）采购管理系统月末结账。

（2）销售管理系统月末结账。

（3）库存管理系统月末结账。

（4）存货核算系统月末结账。

（5）应付款管理系统月末结账。

（6）应收款管理系统月末结账。

（7）总账系统月末结账。

六、备份账套数据

在 D 盘的“实训账套”文件夹下建立“1-8”文件夹，将账套备份至此文件夹。

任务九 UFO 报表

【实训目的】

（1）练习报表格式、单位公式的设置。

（2）理解并熟悉 UFO 报表系统的数据状态与格式状态的区别。

（3）掌握 UFO 报表系统数据处理与输出的具体内容及操作方法。

（4）理解并熟悉 UFO 报表系统的不同表页的概念。

【实训准备】

修改系统时间为 2021 年 1 月 31 日。

【实训要求】

（1）引入“D:\实训账套\1-3-4”文件夹中的账套数据，以学生学号的身份进行利润表的格式设置、公式定义及关键字年、月的设置。

（2）利用报表模板生成资产负债表。

（3）定义资产负债表的审核公式：资产 = 负债 + 所有者权益。

（4）生成资产负债表数据。

（5）生成利润表数据。

（6）审核资产负债表。

（7）定义自己编制的利润表的舍位平衡公式，将其数据金额单位由“元”进位为“百元”。

（8）对自己编制的利润表进行舍位平衡操作，生成舍位平衡表。

利润表如附表 A-51 所示。

附表 A-51 利润表

会企 02 表

编制单位：　　　　年　月　日　　　　单位：元

项　　目	本期金额	上期金额
一、营业收入		
减：营业成本		
税金及附加		
销售费用		
管理费用		
财务费用		
资产减值损失		
加：公允价值变动损益（损失以“-”表示）		
投资收益		

续表

项　　目	本期金额	上期金额
其中：对联营企业和合营企业的投资收益		
二、营业利润（亏损以“–”表示）		
加：营业外收入		
减：营业外支出		
其中：非流动资产处理损失		
三、利润总额（亏损以“–”表示）		
减：所得税费用		
四、净利润（净亏损以“–”表示）		
五、每股收益		
（一）基本每股收益		
（二）稀释每股收益		

制表人：

附录 B

综合实训

企业基本信息

一、企业概况

企业名称：上海中华笔业有限公司（简称：中华笔业）
地址：上海市科技产业园 27 号
邮编：210001
法定代表人：李金泽
联系电话和传真：021-62973876
纳税人识别号：021283783927877818
企业开户银行：中国工商银行上海闸北支行
账号：32401202198321

二、企业采用的会计政策和核算方法

1. 流动资产核算部分

（1）公司会计核算以人民币为记账本位币。

（2）公司库存现金限额为 5 000 元。

（3）交易性金融资产按照取得时的公允价值作为初始确认金额，相关交易费用在发生时计入当期损益。在资产负债表日，交易性金融资产按照公允价值进行后续计量且不扣除将来处置该金融资产时可能发生的交易费用，交易性金融资产的公允价值变动计入当期损益。

（4）原材料收发按实际成本计价，发出材料的实际单位成本按移动加权平均法计算。

（5）周转材料采用实际成本计价核算，采用一次转销法摊销。

（6）产成品的收发按实际成本计价核算，发出产成品的实际单位成本按全月一次加权平均法计算。销售成本结转采用自动结转。

（7）期末，存货按成本与可变现净值较低者计价。如果由于存货毁损、全部或部分陈旧过时或销售价格低于成本等原因，使存货成本高于可变现净值的，按单个存货项目计提存货跌价损失准备。

2. 流动资产核算部分

（1）公司采用年限平均法计提固定资产折旧。

（2）公司对使用寿命有限的无形资产，以其成本扣除预计残值后的金额，在预计的使用年限内采用直线法摊销。专利权使用寿命 10 年。

3. 产品成本核算部分

（1）公司成本核算采用公司一级成本核算形式。产品成本计算采用品种法。

（2）本公司设置三个成本项目：直接材料、直接人工、制造费用。

（3）生产不同产品共同耗用同一种材料，按定额耗用量比例分配。

（4）车间生产工人工资按产品生产工时比例在产品间进行分配。

（5）生产车间单独设账核算制造费用，按照产品生产工时比例分配。

（6）月末在产品成本采用约当产量法计算，产品所耗原材料均为开工时一次投入。

4. 税金及附加核算部分

（1）增值税。本公司为增值税一般纳税人，增值税税率为 13%。

（2）企业所得税。本公司的企业所得税税率为 25%，采用“资产负债表债务法”。

（3）个人所得税。公司职工应负担的个人所得税由公司代扣代缴。

（4）其他税金及附加。城市维护建设税按流转税额的 7%计算，教育费附加按流转税额的 3%计算。

5. 其他

（1）计算中要求精确到小数点后 2 位，尾差按业务需要进行调整。

（2）公司执行财政部制定的《企业会计准则（2006）》。

（3）根据借款合同，公司短期借款、长期借款利息均按月支付。

业务资料——基本信息

1. 账套信息

（1）账套号：666；账套名称：上海中华笔业有限公司；启用日期：2021 年 11 月 01 日。

（2）单位信息。单位名称：上海中华笔业有限公司；单位简称：中华笔业；纳税人识别号：021283783927877。

（3）核算类型。

企业类型：工业；行业性质：2007 新会计制度科目；账套主管：demo；按行业性质预置科目。

基础信息：存货、客户分类、供应商不分类，无外币核算。

编码方案：科目编码为 4222，部门编码为 22，收发类别编码为 121，其他采用系统默认。

数据精度：采用系统默认。

2. 设置操作员及权限

设置操作员及权限，如附表 B-1 所示。

附表 B-1　　操作员及权限

编号	姓名	工作职责	系统权限
201	李晶	账套主管	
202	王一红	财务主管	公用目录设置、总账管理、薪资管理、固定资产管理、应收款管理、应付款管理
203	陈平	业务主管	公用目录设置、公共单据、采购管理、销售管理、库存管理、存货核算

3. 系统启用

启用总账系统、应收款管理系统、应付款管理系统、固定资产管理系统、薪资管理系统、采购管理系统、销售管理系统、库存管理系统、存货核算系统，启用日期统一为 2021 年 11 月 1 日。

4. 基础档案

（1）部门档案如附表 B-2 所示。

（2）人员类别如附表 B-3 所示。

附表 B-2　部门档案

部门编码	部门名称	部门编码	部门名称
01	综合管理部	05	生产部
02	财务部	0501	生产一部
03	采购部	0502	生产二部
04	销售部	06	仓管部

附表 B-3　人员类别

分类编码	分类名称
10101	管理人员
10102	行政人员
10103	营销人员
10104	采购人员
10105	生产人员

（3）人员档案如附表 B-4 所示。

附表 B-4　人员档案

人员编号	人员姓名	性　别	行政部门	人员类别	是否业务员
001	陈平	男	综合管理部	管理人员	是
002	韩一冰	女	综合管理部	行政人员	是
003	李晶	女	财务部	管理人员	是
004	王一红	女	财务部	行政人员	是
005	李明	男	采购部	采购人员	是
006	黄平	男	采购部	采购人员	是
007	赵立	男	销售部	营销人员	是
008	吴中天	男	销售部	营销人员	是
009	赵红兵	男	生产一部	管理人员	是
010	张恒	男	生产一部	生产人员	是
011	王和	女	生产二部	管理人员	是
012	何飞	男	生产二部	生产人员	是
013	陈力	男	仓管部	管理人员	是

（4）地区分类如见附表 B-5 所示。

（5）客户分类如见附表 B-6 所示。

附表 B-5　地区分类

地区分类	分类名称
01	北方
02	南方

附表 B-6　客户分类

分类编码	分类名称
01	批发商
02	代理商
03	零散客户

（6）客户档案如附表 B-7 所示。

附表 B-7 客户档案

客户编号	客户简称	所属分类码	所属地区	税号	开户银行	银行账号	分管部门	分管业务员
0101	上海科达公司	01	02	210100987654321	工行徐汇支行	21007654321	销售部	赵立
0102	大连恒利公司	01	01	110200987654321	建行星海支行	11007654321	销售部	吴中天
0201	厦门宏丰公司	02	02	360200987654321	中行环岛支行	36007654321	销售部	赵立
0202	上海安迅公司	02	02	210200887654322	建行浦东支行	21006654322	销售部	吴中天
0301	零散客户	03	01					

（7）供应商档案如附表 B-8 所示。

附表 B-8 供应商档案

供应商编号	供应商简称	所属地区	税号	开户银行	银行账号	分管部门	分管业务员
001	佳佳公司	01	340200123456789	工行城建支行	21021234567	采购部	李明
002	明达公司	02	340100123456789	中行星海支行	41021234567	采购部	黄平
003	永盛公司	01	240200123456789	建行环城支行	34021234567	采购部	李明

（8）存货分类及存货档案设置。

① 计量单位。01：自然单位，无换算率；02：支与盒，固定换算率，如附表 B-9 所示。

② 存货分类和存货档案如附表 B-10 所示。

附表 B-9 计量单位

计量单位编号	计量单位名称	计量单位组编号	换算率
0101	元	01	无换算率
0201	支	02	100
0202	盒	02	1

附表 B-10 存货分类和存货档案

存货分类	存货编码	存货名称	计量单位	属性
01 原材料	0001	笔芯	支	外购、生产耗用
	0002	笔壳	支	外购、生产耗用
	0003	笔帽	支	外购、生产耗用
	0004	弹簧	支	外购、生产耗用
02 半成品类	001	笔身组件	支	自制、生产耗用
03 成品类	01	单色圆珠笔	支	自制、销售
	02	双色圆珠笔	支	自制、销售
	03	三色圆珠笔	支	自制、销售
04 劳务类	YS001	运输费	元	外购、应税劳务

（9）结算方式如附表 B-11 所示。

附表 B-11 结算方式

编 号	结算名称
1	现金支票
2	转账支票
3	商业承兑汇票
4	银行承兑汇票

（10）银行档案。银行编码：05，银行名称：中国工商银行，账号长度：14 位。

（11）本单位开户银行如附表 B-12 所示。

（12）项目大类及分类如附表 B-13 所示。

附表 B-12 开户银行

编号	银行账号	开户银行
001	32401202198321	中国工商银行上海闸北支行

附表 B-13 项目大类及分类

项目大类名称	项目分类	核算科目
01 圆珠笔成本核算	无分类	库存商品/圆珠笔、生产成本/人工费、生产成本/材料费、生产成本/制造费用、主营业务收入/圆珠笔业务收入、主营业务成本/圆珠笔业务成本

项目目录如附表 B-14 所示。

（13）凭证类别：采用记账凭证方式。

（14）仓库档案如附表 B-15 所示。

附表 B-14 项目目录

项目编号	项目名称	是否结算	所属分类码
001	单色圆珠笔	否	无分类
002	双色圆珠笔	否	无分类
003	三色圆珠笔	否	无分类

附表 B-15 仓库档案

仓库编码	仓库名称	计价方式	是否货位管理
01	原材料仓	移动平均法	否
02	半成品仓	移动平均法	否
03	产成品仓	移动平均法	是

（15）货位档案如附表 B-16 所示。

（16）收发类别如附表 B-17 所示。

附表 B-16 货位档案

货位编码	货位名称	所属仓库
01	A 货位	产成品仓
02	B 货位	产成品仓
03	C 货位	产成品仓
04	D 货位	产成品仓

附表 B-17 收发类别

一级编码及名称	二级编码及名称	一级编码及名称	二级编码及名称
1 入库	101 采购入库	2 出库	201 销售出库
	102 采购退货		202 销售退货
	103 盘盈入库		203 盘亏出库
	104 调拨入库		204 调拨出库
	105 产成品入库		205 领料出库
	106 其他入库		206 其他出库

（17）采购类型和销售类型如附表 B-18 所示。

附表 B-18 采购类型和销售类型

类型	名 称	出入库类别	类型	名 称	出入库类别
采购类型	01 厂家进货	采购入库	销售类型	01 批发零售	销售出库
	02 代理商进货	采购入库		02 销售退回	销售退货
	03 采购退回	采购退货			

（18）费用项目如附表B-19所示。

附表B-19　费用项目

费用项目编码	费用项目名称	费用项目分类
01	运输费	无分类
04	业务招待费	无分类

（19）单据格式如下。

① 在以下单据中增加件数、换算率等栏目。

采购订单、到货单、采购入库单、材料出库单、销售订单、销售发货单、库存期初。

② 在以下单据中增加货位、货位编码等栏目。

采购入库单、销售出库单、库存期初。

③ 在以下单据中减少单价、金额栏目。

库存期初。

5. 各模块系统参数设置

（1）固定资产参数设置如附表B-20所示。

附表B-20　固定资产参数设置

控制参数	参数设置
折旧信息	本账套计提折旧； 折旧方法：平均年限法（一）； 折旧汇总分配周期：1个月； 当月初已计提月份＝可使用月份-1时，将剩余折旧全部提足
编码方式	资产类别编码方式：2112； 固定资产编码方式：按“类别编码＋部门编码＋序号”自动编码 卡片序号长度为3
财务接口	与账务系统进行对账； 固定资产对账科目：固定资产（1601）； 累计折旧对账科目：累计折旧（1602）
补充参数	业务发生后立即制单； 月末结账前一定要完成制单登账业务； 固定资产默认入账科目：1601； 累计折旧默认入账科目：1602； 减值准备默认入账科目：1603

① 资产类别如附表B-21所示。

附表B-21　资产类别

类别编码	类别名称	使用年限	净残值率	计提属性	折旧方法	卡片样式
01	房屋及建筑物	30	2%	正常计提	平均年限法（一）	含税卡片样式
011	行政楼	30	2%	正常计提	平均年限法（一）	含税卡片样式
012	厂房	30	2%	正常计提	平均年限法（一）	含税卡片样式
02	机器设备	10	3%	正常计提	平均年限法（一）	含税卡片样式
03	运输设备	6	4%	正常计提	平均年限法（一）	含税卡片样式
04	办公设备	5	3%	正常计提	平均年限法（一）	含税卡片样式

② 部门及对应折旧科目如附表 B-22 所示。

附表 B-22　部门及对应折旧科目

部　门	对应折旧科目
综合管理部、财务部、采购部	管理费用/折旧费
销售部	销售费用/折旧费
生产一部、生产二部、仓管部	制造费用/折旧费

③ 增减方式的对应入账科目，如附表 B-23 所示。

（2）薪资管理系统。

① 工资类别：多个工资类别。

② 从工资中代扣个人所得税。

附表 B-23　增减方式的对应入账科目

增加方式	对应入账科目	减少方式	对应入账科目
直接购入	银行存款/中国工商银行上海支行（100201）	出售	固定资产清理（1606）
投资者投入	实收资本（4001）	捐赠转出	固定资产清理（1606）
在建工程转入	在建工程（1604）		

③ 工资类别设置如附表 B-24 所示。

④ “在职人员”需增加的工资项目如附表 B-25 所示。

附表 B-24　工资类别设置

类别编码	类别名称
001	在职人员
002	退休人员

附表 B-25　“在职人员”需增加的工资项目

工资项目名称	类　型	长　度	小　数	增　减　项
基本工资	数字	8	2	增项
职务补贴	数字	8	2	增项
津贴	数字	8	2	增项
交通补贴	数字	8	2	增项
医疗保险	数字	8	2	减项
养老保险	数字	8	2	减项
缺勤扣款	数字	8	2	减项
缺勤天数	数字	8	2	其他

⑤ 银行名称为“中国工商银行”。账号长度为 14 位，录入时自动带出的账号长度为 8 位。

⑥ 在职人员档案如附表 B-26 所示。

附表 B-26　在职人员档案

人员编号	人员姓名	性　别	行政部门	人员类别	银行账号
001	陈平	男	综合管理部	管理人员	10011020088001
002	韩一冰	女	综合管理部	行政人员	10011020088002
003	李晶	女	财务部	管理人员	10011020088003
004	王一红	女	财务部	行政人员	10011020088004
005	李明	男	采购部	采购人员	10011020088005
006	黄平	男	采购部	采购人员	10011020088006
007	赵立	男	销售部	营销人员	10011020088007
008	吴中天	男	销售部	营销人员	10011020088008

续表

人员编号	人员姓名	性别	行政部门	人员类别	银行账号
009	赵红兵	男	生产一部	管理人员	10011020088009
010	张恒	男	生产一部	生产人员	10011020088010
011	王和	女	生产二部	管理人员	11001020088011
012	何飞	男	生产二部	生产人员	10011020088012
013	陈力	男	仓管部	管理人员	10011020088013

（3）设置采购管理系统参数。① 允许超订单到货及入库；② 专用发票默认税率：13%。

（4）设置库存管理系统参数。① 有组装拆卸业务；② 有委托代销业务；③ 由库存生成销售出库单；④ 不允许超可用量出库；⑤ 出入库检查可用量；⑥ 有最高最低库存控制；⑦ 其他设置由系统默认。

（5）设置存货核算系统参数。① 核算方式：按仓库核算；② 暂估方式：单到回冲；③ 销售成本核算方式：按销售发票；④ 委托代销成本核算方式：按普通销售核算；⑤ 零出库成本按手工输入；⑥ 结算单价与暂估单价不一致时需要调整出库成本；⑦ 其他设置由系统默认。

存货科目设置如附表 B-27 所示。

附表 B-27 存货科目设置

仓库名称	存货科目
原材料仓	原材料
半成品仓	原材料
产成品仓	库存商品/圆珠笔

（6）销售管理系统参数。① 有委托代销业务；② 有零售日报业务；③ 报价不含税；④ 新增发货单参照订单生成；⑤ 新增退货单、新增发票参照发货单生成；⑥ 其他设置由系统默认。

（7）应收款管理系统参数设置和初始设置。

① 应收款管理系统选项如附表 B-28 所示。

附表 B-28 应收款管理系统选项

应收款核销方式	按单据	单据审核日期依据	单据日期
控制科目依据	按客户	受控科目制单方式	明细到单据
产品销售科目依据	按存货	坏账处理方式	应收账款余额百分比法

② 初始设置。

基本科目设置。应收科目：应收账款；预收科目：预收账款；销售收入：主营业务收入；税金科目：销项税额；银行承兑科目：应收票据；商业承兑科目：应收票据。

控制科目设置：按客户设置。产品科目设置：按商品设置。

（8）应付款管理系统参数设置和初始设置。

① 应付款管理系统选项如附表 B-29 所示。

附表 B-29 应付款管理系统选项

应付款核销方式	按单据	单据审核日期依据	单据日期
控制科目依据	按供应商	受控科目制单方式	明细到单据
采购科目依据	按存货	汇兑损益方式	月末处理

② 初始设置。

基本科目设置。应付科目：应付账款；预付科目：预付账款；采购科目：原材料；采购税金：进项税额；银行承兑科目：应付票据；商业承兑科目：应付票据。

结算方式科目设置：现金支票、转账支票科目为银行存款。

业务资料——期初余额

根据下列材料，完成相关模块期初数据录入。

（1）总账期初余额表如附表 B-30 所示。

附表 B-30　　总账期初余额表　　单位：元

类　型	科目编码	科目名称	计量单位	辅助账类型	余额方向	期初余额
资产	1001	库存现金		日记	借	53 300
资产	1002	银行存款			借	
资产	100201	中国工商银行上海分行		银行、日记	借	400 000
资产	1121	应收票据		客户往来	借	
资产	1122	应收账款		客户往来	借	80 000
资产	1221	其他应收款			借	
资产	1123	预付账款		供应商往来	借	
资产	1403	原材料			借	48 900
资产	1409	自制半成品			借	4 800
资产	1405	库存商品			借	417 000
	140501	圆珠笔		项目核算	借	417 000
资产	1601	固定资产			借	1 162 000
负债	2001	短期借款				
负债	200101	中国工商银行上海分行				120 000
负债	2201	应付票据		供应商往来	贷	
负债	2202	应付账款		供应商往来	贷	46 000
负债	2203	预收账款		客户往来	贷	
权益	4001	实收资本			贷	2 000 000
成本	5001	生产成本			借	
成本	500101	人工费		项目核算	借	
成本	500102	材料费		项目核算	借	
成本	500103	制造费用		项目核算	借	
成本	5101	制造费用			借	
成本	510101	折旧费用			借	
损益	6001	主营业务收入			贷	
损益	600101	圆珠笔		项目核算	贷	
损益	6401	主营业务成本			借	
损益	640101	圆珠笔业务成本		项目核算	借	
损益	6601	销售费用			借	
损益	660101	折旧费		部门核算	借	
损益	660102	工资		部门核算	借	
损益	660104	广告费		部门核算	借	

续表

类　型	科目编码	科目名称	计量单位	辅助账类型	余额方向	期初余额
损益	6602	管理费用			借	
损益	660201	折旧费		部门核算	借	
损益	660202	工资		部门核算	借	
损益	660204	电话费		部门核算	借	

（2）应收账款期初余额如附表 B-31 所示。

（3）应付账款期初余额如附表 B-32 所示。

附表 B-31　应收账款期初余额

客户名称	单据日期	金额/元
大连恒利公司	2021-10-16	50 000
厦门宏丰公司	2021-10-28	30 000

附表 B-32　应付账款期初余额

供应商名称	单据日期	金额/元
佳佳公司	2021-10-16	46 000

（4）固定资产原始卡片如附表 B-33 所示。

附表 B-33　固定资产原始卡片

卡片编号	00001	00002	00003	00004	00005
固定资产编号	01101001	0120501001	0402001	0402002	0404001
固定资产名称	1 号楼	2 号楼	计算机	打印机	轿车
类别编号	011	012	04	04	04
类别名称	行政楼	厂房	办公设备	办公设备	办公设备
部门名称	综合管理部、财务部各占用 20%，采购部、销售部各占用 30%	生产一部、生产二部各占 50%	财务部	财务部	销售部
增加方式	在建工程转入	在建工程转入	直接购入	直接购入	直接购入
使用状况	在用	在用	在用	在用	在用
使用年限/年	30	30	5	5	6
折旧方法	平均年限法（一）				
开始使用日期	2021-10-08	2021-10-08	2021-10-08	2021-10-08	2021-10-08
币　种	人民币	人民币	人民币	人民币	人民币
原值/元	500 000	450 000	9 000	3 000	200 000
净残值率/%	2	2	3	3	4
累计折旧	0	0	0	0	0
对应折旧科目	管理费用——折旧费 销售费用——折旧费	制造费用——折旧费	管理费用——折旧费	管理费用——折旧费	销售费用——折旧费

（5）销售管理期初余额。

① 2021 年 10 月 28 日，向大连恒利公司发出三色圆珠笔 50 盒（5 000 支），价格为 4 元/支，

由成品仓发出。

② 2021 年 10 月 08 日，委托厦门宏丰公司销售双色圆珠笔 30 盒（3 000 支），双方商订委托价格为 2.8 元/支，由成品仓发出。

（6）无采购管理期初余额。

（7）库存管理系统、存货核算系统期初数如附表 B-34 所示。

附表 B-34　　库存管理系统、存货核算系统期初数

仓库名称	存货编码	存货名称	数量/支	件数	货位名称	单价/元	金额/元
原材料仓	0001	笔芯	30 000	300		0.5	15 000
原材料仓	0002	笔壳	42 000	420		0.2	8 400
原材料仓	0003	笔帽	55 000	550		0.3	16 500
原材料仓	0004	弹簧	60 000	600		0.15	9 000
半成品仓	001	笔身组件	8000			0.6	4 800
产成品仓	01	单色圆珠笔	50 000	500	A 货位	1.5	75 000
产成品仓	02	双色圆珠笔	60 000	600	B 货位	2.2	132 000
产成品仓	03	三色圆珠笔	75 000	750	C 货位	2.8	210 000
合　计							470 700

业务资料——企业日常业务及期末业务

根据下面材料，完成相关操作。所有涉及的采购及销售业务均为无税单价，所有的采购及销售业务增值税税率均为 13%。

（1）11 月 1 日，采购部李明向供货商永盛公司订购笔芯 30 盒（3 000 支），价格为 0.45 元/支，计划到货期为 11 月 5 日。

提示：在采购管理系统填制采购订单并审核。

（2）11 月 1 日，生产一部在原材料仓中领用材料，如附表 B-35 所示。

附表 B-35　生产一部领用材料

存货名称	领用数量	生产产品
笔芯	130 盒	双色圆珠笔
笔壳	60 盒	双色圆珠笔
笔帽	60 盒	双色圆珠笔
弹簧	120 盒	双色圆珠笔

提示：在库存管理系统填制材料出库单并审核——在存货核算系统进行材料出库单记账。

（3）11 月 1 日，公司购进 8 台联想计算机，单价为 4 000 元/台。计算机由生产一部投入使用，款项用商业银行上海支行转账支票支付。由固定资产管理模块生成一张凭证（合并）传递到总账系统（注：固定资产名称为联想计算机；固定资产编号为 040501001-040501008）。

借：固定资产

　　应缴税费——应交增值税——进项税额

　　贷：银行存款——中国工商银行上海支行

（4）11 月 2 日，上海安迅公司对双色圆珠笔进行询价，要求采购数量为 300 盒（30 000 支），销售部吴中天对其报价为 4 元/支。

提示：在销售管理系统填制销售报价单并审核报价单。

（5）11月2日，销售员赵立借差旅费，财务部付现金900元。

（6）11月3日，采购部李明向公司财务部申请贷款2 000元用于预付永盛公司原料采购款，经总经理同意后，财务部开具一张商业银行转账支票，金额为2 000元。财务人员在应付款管理模块中根据相应单据形成凭证传递到总账系统。

（7）11月3日，生产二部采用配比出库方式领用3 000支三色圆珠笔的原料，材料从原料仓发出，如附表B-36所示。

附表B-36 生产二部领用原料数据

存货编码	存货名称	子项个数/支
0001	笔芯	3
0002	笔壳	1
0003	笔帽	1
0004	弹簧	3

注：版本号 10；版本说明 1.0；版本日期 2013-10-1。

（8）11月4日，销售部以中国工商银行存款支付产品广告宣传费3 000元。

（9）11月5日，收到永盛公司发来的笔芯及其专用发票，发票号码ZY0003，开票日期：2021-11-5。该批笔芯系11月2日采购部李明订购。发票载明笔芯3 000支，0.45元/支。经检验质量全部合格，但笔芯数量少100支（属于合理损耗范围），办理入库（原材料仓）手续。财务部门确认该笔存货成本及应付款项，并用11月3日预付永盛公司原料采购款冲销此次应付账款，根据相关单据生成财务凭证传递到总账系统。

提示：在采购管理系统填制到货单并审核——填制采购专用发票——在库存管理系统填制采购入库单并审核——在采购管理系统根据入库单和发票进行自动采购结算——在应付款管理系统审核采购专用发票并制单——在应付款管理系统进行预付冲应付转账并制单——在存货核算系统进行采购入库单记账并制单。

借：原材料

　　应交税金——应交增值税——进项税额

　　贷：应付账款

借：应付账款

　　贷：预付账款

（10）根据11月2日的报价，11月5日与上海安迅公司协商，对方同意双色圆珠笔销售单价为3.90元/支，订货数量减为28 000支，订单预发货日期：2021-11-30。本公司确认后于11月7日（提前）发货（成品仓）并出库，本公司以现金代垫运费654元。当日开具销售专用发票，发票号为Z001，货款尚未收到。经财务部门确认该笔应收款项，并在应收款管理模块中根据发票形成应收账款传递到总账。

提示：在销售管理系统填制销售订单并审核——填制发货单并审核——在库存管理系统填制销售出库单并审核——在销售管理系统填制销售专用发票并复核——填制其他应收单——在应收款管理系统审核销售专用发票、其他应收单并制单——在存货核算系统进行销售出库单记账并制单。

借：应收账款

　　贷：现金

借：应收账款

　　贷：主营业务收入

　　　　应交税金——应交增值税——销项税额

（11）11月8日，收回大连恒利公司一张50 000元的转账支票用于支付前欠货款，财务确认入账，根据相关单据生成财务凭证传递到总账系统，并核销相应应收款项。

（12）11 月 10 日，直接向佳佳公司购买 60 盒笔芯、20 盒弹簧、30 盒笔帽。货已入原材料仓，对方单位尚未开具发票。

（13）11 月 13 日，大连恒利公司要求我公司 2021 年 10 月 28 日对其发货的 50 盒（5 000 支）三色圆珠笔，分批开票，财务第一次开具的普通发票（票号 Z004）数量为 4 000 支，4 元/支。对方收到发票后，以商业承兑汇票（票据号：9999，签发日期为：2021 年 10 月 01 日，到期日期：2022 年 4 月 30 日）方式全额支付了第一次货款。经财务部门确认该笔款项，并在应收款管理模块中完成相应单据处理，将业务凭证传递到总账系统。

借：应收账款

　　贷：主营业务收入

　　　　应交税金——应交增值税——销项税额

借：应收票据

　　贷：应收账款

（14）11 月 17 日，生产一部完成 60 盒（6 000 支）双色圆珠笔的生产，入产成品仓 B 货位。

提示：在库存管理系统填制产成品入库单及货位。

（15）11 月 24 日，销售员赵立报销 11 月 2 日向公司预支的差旅费 700 元，并归还现金 200 元（注：差旅费进行部门核算）（提示：在总账系统填制凭证）。

（16）11 月 28 日，生产二部完工入库 28 盒（2 800 支）三色圆珠笔，入成品仓，货位：C 货位。

提示：在库存管理系统填制产成品入库单及货位。

（17）11 月 29 日，对生产一、二部进行机器设备维修，共花费维修费用 2 000 元，用转账支票支付。

（18）11 月 29 日，提取现金 3 000 元备用。

（19）11 月 30 日，福州宏丰公司根据其公司销售情况，与我公司结算 2021 年 10 月 08 日发出的 20 盒（2 000 支）双色圆珠笔，并以转账支票方式进行现结，一次性付清结算款。本公司根据收到的货款给对方单位开具了普通发票（注：发票号及开票日期系统采用系统默认），并根据相应单据形成凭证传递到总账系统。

（20）11 月 30 日，计提 1 月份固定资产折旧，并在相应模块生成凭证传递到总账系统。

（21）11 月 30 日，财务检查本期已入库未结算的入库单，并对其进行暂估处理。暂估价参照存货期初数据表。

（22）11 月 30 日，在职人员工资数据如附表 B-37 所示。

附表 B-37　　在职人员工资数据

行政部门	综合管理部		财务部		采购部		销售部		生产一部		生产二部	
人员姓名	陈三平	韩一冰	李晶	王一红	李明	黄平	赵立	吴中天	赵红兵	张恒	王和	何飞
基本工资	3 000	2 500	3 000	2 500	3 000	2 500	3 000	2 500	3 000	2 500	3 000	2 000
缺勤天数		2	2									

其中：采购人员和营销人员的交通补贴为 500 元，其他人员的交通补贴为 250 元；职务补贴按“基本工资”的 10%计算，医疗保险按“基本工资”的 2%计算，养老保险按“基本工资”的 3%计算；缺勤扣款按“(基本工资/30）×缺勤天数×60%”计算；个人所得税按“应发合计”扣除

5 000 元后计税。

根据上述数据在工资系统中录入相关基本数据及计算公式，由薪资管理系统算出应付工资额，并生成工资分摊凭证传递到总账系统。

生产一部人员工资分摊到双色圆珠笔生产成本中，生产二部人员工资分摊到三色圆珠笔生产成本中；生产部管理人员及生产人员工资均计入生产成本/人工费。

借：管理费用——工资

　　生产成本——人工费

　　销售费用——工资

　　贷：应付工资

（23）11 月 30 日，月末财务对当月材料出库业务进行材料成本结转，并生成凭证传递到总账系统（一张材料出库单对应一张凭证）。

借：生产成本——材料费

　　贷：原材料

（24）11 月 30 日，月末财务将相应制造费用结转到生产成本（生产一部与二部制造费用比例按 3∶2 分摊），生产一部全部分摊到双色圆珠笔项目上，生产二部全部分摊到三色圆珠笔项目上，使用自定义转账生成凭证。

借：生产成本——制造费用

　　贷：制造费用——维修费

　　　　制造费用——折旧费

（25）11 月 30 日，通过查项目账，将本月发生的生产成本全额分配到产成品入库单中，并生成凭证传递到总账系统。

借：库存商品

　　贷：生产成本——人工费

　　　　　　　　——材料费

　　　　　　　　——制造费用

（26）11 月 30 日，财务人员根据当月销售业务结转相应销售成本，并生成凭证传递到总账系统。

（27）11 月 30 日，结转本月期间损益（要求利用期间损益转账定义方法实现自动结转，生成收入、支出两张凭证）。

（28）11 月 30 日，在 UFO 报表中，利用报表模板编制 11 月 30 日的资产负债表和 11 月份利润表，并录入关键字取数。

参考文献

[1] 汪刚，王新玲，彭燕，等. 会计信息化实用教程——畅捷通 T3（V10.8.3 新税制 微课版）[M]. 北京：清华大学出版社，2021.

[2] 张瑞君，蒋砚章，殷建红. 会计信息系统[M]. 8 版. 北京：中国人民大学出版社，2019.

[3] 彭飞，王新玲. 会计信息化实训教程——财务业务一体化（用友 U8 V10.1）（新税制 微课版）[M]. 北京：清华大学出版社，2021.

[4] 宋红尔. 会计信息系统应用——基于业财融合（用友 ERP-U8 V10.1 版）[M]. 大连：东北财经大学出版社，2020.

[5] 王珠强. 会计信息系统应用——用友 ERP-U8 V10.1 版[M]. 北京：人民邮电出版社，2019.

[6] 财政部会计资格评价中心. 初级会计实务[M]. 北京：中国财政经济出版社，2020.